国家示范性高职院校优质核心课程系列教材

微生物应用技术

■ 金月波　主编
■ 宋连喜　主审

WEISHENGWU
YINGYONG
JISHU

化学工业出版社
·北京·

本书为国家示范性高职院校优质核心课程系列教材之一。教材根据行业岗位实际组织内容，设计了常见微生物的识别，消毒、灭菌操作技术，微生物菌种的培育、扩大培养与保藏技术，微生物发酵与控制技术，微生物农药生产技术，微生物肥料生产技术，微生物饲料生产技术，微生物在食品发酵工程中的应用和微生物在环境治理中的应用九个项目。每个项目将相关理的论知识融入典型工作任务中，设计了31个工作任务，融“教、学、做”为一体。教材学习目标指向明确，知识讲解内容充实，典型任务突出，案例解析生动，知识拓展充分。

本书可作为高职高专生物技术类专业、农学类专业、食品类相关专业的教学用书，也可作为微生物发酵工、微生物培菌工等国家职业标准工位的考试用书，还可以供相关领域科学研究和实践操作人员参考使用。

图书在版编目（CIP）数据

微生物应用技术/金月波主编．—北京：化学工业出版社，2014.11

国家示范性高职院校优质核心课程系列教材

ISBN 978-7-122-21722-6

Ⅰ.①微… Ⅱ.①金… Ⅲ.①微生物学-教材 Ⅳ.①Q93

中国版本图书馆CIP数据核字（2014）第203582号

责任编辑：李植峰 迟 蕾　　装帧设计：韩 飞

责任校对：王素芹

出版发行：化学工业出版社（北京市东城区青年湖南街13号 邮政编码100011）

印　　装：三河市延风印装厂

787mm×1092mm 1/16 印张18 字数449千字 2014年11月北京第1版第1次印刷

购书咨询：010-64518888（传真：010-64519686） 售后服务：010-64518899

网　　址：http://www.cip.com.cn

凡购买本书，如有缺损质量问题，本社销售中心负责调换。

定　　价：39.00元

《微生物应用技术》编写人员

主　　编　金月波

副 主 编　唐　伟　应俊辉　白忠义

编写人员　（按姓名汉语拼音排序）

白忠义（辽宁农业职业技术学院）

程贵兰（辽宁农业职业技术学院）

金月波（辽宁农业职业技术学院）

李春龙（北京诚益通控制工程科技股份有限公司）

李春艳（辽宁农业职业技术学院）

李洪淼（辽宁农业职业技术学院）

刘　斌（沈阳乾宇生物制药有限公司）

牛长满（辽宁农业职业技术学院）

唐　伟（辽宁农业职业技术学院）

王东明（丽水职业技术学院）

魏雅冬（绥化学院）

应俊辉（丽水职业技术学院）

张　晶（辽宁农业职业技术学院）

主　　审　宋连喜（辽宁农业职业技术学院）

序

我国高等职业教育在经济社会发展需求推动下，不断地从传统教育教学模式中蜕变出新，特别是近十几年来在国家教育部的重视下，高等职业教育从示范专业建设到校企合作培养模式改革，从精品课程遴选到双师队伍构建，从质量工程的开展到示范院校建设项目的推出，经历了从局部改革到全面建设的历程。教育部《关于全面提高高等职业教育教学质量的若干意见》（教高［2006］16号）和《教育部、财政部关于实施国家示范性高等职业院校建设计划，加快高等职业教育改革与发展的意见》（教高［2006］14号）文件的正式出台，标志着我国高等职业教育进入了全面提高质量阶段，切实提高教学质量已成为当前我国高等职业教育的一项核心任务，以课程为核心的改革与建设成为高等职业院校当务之急。目前，教材作为课程建设的载体、教师教学的资料和学生的学习依据，存在着与当前人才培养需要的诸多不适应。一是传统课程体系与职业岗位能力培养之间的矛盾；二是教材内容的更新速度与现代岗位技能的变化之间的矛盾；三是传统教材的学科体系与职业能力成长过程之间的矛盾。因此，加强课程改革、加快教材建设已成为目前教学改革的重中之重。

辽宁农业职业技术学院经过十年的改革探索和三年的示范性建设，在课程改革和教材建设上取得了一些成就，特别是示范院校建设中的32门优质核心课程的物化成果之一——教材，现均已结稿付梓，即将与同行和同学们见面交流。

本系列教材力求以职业能力培养为主线，以工作过程为导向，以典型工作任务和生产项目为载体，立足行业岗位要求，参照相关的职业资格标准和行业企业技术标准，遵循高职学生成长规律、高职教育规律和行业生产规律进行开发建设。教材建设过程中广泛吸纳了行业、企业专家的智慧，按照任务驱动、项目导向教学模式的要求，构建情境化学习任务单元，在内容选取上注重了学生可持续发展能力和创新能力培养，具有典型的工学结合特征。

本套以工学结合为主要特征的系列化教材的正式出版，是学院不断深化教学改革，持续开展工作过程系统化课程开发的结果，更是国家示范院校建设的一项重要成果。本套教材是我们多年来按农时季节工艺流程工作程序开展教学活动的一次理性升华，也是借鉴国外职教经验的一次探索尝试，这里面凝聚了各位编审人员的大量心血与智慧。希望该系列教材的出版能为推动基于工作过程系统化课程体系建设和促进人才培养质量提高提供更多的方法及路径，能为全国农业高职院校的教材建设起到积极的引领和示范作用。当然，系列教材涉及的专业较多，编者对现代教育理念的理解不一，难免存在各种各样的问题，希望得到专家的斧正和同行的指点，以便我们改进。

该系列教材的正式出版得到了姜大源、徐涵等职教专家的悉心指导，同时，也得到了化学工业出版社、中国农业大学出版社、相关行业企业专家和有关兄弟院校的大力支持，在此一并表示感谢！

蒋锦标

2010年12月

序

2010年12月

前言

教育部《关于全面提高高等职业教育教学质量的若干意见》中提出："要积极推行与生产劳动和社会实践相结合的学习模式，把工学结合作为高等职业教育人才培养模式改革的重要切入点，带动专业调整与建设，引导课程设置、教学内容和教学方法改革。"同时也指出，要根据技术领域和职业岗位（群）的任职要求，参照相关的职业资格标准，改革课程体系和教学内容，突出职业能力培养；要融"教、学、做"为一体，改革教学方法和手段，提高课程教学质量。本书正是遵循这样的指导思想，并结合不同院校的微生物应用技术课程改革的实际经验编写的。

本书全面打破传统教材的编写体例，深刻体现"工学结合"精神，强化职业素质与职业能力培养，呈现出以下几个特色。

第一，教育逻辑特色。教材编写体现了中国古代"知行合一"的教育哲学思想和人才培养逻辑，认知密切结合实践，在实践中深化认知。

第二，就业导向特色。教材编写以岗位需求和学生就业情况为导向，紧紧围绕微生物发酵工、微生物培菌工、微生物发酵灭菌工等国家职业标准工位分析、确定教学目标，力求使学生熟练掌握消毒、灭菌操作技术，微生物菌种的培育、扩大培养与保藏技术，微生物发酵与控制技术，全面了解微生物资源在工农业、食品及环境治理等可持续发展中的作用及其合理开发利用，加强学生对微生物肥料、微生物饲料、微生物农药等相关知识及其生产技术认知与应用。

第三，理实一体特色。教材编写均从微生物应用岗位任务与职业能力分析入手，按照产业、行业、企业和职业岗位能力培养的要求归纳总结典型工作任务，按照工艺流程逐级展开，每个项目都形成相对独立的相关知识单元，相关理论知识融于典型工作任务中，实施理实一体化教学。

第四，工学结合特色。教学内容与实际工作岗位密切相关，突出了实践技能的培养，将理论知识和操作技能有机地结合起来，教学内容贴近实际工作任务，学习过程贴近工作过程。

第五，内容结构特色。教材编写打破以往知识逻辑结构，采用模块式结构。全书分为九个项目，每个项目均按"学习目标"、"知识讲解"、"典型任务"、"案例解析"、"知识链接"等内容编写，目标指向明确，学教任务突出，案例学导生动，知识拓展充分，十分有利于学、教活动的开展。

本教材由辽宁农业职业技术学院金月波主编，丽水职业技术学院应俊辉和辽宁农业职业技术学院唐伟、白忠义为副主编，程贵兰、李洪淼、李春艳、魏雅冬、张晶、牛长满、王东明等老师以及多年从事微生物肥料生产和发酵工艺控制的企业技术人员李春龙和刘斌参与编写，全书最后由金月波统稿。辽宁农业职业技术学院的宋连喜老师对本书进行了具体审阅。在此，谨向为本教材编写和审阅付出艰辛努力的各位老师表示衷心的感谢，本教材在编写过程中参阅了大量的国内外教科书和微生物学期刊，并引用了相关图表，无法一一列出，谨在此向相关作者及专家致谢。

由于我们的学术水平、编写能力及对项目化教学改革的认知水平有限，书中内容难免有疏漏和不足之处，恳请广大读者提出宝贵意见，以便于我们修改和完善。

编者

2014 年 3 月

目录

微生物实验实训安全操作基本要求

为保证实验实训安全进行并得到正确的实验结果，必须谨记以下事项。

1. 实验实训开始前

(1) 每次实验实训前，必须认真预习相关任务内容，了解任务目标、说明和操作步骤，做到心中有数，思路清晰。

(2) 进入实验实训室应将长发扎在脑后，穿工作衣；进入无菌室要戴口罩、工作帽，换专用鞋。

(3) 实验实训之前要用肥皂或洗手液洗手，并使用酚消毒剂如5%来苏尔或5%酚溶液擦拭工作台。

2. 实验实训过程中

(1) 在实验实训室内保持安静，不随意走动，不抽烟，不饮食，不随地吐痰；不要用手触摸自己的面孔，尤其是远离眼睛和嘴巴，也不要把笔尖放在嘴里。

(2) 将所有不必要的衣服、书、钱包、背包等非实验实训必需品放在搁物架上。

(3) 操作时认真细致，不能讲话，以免染菌。

(4) 进行致病微生物操作时，必须戴上口罩和手套；避免污染实验台、地板和垃圾桶。

(5) 感染的物品意外溢出时，立刻使用消毒剂（5%来苏尔或5%酚溶液）覆盖，30min后才能抹去，并立即报告指导老师。

(6) 所用器皿应标明班次、组别（或姓名）、项目、日期。所用器皿如需灭菌，灭菌后才可使用；如需培养，所用培养器皿要按老师指定位置摆放。

(7) 在培养箱、冰箱内取放物品，开启箱门时间越短越好，严禁随意开关或拧动旋钮。

(8) 接种环或接种针转移培养物前后均需立刻用火焰灼烧；不要持含感染物品的接种环或针在室内走动；吸过菌液的吸管、滴管，沾过菌液的玻片等使用后，要立刻浸泡在盛有5%来苏尔或5%石炭酸溶液的玻璃缸内，再进行清洗；其他污染的试管、培养皿、锥形瓶等必须放到专门的容器中，高压蒸汽灭菌后再洗涤晾干。

(9) 对易燃药品如酒精、二甲苯、乙醚、丙酮等的使用要加倍小心，既不要大量放在实验台上，更不能接近火源。易挥发性的药品如乙醚、氯仿、氨水等，应放在冰箱内保存。

(10) 每次实验实训要及时、实事求是地做好记录，并结合所学理论知识分析成败原因。

(11) 爱护公物，节约使用水、电、气及药品等。

(12) 始终正确使用移液设施，不许使用嘴巴移液。

(13) 在实验实训过程中，如遇火险，应立即关闭电源、天然气（煤气、液化气）开关；如果酒精、乙醚、汽油着火，切勿用水，应采用覆盖灭火法。

(14) 如遇皮肤破伤，应先除尽异物，后用蒸馏水或生理盐水洗净并涂以2%碘酒。

(15) 发生灼烧伤，应涂以凡士林油、5%的鞣酸或2%的苦味酸。

(16) 化学药品腐蚀伤，若为强酸腐蚀，应先用大量清水冲洗后，再用50g/L碳酸氢钠或氢氧化铵溶液洗涤中和；若为强碱腐蚀，应先用大量清水冲洗后，再用5%乙酸或5%硼酸溶液洗涤中和。若是眼部受伤，经上述步骤处理后再滴入橄榄油或液体石蜡1～2滴。如有污染物进入嘴内，要立即吐出，并以大量清水漱口，切勿使漱口水咽下，必要时可服用有关药物。以防发生传染。病原微生物污染工作服时，应立即脱下，并用高压蒸汽灭菌消毒。

3. 实验实训结束后

(1) 实验实训完毕应及时清理台面，并使用酚消毒剂如5%来苏尔或5%酚溶液擦净工作台。

(2) 按要求清洗各种应处理的器皿、物品，废纸入篓。凡是要丢弃的培养物应经高压蒸汽灭菌后处理。

(3) 仔细检查烘箱、电炉是否切断电源，培养箱、电冰箱的温度是否正常，门是否关严。

(4) 所用器皿、试剂、培养基要放到原处。

(5) 离开实验实训室前一定要用肥皂或洗手液把手洗净，脱去工作衣、帽、专用鞋。关闭门窗以及水、电、天然气等开关，以确保安全。

(6) 值日的同学要认真打扫整个实验实训室。

(7) 认真完成作业和实验实训报告，要求字迹清晰，语言简练，绘图准确、真实。

项目一

常见微生物的识别

【学习目标】

◉ 了解细菌、放线菌、真菌等微生物的形态结构；
◉ 学会各类微生物标本片的制作；
◉ 能熟练运用光学显微镜进行微生物观察；
◉ 掌握使用血球计数板在显微镜下直接计算酵母菌细胞数的方法；
◉ 掌握识别四大类微生物菌落形态的依据和要点，学会识别未知的四大类微生物菌落。

知识讲解

一、细菌

细菌是一类细胞细短、结构简单、具有细胞壁、多以二分裂方式繁殖的水生性较强的单细胞原核生物。

1. 细菌的个体形态、大小、繁殖

细菌的基本形态有球状、杆状和螺旋状三种。细菌的个体微小，常用微米（μm）作为测量其长度、宽度或直径的单位。多数球菌的直径为0.5～2.0μm；杆菌的大小为（0.5～1.0）μm×(1.0～5.0)μm。观察细菌需要借助显微镜。细菌主要以无性二分裂方式繁殖，即细菌生长到一定时期，在细胞中间形成横隔，由一个母细胞分裂成为两个等大的子细胞。由于分裂方式和分裂后的排列方式不同，形成了细菌的各种形态，如双球状、四联球状、葡萄状、链状等（图1-1）。

2. 细菌的结构

（1）细菌的一般结构　细菌是单细胞的原核生物，细胞的结构可分为一般结构和特殊结构，一般结构是指一般细菌细胞共同具有的结构，包括细胞壁、细胞质膜、细胞质和核区等（图1-2）。

（2）细菌的特殊结构　细菌的特殊结构是指仅在某些细菌细胞才具有的或仅在特殊条件下才能形成的结构，包括荚膜（图1-3）、鞭毛和芽孢（图1-4）等。

3. 细菌的生长

（1）细菌的个体生长　在适宜的条件下，细菌从外界摄取营养，进行分解代谢，获得原料和能量，同时进行合成代谢，合成菌体所需的成分，引起细胞的重量、体积、大小的不断

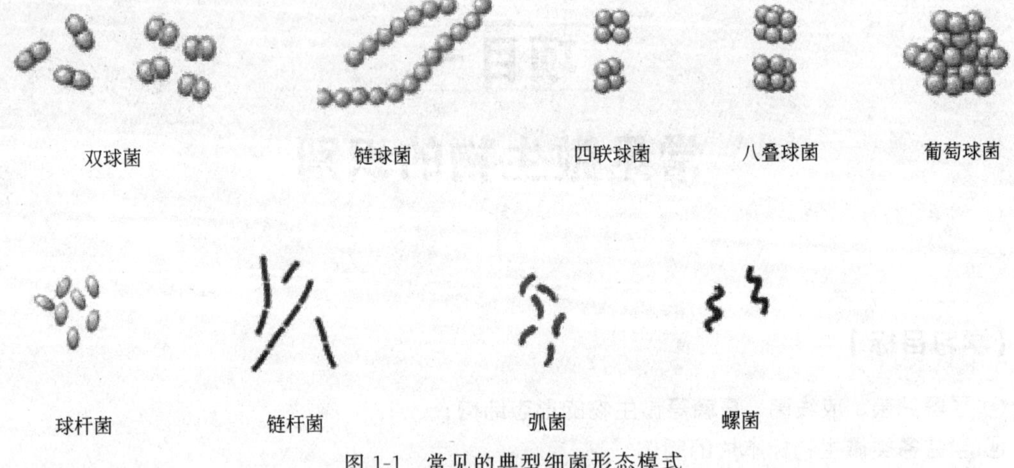

图 1-1　常见的典型细菌形态模式

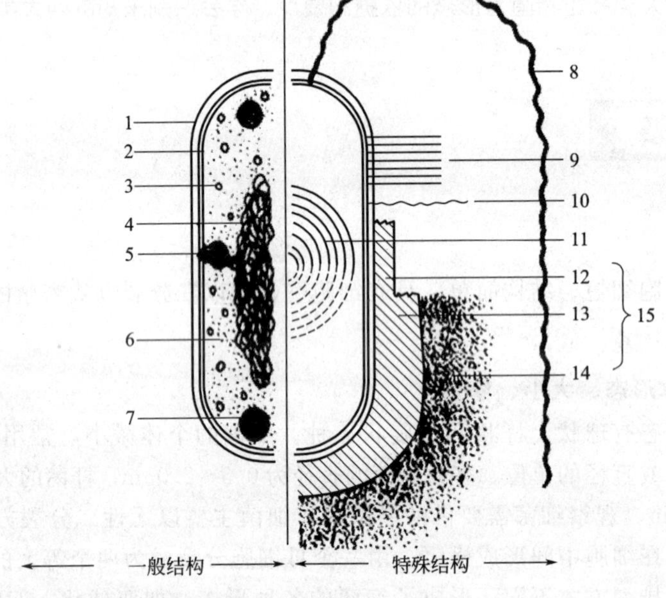

图 1-2　细菌细胞结构模式

1—细菌壁；2—细胞质膜；3、7—内含物；4—核区；5—间体；6—细胞质；8—鞭毛；9—菌毛；10—性毛；11—芽孢；12—微荚膜；13—荚膜；14—黏液层；15—糖被

增加，这就是细菌细胞的个体生长。

(2) 细菌的群体生长　细菌的群体生长包括个体体积的增大和细胞数量的增加。

① 细菌在固体培养基上的群体形态　把单个细菌（或其他微生物）细胞接种到适合的固体培养基表面，在适合的环境条件下细菌能迅速生长繁殖，在培养基表面形成一个肉眼可见的细胞群体，这个群体称为菌落。菌落是一个纯种细胞群，如果把大量分散的纯种细胞密集地接种在固体培养基的较大表面上，结果长出的菌落相互连接成一片，称为菌苔。

细菌菌落特征：一般呈现湿润、较光滑、较透明、黏稠、易于挑取、质地均匀以及菌落正反面或边缘与中央部位的颜色一致等特征（图 1-5）。不同菌种的菌落特征不同，同一菌

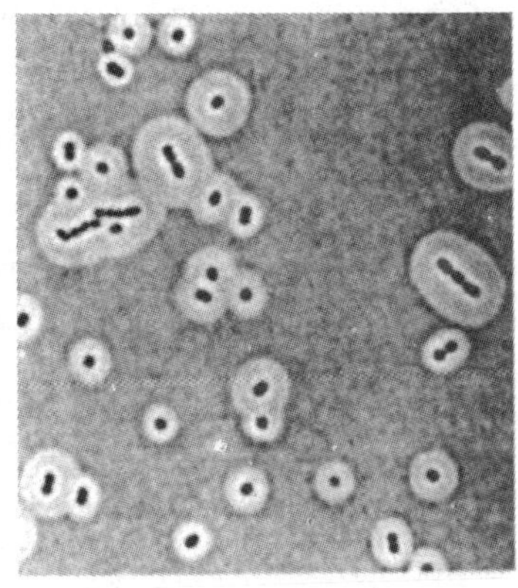

(a) 负染色

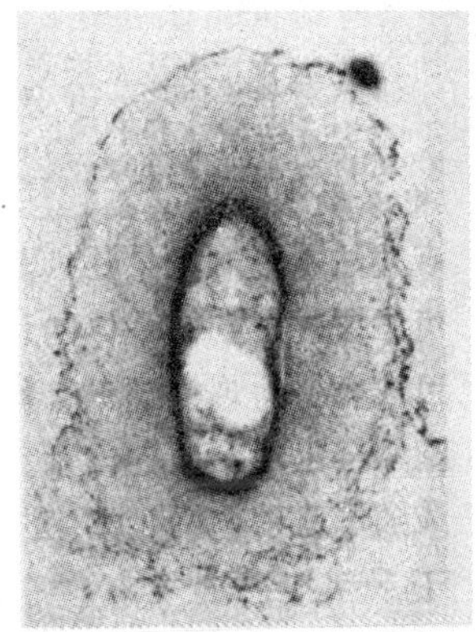

(b) 电镜切片

图 1-3 细菌的荚膜

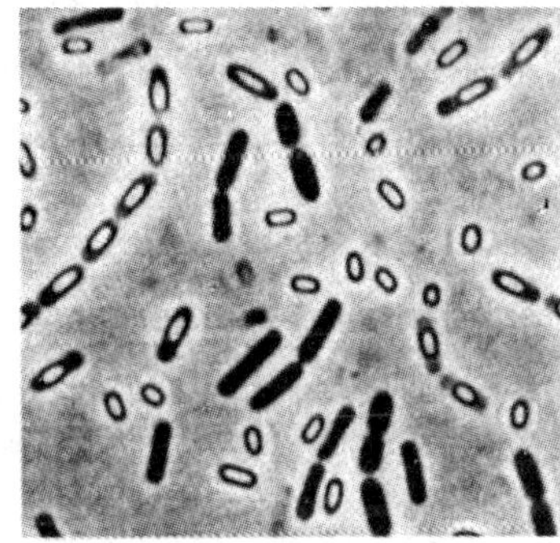

(a) 枯草芽孢杆菌的芽孢

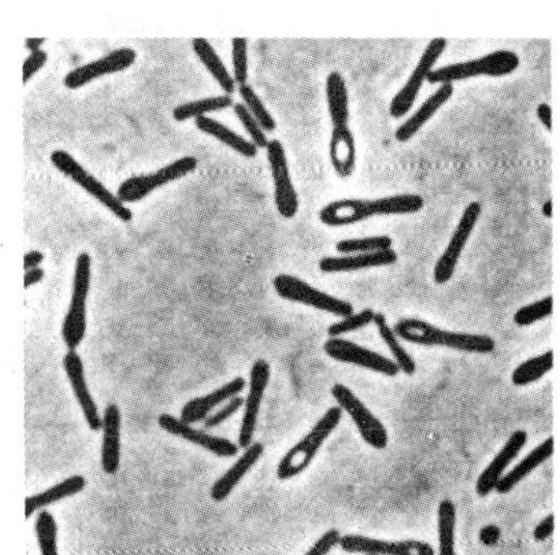

(b) 梭状芽孢杆菌的芽孢

图 1-4 细菌的芽孢

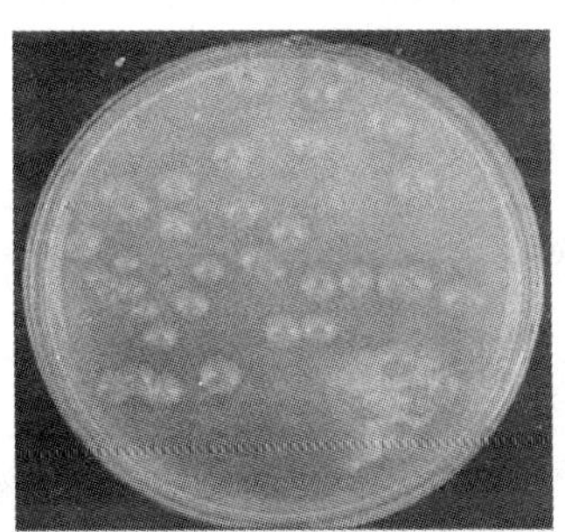

(a) 硅酸盐细菌菌落

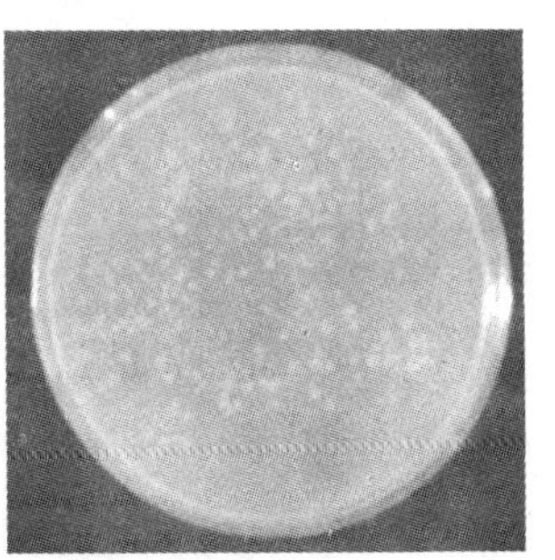

(b) 大肠杆菌菌落

(c) 枯草芽孢杆菌菌落

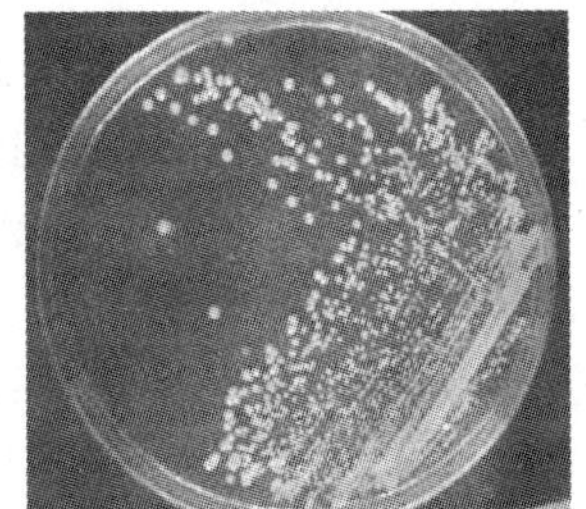

(d) 金黄色葡萄球菌菌落

图 1-5 几种细菌的菌落特征

种因不同生活条件其菌落形态也不尽相同，但是同一菌种在相同培养条件下所形成的菌落是一致的。所以菌落的形成对于菌种的鉴定有一定的意义。菌落特征还可用于微生物的分离、纯化、鉴定、计数和选种、育种等一系列工作。观察菌落形态一般以培养 3～7d 的菌落为宜。

② 细菌在半固体培养基上（内）的群体形态　将含 0.3%～0.5%琼脂的半固体培养基灌注在试管中，形成高层直立柱，用穿刺接种技术接入试验菌种。如该细菌有鞭毛、能运动，则沿穿刺线扩散生长，培养基中的穿刺线呈云雾状；若无鞭毛不能运动，则只在穿刺线处生长，培养基中的穿刺线很清晰（图 1-6）。在培养基的表面及穿刺线上部生长的细菌为好氧菌，沿整条穿刺线生长的细菌为兼性厌氧菌，在穿刺线底部生长的细菌为厌氧菌。

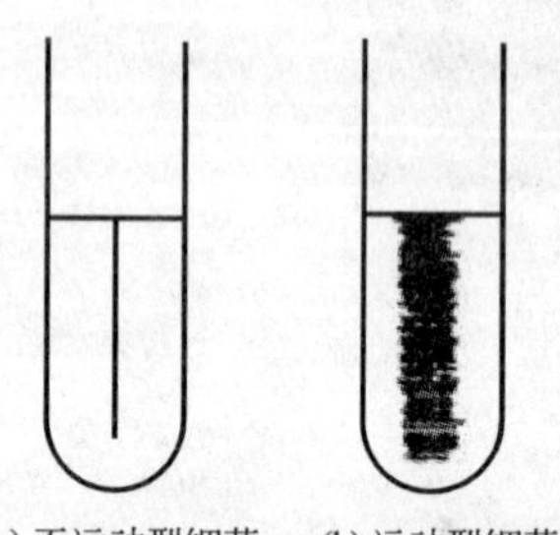

图 1-6　细菌在半固体培养基上的培养特征

③ 细菌在液体培养基上（内）的群体形态　细菌在液体培养基中生长时，会因其细胞特征、相对密度、运动能力和对氧气等关系的不同，而形成几种不同的群体形态，多数表现为混浊，部分表现为沉淀，一些好氧性细菌则在液面上大量生长，形成有特征性的菌膜。

④ 细菌的生长曲线　少量单细胞纯种微生物接种到恒容积的液体培养基中培养，定时取样计算细菌数量，然后以时间为横坐标，以单位体积中细菌数目的对数为纵坐标，可以绘制一条包含延滞期、指数期、稳定期和衰亡期 4 个阶段的单细胞微生物（细菌、酵母菌）的典型生长曲线（图 1-7）。

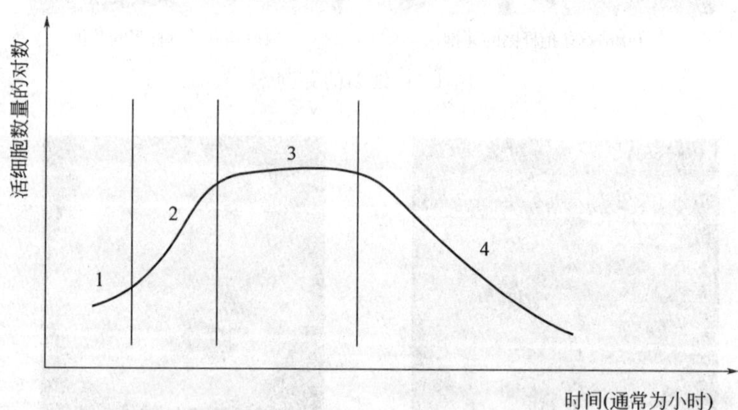

图 1-7　细菌的典型纯培养生长曲线

1—延滞期；2—指数期；3—稳定期；4—衰亡期

a. 延滞期：又叫调整期。细菌接种至培养基后，对新环境有一个短暂适应过程。此期细菌体积增大，代谢活跃，为细菌的分裂增殖合成，储备充足的酶、能量及中间代谢产物，但不分裂，菌数不增加，此期曲线平坦稳定。迟缓期长短因菌种、接种菌量、菌龄以及营养物质等不同而异，一般为 1～4h。

b. 指数期：又称对数期。此期生长曲线上活菌数直线上升。细菌数量以稳定的几何级数极快增长，可持续几小时至几天不等（视培养条件及细菌代谢而异）。此期细菌形态、大小、染色性、生物活性都很典型，对抗生素作用敏感，因此研究细菌性状、药敏试验以此期细菌效果最佳。

c. 稳定期：由于培养基中营养物质消耗、代谢产物积累及 pH 改变等不利因素影响，细菌繁殖速度减慢，相对死亡数开始逐渐增加，此期细菌增殖数与死亡数渐趋平衡。活菌数相对稳定，细菌形态与生理特性逐渐发生改变，细菌的芽孢开始形成，染色性、生物活性可出现改变，某些代谢产物如外毒素、内毒素、抗生素开始产生。

d. 衰亡期：由于营养条件的进一步恶化使细菌的死亡率迅速增加，细菌繁殖越来越慢。微生物个体死亡速度超过新生速度，活菌数与培养时间呈反比。此期微生物个体形态多变，染色性也不稳定，甚至菌体自溶，难以辨认其形。有的微生物此期会进一步合成、释放抗生素等次生代谢产物，芽孢杆菌在此期释放芽孢。

知识链接

切菜时生食、熟食使用的菜刀、菜板为什么要分开？

生食品是指没经过加热的制作食品的原料，如生鱼、生肉、生蛋、蔬菜、水果等。熟食是经过加工或焯水处理后的原料通过配好的卤汁、红油凉拌、熏烤、油炸等制作而成的菜肴，如熟肉、火腿肠、烧鸡、素什锦等。生食品中常带有许多细菌、寄生虫卵，而经过加工制作后的熟食品中基本上没有细菌和寄生虫卵。

生肉、水产品上带有的致病细菌或寄生虫卵直接污染熟肉、凉菜，或食品冷藏生熟不分、荤素不分，是餐馆、集体食堂及家庭发生食物中毒的重要原因。据资料报道，猪肉、牛肉、羊肉中，30%带有致病菌；水果、蔬菜中，79%带有大肠杆菌等肠道菌，81%带有蛔虫卵。在加工这些食物时，细菌或寄生虫卵必然要污染用具，如果再用这些用具来加工、盛放熟食品，那么，细菌和虫卵就会污染到熟食品上，人吃后就可能发生食物中毒或患寄生虫病。生熟食品的用具，包括菜刀、菜板、盆筐以及食具等，一定要配备两套，按生熟分开使用。有的家庭没有准备两套食品用具，应做到在加工、盛装生食品后，对用具洗刷干净或用开水浇烫消毒，然后再盛装熟食品。

二、放线菌

放线菌属于一类具有分支状菌丝体的细菌，革兰染色为阳性。放线菌是主要的抗生素产生菌。大多数放线菌是需氧性腐生菌，只有少数为寄生菌，在有机质丰富的微碱土壤中含量最多。

1. 放线菌的个体形态及繁殖

典型的放线菌由菌丝和孢子组成。菌丝有的无色，有的产色素。潜入培养基中吸收营养的称营养菌丝，着生在培养基表面的称气生菌丝。气生菌丝发育到一定阶段，其顶端可分化形成孢子，这种形成孢子的菌丝称为孢子丝。放线菌的孢子属无性孢子，它是放线菌的繁殖器官。大量菌丝交织成团，形成菌丝体（图 1-8）。

放线菌可以通过无性孢子的方式进行繁殖，在液体培养中，也可以通过菌丝断裂的片断形成新的菌丝体而大量繁殖。在工业发酵生产抗生素时常采用搅拌培养即是依据此原理进行的。

2. 放线菌的群体特征

(1) 固体培养　成熟的放线菌菌落干燥、不透明、表面呈致密的丝绒状，上有一薄层

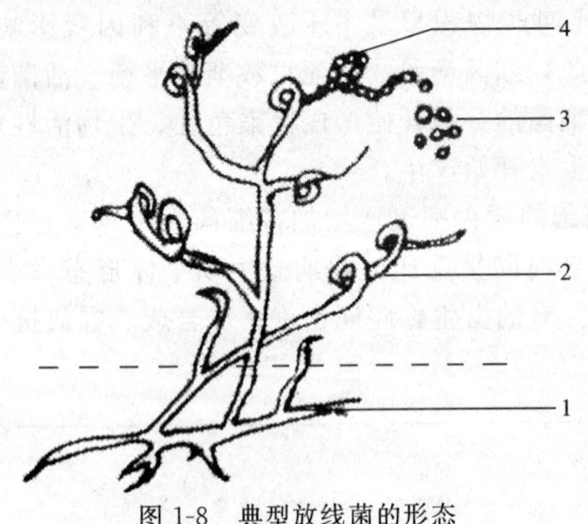

图 1-8　典型放线菌的形态

1—基内菌丝；2—气生菌丝；3—孢子丝；4—孢子

"干粉"，菌落和培养基连接紧密，难以挑取；菌落的正反面颜色常不一致，周缘有放射状菌丝。

（2）液体培养　在实验室对放线菌进行摇瓶培养时，常可见到在液面与瓶壁交界处粘贴着一圈菌苔，培养液清而不浑，其中悬浮着许多珠状菌丝团，一些大型菌丝团则沉在瓶底。

三、真菌

真菌是一类有细胞壁且细胞中不含叶绿体的异养型真核微生物，人们按真菌的形态特征将真菌分为单细胞的酵母菌、丝状体的霉菌和产生子实体的蕈菌三类。

1. 酵母菌

（1）个体形态结构　酵母菌是单细胞的真菌，其细胞结构除细胞壁、细胞膜、细胞质和细胞核以外，还有明显的内含颗粒、液泡、线粒体等（图 1-9）。酵母菌细胞比细菌细胞大得多。其形态依种类不同而异，有球形、椭圆形、卵圆形、柠檬形及一些不规则形状，也有少数成假丝状（图 1-10）。

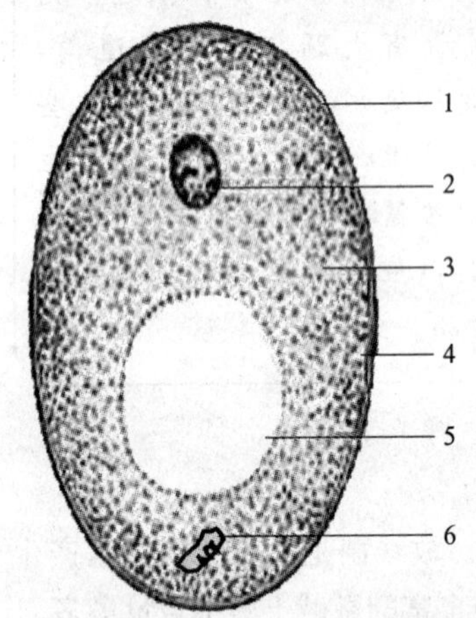

图 1-9　酵母菌的典型细胞结构

1—细胞壁；2—细胞核；3—细胞质；4—细胞膜；5—液泡；6—线粒体

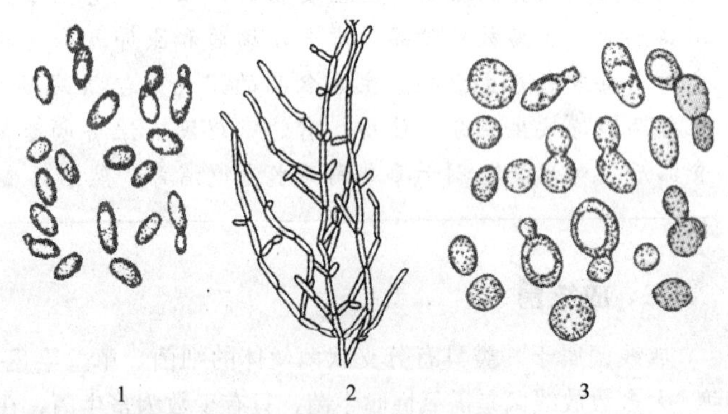

图 1-10　几种酵母菌的个体形态

1—椭圆形；2—假菌丝；3—圆形

（2）繁殖方式　酵母菌的繁殖可分为无性繁殖和有性繁殖。无性繁殖以出芽繁殖最常见，少数酵母菌如裂殖酵母以细胞分裂方式繁殖。有性繁殖通过接合产生子囊孢子，其过程分为质配、核配、减数分裂形成子囊三个阶段。

一般情况下，酵母菌以营养体状态进行出芽繁殖，营养体既能以单倍体形式存在，也能以二倍体形式存在，在特定的条件下进行有性繁殖。例如，啤酒酵母的生活史包括以下 6 个过程：①单倍体营养细胞借芽殖方式进行无性繁殖；②两个性亲和的单倍体营养细胞各伸出一根管状原生质突起，然后吻合成一接合桥，两个细胞的细胞质混合，即质配；③两个细胞的细胞核融合在一起，形成一个二倍体细胞核，即核配；④形成的二倍体细胞并不一定立即进行核分裂，可通过出芽繁殖形成二倍体营养细胞，即二倍体细胞能独立存在；⑤二倍体细胞在合适的条件下，经减数分裂产生 4 个子囊孢子；⑥单倍体的子囊孢子萌发后形成单倍体营养细胞，又可借芽殖的方式进行无性繁殖（图 1-11）。

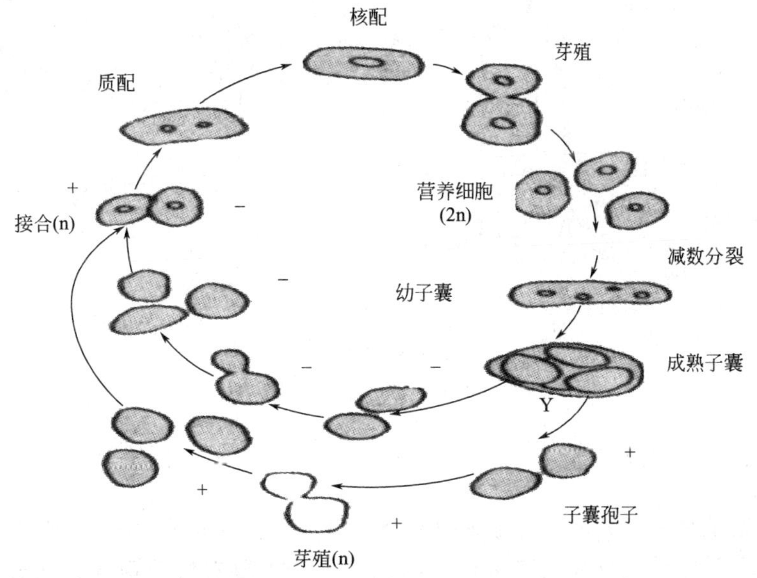

图 1-11　啤酒酵母的生活史

（3）菌落特征　菌落特征与细菌相似，通常呈圆形，表面光滑、湿润、不透明，容易挑取，菌落质地均匀，正反面和边缘、中央的颜色都很均一（图 1-12）。但比细菌的菌落大且厚，多数为乳白色，少数呈红色（如红酵母），有些种类长时间培养，菌落表面皱缩。

在液体培养基中生长的酵母，可使培养液变混浊。有的酵母菌生长在培养液底部并产生沉淀，有的可在培养液中均匀生长，有的在培养基表面生长并形成菌膜等。

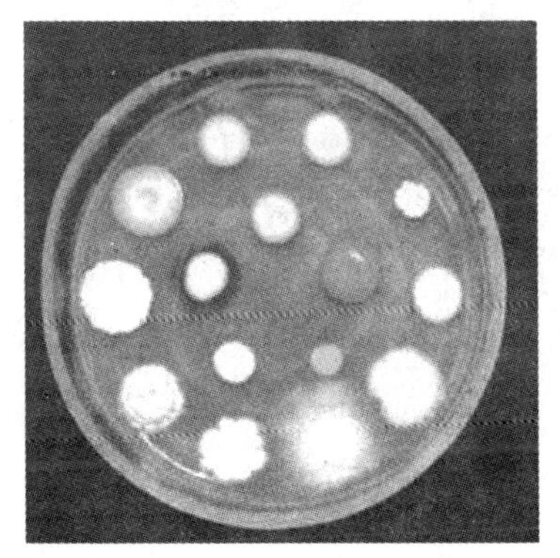

图 1-12　酵母菌的菌落类型

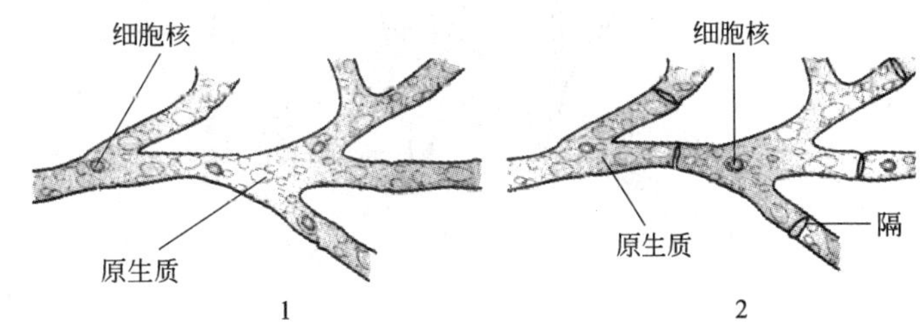

图 1-13　无隔菌丝和有隔菌丝

1—无隔菌丝；2—有隔菌丝

2. 霉菌

（1）形态结构　霉菌的形态较复杂，具有分枝的菌丝体和分化的繁殖器官。其菌丝比放线菌的菌丝大几倍到几十倍，有的有隔，有的无隔。根据菌丝在固体培养基中所处的位置和功能将其分为营养菌丝、气生菌丝和繁殖菌丝（图 1-13、图 1-14）。

（2）繁殖方式　霉菌具有很强的繁殖能力，虽然霉菌菌丝体上任一片段在适宜条件下都

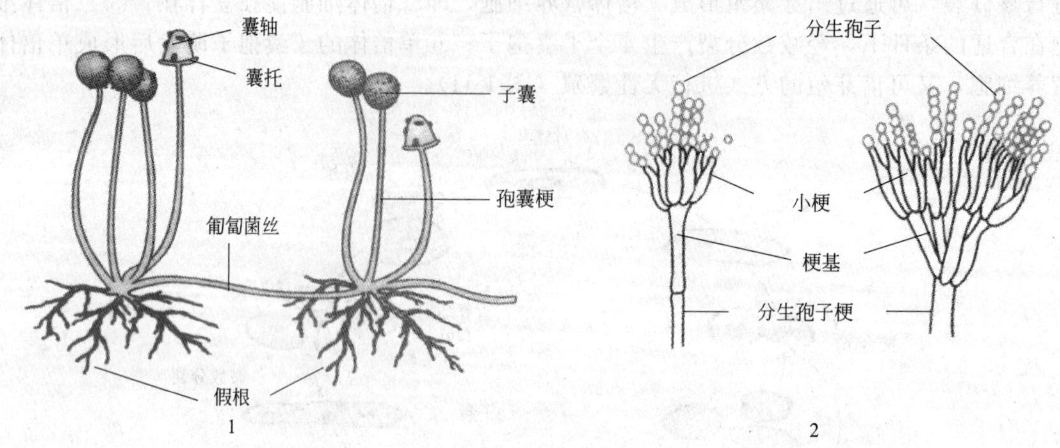

图 1-14　霉菌的形态

1—根霉的形态；2—青霉的形态

能发展成新个体，但在自然界中，霉菌主要依靠产生无性孢子或有性孢子的方式大量形成新个体。

无性孢子繁殖是指不经过两性细胞的配合，只是通过营养菌丝的分化而形成同种新个体的过程，其特点是分散、量大，霉菌产生的无性孢子主要有游动孢子、孢囊孢子、厚垣孢子、分生孢子、节孢子等（图 1-15）。

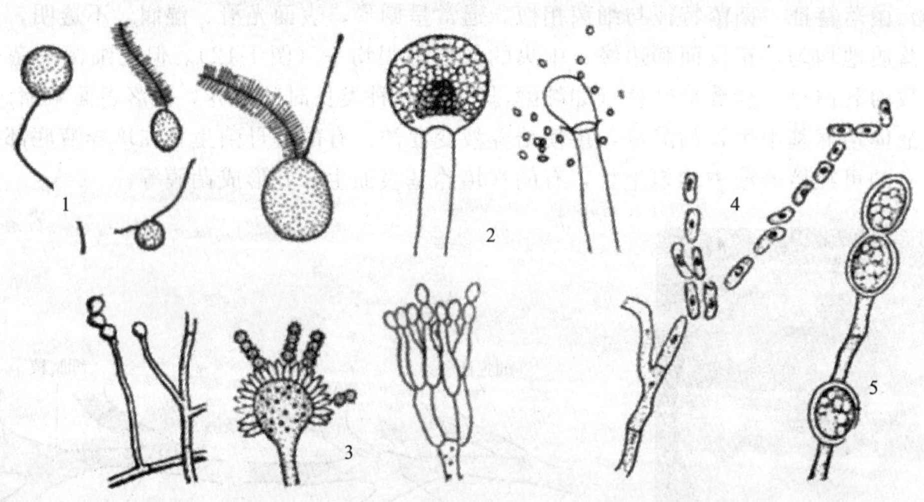

图 1-15　真菌的无性孢子

1—游动孢子；2—孢囊孢子；3—分生孢子；4—节孢子；5—厚垣孢子

有性孢子繁殖过程是指由两个性别不同的细胞经过质配、核配、减数分裂，形成染色体数目减半的有性孢子，有性孢子再发育成单倍体的菌丝。常见的真菌有性孢子有卵孢子、接合孢子、子囊孢子和担孢子。霉菌的有性繁殖多发生于特定的条件下，在一般的培养条件下不容易出现。

3. 菌落特征

霉菌的菌落是由许多疏松的菌丝体及孢子构成，菌落表面呈绒毛状、棉絮状、毯状、粉末状或蜘蛛网状等。一些霉菌直径仅为 1～2cm，甚至更小，如青霉、曲霉。另一些霉菌菌丝生长很快，且在固体培养基表面蔓延，其菌落没有固定大小，可充满整个容器，如根霉、毛霉、链孢霉等。因此，在固体发酵和食用菌栽培过程中，如污染了这类霉菌又不及时处理，往往会造成一定的经济损失。

由于不同的霉菌形成的孢子具有不同的颜色、形状和构造，所以菌落表面可呈现肉眼可见的不同结构与色泽特征，菌落表面和背面可显示黄、绿、橙、黑等颜色。有的霉菌产生的水溶性色素，除使菌落带颜色外，还可使培养基着色。霉菌在一定的培养基上形成的菌落大小、形状、颜色等是比较一致的，因此可以作为霉菌鉴定的主要依据之一。

知识链接

灰指甲的致病原因及预防措施

定植在甲板、甲下的真菌（毛癣菌属和表皮癣菌属）在甲受轻微外伤后进入甲板进行生长繁殖，它们一方面将甲组织作为营养源，另一方面破坏甲的正常结构，使指（趾）甲失去光泽，增厚变形，引起甲真菌病，即甲癣，又称灰指甲，它是甲最常患的疾患，占甲病的半数以上。指甲、趾甲均可发病，趾甲更易罹患。成人出现甲真菌病的比例约为6%～8%。

目前预防灰指甲感染没有特效办法，潮湿环境、营养不良、免疫低下等为易感因素。外伤，特别是不当的美甲，应用公共修甲工具，穿公共拖鞋等可感染该病。因此，灰指甲的主要预防措施包括避免使用公共拖鞋、足盆、鞋袜等。串门时可应用鞋套代替换鞋，在商店试穿新鞋后注意彻底洗脚。自身注意穿透气鞋，避免用公共美甲、修甲器具，避免甲受伤，不要涂抹劣质指甲油等。

四、病毒

1. 形态结构

病毒是一类没有细胞结构，活细胞内专性寄生的实体。当其处于活细胞之外时，没有任何生命特征，是一种能形成结晶的有机物分子，只有进入到活细胞中才表现出生命的特征，进行自身的核酸复制、形成子代。成熟的病毒其大小通常用纳米表示，能通过细菌滤器。种类繁多、形态各异，有球状、杆状、丝状、砖形、弹状、蝌蚪状等。

病毒的主要成分为蛋白质和核酸，核酸为遗传物质，一种病毒只含一种核酸，或DNA，或RNA。成熟的具有侵袭力的病毒颗粒称为病毒粒子，主要由衣壳和核酸两部分组成，有的病毒在衣壳外还有一层外套，称包膜，有的包膜上还有刺突（图1-16）。

2. 繁殖方式

病毒的繁殖方式与细胞生物不同，病毒缺乏所需要的酶系，只能在感染的细胞内利用宿主细胞提供的能量、原料和场地完成病毒的复制。无论是动物病毒、植物病毒或细菌病毒，其繁殖过程基本相似，一般分为吸附、侵入、脱壳、合成、装配与释放等6个连续的步骤。

自然界中的病毒可分为真病毒和亚病毒。真病毒是指既有核酸又有蛋白质的一类病毒；而亚病毒是或者只有侵染性的RNA，或者只有侵染性的蛋白质，或者是包被在真病毒颗粒中的卫星病毒。

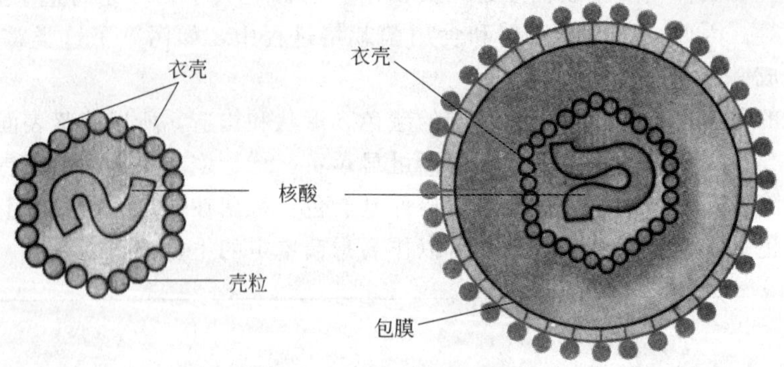

图 1-16　病毒的基本结构

知识链接

流行感冒的防治

流行性感冒简称流感，是由流感病毒引起的一种急性呼吸道传染病，传染性强，发病率高，容易引起暴发流行或大流行。其主要通过含有病毒的飞沫进行传播，人与人之间的接触或与被污染物品的接触也可传播。典型的临床特点是急起高热、显著乏力、全身肌肉酸痛，而咳嗽、流涕、打喷嚏、鼻塞等上呼吸道卡他症状相对较轻。秋冬季节高发。本病具有自限性，但在婴幼儿、老年人和存在心肺基础疾病的患者容易并发肺炎等，严重并发症可导致死亡。

流感是一种常见的病毒感染性疾病，在发病 36h 或 48h 内尽早开始抗流感病毒药物治疗。对于流感病毒的治疗抗生素是没有作用的，因此在没有合并细菌感染迹象的情况下不得使用抗生素，否则易引起二重感染或耐药菌的产生。同时注意休息，多饮水，增加营养，给易于消化的饮食，补充维生素，进食后以温开水或温盐水漱口，保持口鼻清洁。

五、微生物生长繁殖的测定方法

在适宜的环境条件下，微生物细胞会不断吸收营养物质进行新陈代谢，细胞的重量、体积、大小就不断增加，这种个体的增大称为生长。个体生长达到一定程度后，细胞就会以各种方式引起个体数目的增加，对单细胞微生物来说，这就是繁殖。原有的个体就发展为一个群体。由此可见，群体生长是个体生长与个体繁殖共同作用的结果。群体的生长可用其重量、体积、个体浓度或密度等作指标来测定。

微生物不论其在自然条件下，还是在人为条件下，都必须大量存在才能产生作用，生长和繁殖就是保证微生物获得巨大数量的必要前提。因此单个微生物细胞的生长研究在微生物的应用研究方面意义不大，在微生物实验、研究、生产中，凡提到生长时，一般均指群体生长。

微生物的生长情况可以通过测定单位时间里微生物数量或生物量的变化来评价。通过微生物生长的测定可以客观地评价培养条件、营养物质等对微生物生长的影响，或评价不同的抗菌物质对微生物产生抑制（或杀死）作用的效果，或客观地反映微生物生长的规律。因此，微生物生长的测定在理论上和实践上有着重要的意义。微生物生长的测定主要有计数法和生长量法两类。

1. 计数法

(1) 显微直接计数法　本法仅适用于单细胞的微生物类群。测定时需用血球计数板（适用于酵母、真菌孢子等）或细菌计数板。具体做法是取定容稀释的单细胞微生物（细菌）悬液放置在计数板上固定体积的计数器小室内，在显微镜下观察、计数，计算出样品中细胞浓度。

应注意，用于直接计数的菌悬液浓度一般不宜过低或过高，活跃运动的细菌应先用甲醛杀死或适度加热停止其运动。本法的优点是快捷简便、容易操作，缺点是难于区分死活细胞及形状与微生物类似的杂质。为解决这一矛盾，已有用特殊染料作活菌染色后再用光学显微镜计数的方法。例如，用美蓝染液对酵母菌染色后，其活细胞为无色，而死细胞则为蓝色，故可作分别计数；细菌经吖啶橙染色后，在紫外显微镜下可观察到活细胞发出橙色荧光，而死细胞则发出绿色荧光，因此也可作活菌和总菌计数。

(2) 比浊法　比浊法是测定悬液中细胞数的快速方法。根据在一定的浓度范围内，菌悬液中的微生物细胞浓度与液体的吸光度成正比，与透光率成反比的原理，可使用分光光度计测定各种微生物悬液中细胞数量。一般用 450～650nm 的波段。细菌数越多，透光量越低。由于细胞浓度仅在一定范围内与吸光度呈直线关系，因此待测菌悬液的细胞浓度不应过低或过高，培养液的色调也不宜过深，颗粒性杂质的数量应尽量减少。本法常用于观察和控制在培养过程中微生物细菌数的消长情况。如细菌生长曲线的测定和发酵罐中的细菌生长量的控制等。同时菌悬液浓度必须在 10^7 个/mL 以上才能显示可信的混浊度。比浊法的优缺点与直接计数法相同。不适用于多细胞生物的生长测定。

(3) 稀释平板计数法　这是一种活菌计数法，在大多数的研究和生产活动中，往往更需要了解活菌数的消长情况。从理论上可以认为在高度稀释条件下每一个活的单细胞均能繁殖成一个菌落，即“菌落形成单位”(CFU)，培养皿上形成的菌落数乘上稀释度就可推算出菌样中所含的活菌数。本法是目前仍广泛采用的主要活菌计数方法，具体可分为平板涂布法和浇注法。它较适合于细菌和酵母菌等单细胞微生物计数。该法的缺点是操作较繁琐、培养时间也较长、易污染且要求操作者技术熟练，而且在混合微生物样品中只能测定占优势并能在供试培养基上生长的类群。

(4) 菌丝长度测定法　此法适合放线菌、霉菌等丝状生长的微生物，是一种活菌测量法。一般采用在固体培养基上接种该菌，然后定时测量的方法。具体操作方法是将真菌接种在平皿中央，每隔 24h 测定一次菌落直径或面积，对生长缓慢的真菌和放线菌可数天测定一次，直到菌落覆盖了整个平皿，计算出菌丝的生长速度。该法的缺点是没有反映菌丝的纵向生长，即菌落的厚度和深入培养基内的菌丝；接种量的大小会影响测定的结果。

2. 生长量法

(1) 细胞干重法　将单位体积的微生物培养液经离心或过滤后收集，并用无菌水反复洗涤菌体，除去培养基成分，置 105℃干燥箱或红外线烘干，也可 60～80℃真空干燥，干燥至恒重，然后精确称重，即可计算出培养物的总生物量。过滤时丝状真菌用滤纸过滤，细菌用乙酸纤维素膜等进行过滤。

若是固体培养物，可先加热溶解琼脂，然后过滤出菌体，洗涤干燥后称重。一般细胞干重为细胞湿重的10%～20%，每1mg干重的细菌约含有4×10^9～5×10^9个细胞。本法适宜于含菌量高，不含或少含非菌颗粒性杂质的环境或培养条件。

(2) 总氮量测定法　蛋白质是生物细胞的主要成分，含量比较稳定，其中氮是其重要的组成元素。因此，可以从一定体积的样品中分离出细胞，洗涤后，采用双缩脲、福林试剂或凯氏定氮法等常用手段测定样品的蛋白质含量。蛋白质含氮量为16%。测出待测样品的含氮量，就能推算出细胞的生物量。如：细菌中蛋白质含量占细胞总量的50%～80%，一般以65%为代表，因此：

蛋白质总量＝含氮量×6.25

细胞总量＝蛋白质总量/65%（50%～80%）

本方法适用于在固体或液体条件下微生物总生物量的测定，但需充分洗涤菌体以除去含氮杂质，缺点是操作程序较复杂，除必需外一般很少采用。

典型任务

任务一　显微镜的使用与细菌形态观察

一、任务目标

1. 了解细菌的三种基本形态；
2. 学会普通光学显微镜的维护及保养方法；
3. 能够辨认普通光学显微镜各个部件；
4. 掌握普通光学显微镜的使用，特别是油镜头的使用。

二、任务说明

普通光学显微镜由机械装置和光学系统两大部分组成。在光学系统中，显微镜利用目镜和物镜两组透镜系统放大成像，所以又称复式显微镜。初始的放大由物镜实现。多数显微镜的旋转基座上至少带有3个物镜。通过旋转，每个镜头都可与目镜配合，实现最终放大。物镜分为低倍镜、高倍镜和油镜。随着放大倍数增加，镜头与物体尖端的距离越来越小，进入物镜的光线也越来越少，所以使用不同物镜观察样本时，需要改变聚光器和可变光圈的位置。聚光器将光集中在一个小的区域，而光圈控制进入聚光器的光量。需要牢记的一个原则是随着放大倍数的增加，必须增加进光量。使用油镜时，浸镜油要填满样本和镜头之间的空间。因为浸镜油与玻璃有几乎相同的折光系数，光的损失能够被最小化，以利于增加显微镜的照明度和分辨率。在镜臂上端的目镜能进一步放大来自物镜的图像。因此，观察者看到的总的放大倍数是物镜的放大倍数乘以目镜的放大倍数。

本任务要求学生能熟练使用普通光学显微镜观察细菌的三种形态。

三、任务准备

1. 用品及材料

三种形态细菌标本片，擦镜纸，白纱布等。

2. 仪器设备

普通光学显微镜。

3. 试剂

香柏油，二甲苯。

四、任务实施

1. 辨认显微镜的部件

普通光学显微镜的构造主要分为机械部分、照明部分和光学部分（图1-17）。

(1) 机械部分

① 镜座 是显微镜的底座，用以支持整个镜体，由底座和镜臂两部分组成，其上连接载物台和镜筒。

② 镜筒 连在镜臂的前上方，上端接目镜，下端接物镜转换器。

③ 物镜转换器 一般物镜转换器上可安装3个物镜（低倍、高倍和油镜），转动转换器，可以调换不同倍数的物镜。

④ 载物台 放置玻片标本，中央有一孔，为光线通路，在台上装有弹簧标本夹和推动器。

⑤ 调节器 是装在镜柱上的大小两种螺旋，调节时使镜台做上下方向的移动。

a. 粗调节器（粗准焦螺旋）：移动时可使镜台做快速和较大幅度的升降，所以能迅速调节物镜和标本之间的距离使物像呈现于视野中。

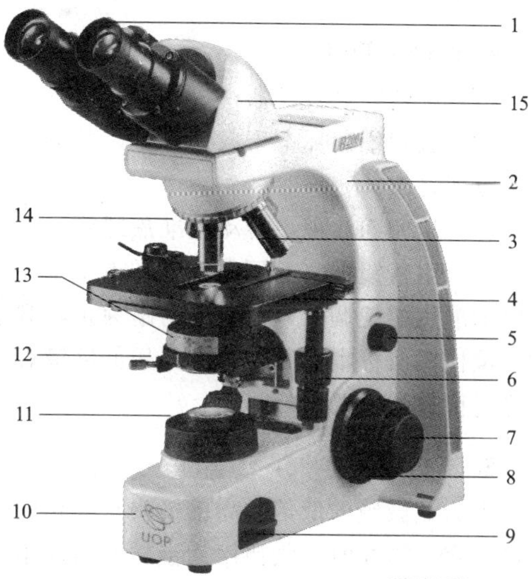

图1-17 普通光学显微镜的构造

1—目镜；2,15—镜筒；3—物镜；4—载物台；5—亮度调节旋钮；6—推动器；7—细调节器；8—粗调节器；9—电源；10—底座；11—光源；12—光圈；13—聚光器；14—物镜转换器

b. 细调节器（细准焦螺旋）：移动时可使镜台缓慢升降，多在运用高倍镜时使用，得到更清晰的物像，并借以观察标本的不同层次和不同深度的结构。

(2) 照明部分 装在镜台下方，包括光源和集光器。

① 光源 早期的普通光学显微镜常用自然光检视标本，在镜座上装有反光镜。可向任意方向转动，它有平、凹两面，其作用是将光源光线反射到聚光器上，再经通光孔照明标本。凹面镜聚光作用强，适于光线较弱的时候使用；平面镜聚光作用弱，适于光线较强时使用。新近出产的研究显微镜镜座上装有内置光源，并有电流调节装置，可以通过调节电流大小来调节光照强度。

② 聚光器 位于镜台下方，由聚光透镜、虹彩光圈和升降螺旋组成，其作用是把光线集中到所要观察的标本上。

(3) 光学部分

① 物镜 装在物镜旋转器上，一般有3～4个物镜，物镜长度与放大倍数呈正相关，其中最短的刻有“10×”符号的为低倍镜，较长的刻有“40×”符号的为高倍镜，最长的刻有

"100×"符号的为油镜。

② 目镜 装在镜筒的上端，通常备有 2～3 个，上面刻有"4×"、"10×"或"16×"符号以表示其放大倍数，一般装的是"10×"的目镜。

2. 显微镜的放置

将显微镜从柜子内拿出时，需用右手紧握镜臂，左手托住镜座，平稳地将显微镜放置于实验台上，避免振动，距实验台边缘约 5cm，位于操作人员前方偏左，右侧可放记录本。

3. 调节照明

接通电源，打开电源开关，调节亮度，然后升降聚光器，开启虹彩光圈，将光线调至合适的亮度。

4. 低倍镜观察

(1) 旋转物镜转换器，将低倍物镜（10×）对准通光孔。

(2) 放置细菌标本于载物台上，并用压片夹固定住，调节推动器，使被观察的标本位于光路范围之内。

(3) 从侧面注视，转动粗准焦螺旋，上升载物台，使物镜下降至标本片 5mm 的高度。

(4) 用目镜观察并同时用粗准焦螺旋慢慢下降载物台（或升起镜筒），直至物像出现，再用细准焦螺旋调节，使物像清晰为止，观察菌体的形态。

镜检任何标本都必须养成先用低倍镜观察的习惯。因为低倍镜视野较大，易于发现目标和确定检查的位置。

5. 高倍镜观察

因为显微镜的低倍和高倍镜头是共焦的，所以在低倍物镜观察的基础上可直接转换高倍物镜观察。转换时必须使用物镜转换器而不可用手直接扳镜头，当听到"咔嚓"一声即表明物镜已经转到了正确的位置上。在正常情况下，高倍物镜的转换不应碰到载玻片或其上的盖玻片，所以在转换物镜时要从侧面观察，避免镜头与玻片相撞或相擦；然后从目镜观察，调节光照，使亮度适中，这时，只要再稍微调节一下细准焦螺旋就可看到清晰的物像，观察并绘制菌体形态图。

6. 油镜观察

油浸物镜的工作距离（指物镜前透镜的表面到被检物体表面的距离）很短，一般在 0.2mm 以内，因此在使用油浸物镜时要特别小心，避免由于"调焦"不慎而压碎标本片并使物镜受损。油镜使用按下列步骤操作。

(1) 先用粗准焦螺旋降低载物台（或提起镜筒）约 2cm，将油镜镜头转至正下方。在玻片标本上的镜检部位滴一滴香柏油。

(2) 从侧面观察，用粗准焦螺旋将载物台缓缓地上升，使油镜镜头浸入香柏油中，镜头几乎与标本接触。必须注意，上升载物台不能用力过猛，否则会压碎玻片，还易损坏镜头。

(3) 从目镜观察，先调节光线，将虹彩光圈开到最大，再用细准焦螺旋将载物台慢慢下降，至视野出现物像为止，然后用细准焦螺旋调准焦距，使物像清晰。如果镜头已离开油面但仍未出现物像，必须再从侧面注视，将载物台缓缓提起，重新操作，直至出现物像为止。

(4) 仔细观察菌体形态并绘图。

7. 显微镜用后的维护与保养

(1) 观察完毕，关闭光源灯，转动粗调旋钮，下降载物台（或上升镜筒），取下载玻片。

(2) 先用擦镜纸擦去镜头上的香柏油，再用擦镜纸蘸少许二甲苯擦去镜头上残留的油迹（朝一个方向擦拭 2～3 下即可），最后用擦镜纸擦去镜头上残留的二甲苯。

(3) 用擦镜纸擦拭其他物镜及目镜，将全部物镜及目镜取下，放入干燥器内保存。

(4) 用柔软的纱布擦拭显微镜的金属部件。

(5) 将载物台降到最低位置，并降下聚光器；反光镜应与聚光器垂直。

(6) 将整部显微镜用红黑两层布罩罩好放回柜内，或移置镜箱中。

五、任务提示

使用普通光学显微镜的过程中易出现的一些常见问题及解决方法见表 1-1。

表 1-1 普通光学显微镜使用过程中的常见问题及解决方法

常见问题	解决方法
没有光线透过目镜	检查显微镜电源插入的插座是否有电
	检查光源开关是否打开
	确保观察样本固定在指定位置
	确保可变光圈已经打开
透过目镜的光线不足	将聚光镜升到最高
	将光圈完全打开
	将光源强度调大
视野范围内有杂物(线、粉尘等)	用擦镜纸或清洁剂清洁目镜
视野中可见颗粒游动且视野模糊	使用油镜油中有气泡,可多加一些油或确保相应的物镜完全浸没在油中
	若使用非油浸高倍物镜,确保其未使用油
	确保盖玻片上没有油,油会使盖玻片与物镜粘连而从载玻片上脱离,从而使视野模糊或看不见。

六、任务思考

1. 将所观察到的三种形态细菌绘成视野圆形图，并分别注明放大倍数。
2. 试列表比较低倍镜、高倍镜及油镜在各方面的不同之处。
3. 在使用高倍镜及油镜时，应特别注意避免粗调旋钮的哪些错误操作？
4. 用油镜观察时及观察完毕后，主要应注意哪些问题？

任务二 细菌的简单染色与革兰染色

一、任务目标

1. 了解革兰染色的原理；
2. 掌握细菌简单染色和革兰染色的方法；
3. 熟练掌握油镜的使用技术。

二、任务说明

用于生物染色的染料主要有碱性染料、酸性染料和中性染料三大类。碱性染料的离子带正电荷，能和带负电荷的物质结合。因细菌蛋白质等电点较低，当它生长于中性、碱性或弱酸性的溶液中时常带负电荷，所以通常采用如碱性美蓝、结晶紫、碱性复红或孔雀绿等碱性染料使其着色。酸性染料的离子带负电荷，能与带正电荷的物质结合。当细菌分解糖类产酸使培养基 pH 下降时，细菌所带正电荷增加，因此易被伊红、酸性复红或刚果红等酸性染料着色。中性染料是前两者的结合物，又称复合染料，如伊红美蓝、伊红天青等。

简单染色法只用一种染料使细菌着色以显示其形态，不能辨别细菌细胞的构造。

革兰染色法是 1884 年由丹麦病理学家 Christian Gram 所创立的。革兰染色法可将所有的细菌区分为革兰阳性菌（G^+）和革兰阴性菌（G^-）两大类，是第一个引入实验室对细菌进行特异鉴别和鉴定的方法。

该染色法之所以能将细菌分为 G^+ 菌和 G^- 菌，是由这两类菌的细胞壁结构和成分的不同决定的。G^- 菌细胞壁中含有较多易被乙醇溶解的类脂质，而且肽聚糖层较薄、交联度低，故用乙醇等有机溶剂脱色时溶解了类脂质，增加了细胞的通透性，使初染的结晶紫和碘的复合物易于渗出，结果细菌就被脱色，再经番红复染后就成红色了。G^+ 菌细胞壁中肽聚糖层厚且交联度高，类脂质含量少，经脱色处理后反而使肽聚糖层的孔径减小，通透性降低，因此细菌仍保留初染时的紫色。

在本任务中，要求学生能独立完成细菌的简单染色和革兰染色，并熟练使用显微镜进行结果观察。

三、任务准备

1. 菌种

培养 12～16h 的枯草芽孢杆菌，培养 24h 的大肠杆菌，培养 24h 的金黄色葡萄球菌。

2. 染色剂和试剂

碱性美蓝染液，草酸铵结晶紫染液，卢戈碘液，95%乙醇，番红染液，复红染液，二甲苯，香柏油。

3. 仪器及用具

废液缸，洗瓶，载玻片，接种杯，酒精灯，擦镜纸，显微镜。

四、任务实施

1. 简单染色

（1）涂片　取干净载玻片一块，于中央加一滴生理盐水或无菌水，将接种环在火焰上灼烧灭菌，冷却后，取枯草芽孢杆菌试管斜面一支，按无菌操作法取菌涂片，做成浓菌液。再取干净载玻片一块，将刚制成的浓菌液挑 2～3 环涂在玻片中央制成薄的涂面。亦可直接在载玻片上制薄的涂面，注意取菌不要太多。如果是液体培养物则不必加水，直接取菌液 1～2 环涂片，接种环经灭菌后放回原处（图 1-18）。

（2）干燥　让涂片自然晾干或将载玻片置于酒精灯火焰高处微热烘干，但不能直接在火焰上烘烤，以免菌体变形。

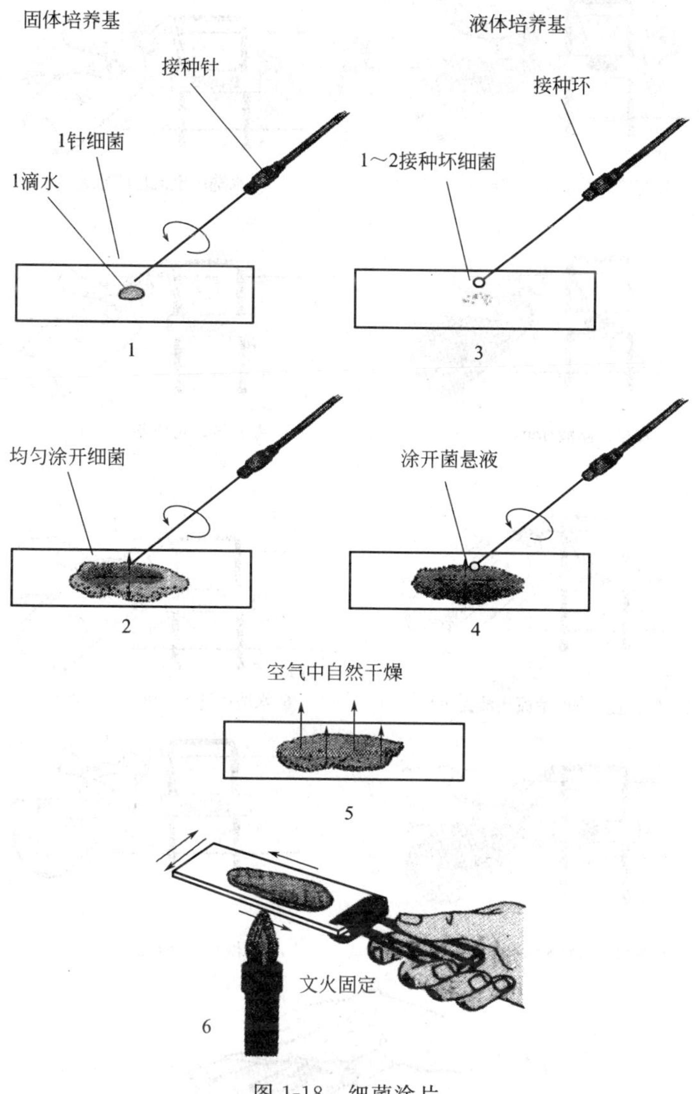

图 1-18 细菌涂片

(3) 固定 手执涂片一端，让菌膜朝上，快速通过火焰 2～3 次，使菌体固定于载玻片上（用手接触涂片反面，以不烫手为宜）。待载玻片冷却后，再加染液。

(4) 染色 将固定过的涂片放在废液缸上的搁架上，加适量（以盖满菌膜为度）番红染液或碱性美蓝染液于菌膜部位，染色 1～2min。

(5) 水洗 倾去染色液，用洗瓶中的自来水自载玻片一端轻轻冲洗，至流下的水中无染色液的颜色时为止。

(6) 干燥 将洗过的涂片放在空气中自然晾干或用吸水纸吸去载玻片上多余的水分，注意不要将菌体擦去。

(7) 镜检 先用低倍镜观察，再用高倍镜观察，找出适当的视野后，再用油镜观察细菌的形态。

2. 革兰染色

细菌革兰染色过程见图 1-19。

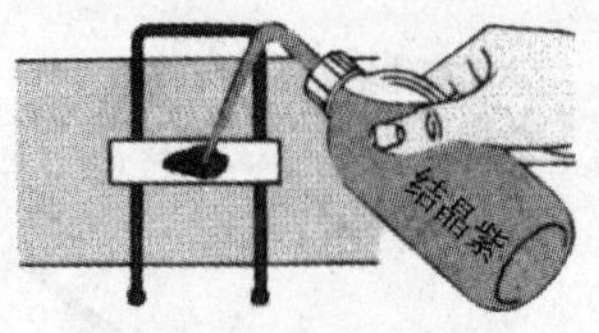

1. 初染：结晶紫1～2min

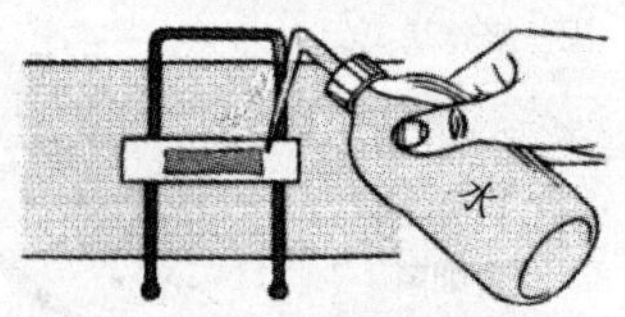

2. 水洗：至流出的水无色

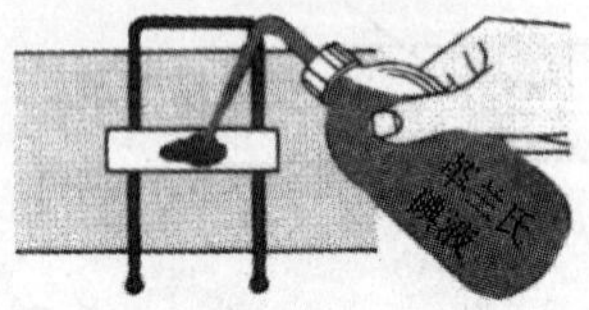

3. 媒染：碘液1min

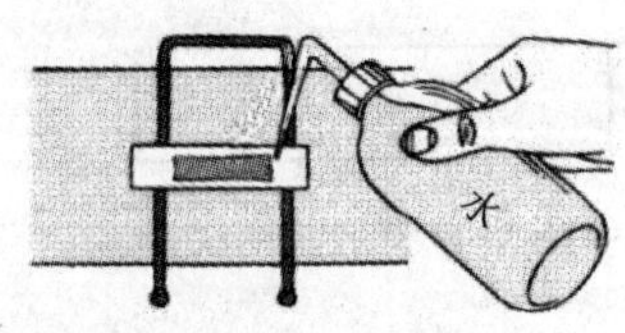

4. 水洗：可省略

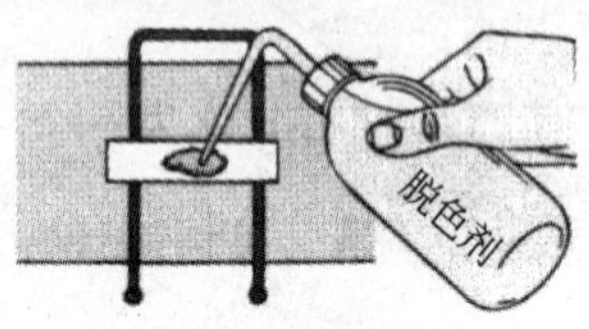

5. 脱色：20s(至流出液无色)

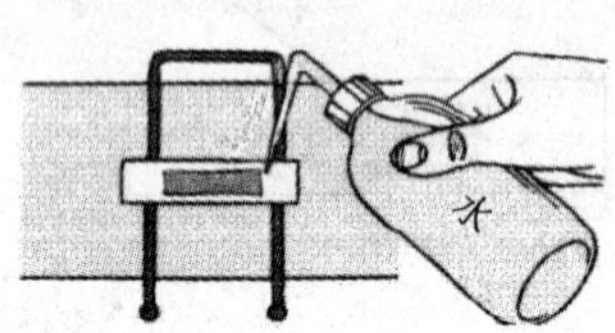

6. 水洗：洗去乙醇

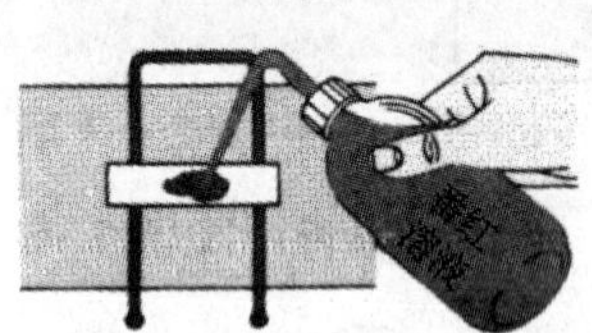

7. 复染：番红3～5min

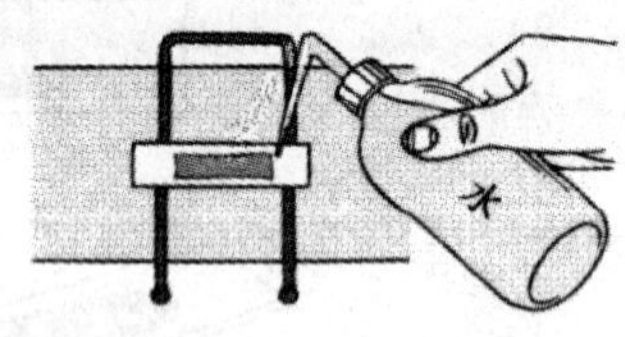

8. 水洗：至流出的水无色

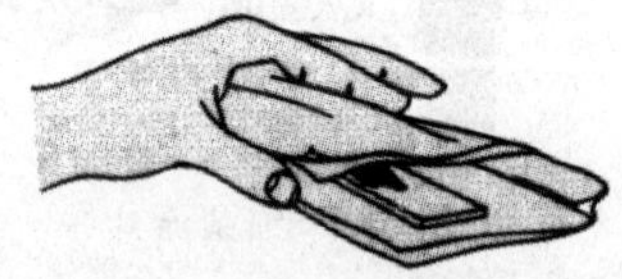

9. 干燥：用吸水纸吸干

图 1-19　细菌革兰染色过程

（1）涂片　挑取少许大肠杆菌和金黄色葡萄球菌，分别涂片（涂片一定要非常薄）。也可采用“三区”涂片法，即在玻片中央偏左和偏右各加一滴无菌水，先挑取少量的大肠杆菌、金黄色葡萄球菌在左右两边分别涂片后，再将左右两边的菌液延伸于中央区，使大肠杆菌和金黄色葡萄球菌相互混合。

（2）干燥　与简单染色法相同。

（3）固定　与简单染色法相同。

（4）草铵酸结晶紫染色（初染）　将玻片置于废液缸玻片搁架上，加适量（以盖满细菌涂面为准）的草铵酸结晶紫染液染色 1～2min。

（5）水洗　倾去染色液，用水小心地冲洗。

（6）媒染　滴加卢戈碘液，媒染 1min。

(7) 水洗　用水洗去碘液（可省略此步）。

(8) 脱色　将玻片倾斜，连续滴加95%乙醇脱色（约20s）至流出液无色，立即用水洗净乙醇，并轻轻吸干。

(9) 复染　滴加番红染液复染3～5min。

(10) 水洗　用水洗去涂片上的番红染液。

(11) 干燥　与简单染色法相同。

(12) 镜检　镜检时先用低倍镜，再用高倍镜，最后用油镜观察，并判断菌体的革兰染色反应（表1-2）。以分散开的细菌的革兰染色反应为准，过于密集的细菌常常由于脱色不完全而呈假阳性。

表1-2　革兰染色步骤和细菌颜色变化

染色步骤	细菌颜色
第1步:结晶紫(初染)	细胞染为紫色
第2步:碘液(媒染)	细胞仍为紫色
第3步:乙醇(脱色剂)	革兰阳性菌仍为紫色,革兰阴性菌变成无色
第4步:番红(复染)	革兰阳性菌仍为紫色,革兰阴性菌变成红色

3. “三步法”革兰染色的步骤

Difco公司出售现成的“三步法”革兰染色所需试剂。相对于传统染色，其优点是使用的试剂更少，脱色过度的几率降低，节约时间。该公司推荐的步骤如下。

(1) 滴加结晶紫，浸没已热固定的涂片，初染涂片1min；

(2) 用冷水冲洗结晶紫；

(3) 滴加革兰碘媒染剂到载玻片上，静置1min；

(4) 用番红脱色剂/复染剂溶液冲洗掉媒染剂。然后滴加一些脱色剂/复染剂溶液到载玻片上，染色20～50s；

(5) 用冷水冲掉脱色剂/复染剂；

(6) 吸干或晾干。

五、任务提示

1. 革兰染色成败的关键是乙醇脱色。如脱色过度，革兰阳性菌也可被脱色而染成革兰阴性菌；如脱色时间过短，革兰阴性菌也会被染成革兰阳性菌。脱色时间的长短还受涂片厚薄及乙醇用量多少等因素的影响，难以明确规定。

2. 染色过程中勿使染液干涸。用水冲洗后，应吸去玻片上的残水，以免染液被稀释而影响染色效果。

3. 选用幼龄的细菌。革兰阳性菌应培养12～16h，大肠杆菌应培养24h。若菌龄太老，菌体死亡或自溶常会使革兰阳性菌转呈阴性反应。

4. 不管使用哪种方法进行革兰染色，都应该有已知菌或对照染色。每次染色都要设对照，最好在同一载玻片上同时包含金黄色葡萄球菌和大肠杆菌。

六、任务思考

1. 列表简述3株细菌的染色观察结果，说明各菌的形状、颜色和革兰染色的反应。

2. 细菌涂片制备优劣的标准有哪些？

3. 热固定的目的是什么？如果加热温度过高、时间太长，又会怎么样？

4. 哪些环节会影响革兰染色结果的正确性？其中最关键的环节是什么？

5. 现有一株细菌宽度明显大于大肠杆菌的粗壮杆菌，请对其进行革兰染色。该如何运用大肠杆菌和金黄色葡萄球菌为对照菌株进行涂片染色，以证明此染色结果的正确性？

6. 你的染色结果是否正确？如果不正确，请说明原因。

7. 进行革兰染色时特别强调菌龄不能太老，用老龄菌染色会出现什么问题？

任务三 细菌的芽孢和荚膜染色

一、任务目标

1. 了解细菌的芽孢和荚膜的形态特征；
2. 学会细菌的芽孢和荚膜染色法。

二、任务说明

芽孢又叫内芽孢，是某些细菌生长到一定阶段在菌体内形成的休眠体，通常呈圆形或椭圆形。细菌能否形成芽孢以及芽孢的形状、芽孢在芽孢囊内的位置、芽孢囊是否膨大等特征是鉴定细菌的依据之一。

由于芽孢壁厚、透性低、不易着色，当用石炭酸复红、结晶紫等进行单染色时，菌体和芽孢囊着色，而芽孢囊内的芽孢不着色（芽孢呈无色透明状）。芽孢染色法就是根据芽孢难以染色但一旦染上色后又难以脱色这一特点而设计的。所有的芽孢染色法都基于同一个原则：除了用着色力强的染料外，还需要加热，以促进芽孢着色。当染芽孢时，菌体也会着色，然后水洗，芽孢染上的颜色难以渗出，而菌体会脱色。然后用对比度强的染料对菌体复染，使菌体和芽孢呈现出不同的颜色，因而能更明显地衬托出芽孢，便于观察。

由于荚膜与染料间的亲和力弱，不易着色，通常采用负染色法染荚膜，即设法使菌体和背景着色而荚膜不着色，从而使荚膜在菌体周围呈一透明圈。由于荚膜的含水量在90%以上，故染色时不加热固定，以免荚膜皱缩变形。

三、任务准备

1. 菌种

培养18～36h的苏云金芽孢杆菌或枯草芽孢杆菌，培养3～5d胶质芽孢杆菌。

2. 染色剂和试剂

5%孔雀绿溶液，0.5%番红溶液，绘图墨水，1%甲基紫溶液，1%结晶紫溶液，6%葡萄糖溶液，甲醇。

3. 仪器及用具

小试管，滴管，烧杯，试管架，载玻片，盖玻片，木夹子，滤纸，显微镜等。

四、任务实施

1. 芽孢染色

（1）制片　按常规制片法涂片、干燥、固定。

(2) 染色　将待染色载玻片放在有架子的加热器或水浴锅上，用与载玻片同样大小的吸水纸盖住涂片，用孔雀绿染液浸泡纸片，孔雀绿溶液开始冒气后计时，在加热器上温和加热5min，加热时，要及时补充染液，确保纸片饱和，不要让载玻片变干（图1-20）。

1. 用孔雀绿浸泡的纸片覆盖涂片，蒸5min

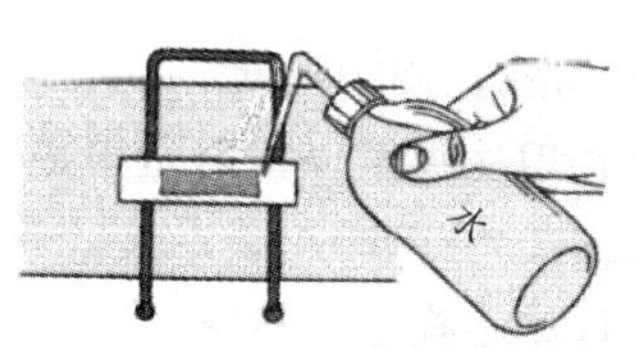

2. 移去纸片，冷却水洗90s

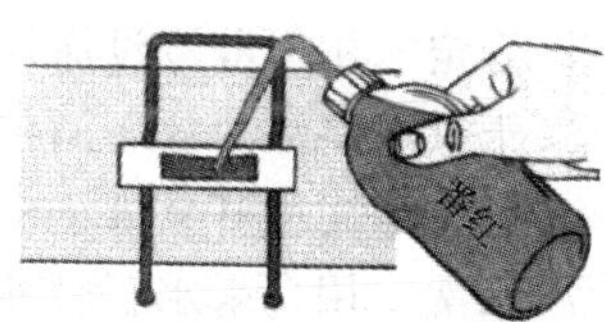

3. 番红复染2min

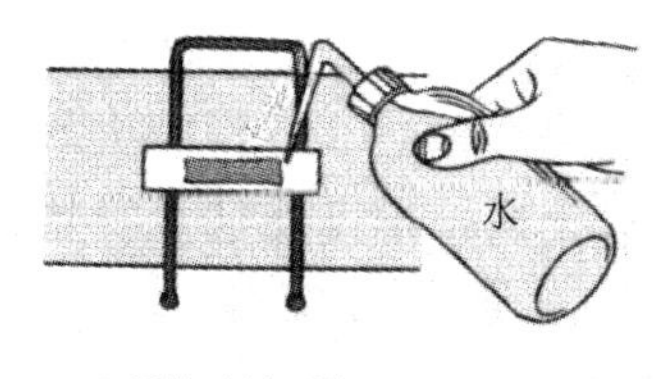

4. 缓流水洗至流出的水无色

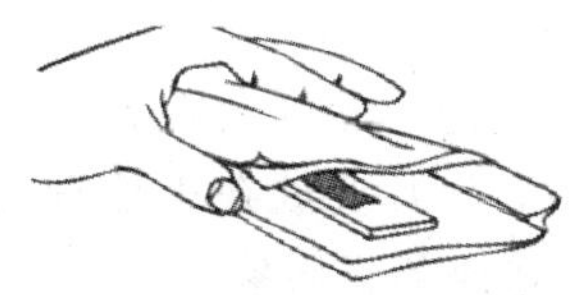

5. 用吸水纸吸干

图1-20　细菌芽孢染色过程

(3) 水洗　用镊子移走纸片，待玻片冷却后，用缓流自来水冲洗（约30s）至流出的水呈无色为止。勿用流水对着菌膜冲洗，以免细菌被水冲掉。

(4) 复染　用番红染液复染2min。

(5) 水洗　用缓流水洗后吸干。

(6) 镜检　干后不需要加盖玻片，先用低倍镜再用高倍镜观察，最后用油镜观察芽孢和菌体的形态。结果内芽孢和自由孢子为绿色，营养细胞为红色。

2. 荚膜染色

(1) 湿墨水法

① 制备菌和墨水混合液　加一滴墨水于洁净的载玻片上，然后挑取少量菌体与其混合均匀。

② 加盖玻片　将一洁净盖玻片盖在混合液上，然后在盖玻片上放一张滤纸，轻轻按压以吸去多余的混合液。加盖玻片时勿留气泡，以免影响观察。

③ 镜检　先用低倍镜再用高倍镜观察。结果：背景灰色，菌体较暗，在菌体周围呈现一明亮的透明圈即为荚膜。

(2) 干墨水法

① 制混合液　加一滴6%葡萄糖溶液于洁净载玻片的一端，然后挑取少量菌体与其混合，再加一滴墨水，充分混匀。玻片必须洁净无油渍，否则涂片时混合液不能均匀散开。

② 涂片　另取一端边缘光滑的载玻片作为推片，将推片一端的边缘置于混合液前方，然后稍向后拉，当推片与混合液接触后，轻轻左右移动，使之沿推片接触的后缘散开，然后以大约30°的夹角迅速将混合液推向玻片另一端，使混合液铺成薄层（图1-21）。

③ 干燥　将涂片放于空气中自然干燥。

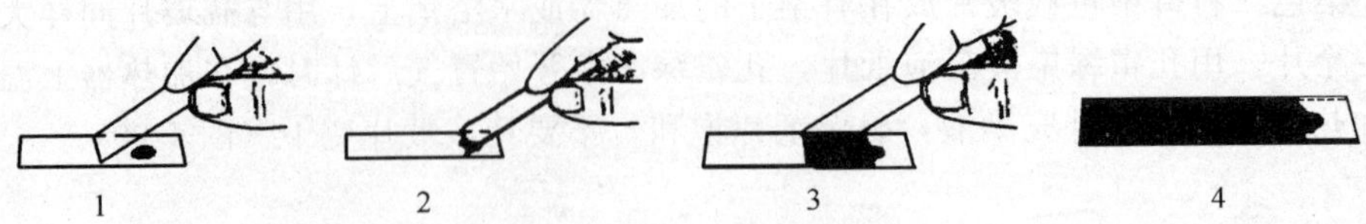

图 1-21　推片涂片方法

④ 固定　用甲醇浸没涂片固定 1min，倾去甲醇。

⑤ 干燥　将涂片放于酒精灯上方用文火干燥或自然干燥。

⑥ 染色　用甲基紫染 1～2min。

⑦ 水洗　用自来水轻轻冲洗，自然干燥。

⑧ 镜检　先用低倍镜再用高倍镜观察。观察到背景灰色，菌体紫色，菌体周围的清晰透明圈为荚膜。

五、任务提示

1. 加盖玻片不可有气泡，否则会影响观察。

2. 应用干墨水法时，涂片要放在火焰较高处用文火干燥，不可使玻片发热，否则可能使细菌细胞皱缩，从而造成荚膜假象。

3. 显微镜亮度的调整是获得最佳荚膜图像的关键因素之一。

六、任务思考

1. 绘图所观察到的芽孢杆菌的形态特征（注意芽孢的形状、着生位置及芽孢囊的形状特征）。

2. 绘图说明观察到的胶质芽孢杆菌的形态，并注明各部分的名称。

3. 若涂片中观察到的只是大量游离芽孢，很少看到芽孢囊和营养细胞，原因是什么？

4. 通过荚膜染色后，为什么被包在荚膜里面的菌体着色而荚膜不着色？

5. 用孔雀绿初染芽孢后，必须等玻片冷却后再用水冲洗，为什么？

任务四　霉菌、放线菌插片培养技术及其形态观察

一、任务目标

1. 了解放线菌、霉菌的形态特征；

2. 学会放线菌、霉菌的插片技术及观察方法。

二、任务说明

放线菌大多能形成两种菌丝，潜入培养基内生长的基内菌丝和向空气中生长的气生菌丝，由气生菌丝分化产生各种形状的孢子丝及孢子。在显微镜下直接观察时，气生菌丝在上层，基内菌丝在下层；气生菌丝色暗，基内菌丝较透明。孢子丝依种类的不同分为直形、波曲形、各种螺旋形或轮生。

霉菌是可产生复合分枝的菌丝体，分基内菌丝和气生菌丝，气生菌丝生长到一定阶段分化产生繁殖菌丝，由繁殖菌丝产生孢子。霉菌菌丝体（尤其是繁殖菌丝）及孢子的形态特征

是识别不同种类霉菌的重要依据。霉菌菌丝和孢子的宽度通常比细菌和放线菌粗得多，常是细菌菌体宽度的几倍至几十倍，因此，用低倍显微镜即可观察。

人们设计了各种培养和观察放线菌的方法，包括插片法、玻璃纸片法、印片法、直接制片观察法等。这些方法的主要目的都是为了尽可能保持放线菌自然生长状态下的形态特征。本任务主要要求学生学会其中的插片法。

插片法：将放线菌接种在琼脂平板上，插上灭菌盖玻片后培养，使放线菌菌丝沿着培养基表面与盖玻片的交接处生长而附着在盖玻片上。观察时，轻轻取出盖玻片，置于载玻片上直接镜检。这种方法可观察到放线菌在自然生长状态下的个体特征，也可观察不同生长时期的放线菌形态。霉菌也可采用此方法制片观察。

三、任务准备

1. 菌种

黑曲霉，青霉和根霉，细黄链霉菌或青色链霉菌。

2. 培养基

灭菌的高氏Ⅰ号琼脂培养基或察氏培养基。

3. 仪器及用具

培养皿（直径 9cm），玻璃纸，无菌吸管，盖玻片，玻璃涂棒，载玻片，接种环，接种铲，镊子，显微镜等。

四、任务实施

1. 倒平板

将灭菌的高氏Ⅰ号琼脂培养基或察氏培养基熔化后，倒 12～15mL 于灭菌培养皿内，凝固后检查无菌使用。

2. 插片

将灭菌的盖玻片以 45°夹角插入培养皿内的培养基中，插入深约为盖玻片的 1/2 或 1/3 长度（图 1-22）。

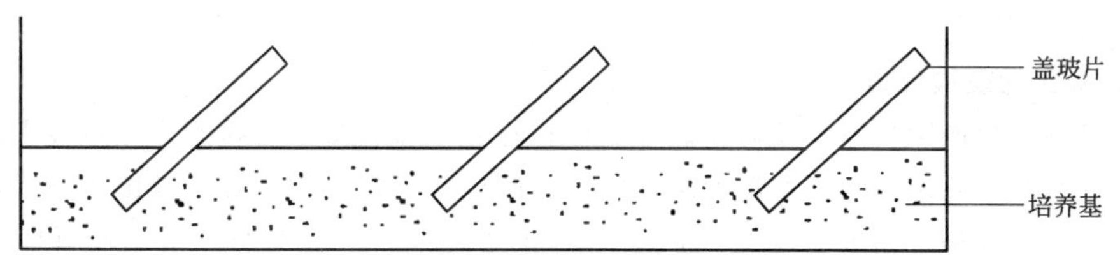

图 1-22 插片法制作放线菌、霉菌显微标本片

3. 接种与培养

用接种环将菌种接种在盖玻片与琼脂相接的沿线，放置于 28℃恒温培养箱培养 3～7d。

4. 观察

培养后菌丝体生长在培养基及盖玻片上，小心用镊子将盖玻片抽出，轻轻擦去生长较差一面的菌丝体。将盖玻片有菌面朝上放在洁净的载玻片上镜检，可见自然生长的放线菌及霉菌形态。

五、任务提示

培养完成后，移动盖玻片时，勿触动上面附着的菌丝体，以免破坏菌丝体的自然状态。

六、任务思考

1. 绘图并注明观察到的放线菌和霉菌的基内菌丝、气生菌丝及孢子丝。
2. 镜检时，如何区分放线菌的基内菌丝和气生菌丝？
3. 如何用0.1%美蓝染液对培养后的盖玻片进行染色观察，效果会怎么样？
4. 霉菌和放线菌菌丝的主要区别是什么？

任务五 酵母菌的死活细胞鉴别与镜检计数

一、任务目标

1. 了解血球计数板的构造、计数原理和计数方法；
2. 学会鉴别酵母菌死活细胞的方法；
3. 掌握使用血球计数板在显微镜下直接计算酵母菌细胞数的方法。

二、任务说明

1. 酵母菌的死活细胞鉴别

酵母菌是单细胞的真核微生物，菌体比细菌大，不运动。酵母菌的繁殖以无性繁殖为主，芽殖是酵母菌普遍采取的无性繁殖方式。美蓝是一种无毒性的染料，它的氧化型呈蓝色，还原型呈无色。用美蓝对酵母活细胞染色时，由于活细胞旺盛的新陈代谢作用，细胞内具有较强的还原能力，能使美蓝由蓝色的氧化型变为无色的还原型，而代谢作用微弱的活细胞和死细胞还原能力极弱或无此还原能力，因此被美蓝染成淡蓝色或蓝色。用此法不仅可观察酵母细胞形态，也可用来鉴别酵母菌的死细胞和活细胞。但应注意，美蓝的浓度、染色时间等均可影响制片染色的效果。

2. 酵母菌的镜检计数

在实验室或生产中，通常使用血球计数板，在光学显微镜下直接测定相对较大的单细胞微生物的细胞数。此法适用于各种含单细胞菌体的纯培养悬浮液，如有杂菌或杂质，常不易分辨。菌体较大的酵母菌或霉菌孢子可采用血球计数板，一般细菌则采用彼得罗夫·霍泽(Petrof Hausser)细菌计数板。两种计数板的原理和部件相同，只是细菌计数板较薄，可以使用油镜观察，而血球计数板较厚，不能使用油镜，计数板下部的细菌不易看清。

血球计数板是由一块比普通载玻片厚的特制玻片制成。玻片中央刻有四条槽，形成三个平台。中间的平台较宽且比两边的平台略低，正中央还有一垂直小槽，槽的两边的平面上各刻有9个大方格（图1-23）。中间的一个大方格为计数室，它的长、宽各为1mm，深度为0.1mm，容积为0.1mm^3，即0.0001mL。计数室有两种规格，一种是把大方格分成16个中格，每一中格分成25小格，即16×25型；另一种是把大方格分成25个中格，每一中格分成 16 小格，即 25×16 型。但总计都是 400 小格。每个小方格的体积为 1/4000mm^3。

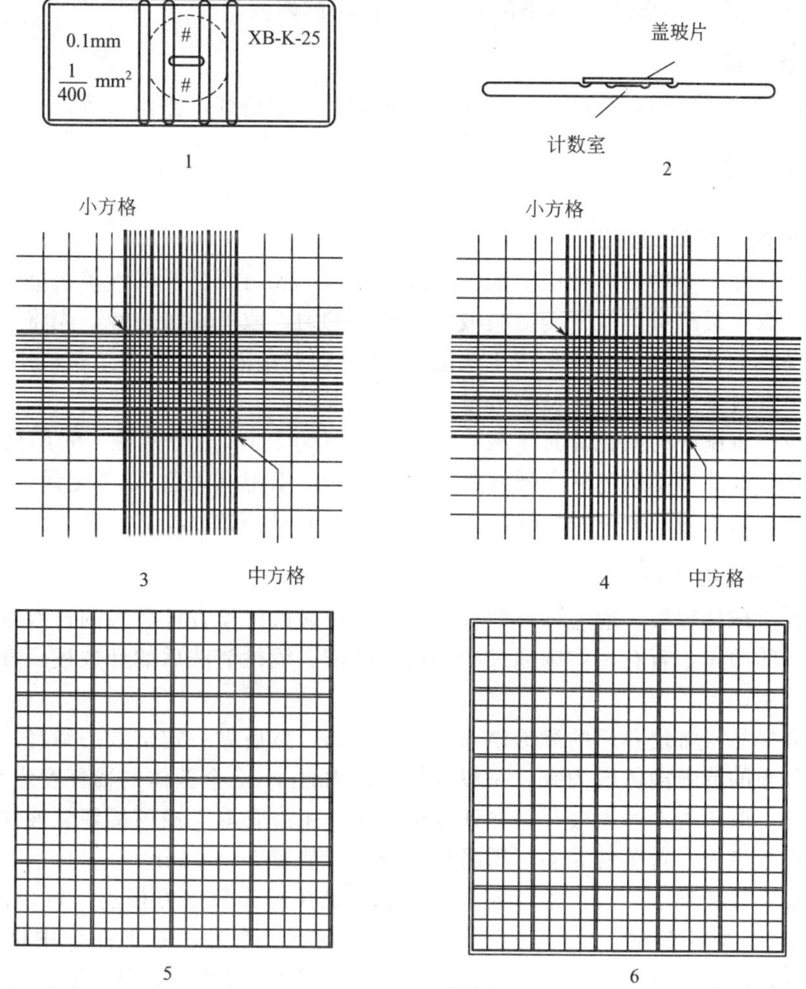

图 1-23　血球计数板的构造

1—血球计数板正面图；2—血球计数板侧面图；3—16×25 型计数板的计数室；4—25×16 型计数板的计数室；5—16×25 型计数板的计数室的放大；6—25×16 型计数板的计数室的放大

计数时，可将酵母菌液充满计数室，在显微镜下按规定数 4 或 5 个中方格的总细胞数，再求得每小格内平均的细胞数，即可计算出每毫升培养液（或每克样品）中的细胞总数。

16×25 型血球计数板的计算公式：

$$菌细胞数(个/mL)=\frac{100\text{ 小格内菌细胞数}}{100}\times 400\times 10^4\times \text{稀释倍数}$$

25×16 型血球计数板的计算公式：

$$菌细胞数(个/mL)=\frac{80\text{ 小格内菌细胞数}}{80}\times 400\times 10^4\times \text{稀释倍数}$$

三、任务准备

1. 菌种

酿酒酵母或卡尔酵母培养 2d 左右的麦芽汁（或豆芽汁）液体培养物。

2. 染色剂

0.05%或0.1%吕氏碱性美蓝染液，革兰染色用的碘液。

3. 仪器及用具

显微镜，血球计数板，载玻片，盖玻片，接种针，酒精灯，擦镜纸等。

四、任务实施

1. 酵母菌的死活细胞鉴别

（1）染色　在干净的载玻片中央加一小滴0.05%或0.1%吕氏碱性美蓝染液，以无菌操作用接种环挑取少量酵母菌放于美蓝染液中，混合均匀，取一块盖玻片，先将一边与菌液接触，然后慢慢将盖玻片放下（以免产生气泡），使其盖在菌液上，将多余菌液用吸水纸吸干。染液和菌液不宜过多或过少，应基本等量，而且要混匀。

（2）镜检　将制好的染色片置于载物台上，放置约3min进行镜检，先用低倍镜后用高倍镜进行观察，按照细胞颜色区分死细胞（蓝色）和活细胞（无色），并记录。

（3）观察　染色约30min后再次进行观察，注意死细胞数目是否增加。

2. 酵母菌的镜检计数

（1）检查血球计数板　取血球计数板一块，先用显微镜检查计数板的计数室，看其是否沾有杂质或干的菌体，若有污物则通过冲洗使其清洁。镜检清洗后的计数板，直至计数室无污物时才可使用。

（2）稀释样品　将培养后的酵母培养液振荡混匀，然后做一定倍数的稀释。稀释度选择以小方格中分布的清晰菌体数为宜。一般以每小格内含4～5个菌体的稀释度为宜。

（3）加样　取一块干净盖玻片盖在计数板中央。用滴管取1滴菌稀释悬液注入盖玻片边缘，让菌液自行渗入，若菌液太多可用吸水纸吸去。静置5～10min。

（4）镜检　待细胞不动后镜检计数。先用低倍镜找到计数室方格后，再用高倍镜计数。如果使用16×25型计数室，要按对角线取左上、左下、右上、右下四个中格的酵母菌数（即100个小格）；如果使用25×16型的计数室，除取四个对角方位外，还需再数中央的一个中格的酵母菌数（即80个小格）。计数时若遇到位于线上的菌体，一般只计格上方（或下方）及右方（或左方）线上的菌体。每个样品重复3次。

（5）计算　取以上计数的平均值，按公式计算出每毫升菌液中的含菌量。

（6）清洗　计数板用完后先用95%的酒精轻轻清洗，再用蒸馏水淋洗，然后吸干，晾干后即可。若计数的样品是病原微生物，须先浸泡在5%石炭酸溶液中消毒，然后再进行清洗。

五、任务提示

1. 对于出芽的酵母菌，芽体达到母细胞大小一半时，即可作为两个菌体计算。
2. 血球计数板切勿用硬物洗刷或抹擦，以免损坏网格刻度。
3. 酵母菌死活细胞鉴别实验，盖盖玻片时应避免产生气泡。
4. 使用血球计数板时，注入计数室的菌液不能过多，同时要避免产生气泡。

六、任务思考

1. 绘图说明观察到的酵母菌形态特征，并标明酵母菌死活细胞的类型。

2. 记录所观察到的细胞数并计算出每毫升菌液中的含菌量，填入表 1-3。

表 1-3　菌细胞的计数及计算

计数 位置	中格菌数						稀释倍数	菌数/(个/mL)
	左上	右上	左下	右下	中	平均		
第一室								
第二室								

注：此计数法计上不计下，计左不计右。

3. 吕氏碱性美蓝染液浓度和作用时间的不同，对酵母菌死细胞数量有何影响？试分析原因。

4. 请你分析血球计数板计算的误差主要来自哪些方面？应如何减少误差？

任务六　四大类细胞型微生物菌落形态比较和识别

一、任务目标

1. 了解四大类微生物菌落的主要特征；
2. 学会识别未知的四大类微生物菌落；
3. 掌握识别四大类微生物菌落形态的依据和要点。

二、任务说明

菌落形态是指某种微生物在一定的培养基上由单个菌体或孢子形成的群体形态。细菌、放线菌、酵母菌和霉菌中每一类微生物在一定培养条件下形成的菌落各具有相对独特的形态。掌握识别四大类微生物菌落形态的要点对于从事菌种的筛选、杂菌的识别和菌种鉴定等工作都有重要意义。

微生物菌落形态特征主要包括菌落的形状、大小、边缘透明度、黏稠度、致密度、正反面颜色、可溶性色素、隆起度、与基质结合情况等方面。在四大类微生物的菌落中，细菌和酵母菌形态较接近，放线菌和霉菌形态较相似。四大类微生物菌落特征比较见表 1-4。

表 1-4　四大类微生物的菌落特征比较

名称	细菌	放线菌	酵母菌	霉菌
培养基	牛肉膏	高氏Ⅰ号	马铃薯蔗糖	马铃薯蔗糖
菌落形状	小点状，多为圆形，个别呈根状、辐射状	圆形	多为圆形	初期为圆形
大小	一般较小	较小	比细菌菌落大而厚	大
颜色	多样(乳白、灰白、灰、红、荧光等)，正反面颜色相同	多样(灰白、白红、粉红、蓝、紫、橙等)，正反面颜色不同	多为乳白色	多样(白，灰蓝，绿黑、粉红等)，正反面一般颜色不同
表面形态	光滑或粗糙、湿润或干燥，较黏	初期似细菌菌落，晚期为粉状干燥	表面湿润黏稠	绒毛状、粉状、棉絮状、蜘蛛网状，菌丝多疏松

续表

名称	细菌	放线菌	酵母菌	霉菌
生长速度	一般较快	慢	较快	快
与基质结合程度	不牢,易于挑取	牢固,不易挑取	不牢	较牢
生长范围	有限	有限	有限	多为无限
气味	往往有臭味	有泥腥味	常有酒香味	往往有霉味

三、任务准备

1. 菌种

（1）已知菌

① 细菌类　大肠杆菌、金黄色葡萄球菌、枯草芽孢杆菌。

② 酵母菌类　酿酒酵母。

③ 放线菌类　细黄链霉菌。

④ 霉菌类　产黄青霉、黑曲霉、黑根霉。

（2）未知菌　从实验室保藏的四大类微生物中随机选择 6～8 种，编号作为未知菌。

2. 培养基

牛肉膏蛋白胨琼脂培养基，马铃薯蔗糖培养基，高氏Ⅰ号培养基。

四、任务实施

1. 制备已知菌的单菌落

通过平板划线法获得细菌、酵母菌和放线菌的单菌落；用三点接种法获得霉菌的单菌落。大肠杆菌平板于 37℃恒温培养 24～48h，金黄色葡萄球菌、枯草芽孢杆菌 30℃培养 24～48h；酵母菌平板在 28 ℃的条件下培养 2～3d；霉菌在 28℃的条件下培养 3～5d；放线菌在 28℃条件下培养 5～7d。待长成菌落后，观察并记录四大类微生物菌落的形态特征。

2. 制备未知菌的单菌落

从实验室中选择四大类微生物平板，挑取若干个菌落，逐个编号，作为识别四大类用的未知菌落。

3. 观察已知菌落

仔细观察各类已知菌落，注意其“干”、“湿”状态及菌落正反面颜色、中央与边缘颜色是否一致，按以下提示对菌落进行描述。

（1）细菌菌落形态特征的描述

① 菌落表面形态　光滑、皱褶、放射状、根状等。

② 菌落边缘形态　整齐、波状、丝状、锯齿状、裂叶状等。

③ 菌落隆起形态　扁平、隆起、草帽状、胶状等。

④ 菌落透明度　透明、半透明、不透明等。

（2）酵母菌菌落形态特征的描述

可参照细菌。

(3) 放线菌和霉菌菌落形态特征的描述

① 菌落表面形态　粗糙、同心圆、辐射状沟纹、粉状、绒毛状或皮革状等。

② 菌落颜色　菌落正面颜色（包括气生菌丝或孢子颜色）；菌落反面颜色（指营养菌丝颜色）。

③ 菌落周围培养基颜色　如果有水溶性色素，色素会渗入培养基中，使菌落周围的培养基改变颜色。

4. 辨别未知菌落

仔细观察未知菌落，注意区分“干”或“湿”。根据菌落是“干”或“湿”及菌落正反面颜色、中央与边缘颜色是否一致，初步判断未知菌落是属于细菌类、酵母菌类，还是属于放线菌、霉菌类。

五、任务提示

1. 每张实验台上各有一套已知菌落平板和未知菌落平板，观察时切勿随意搬动，以免搞混菌号。

2. 观察和判断菌落大小时要注意单菌落在平板上分布的疏密情况，一般菌落密集处菌落小，分布稀少的部位菌落大。

六、任务思考

1. 将已知菌落形态的观察和描述记录于表 1-5。

表 1-5　已知菌落形态的观察记录

大类	菌名	辨别要点				菌落描述						
		湿		干		表面	边缘	隆起形状	颜色			透明度
		厚薄	大小	松密	大小				正面	反面	水溶性色素	
细菌类	大肠杆菌											
	金黄色葡萄球菌											
	枯草芽孢杆菌											
酵母菌类	酿酒酵母											
放线菌类	细黄链霉菌											
霉菌类	青霉											
	曲霉											
	根霉											

2. 对未知菌落形态观察和描述并记录，并将判断结果填入表 1-6 中。

表 1-6 未知菌落形态的观察记录

菌号	辨别要点				菌落描述							判断结果
	湿		干		表面	边缘	隆起形状	颜色			透明度	
	厚薄	大小	松密	大小				正面	反面	水溶性色素		
1												
2												
3												
4												
5												
6												
7												
8												

3. 比较细菌、放线菌、酵母菌和霉菌的菌落形态差异。

【案例】

某生物技术公司技术员小王，对新筛选出的高效固氮细菌进行革兰染色，他采用“三区”涂片法，即在玻片中央偏左和偏右各加一滴无菌水，先挑取少量的大肠杆菌、待测固氮菌在左右两边分别涂片后，再将左右两边的菌液延伸于中央区，使大肠杆菌和待测固氮菌相互混合。经风干、固定、初染、媒染、脱色、复染后镜检，发现两种细菌均被染成了蓝紫色，他的结果正确吗？请你分析可能的原因。

【解析】

此结果是不正确的，正常情况下，经过革兰染色的大肠杆菌应为红色。

革兰染色的关键在于严格掌握酒精脱色程度，如果脱色过度，则阳性菌可被误染为阴性菌；而脱色不够时，阴性菌可被误染为阳性菌。此外，菌龄也影响染色结果，如阳性菌培养时间过长，或已死亡及部分菌自行溶解，都可能呈阴性反应；涂片过厚，G^- 菌大量聚集可能呈假阳性反应。

项目二

消毒、灭菌操作技术

【学习目标】

- 了解微生物在自然界及人体中的分布情况，学会分析生产过程中微生物污染的来源；
- 了解空气除菌、培养基及设备灭菌的目的及相关生产设施；
- 了解无菌室的设计要求；
- 学会分析与处理空气除菌、培养基及设备灭菌等过程中的常见问题；
- 掌握消毒、灭菌的常用方法及适用范围；
- 掌握微生物培养基及设备的灭菌方法；
- 熟练掌握无菌室的使用管理及空气微生物检测方法。

知识讲解

一、微生物的分布

微生物个体微小、种类繁多，代谢营养类型多样、适应能力强，广泛分布于自然界中。微生物主要存在于土壤、空气、水、物体表面、生物体体表及体表与外界相通的腔道中，甚至高山、深海、人迹罕至的冰川、温度极高的温泉和火山口等极端环境中也都有微生物的存在。

1. 土壤中的微生物

自然界中，土壤是微生物生活最适宜的环境。土壤具备微生物生长繁殖所需要的一切营养物质和生命活动的各种条件。溶解在土壤水中的有机物和无机物为微生物生长繁殖提供了碳源、氮源、能源及各种矿质元素。土壤的 pH 接近中性，且缓冲能力强，大多数微生物都适合生长。土壤的保温性能好，温差比较小；土壤间隙中充满着空气和水分，为各类微生物提供了生长繁殖的有利条件。土壤是人类利用微生物资源的主要来源。微生物在深层土壤和地表含量较少，主要分布在距地面下 10～30cm 处。土壤微生物以细菌最多，占总数的 70%～90%；其次是放线菌和真菌，藻类和原生生物较少。

不同类型的土壤中含有的微生物种类数量不同，并且因为土壤不同层次中的营养、通气、水分、温度及 pH 不同，所以土壤中的微生物分布因土壤深度不同也不相同。而且冬季气温低，微生物数量会明显降低；夏季气温高时，由于植物的生长发育，根系分泌物增多，微生物数量也明显增多。

2. 水中的微生物

水是自然界中微生物广泛分布的第二环境。天然水体大致可分为淡水和海水两大类型，由于其中溶解和悬浮的各种有机物质和无机物质不同，水中分布的微生物的种类也不相同。即使同一水体，由于有机物和无机物含量、种类、受到的光照、pH、溶解氧等差异很大，造成其中的微生物种类和数量也不同。一般地下水中的微生物较地表水中的少，静水中的微生物多于流动水中的。城市、村镇附近河流湖泊有机物多，微生物含量也多，而且由于人、畜的排泄物、生活污物、工业废水等进入水体，可使水中带有病原菌。水中微生物含量的多少直接影响水的质量，所以在进行饮用水质量评价时，要进行微生物检验，不仅要检查总菌数，还要检查病原菌。我国饮用水的卫生标准是：每毫升饮用水中菌落总数不得超过100个，不得检出总大肠菌群和大肠杆菌。

海洋覆盖了地球表面的71%，一般的含盐量为3.2%～4.0%，因此海水中生活的微生物，除了一些从河水、雨水及污水等带来的临时种类外，绝大多数是嗜盐菌。

3. 空气中的微生物

大气由氮气、氧气、二氧化碳及微量气体组成，并含有数量不定的水蒸气、灰尘等。由于空气中没有足够的水分和营养物质可供微生物直接利用，加上强烈的太阳辐射，所以不适合微生物生长繁殖，空气中的微生物细胞或孢子主要来自尘土、水面吹起的小水滴、人和动物体表的干燥脱落物、呼吸道的排泄物等。因此空气中没有固定的微生物种类，以真菌和细菌为主。尘埃越多，人口越密集，微生物也越多。在医院或患者居室的附近，空气中常有较多的病原菌。大部分微生物在空气中存活时间只有数秒钟，有的则能存活几个星期、几个月甚至更长的时间。若温度不太高，湿度大，微生物的存活量也大。因此在梅雨季节各种物品最易由空气污染的各种微生物引起发霉腐烂。

空气中的病原微生物易引起呼吸道疾病和创口感染，因此，医院病房、门诊部、手术室应进行空气消毒，以免病原菌散布。空气中的微生物还会污染培养基、生物制品等，因此接种室、微生物生产车间都应进行空气消毒，以保证产品质量。

4. 极端环境中的微生物

所谓极端环境是指不利于一般生物生长的特殊环境，主要有极端温度、高压、高盐、高酸、高碱等。如火山与温泉、极地或高山冰川、盐湖、深海底层等。在各种极端环境中，存在着不同的微生物。如嗜盐的盐生盐杆菌在含盐20%～30%的环境中生长繁殖；嗜热的脂肪芽孢杆菌能在75℃生长繁殖。这些能在极端环境中生存的微生物，都具有抵抗和适应极端环境的能力。

5. 工业和农业产品中的微生物

许多生活资料、生产资料及食品都是微生物生长的潜在基质，在大多数情况下，微生物对这些物质不同程度利用的结果是酸败、霉烂。工业产品中的微生物大多来源于原料和成品对环境中微生物的吸附。农产品上存在着大量的微生物，每年全世界粮食约占总产量的2%因霉变而损失。玉米、大米、花生、麦等受霉菌污染产生霉菌毒素，常引起食物中毒或癌变。

6. 微生物在人体中的分布

人体与外界相通的鼻咽腔、口腔、呼吸道、胃肠道、泌尿生殖道等部位以及皮肤，都生活着不同种类的微生物。这些正常生存的微生物群有一定的种类和数量，与宿主（人体）及体外环境三者保持动态平衡，这种生态环境称为微生态平衡。在这个平衡系统中人体为菌群提供了良好的生存环境，而微生物的存在一般对人体也是有益的。

(1) 防止外来致病菌的侵入　正常菌群通过黏附和繁殖能形成一层自然菌膜，对外来致病菌的侵入起着拮抗和防御作用，因而对宿主起到一定程度的保护。

(2) 合成维生素　部分微生物能合成维生素，如生物素、叶酸、吡哆醇及维生素 K 等，供人体吸收利用。

(3) 促进代谢的作用　在人体糖、蛋白质、脂肪等的代谢过程中，正常菌群的参与有利于代谢过程的进行，如肠道正常菌群可把不溶性的蛋白质、糖类转化为可溶状态，促进人体的消化吸收。

人体皮肤、口腔、外耳道、肠道、眼结膜、鼻咽腔、尿道、阴道等都是有菌部位。因此在进行微生物菌种移植操作时，操作者要注意个人卫生，并被要求穿戴洁净的工作服、帽，戴口罩，洗手；不得在无菌室内吃喝、讲话、吸烟、咳嗽等。

二、无菌室与微生物检测

在发酵工业中，必须保证微生物纯培养，因此要严格进行正确的无菌操作。在无菌室、无菌箱、超净工作室或超净工作台等无菌或相对无菌环境条件下进行的操作，称为无菌操作。无菌环境条件只是相对而言的，是为了实现无菌操作人为创造的相对无菌环境。

1. 无菌室的设计要求

空气无菌程度用空气洁净度来表示，空气洁净度是指洁净环境中空气含尘（微粒）量多少的程度。空气洁净度的具体高低是用空气洁净级别来区分的，这种级别是用操作时间内空气的计数含尘量（即是单位容积空气中所含某种大小微粒的数量）来表示的，也就是从某一个低的含尘浓度起到不超过另一个高的含尘度为止，这一含尘浓度范围定为某一个空气洁净级别。环境空气洁净级别如表 2-1 所示。

表 2-1　环境空气洁净度等级

洁净级别①/级	≥0.5μm 尘埃数/(个/L 空气)	≥5μm 尘埃数②/(个/L 空气)	菌落数③/个
100000	≤3500	≤25	≤10
10000	≤350	≤2.5	≤3
1000	≤35	≤0.25	≤2
100	≤3.5	0	≤1

注：① 洁净室空气洁净度等级的检验，应以动态条件下测试的尘粒数为依据。

② 对于空气洁净度为 100 级的洁净室内≥5μm 尘粒的计算应进行多次采样，当其多次出现时，方可认为该测试数值是可靠的。

③ 9cm 双碟露置 30min，37℃培养 24h。

无菌操作室是指环境空气的悬浮微生物按无菌要求进行控制管理的洁净室，无菌操作间洁净度应达到 10000 级，室内温度保持在 20～24℃，湿度保持在 45%～60%。超净台洁净度应达到 100 级。图 2-1 为无菌室的一角。

(1) 无菌室内墙壁应光滑，尽量避免死角，便于洗刷消毒。

(2) 应保持密封、防尘、清洁、干燥，不安装下水道。

(3) 无菌室的面积和容积不宜过大，以适宜操作为准，一般可为 9～12m^2，高度不超过 2.5m。

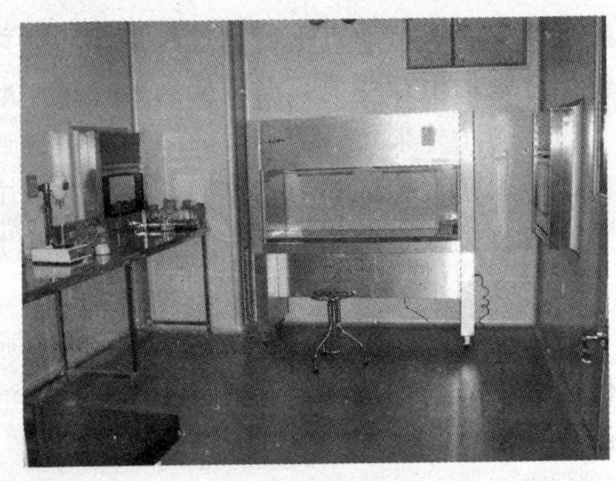

图 2-1 无菌室的一角

(4) 无菌室入口应避开走廊，通常包括缓冲间和工作间两大部分。缓冲间与工作间二者的比例可为 1∶2。

(5) 工作间与缓冲间均装有紫外灯，要求每 $3m^2$ 安装 30W 紫外灯一盏；工作间内设有固定的工作台，紫外灯距工作台面以 1m 为宜。

(6) 工作间的内门与缓冲间的门尽量迂回，避免直接相通，减少无菌室内的空气对流带入杂菌，操作间与缓冲间之间应设置样品传递窗。

(7) 无菌室的窗户应装有双层玻璃，以防外界微生物进入。无菌室与实验实训操作室之间可设双层窗构成小通道。

(8) 应具有空气过滤的单向流空气装置。

2. 无菌室的使用管理

(1) 无菌室内应备有专用开瓶器、金属勺、镊子、剪刀、接种针、接种环，每次使用前后应在酒精灯火焰上烧灼灭菌。

(2) 无菌室使用前必须打开无菌室的紫外灯辐射灭菌 30min 以上，并且同时打开超净台进行吹风。操作完毕，应及时清理无菌室，再用紫外灯辐射灭菌 20min。

(3) 无菌室内应备有盛放 3%来苏尔或 5%石炭酸溶液的玻璃缸，内浸纱布数块，还应备有 75%酒精棉球，用于样品表面消毒及意外污染消毒。无菌室每次使用前后都要用紫外灯照射。

(4) 凡是进入无菌操作室的物品必须用消毒剂对表面进行消毒，再经物流缓冲间、传递窗口进入。供试品在检查前，应保持外包装完整，不得开启，以防污染。

(5) 操作人员进入无菌室时，应用消毒剂洗手，在缓冲间更换消毒过的工作服、工作帽及工作鞋，在风淋室进行风淋 30s 后进入操作间。

(6) 在使用过程中，应尽可能减少人员走动，以免搅动空气增加污染。

(7) 一般要求每周用适宜的消毒剂（如 2%石炭酸溶液）擦拭工作台、凳、门、窗及地面，然后用消毒剂（如 3%～5%石炭酸溶液）喷雾消毒空气，最后用紫外灯照射 30min。根据无菌室的净化情况和空气中含有的杂菌种类，可采用不同的化学消毒剂消毒空气。如果霉菌较多，先用 5%石炭酸溶液全面喷洒室内，再用甲醛熏蒸；如果细菌较多，可采用甲醛与乳酸交替熏蒸。一般情况下也可酌情间隔一段时间用 $2mL/m^3$ 甲醛溶液或 $20mL/m^3$ 丙二醇溶液熏蒸消毒。

(8) 定期更换净化系统的初效过滤器、中效过滤器及高效过滤器，至少 2 年 1 次，以确保净化系统的功能持续有效。

(9) 应定期检查室内空气中菌落状况，以此来判断无菌操作室是否达到规定的洁净度，以便及时采取净化措施。

3. 空气微生物检测

无菌室空气的微生物检测法常用的是沉降菌检测法。将已严格灭菌的直径为9cm的营养琼脂平板（每个培养皿约15mL培养基），打开培养皿盖，暴露在无菌室的空气中，30min后盖好培养皿，置于（32.5±2.5)℃培养48h，取出观察是否有菌落生长，并计算菌落数。检测时，应按要求在不同地点放置多个平板采样，计算培养后出现菌落的平均数，以此判断空气的洁净度。

如果菌落数很多，则应进一步对无菌室进行灭菌。

三、消毒、灭菌技术

微生物通常是肉眼看不到的微小生物，而且无处不在。因此，在微生物的研究及应用中，不仅需要通过分离纯化技术从混杂的天然微生物群中分离出特定的微生物，而且还必须随时注意保持微生物纯培养物的“纯洁”，防止其他微生物的混入。在分离、转接及培养微生物时，防止被其他微生物污染的技术称为无菌操作技术，它是保证微生物研究与应用正常进行的关键，包括环境、培养基及仪器设备的灭菌、无菌空气的制备、接种及培养过程的无菌操作等。

用物理或化学的方法杀死或除去物品上或环境中的所有微生物的过程是灭菌。而杀死物体上或环境中绝大部分微生物则是消毒，主要是病原微生物和有害微生物，消毒属于部分灭菌。

常用的灭菌方法有干热灭菌、蒸汽灭菌、过滤除菌、辐射灭菌及化学药物灭菌、消毒等。在实际应用中，要根据灭菌的对象和要求采用不同的方法（表2-2)。

表2-2 微生物检验用的器材及场所分别采用的消毒灭菌方法

消毒灭菌方式	适合对象
高压蒸汽灭菌	培养基、生理盐水、玻璃器皿、接种工具、工作服、口罩、稀释液等
火焰灭菌	接种针、接种环等其他金属工具，试管口或三角瓶口等
干热灭菌	玻璃器皿、金属用具等
化学药剂消毒、灭菌	空间，皮肤，无菌室内的凳、工作台、试管架、天平、待检物容器或包装等
辐射灭菌	空间、污染物表面等

1. 灼烧灭菌技术

微生物接种工具如接种环、接种针或其他金属用具等，可直接在酒精灯火焰上烧至红热进行灭菌。这种方法灭菌迅速彻底。此外，接种过程中，试管口或三角瓶口等，也可通过火焰灭菌。此法简便可靠，灭菌彻底，但由于大部分物品经灼烧易损坏，所以范围有限。

2. 干热灭菌技术

干热灭菌是利用高温空气（140～160℃，维持2～3h）使微生物细胞内的蛋白质凝固变性而达到灭菌的目的。使用的设备主要是烘箱、烤箱。该法的缺点是穿透力弱，温度不均匀，而且由于温度过高，所以使用受限，仅适于玻璃器皿、金属用具等耐热物品的灭菌，而培养基、橡胶制品、塑料制品等都不采用干热灭菌。

(1) 烘箱的操作方法

① 放入待灭菌物品　将包好的待灭菌物品放入烘箱内，物品不要摆放太挤，一般不超

过总容量的2/3，以利热空气流通。同时，灭菌物品不要与烘箱内壁的铁板接触，以防包装纸烤焦起火。

② 升温　接通电源，打开开关和排气孔，调节恒温调节器，让烘箱内温度逐渐上升。当温度上升至100℃时，关闭排气孔。在升温过程中，若绿灯熄灭红灯亮，表示箱内停止升温，此时如果还没达到所需温度，则需再调节恒温调节器使绿灯亮，如此反复调节，直至达到所需温度。

③ 恒温　当温度升到160℃时，利用恒温调节器的自动控制，保持此温度2h。

④ 降温　切断电源，自然降温。

⑤ 开箱取物　待烘箱内温度降到60℃以下时，打开箱门，取出灭菌物品。

(2) 使用烘箱的注意事项

① 烘箱的温度不能超过180℃，否则，包器皿的纸或棉塞就会被烤焦，甚至会燃烧。

② 灭菌玻璃器皿预先洗净，并尽可能干燥后用纸张或布包好，以免温度升高引起破碎。

③ 升温时或灭菌物质（非玻璃）有水分要迅速蒸发时，可拔开进气孔和排气孔，温度达到所需温度（140～160℃）后关闭，使箱内温度一致。

④ 开箱取物时若温度不降到60℃，切勿自行打开箱门，以防骤然降温导致玻璃器皿炸裂。

⑤ 灭菌后的器皿在使用前勿打开包装纸，以免被空气中的微生物污染。

⑥ 如不慎导致灭菌温度超过180℃，或其他原因烘箱内发生纸或棉花烤焦或燃烧，应先关闭电源，将进气孔、排气孔关闭，令其自行降温到60℃以下，才可打开箱门进行处理。切勿在未断电前打开箱或打开气孔，否则会促进燃烧酿成更大的事故。

3. 湿热灭菌技术

每种微生物都有一定的最适生长温度范围，例如大多数微生物的最适温度为25～37℃（最低限温度为5℃，最高限温度为45～50℃），一些嗜冷菌的最适温度范围为5～10℃（最低限温度为0℃，最高限温度为20～30℃），一些嗜热菌的最适温度范围为50～60℃（最低限温度为30℃，最高限温度为70～80℃），当微生物处于最低温度以下时，代谢作用几乎停止而处于休眠状态；当温度高于最高限度时，微生物细胞中的原生质体和酶的基本成分——蛋白质发生不可逆变化，即凝固变性时，微生物在很短时间内死亡。

湿热灭菌就是根据微生物的这种特性而进行的。一般无芽孢细菌在60℃以下经过10min即可全部杀灭，而芽孢细菌则能够经受较高的温度，在100℃下要经过数分钟至数小时才能被杀死。某些嗜热菌能在120℃下耐受20～30min，但这种菌在培养基中出现的机会不多。一般灭菌的彻底与否以能否杀死芽孢细菌为标准。它主要用于培养基的灭菌。微生物的种类与数量、培养基的性质浓度与成分、灭菌温度与时间都会影响到热灭菌的效果。

湿热灭菌主要通过加热煮沸或热蒸汽杀灭微生物。在同样温度下，湿热灭菌的效果比干热灭菌好，因为一方面细胞内蛋白质含水量高，容易变性，另一方面高温蒸汽对蛋白质有高度的穿透力，从而加速蛋白质变性而使菌体迅速死亡，另外湿热蒸汽有潜热的存在。常用的湿热灭菌法有常压蒸汽灭菌法、高压蒸汽灭菌法、巴氏消毒灭菌法、煮沸消毒灭菌法。

(1) 常压蒸汽灭菌　常压蒸汽灭菌是在常压条件下，在不能密闭的容器内进行灭菌的操作。在不具备高压蒸汽灭菌的情况下，常压蒸汽灭菌是一种常用的灭菌方法。此外，不宜用高压蒸煮的物质，如糖液、牛乳、明胶等，可采用常压蒸汽灭菌。

常压蒸汽温度不超过100℃，大多数微生物能被杀死，但芽孢细菌却不能在短时间内死亡，因此必须采取间歇灭菌或持续灭菌的方法杀死芽孢细菌，实现完全灭菌。

① 常压蒸汽间歇灭菌　将待灭菌的培养基或物品装入常压灭菌器内，加热至100℃，维持30～60min，每天灭菌1次，连续灭菌3d，每次蒸煮间隙里，培养基或物品应放在37℃条件下培养，第一次蒸煮杀死微生物的营养体，芽孢则在培养过程中萌发成营养体，第二次蒸煮即可杀死。经过2次培养3次反复蒸煮，即可实现完全灭菌。此法不需加压灭菌锅，适于推广，但操作麻烦，花费时间较长。

② 常压蒸汽持续灭菌　从蒸汽大量产生开始继续加大火力保持充足蒸汽，持续加热8～10h，杀死绝大部分芽孢和全部营养体，达到灭菌目的。

(2) 高压蒸汽灭菌　高压蒸汽灭菌也称加压蒸汽灭菌或饱和蒸汽灭菌，单纯的加压不能灭菌，但加压能提高灭菌温度，实现灭菌的目的。高压蒸汽灭菌是在密闭的高压蒸汽灭菌锅内进行的，其原理是水在密闭的锅内煮沸后，产生蒸汽，将锅内空气排尽后，使蒸汽不能逸出，锅内的蒸汽压力增加，则水的沸点也随着上升，因而能得到比100℃更高的蒸汽温度用来进行有效的灭菌。该法常用于培养基、发酵设备及管道、生理盐水、废弃的培养物以及耐热药品、纱布、采样器械等的灭菌，其穿透力强、灭菌效果好。通常采用的灭菌条件为121℃（表压约0.1MPa），维持20～30min。

(3) 巴氏消毒灭菌　最早是由法国微生物学家巴斯德发现而得名。因某些食物在高温下其营养成分或是质量会受到较大影响，如牛乳、啤酒、酱油等。所以只能用较低的温度来杀死其中的病原微生物，这样既可以保持食物的营养和风味，又进行了消毒，保证了食品卫生。一般常用的条件为60～85℃，加热30min，应用温度与时间必须相适应，具体温度和时间应根据不同的物品的性状及试验决定。

知识链接

市售牛乳的保质期为什么能长达6个月?

一般来说市场上供应的牛乳采用两种消毒方法。一种是巴氏消毒，另一种是超高温灭菌。

保质期较短的牛乳多为采用巴氏消毒法消毒的“均质”牛乳，牛乳中的营养成分获得较为理想的保存，它的营养价值与鲜牛乳差异不大，B族维生素的损失仅为10%左右，是目前世界上最先进的牛乳消毒方法之一。巴氏消毒乳是指将生乳加热到65℃，保持30min；或者加热到72～76℃，保持15min。其缺点是仅杀灭了牛乳中的部分微生物，而不是杀灭所有微生物。因此这种牛乳从离开生产线，到运输、销售、存储等各个环节，都必须在4℃左右的环境中冷藏。巴氏消毒乳一般用屋顶型、塑料袋、玻璃瓶包装。保质期一般在48h以内。

保质期达几个月的是超高温灭菌牛乳，也叫常温乳，包装多为利乐砖、利乐枕、还有无菌塑料包，有的包装上写的是经“UHT”（超高温瞬时灭菌）加工的牛乳。即采用134～135℃的高温，瞬间（4s）消毒生乳，使生鲜牛乳中的有害细菌和微生物包括其芽孢全部被杀灭。灭菌乳一般味道比较浓厚，但是营养物质有一定损失，B族维生素的损失达20%～30%。这种牛乳在常温下的保存期长达数个月，方便消费者在任何场合饮用。

生鲜牛乳是指没有经过杀菌的牛乳。卫生部出台的《乳与乳制品卫生管理办法》中明确规定：生鲜牛乳不能直接上市。美国食品和药品管理局及美国疾病预防控制中心也明确指出，直接食用生鲜牛乳会危害人体健康。

(4) 煮沸消毒灭菌　直接将需要消毒灭菌的物品放入水中，将水煮沸，保持15min左右，即可杀死细菌的全部营养体和部分芽孢，若在水中加入1%～2%的碳酸氢钠或是2%～5%石炭酸，能增强杀菌作用，效果更好。该法适用于注射器、毛巾及解剖用具的消毒。

4. 过滤除菌技术

过滤除菌是指含菌液体或气体通过细菌滤器，使杂菌留在滤器或滤板上，从而去除杂菌。此法常用于汁多不宜用湿热灭菌的液体物质，如抗生素、血清、糖类溶液等或发酵工业中的无菌空气的制备。用于除菌的细菌过滤器是由孔径极小，能阻挡细菌的陶瓷、硅藻土、石棉或玻璃粉等制成。为了加快过滤，一般多采用抽气减压的方法。

5. 辐射灭菌技术

利用辐射进行灭菌消毒，可以避免高温灭菌或化学药剂消毒的缺点。与微生物生长有关的辐射主要有紫外线辐射和电离辐射。

(1) 紫外线辐射杀菌　紫外线的波长范围是10～400nm，其中波长260nm左右的紫外线杀菌作用最强。紫外线灯是人工制造的低压水银灯。辐射出主要波长为253.7nm的紫外线，杀菌能力强而且较稳定。此波长的紫外线易被细胞中的核酸吸收，造成细胞损伤而达到杀菌目的。

紫外线穿透力弱，一般只用于物体表面杀菌和空气灭菌。在一般实验室、接种室、接种箱、手术室和药厂的包装室等，均可利用紫外线灯杀菌。紫外线杀菌效率与强度和时间的乘积成正比，即与所用紫外灯的功率、照射距离和照射时间有关。需要注意的是紫外线会损伤皮肤和眼结膜，在有人员操作时应将紫外灯关掉；若一定要在紫外线下工作，需采取必要的防护手段。

知识链接

紫外灯能用多久？

紫外线杀菌利用的是紫外线对生物细胞具有较强的杀伤作用，但紫外线也是物理致癌的因子之一，因此使用时应注意防护。紫外线的穿透能力差，一般的普通玻璃就可以阻挡。

紫外灯是一类可以产生有效范围较大的紫外光线的光源，在较一般光源中也往往有紫外线，太阳是最显著的。

紫外灯发出的紫外线强度衰减到起初的70%以下时，认为该紫外灯达到其使用寿命。紫外线灯管有高硼玻璃和石英玻璃之分，由于高硼玻璃的UV254nm紫外线透过率只有50%左右，所以其紫外线辐照强度小，寿命短，一般只有1000h，价格只有石英玻璃的1/3；石英是紫外线透过率最高的材料，普通石英可以透过UV254nm的80%以上，所以其紫外线强度大，寿命长，杀菌效果好。石英玻璃紫外线灯寿命一般大于6000h，进口的紫外线灯可以到8000h以上，部分厂家的可以达到12000h。

(2) 电离辐射杀菌　高能电磁波如X射线、α射线、β射线和γ射线，具有较高的能量与穿透力，可在常温下对不耐热的物品进行灭菌，故又称“冷杀菌”。不同微生物对放射线的抵抗力不同，一般来说耐热性强的微生物对放射线的抵抗力也大，细菌芽孢的抵抗力大于酵母，酵母的抵抗力大于霉菌和细菌营养体，革兰阳性菌的抗辐射性较强。

6. 化学药剂消毒、杀菌技术

化学药剂分杀菌剂和抑菌剂。杀菌剂是能破坏细菌代谢机能并有致死作用的化学药剂，如重金属离子和某些强氧化剂等。另外有些药剂并不破坏细菌的原生质，而只是抑制新细胞物质的合成，使细菌不能增殖，称抑菌剂，如磺胺类及抗生素制剂等。在通常情况下，杀菌剂只能杀死细菌营养体而不能杀死芽孢，起到消毒的作用，所以又称消毒剂。常用的化学杀菌剂有升汞（$HgCl_2$）、甲醛、高锰酸钾、乙醇、碘酒、龙胆紫、石炭酸、煤酚皂液、漂白粉、氧化乙烯、过氧乙酸、新洁尔灭等。常用化学杀菌剂的使用浓度和应用范围见表 2-3。

表 2-3 常用化学杀菌剂的使用浓度和应用范围（李阜棣，1999）

类别	实例	常用浓度	应用范围
醇类	乙醇	70%～75%	皮肤及器械消毒
酸类	乳酸	0.33～1mol	空气消毒(喷雾或熏蒸)
	食醋	3～5mL/m^3	熏蒸空气消毒
碱类	石灰水	1%～3%	地面消毒、粪便或器皿消毒
酚类	石炭酸	5%	空气消毒、地面或器皿消毒
	来苏尔	2%～5%	空气消毒、皮肤消毒
醛类	甲醛(福尔马林)	40%溶液 2～6mL/m^3	接种室、接种箱或器皿消毒
重金属离子	升汞($HgCl_2$)	0.1%	植物组织(如根瘤)表面消毒
	硝酸银	0.1%～1%	皮肤消毒
	硫酸汞	0.01%	生物制品防腐
氧化剂	高锰酸钾	0.1%～3%	皮肤、水果、蔬菜、茶杯消毒
	过氧化氢	3%	清洗伤口、口腔黏膜消毒
	氯气	0.2～1mL/m^3	饮用水清洁消毒等
	漂白粉	1%～5%	培养基容器及饮水、粪便消毒
	过氧乙酸	0.2%～0.5%	塑料、玻璃、皮肤消毒等
染料	结晶紫	2%～4%	外用紫药水、浅疮口消毒
表面活性剂(季铵盐类)	新洁尔灭	1∶20 水溶液	皮肤及不能遇热器皿的消毒
	度米分(消毒宁)	0.05%～0.1%	皮肤创伤、棉织品、塑料、橡胶制品消毒
烷基化合物	环氧乙烷	50mg/100mL	手术器械、敷料、搪瓷类灭菌
金属螯合剂	8-羟基喹啉硫酸盐	0.1%～0.2%	清洗消毒容器

四、灭菌在微生物工业中的应用

1. 培养基及设备灭菌

培养基的灭菌通常采用湿热灭菌，在灭菌的过程中，培养基中的营养成分也随温度升高和灭菌时间的延长而被破坏，因此必须选择一个既能达到灭菌目的，又能使营养物质的破坏降至最低的灭菌温度。实验证明，高温灭菌不但会使灭菌时间缩短，而且还会减小培养基成分的破坏程度，所以，高温短时灭菌是一种最佳的灭菌方式。但是，温度太高，蒸汽的压强会增大，对设备的要求就越严格，造价也会越高。另一方面，若温度太高，灭菌时间太短，在操作上也不好控制，故一般培养基湿热灭菌常采用120℃灭菌。实验室培养基灭菌常使用高压蒸汽灭菌锅进行高压蒸汽灭菌；工业生产中培养基的灭菌方法有实罐灭菌和连续灭菌两种方式。

(1) 培养基实罐灭菌　培养基实罐灭菌是指将配制好的培养基置于发酵罐中，通入蒸汽，将培养基和设备一起进行加热灭菌，达到预定温度后维持一段时间，再冷却到发酵所需温度的灭菌方式。又称为分批灭菌或间歇灭菌。

采用实罐灭菌时，不需另外配置灭菌设备，操作简单易行，投资少，灭菌效果好。缺点是加热和冷却所需时间长，培养基营养破坏率比较大。此外，蒸汽用量不均匀，对锅炉的负荷大。灭菌过程占用发酵设备的操作时间较长，不利于发酵设备的周转。一般适用于小批量培养基（如种子培养基）以及少量只适宜单独灭菌的特殊物料（如尿素）。

(2) 培养基连续灭菌　培养基连续灭菌俗称连消，是在发酵罐或其他贮存容器外采用高温短时灭菌的连续操作过程，即在一套专门的灭菌设备中，培养基连续进料、瞬时升温、短时保温、尽快降温，完成灭菌操作后才进入发酵罐或其他贮存容器。培养基营养成分破坏较少，有利于提高发酵生产率，占用发酵设备的操作时间较少，发酵罐利用率高，整个过程使用蒸汽均衡，可采用自动控制，减轻劳动强度。工业生产中，大批量的培养基普遍采用连续灭菌工艺。连续灭菌系统如图2-2所示。连续灭菌的缺点是设备投资大，此外，当培养基含有固体颗粒或易产生较多泡沫时，采用连续灭菌容易造成局部灭菌不充分与管道堵塞现象。

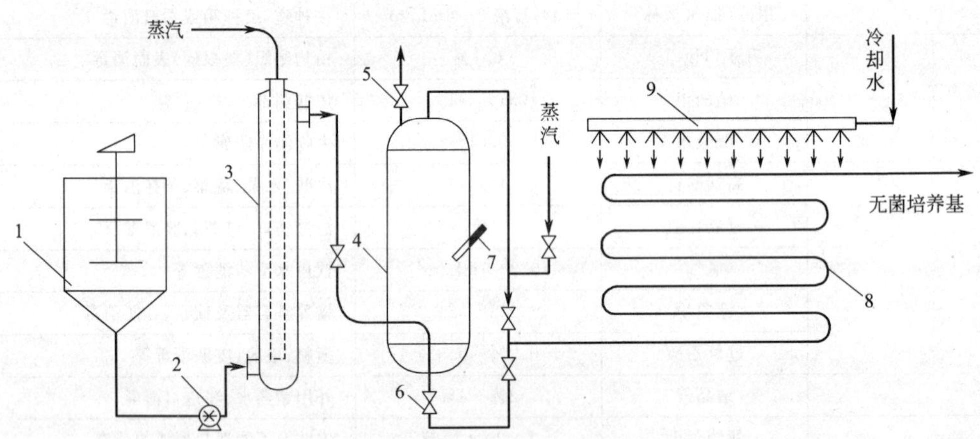

图2-2　连续灭菌的一般流程

1—定容罐；2—泵；3—连消塔；4—维持罐；5—排气阀；6—罐底阀；7—温度计；8—冷却管；9—冷却水喷淋管

(3) 空罐灭菌　发酵设备由发酵罐、相关管道及一些过滤器组成，发酵罐的灭菌可采用空罐灭菌，即发酵罐不加入培养基单独灭菌；管道采用蒸汽灭菌法；过滤器的灭菌也采用蒸汽灭菌。灭菌蒸汽不宜过大，使过滤器内的蒸汽压力保持在0.2MPa左右，保持45～60min，灭菌结束后通入压缩空气吹干，即可使用。

2. 空气除菌

在发酵工业中，微生物发酵大多为好氧发酵，在工业生产上，好氧发酵都采用空气作为氧源，空气中含有悬浮灰尘和多种微生物，为保证纯种培养，必须除去空气中含有的微生物等悬浮颗粒。

(1) 空气除菌的方法　空气的除菌方法有多种，如化学药物除菌、辐射除菌、加热除菌、静电除菌（利用静电引力吸附带电粒子）、过滤除菌等。

这几种方法中，前四种方法可用于无菌室、培养室、仓库等的空气灭菌，但不能作为发酵中氧源的除菌。只有介质过滤能实现发酵工业空气除菌的目的。

过滤除菌是让含菌空气通过过滤介质，利用介质阻截空气中的微生物，取得无菌空气的方法。它是目前发酵工业上普遍采用的经济而有效的除菌方法。常用的过滤介质有棉花、活性炭、玻璃纤维、有机合成纤维、烧结材料、膜材料等。

（2）空气过滤除菌工艺流程　空气除菌的主要方法是介质过滤除菌，但目前所采用的过滤介质必须在干燥的条件下工作，才能保证除菌效果。而空气采集一般利用压缩机进行，经过压缩的空气除了带微生物外，一般还带有水分、油滴等，因此空气预处理的流程主要是围绕去除这些物质来设计的。发酵工业的空气除菌流程如图 2-3 所示。可以看出，工业上对空气的除菌方法是热除菌与过滤除菌的结合。下面对各环节简要介绍。

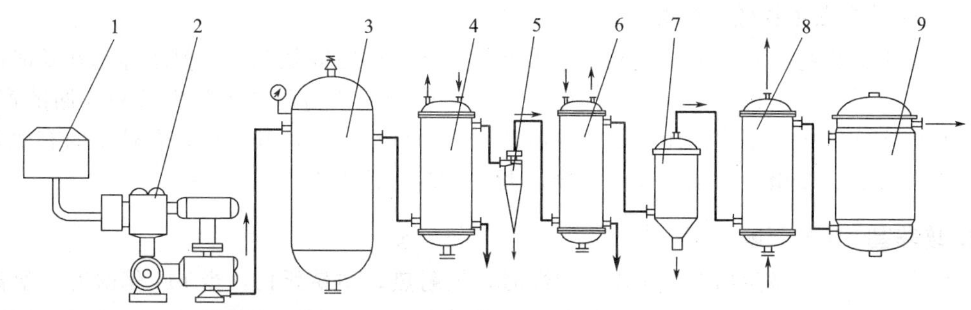

图 2-3　空气除菌设备流程（两级冷却）

1—粗过滤器；2—压缩机；3—贮罐；4、6—冷却器；5—旋风分离器；7—丝网过滤器；8—加热器；9—过滤器

① 采气　采气是空气过滤的第一步，为保证除菌效果，最好采用含菌数少的空气。通常距地面越高，含菌量越少，故要采集环境清洁区一定高度的空气。一般要求采气口距地面 20～30m。

② 前置过滤器（粗过滤器）　前置过滤器主要作用是捕集较大的灰尘颗粒，保护空气压缩机，防止其受磨损，同时也可减轻空气过滤器的负荷。

③ 空压机　空压机是一个空气驱动设备，需要的能耗大，耗电量占到发酵厂的 1/4～1/3。发酵工业上所用的空压机一般为低压空压机。

④ 储气罐　储气罐的作用是消除压缩机排出空气时产生的气流脉动，维持稳定的空气压力。同时也可以利用重力沉降作用去除部分油雾。

⑤ 冷却器　空气经压缩机后温度很高，可达 120℃，若不冷却进行过滤会烧焦过滤介质，还会增加发酵罐的降温负荷，因此要冷却。冷却器种类很多，常用的有立式列管式热交换器、沉浸式热交换器、喷淋式热交换器等。

⑥ 汽液分离器（油水分离器）　空气过压缩机后也会带上一些润滑油，空气冷却后，水汽会凝结成水滴，这些水滴和油滴都要除去，否则会污染过滤介质，影响过滤效果。除去这些物质的装置就是汽液分离器。

⑦ 加热器　经过分离器的空气，虽没有水滴，但湿度还较大，如果不加热，只要温度降低，又会有水分析出，使过滤介质受潮而影响过滤效果。故需加热，降低空气湿度，保证空气干燥。

⑧ 总过滤器　是过滤除菌的关键设备。经过该设备，空气可最终达到无菌效果。

近年来出现了许多新的过滤介质，如聚偏氟乙烯（PVDF）、聚四氟乙烯（PTFE）、直径0.5μm的超细玻璃纤维制成的Bio-X滤材等。这些新型过滤介质的微孔直径可达到0.5μm以下，比细菌直径小，能滤除比细菌大的菌体粒子；甚至有的新过滤介质的微孔直径小至0.01μm，可滤除全部噬菌体。制造厂家通常采用这些新型滤材制造成筒状的折叠式滤芯，已被应用于发酵工业。

五、影响培养基灭菌的因素

灭菌是一个非常复杂的过程，它包括热量传递和微生物细胞内的一系列生化、生理变化过程，并受到多种因素的影响。根据生产经验，影响灭菌效果的主要因素通常有以下几个方面。

1. 培养基中微生物数量的影响

培养基中微生物数量越多，达到要求灭菌效果所需的时间就越长。但培养基在长时间高温条件下，营养成分会遭到一定程度的破坏，甚至产生一些妨碍微生物生长和代谢的产物。因此，在生产实践中，不宜采用发霉、腐败的原料制作培养基，其不但含有较少的有效营养成分，而且含有较多微生物及其代谢产物，彻底灭菌比较困难。

2. 培养基pH的影响

一般来说，多数微生物在pH接近中性时，最耐热，不易死亡，当pH偏酸时，氢离子易渗入微生物细胞内，改变细胞的生理状态，促使其死亡，所以培养基的pH愈低，所需的灭菌时间也愈短。培养基pH与灭菌时间的关系见表2-4。

表2-4　培养基pH与灭菌时间的关系

温度/℃	孢子个数/(个/mL)	灭菌时间/min				
		pH6.1	pH5.3	pH5.0	pH4.7	pH4.5
120	10000	8	7	5	3	3
115	10000	25	12	13	13	13
110	10000	70	65	35	30	24
100	10000	740	720	180	150	150

3. 培养基成分的影响

培养基中所含一定浓度的糖类、油脂及蛋白质，会增加微生物的耐热性。高浓度的有机物增加培养基的黏度，影响热的传入，同时，在水分含量少的培养基中，蛋白质不易凝固，灭菌时细胞不易死亡，应提高灭菌温度。而高浓度的盐类增加渗透压，可以促进热的传导，降低微生物的耐热性，故易于灭菌。

4. 培养基中颗粒的影响

培养基中的颗粒容易潜藏微生物，而且大颗粒和结块的传热效果差，灭菌就较困难，所以灭菌前必须充分搅拌。有时需提高灭菌温度、延长灭菌时间来达到灭菌的要求。

5. 泡沫的影响

培养基在灭菌时产生的泡沫对灭菌极为不利。因为泡沫中的空气形成隔热层，使热量传递困难，空气的导热性差，包裹在泡沫中的微生物就不容易被杀死（达不到致死温度），容易导致灭菌不彻底。因此灭菌操作要注意避免产生泡沫，要防止压力骤降而起泡，对易产生泡沫的培养基进行灭菌时，可加入适量消泡剂防止起泡。

典型任务

任务一 手及无菌室表面环境微生物监测

一、任务目标

1. 了解正确洗手的重要意义，理解洗手和消毒的有效性；
2. 理解有效消毒操作的重要性，掌握清洁手的正确方法；
3. 掌握检查操作人员和设备表面微生物的方法。

二、任务说明

微生物广泛分布于土壤、空气、水、物体表面、生物体体表及体表与外界相通的腔道中，在微生物实验、研究、发酵工业中，要严格进行正确的无菌操作来保证微生物纯培养。在微生物接种操作中，操作环境（无菌室、无菌箱、超净工作台等）无菌或相对无菌是保证接种成功的首要条件，因此在接种操作前，需要对无菌室等操作环境进行微生物检测，判断其是否符合要求。在无菌操作中，手的清洁往往容易被操作者忽视，通过本任务的实施，学生应了解正确洗手的重要意义，学会清洁手的正确方法。

三、任务准备

1. 培养基

营养琼脂培养基（制成营养琼脂平板，RODAC 平板）。

2. 仪器设备

培养箱，超净工作台。

3. 试剂及用具

肥皂水，75%酒精，2.5%碘酒，5%石炭酸溶液，酒精灯，毛刷，记号笔，镊子等。

四、任务实施

1. 皮肤表面微生物的检查（手清洁前后）

（1）取营养琼脂平板五个，在其底部分别标号Ⅰ、Ⅱ、Ⅲ、Ⅳ、Ⅴ。

（2）洗手前，一只手的每个手指依次按压营养琼脂平板Ⅰ表面，停留2～3s，形成一个五指印，盖好平板。用记号笔标明实验者姓名、时间和洗手前。

（3）用流水洗手3min，不用肥皂水等任何洗手液，用镊子取无菌棉球擦干手指后，在营养琼脂平板Ⅱ表面按下五个手指印，方法同（2）。盖好平板，作好标记。

（4）在流水下用肥皂水和毛刷充分刷洗手指3min，以流水冲洗，用镊子取无菌棉球擦干手指后，在营养琼脂平板Ⅲ表面按下五个手指印，方法同（2）。盖好平板，作好标记。

（5）用无菌棉签浸入2.5%碘酒，认真擦拭待检验的五个手指，擦拭后，在营养琼脂平板Ⅳ表面按下五个手指印，方法同（2）。盖好平板，作好标记。

（6）用无菌棉签浸入75%的酒精，认真擦拭待检验的五个手指，擦拭后，在营养琼脂平板Ⅴ表面按下五个手指印，方法同（2）。盖好平板，作好标记。

（7）将五个平板置于37℃恒温箱倒置培养24～48h，观察各平板内是否有微生物生长。

2. 口腔微生物检验

（1）取营养琼脂平板一个，将平板置于距口腔约10cm处，打开皿盖，对准培养基表面用力咳3次，盖好皿盖。

（2）取营养琼脂平板一个，将平板置于超净工作台上操作距离内，打开皿盖，面向培养基表面讲话1min，盖好皿盖。

（3）作好标记，平板置于37℃恒温箱倒置培养24～48h，观察各平板内是否有微生物生长，设对照。

3. 环境样品检查

（1）选择无菌室内任一环境表面，如超净工作台表面、地板等。将RODAC平板培养皿放在其表面，确保完全接触5s后，盖好皿盖，作好标记。

（2）用75%的酒精或5%的石炭酸溶液，认真擦拭上一步RODAC平板取过样的位置，消毒后，取另一个RODAC平板培养皿放在其表面，确保完全接触5s后，盖好皿盖，作好标记。

（3）将两平板置于37℃恒温箱倒置培养24～48h，观察各平板内是否有微生物生长。

五、任务提示

1. 皮肤表面微生物检验，始终使用同一只手。

2. 洗手时，始终将手放低，使手上的液体进入水槽，而不是流回手臂，避免水飞溅，彻底冲洗干净。洗手后手拿无菌棉关闭水龙头。

3. 打开平板培养基的操作必须按老师指导在酒精灯保护下进行。

六、任务思考

1. 将洗手前、不同的洗手方法、使用不同的消毒剂后，平板上的微生物生长结果记录于表2-5，并分析造成此结果的原因。

表2-5　皮肤表面微生物检查结果

皮肤消毒情况	平板上生长的菌落总数/cfu
洗手前	
只用流水洗手后	
用肥皂水刷洗后	
用2.5%碘酒消毒后	
用75%酒精消毒后	
结果分析	

2. 将口腔微生物检查的观察结果填入表 2-6。

表 2-6 口腔微生物检查的观察结果

项 目	平板上生长的菌落数/cfu
咳嗽法	
讲话法	
对照	
结果分析	

3. 从微生物方面考虑，为什么洗手间里使用液体洗手液比固体肥皂的效果好？
4. 为什么洗手间里使用纸巾比连续反复使用的毛巾要好？

任务二 接种前的准备

一、任务目的

1. 掌握无菌室灭菌的正确方法；
2. 学会检查空气洁净度，并正确记录检查结果。

二、任务说明

微生物接种必须在一个无杂菌污染的环境中进行严格的无菌操作。为检查无菌室的灭菌效果以及在操作过程中空气的污染程度，需要定期在无菌室内进行空气中微生物的检查。一般可在两个时间进行：一是在灭菌后使用前；二是在操作完毕后。沉降菌检查是根据自然沉降的原理，收集在空气中的生物粒子于平板培养基中，经若干时间，在适宜的条件下让其繁殖到可见的菌落进行计数。以平板培养皿中的菌落数来判定无菌室内的活微生物数，并以此来评定无菌室的洁净程度。

三、任务准备

1. 培养基

大豆酪蛋白琼脂培养基（TSA）。

2. 仪器设备

恒温培养箱。

3. 试剂及用具

37%～40%的甲醛，培养皿，高锰酸钾，氨水，5%的石炭酸溶液，放大镜等。

四、任务实施

1. 无菌室的灭菌

（1）熏蒸　先将室内打扫干净，打开进气孔和排气窗通风干燥后，重新关闭。根据熏蒸空间大小，按 2～6mL/m³ 计算，量取甲醛溶液，盛在瓷碗或玻璃容器内，称取高锰酸钾（甲醛用量的 1/2）倒入容器内，操作者立即关门离开，几秒钟后甲醛溶液由于氧化作用加热蒸发。熏蒸后关门密闭 12h 以上。

（2）紫外灯照射　在每次工作前后，均应打开紫外灯，分别照射 30min，进行灭菌。

（3）石炭酸溶液喷雾　每次临操作前，用手持喷雾器喷 5%石炭酸溶液，主要喷于台面和地面，兼有灭菌和防止微尘飞扬的作用。

2. 无菌室沉降菌检查

（1）取 TSA 平板若干个，于无菌室内按采样布置设计点逐个放置，然后从里到外逐个打开皿盖，使培养皿暴露于空气中 30min 后盖好。另有一份不打开的作对照。

（2）作好位置标记，一并倒置放入 30～35℃恒温培养箱中培养 48h。

（3）检查有无杂菌生长，若有，用肉眼直接计数，然后用 5～10 倍放大镜检查，避免遗漏。

五、任务提示

1. 甲醛溶液熏蒸对人的眼、鼻有强烈刺激，熏蒸后在相当长的时间内不能进入室内工作。为减轻甲醛对人的刺激作用，熏蒸 12h 后，再量取与甲醛溶液等量的氨水，迅速放入室内，使其挥发中和室内的甲醛。

2. 在无菌室内工作时，切记要关闭紫外灯。

3. 100 级洁净区平板杂菌数平均不得超过 1 个菌落，10000 级洁净室平均不得超过 3 个菌落。如超过限度，应对无菌室进行彻底消毒，直至重复检查合乎要求为止。

4. 测试用具应作灭菌处理，以确保测试结果的可靠性、正确性。应采取一切措施防止人为对样本的污染。

六、任务思考

1. 培养结束后，取出沉降菌检查所用平板，仔细观察皿中的菌落形态，判断属于四大类微生物中的哪一类，并统计出每皿菌落数。结果计算：

$$M=\frac{M_1+M_2+\cdots+M_n}{n}$$

式中　M——平均菌落数；

M_1——1 号培养皿菌落数；

M_2——2 号培养皿菌落数；

M_n——n 号培养皿菌落数。

2. 无菌室灭菌后使用前检查时，应无杂菌，如果长出的杂菌多为霉菌时，应如何处理？如杂菌多为细菌时，应如何处理？

任务三　高压蒸汽灭菌

一、任务目标

1. 了解高压蒸汽灭菌的基本原理及应用范围；

2. 学会高压蒸汽灭菌锅的维护与保养方法；

3. 熟练掌握手提式高压灭菌器的操作方法。

二、任务说明

高压蒸汽灭菌是将待灭菌的物品放在一个密闭的高压灭菌锅内，通过加热，使灭菌锅隔套间的水沸腾而产生蒸汽。待水蒸气急剧地将锅内的冷空气从排气阀中排尽后，关闭排气阀，继续加热，此时由于蒸汽不能逸出，从而增加了灭菌锅内的压力，使沸点增高，得到高于100℃的温度，导致菌体蛋白质凝固变性而达到灭菌的目的。

在同一温度下，湿热的杀菌效力比干热大，其原因有三个方面：一是在湿热的环境中细菌菌体吸收水分，因菌体蛋白质含水量增加，所需凝固温度降低；二是湿热的穿透力比干热大；三是湿热的蒸汽有潜热存在，每1kg水在100℃时，由气态变为液态时可放出2.26kJ的热量，这种潜热能迅速提高被灭菌物体的温度，从而增加灭菌效力。

灭菌的温度及维持的时间随灭菌物品的性质和容量等具体情况而有所改变。一般来说，在试管、三角瓶中装有的小容量培养基用121℃灭菌15～30min即可。大容量的固体培养基因为传热速度慢，灭菌时间就要延长到1h或更长，含糖培养基用112.6℃灭菌15min，但为了保证灭菌效果，可将糖以外的其他成分采用121℃、20min灭菌，然后再以无菌操作程序加入灭菌的糖溶液。灭菌时间要从达到要求的温度时开始计算。

实验室常用的高压蒸汽灭菌锅有立式和手提式。立式高压蒸汽灭菌锅为近年来出现的一种全自动灭菌锅。它具有自带蒸汽的双层结构，门体采用自封式密封，外观采用矩形封闭装饰，配合轻触式按键控制面板，使整台设备的外形美观实用，易于清洁（图2-4）。灭菌器的控制应用了自动控制技术，能精确地控制灭菌温度及时间，以数字显示，操作方便，减少了操作失误，灭菌效果好。每锅耗电7～9。使用时，关闭排气阀，设定灭菌温度和时间，灭菌即可由开始到结束全自动进行，这种灭菌锅只有在灭菌温度达到设定值后，灭菌计时才开始，灭菌结束后发出提示声音并关闭电源。整个灭菌过程均在纯蒸汽环境下进行。

1

2

图2-4 高压蒸汽灭菌锅

1—手提式高压蒸汽灭菌锅；2—立式高压蒸汽灭菌锅

本工作任务要求操作者采用非自动手提式高压灭菌锅为配制好的牛肉膏蛋白胨培养基及培养皿灭菌。

三、任务准备

1. 培养基

牛肉膏蛋白胨培养基。

2. 仪器设备

培养皿（6套一包），手提式高压蒸汽灭菌锅等。

四、任务实施

1. 加水

首先将内层灭菌桶取出，再向外层锅内加入适量的水，使水面与三角搁架相平为宜。

2. 装物

放回灭菌桶，并装入待灭菌物品。

3. 加盖

将盖上的排气软管插入内层灭菌桶的排气槽内，再以两两对称的方式同时旋紧相对的两个螺栓，使螺栓松紧一致，勿漏气。

4. 排冷空气，升温、保温

接通电源，并同时打开排气阀，使水沸腾以排除锅内的冷空气。待冷空气完全排尽后，关上排气阀，让锅内的温度随蒸汽压力增加而逐渐上升。当锅内压力升到所需压力时，控制热源，维持压力至所需时间。灭菌条件为：121℃（0.1MPa），20min。

5. 降温

待时间达到要求后，切断电源停止加热，让温度自然下降，待压力降至“0”时，打开排气阀，对角线旋松螺栓，错开盖子，借锅内余热将棉塞烘干。5～10min后取下锅盖，取出已灭菌物品。

6. 取物、无菌检查

将取出的灭菌培养基放入37℃恒温箱培养24h，若无杂菌生长，即可证明是无菌的。

五、任务提示

1. 手提式灭菌锅需有人看守，因为没有压力和温度的自动控制装置，在温度或者压力达到所需条件时（一般为121℃、0.1MPa），需要切断电源，停止加热，当温度低于需要的温度时再开启电源加热，使温度始终维持在恒定的范围之内。因为温度太低达不到灭菌效果，太高可能会发生危险。

2. 灭菌前应该向外层锅加水，使水面与三角搁架相平。若太少，可能会引起干烧或者爆裂。

3. 待灭菌物品装入灭菌桶时，注意不要装得太挤，至少留出1/5的空隙，以免妨碍蒸汽流通而影响灭菌效果。试管棉塞上面用防水牛皮纸或旧报纸包盖，以免棉塞受潮。锥形瓶与试管口端均不要与桶壁接触，以免冷凝水淋湿包装纸而浸湿棉塞。

4. 灭菌锅内尽可能加去离子水，使产生的水垢少些。

5. 若压力未降到“0”时打开排气阀，会使容器内压力下降的速度比灭菌锅内慢而使得容器内液体冲出容器之外，造成棉塞沾染培养基而发生污染。

6. 在使用高压蒸汽灭菌锅时，灭菌锅内冷空气必须排净。

六、任务思考

1. 灭菌后的牛肉膏蛋白胨培养基灭菌是否彻底，如不彻底请分析可能的原因。

2. 在使用高压灭菌锅灭菌时，怎样杜绝一切不安全的因素？

3. 高压蒸汽灭菌开始之前，为什么要将锅内冷空气排尽？灭菌结束后，为什么要待压力降到“0”时才能打开排气阀开盖取物？

4. 使用高压蒸汽灭菌锅如何判断冷空气已排净？

【案例一】

辽宁××食品有限公司于2007年5月建立了无菌室，主要用于食品菌落总数和大肠菌群的检测，运行状态一直很好。但最近技术人员对无菌室空气做沉降菌检测，采用5个9cm营养琼脂平板开盖暴露在无菌室不同位置，30min后，盖好培养皿，32℃培养48h观察，菌落平均数高达30个。请你帮助分析查找原因，以改善无菌室的空气环境。

【解析】

无菌室是指环境空气的悬浮微生物按无菌要求进行控制管理的洁净室，无菌操作间洁净度应达到10000级，即沉降菌检测结果平均菌落数不应超过3个。显然该公司的无菌室空气质量不达标。

首先，应考虑对无菌室环境重新消毒，根据杂菌的菌落状态判断杂菌类别，选择适合的空气熏蒸方法。如果霉菌较多，先用5%石炭酸溶液全面喷洒室内，再用甲醛熏蒸；如果细菌较多，可采用甲醛与乳酸交替熏蒸。其次，考虑紫外灯的寿命，紫外灯用久了它的紫外强度就会变差，消毒效果也就会相应地大打折扣了，所以紫外灯应该定期更换。如果重新进行了消毒杀菌而空气状况依然没有改善，就要考虑来源于空调等的送风系统的安全性了。

【案例二】

辽宁营口××食用菌有限公司成立于2008年5月，主要进行菌种生产与销售，三年来运营状况良好。2012年7月，负责菌种生产的技术员老刘因病离职。某大学食用菌专业的应届毕业生小吴应聘接替了老刘的工作。刚刚毕业的小吴信心满满，上任后很快就进入了工作角色。2012年7月20日，小吴按客户订单生产100只杏鲍菇的母种。5d后小吴却发现这一百多只母种全部染菌。小吴一筹莫展，请你帮助小吴分析失败的原因。

【解析】

小吴母种生产失败可能是以下几个原因造成的：第一，用来传代的菌种带菌；第二，小吴接种环境（接种箱或超净工作台）消毒不彻底；第三，小吴接种时的无菌操作不规范；第四，可能由于高压灭菌锅内冷空气没有排净就开始保温计时，或者灭菌锅内物品摆放过挤，空气流通受影响而导致培养基灭菌不彻底，小吴没有对灭菌后的培养基进行无菌检查就进行接种培养。

项目三

微生物菌种的培育、扩大培养与保藏技术

【学习目标】

⊙ 了解环境对微生物生长的影响，能正确培养不同种类的微生物；

⊙ 了解菌种保藏原理，掌握常用的菌种保藏方法；

⊙ 了解菌种退化的原因，掌握常用的菌种复壮方法；

⊙ 学会根据不同的培养目的，选用、配制不同种类培养基，并能熟练使用高压蒸汽灭菌锅对培养基及其他物品进行湿热灭菌；

⊙ 学会玻璃器皿洗涤和干燥的正确方法；

⊙ 学会常用的微生物生长繁殖测定方法；

⊙ 掌握微生物常用的接种方法，熟练掌握无菌操作技术。

知识讲解

一、微生物的营养

微生物同其他生物一样都是具有生命的。微生物细胞直接同生活环境接触并不停地从外界环境吸收适当的营养物质，在细胞内合成新的细胞物质和储藏物质，并储存能量。微生物从环境中吸收营养物质并加以利用的过程称为微生物的营养。熟悉有关微生物营养的知识是研究和利用微生物的必要基础，有了营养理论，就能有目的地选用或设计符合日的微生物生理要求或有利于生产实践的培养基。

1. 微生物细胞的化学组成

营养物质是微生物构成菌体细胞的基本原料，也是获得能量以及维持其他代谢机能的物质基础。微生物吸收何种营养物质取决于微生物细胞的化学组成。

微生物细胞的含水量随种类和生长期而异。通常情况下，细菌含水量为细胞鲜重的75%～85%，酵母菌为70%～85%，霉菌为85%～90%，细菌芽孢和霉菌孢子的含水量约为40%。其余为干物质，在干物质中有蛋白质、核酸、碳水化合物、脂类和矿物质等，这些干物质是由碳、氢、氧、氮、磷、硫、钾、钙、镁、铁等主要化学元素组成，其中碳、氢、氧、氮是组成有机物质的四大元素，占干物质的90%～97%，其余的3%～10%是矿物质元素，这些矿物质元素对微生物的生长也起着重要的作用。微生物细胞的化学组成随微生物种类、培养条件及菌龄的不同在一定范围内发生改变。

2. 微生物的营养物质及生理功能

微生物生长所需的营养物质包括碳源、氮源、矿质元素（无机盐）、生长因子等。

（1）碳源　凡是可以被微生物利用，构成细胞代谢产物碳素来源的物质，统称为碳源物质。碳素是构成菌体成分的主要元素，又是产生各种代谢产物和细胞内贮藏物质的重要原料，还是大多数微生物代谢所需的能量来源。微生物对碳素化合物的需求是极为广泛的，根据碳素的来源不同，可将碳源物质分为无机碳源物质和有机碳源物质。部分微生物（自养型）能以二氧化碳作为唯一碳源，合成碳水化合物，进而转化为复杂的多糖、类脂、蛋白质和核酸等细胞物质。大部分微生物（化能异养型）以有机碳化合物为碳源。常用的碳源物质有糖类（单糖、寡糖和多糖）、有机酸、醇、脂类、烃类及芳香族化合物等（见表 3-1）。其中糖类是利用最广泛的碳源，其次为醇类、有机酸和脂类。氨基酸和蛋白质既可提供氮素，也能提供碳素，但用作碳源时不够经济。

表 3-1　微生物的碳源

种　类	碳源物质	备　注
糖	葡萄糖、果糖、麦芽糖、蔗糖、淀粉、半乳糖、乳糖、甘露糖、纤维二糖、纤维素、半纤维素、甲壳素、木质素等	单糖优于双糖，己糖优于戊糖，淀粉优于纤维素，纯多糖优于杂多糖
有机酸	糖酸、乳酸、柠檬酸、延胡索酸、低级脂肪酸、高级脂肪酸、氨基酸等	与糖类相比效果较差，有机酸较难进入细胞，进入细胞后会导致 pH 下降。当环境中缺乏碳源物质时，氨基酸可被微生物用作碳源
醇	乙醇	在低浓度条件下被某些酵母菌和乙酸菌利用
脂	脂肪、磷脂	主要利用脂肪，在特定条件下将磷脂分解为甘油和脂肪酸而加以利用
烃	天然气、石油、石油馏分、石蜡油等	利用烃的微生物细胞表面有一种由糖脂组成的特殊吸收系统，可将难溶的烃充分乳化后吸收利用
CO_2	CO_2	为自养微生物所利用
碳酸盐	$NaHCO_3$、$CaCO_3$、白垩等	为自养微生物所利用
其他	芳香族化合物、氰化物、蛋白质、核酸等	当环境中缺乏碳源物质时，可被微生物用作碳源降解利用

（2）氮源　凡能提供微生物生长繁殖所需氮素的营养物质通常称为氮源。微生物能利用的氮源种类十分广泛（表 3-2），从 N_2、无机氮化物到复杂的有机氮化物均能在不同程度上为微生物利用。但不同微生物能利用的氮源各异。有些氮源还能在氧化过程中放出能量，为微生物提供能源（NH_3 氧化）。根据微生物对氮源利用差异将其分为 3 种类型：一是固氮微生物，能以空气中的分子态氮（N_2）为唯一氮源，通过固氮酶系统将其还原成 NH_3，进一步合成所需的各种有机氮化物；二是氨基酸自养型，能以无机氮（铵盐、硝酸盐）和尿素等为唯一氮源，合成氨基酸，进而转化为蛋白质及其他含氮有机物，这是数量最大、种类最多的一个类群，它们将廉价的尿素、铵盐和硝酸盐等转化为菌体蛋白质或各种氨基酸，是解决人类食物和其他动物饲料蛋白质不足的一条重要途径；三是氨基酸异养型，不能合成某些必需的氨基酸，必须从外源提供这些氨基酸才能生长，如乳酸细菌需要谷氨酸、天门冬氨酸、半胱氨酸、组氨酸、亮氨酸和脯氨酸等外源氨基酸才能生长。

表 3-2 微生物的氮源

种类	氮源物质	备注
蛋白质类	蛋白质及其不同程度降解产物（胨、肽、氨基酸等）	大分子蛋白质难以进入细胞，一些真菌和少数细菌能分泌胞外蛋白酶，将大分子蛋白质降解利用，而多数细菌只能利用相对分子量较小的降解产物
氨及铵盐	NH_3、$(NH_4)_2SO_4$ 等	容易被微生物吸收利用
硝酸盐	KNO_3 等	容易被微生物吸收利用
分子氮	N_2	固氮微生物可利用，但当环境中有化合态氮源时，固氮微生物就失去固氮能力
其他	嘌呤、嘧啶、脲、胺、酰胺、氰化物	大肠杆菌不能以嘧啶作为唯一氮源，在氮限量的葡萄糖培养基上生长时，可通过诱导作用先合成分解嘧啶的酶，然后再分解并利用，嘧啶可不同程度地被微生物作为氮源加以利用

在微生物工业生产中，常常以铵盐、硝酸盐、牛肉膏、蛋白胨、酵母膏、鱼粉、血粉、蚕蛹粉、豆饼粉、花生饼粉作为微生物的氮源。

（3）无机盐　无机盐是微生物生长不可少的一类营养物质。根据微生物需要量的大小分为大量元素和微量元素。大量元素包括磷、硫、钾、钠、钙、镁、铁等。其中磷、硫的需要量很大。微量元素包括锌、锰、钼、硒、钴、铜、钨、镍等。各类无机盐的主要作用：①构成菌体的成分；②调节机体内外渗透压；③促进酶的活性或作为某些辅酶组分；④维持生物大分子和细胞结构的稳定性和作为某些微生物生长的能源物质等。为微生物提供无机盐的主要化合物包括 KH_2PO_4、K_2HPO_4、$(NH_4)_2SO_4$、$MgSO_4$、$CaCl_2$、$Ca(NO_3)_2$、$NaCl$、$FeSO_4$ 等。

（4）生长因子　微生物生长必需的微量有机物质称为生长因子，也称为生长素，需要量一般很少。生长因子主要包括维生素、氨基酸、嘌呤、嘧啶等，它们不提供能量，也不参与细胞结构组成，大多为酶的成分，与微生物代谢有着密切的关系。

按微生物与生长因子间的关系将微生物分为 3 种类型：一类是生长因子自养型，能自身合成各种生长素，不需要外界供给，通常把这种不需要添加生长素而能在基础培养基上生长的菌株称为野生型或原养型菌株，多数真菌、放线菌和部分细菌属于这种类型；二类是生长因子异养型微生物，它们自身缺乏合成一种或多种生长素的能力，需外源提供所需生长素才能生长繁殖，通常将由于自发或诱发突变原因从野生型菌株产生的需要特定生长素才能生长的菌株称为营养缺陷型菌，如乳酸菌，属于营养缺陷型菌，培养时需要添加维生素 B_2、维生素 B_6、泛酸、对氨基苯甲酸、叶酸等维生素；三类是生长因子过量合成型微生物，它们在代谢活动中向细胞外分泌大量的维生素等生长因子，可用于维生素的生产，如阿舒假囊酵母的维生素 B_2 产量可达 2.5g/L 发酵液。

（5）水分　水是一切生物生存的基本条件，不同种类微生物细胞含水量不同。同种微生物处于发育的不同时期或不同的环境，其水分含量也有差异，幼龄菌含水量较高，衰老和休眠体含水量较低。微生物所含水分以游离水和结合水两种状态存在，两者的生理作用不同。结合水不具有一般水的特性，不能流动，不易蒸发，不冻结，不能作为溶剂，也不能渗透。游离水能流动，容易从细胞中排出，并能作为溶剂帮助水溶性物质进出细胞。微生物细胞中游离态的水同结合态的水的比例约为 4∶1。

微生物细胞中的结合态水被束缚于原生质的胶体系统之中，成为细胞物质的组成成分，是微生物细胞生活的必要条件。游离态水是细胞吸收营养物质和排出代谢产物的溶剂及生化反应的介质。一定量的水分又是维持细胞渗透压的必要条件。由于水的比热容高，又是热的良导体，所以能有效地调节细胞内的温度。微生物如果缺乏水分，则会影响代谢作用的进行。

3. 微生物的营养类型

根据微生物营养要求碳源的性质和能量来源不同，可将微生物分为光能自养型、光能异养型、化能自养型和化能异养型四种营养类型（表 3-3）。

表 3-3　微生物的营养类型

营养类型	能　源	基本碳源	实　例
光能自养型	光	CO_2	蓝细菌、紫硫细菌、绿硫细菌、藻类
化能自养型	无机物	CO_2	硝化细菌、硫化细菌、铁细菌、氢细菌、硫磺细菌等
光能异养型	光	简单有机物	紫色无硫细菌
化能异养型	有机物	有机物	绝大多数细菌和全部真核微生物

（1）化能异养型　其微生物包括自然界绝大多数的细菌，全部的放线菌、真菌和原生动物。根据生态习性不同可将这种营养类型分为腐生型和寄生型等。腐生型微生物从无生命的有机物获得营养物质。引起食品腐败变质的某些霉菌和细菌就属这一类型，如梭状芽孢杆菌、毛霉、根霉、曲霉等。寄生型微生物必须寄生在活的有机体内，从寄主体内获得营养物质才能生活，这类微生物称为寄生微生物，如肝炎病毒、艾滋病病毒等。

（2）光能自养型　又称光能无机营养型，这类微生物含有叶绿素或菌绿素等光合色素，以光能为能源，以 CO_2 为唯一或主要碳源，以 H_2、H_2S、S、H_2O 等还原态无机化合物为供氢体，将 CO_2 还原成细胞物质。藻类、蓝细菌和光合细菌、绿硫细菌、紫硫细菌属此营养类型。

（3）化能自养型　又称化能无机营养型，是一种重要的微生物类型。它们利用无机物氧化时释放出的化学能作能源，以 CO_2 或碳酸盐作为唯一或主要碳源，利用电子供体如 H_2、H_2S、Fe^{2+} 或 NO_2^- 等使 CO_2 还原为细胞物质。常见的化能自养微生物包括硝化细菌、硫化细菌、铁细菌和氢细菌等。产甲烷细菌也是化能自养微生物中一个有价值的种类，它们通过 H_2 和 CO_2 合成甲烷。

（4）光能异养型　又称光能有机营养型，这类微生物具有光合色素，能利用光能，以有机物作供氢体还原 CO_2 为细胞有机物，这种类型的微生物能利用 CO_2，但不能作为唯一碳源，往往需要简单有机物作为碳原和供氢体。红螺菌属是这一类型的代表。这种营养类型的微生物在污水净化中有重要意义，污水中的有机物可以作为供氢体被降解，使污水得以净化，同时又可还原 CO_2 为菌体有机物，获得菌体蛋白。

二、微生物的培养基

培养基是指人工配制的，适合微生物生长繁殖或积累代谢产物的营养基质。适宜的培养基是从事微生物研究和发酵生产的重要基础。根据不同微生物营养特点设计和配制有针对性的培养基是实现培养基配制目的和进行微生物培养的物质基础。

1. 选用和设计培养基的基本原则

（1）目的明确　选用和设计培养基首先应明确培养基的用途，是为了培养哪种微生物；

是获得菌体还是其代谢产物；是用于实验室还是发酵生产；是用于菌落观察、菌种分离、纯化、增殖培养，还是用于生理生化特性试验等。例如，若是为了得到微生物菌体或作种子培养基用，培养基的营养成分宜丰富些，尤其考虑增加培养基的含氮量，这样利于菌体蛋白的合成；若是为了得到代谢产物或用作发酵培养基，则应考虑所培养微生物的生理特性、遗传特性及其代谢产物的化学成分，且含氮量应低些，以使微生物生长不致过旺，更有利于代谢产物的积累；若是用于菌落计数、微生物分离纯化、菌种保藏等，则选择固体培养基较为合适；若是为了观察细菌的运动能力、对糖类的发酵能力等则选择半固体培养基较为合适；若是分离和鉴定菌种可用选择培养基或鉴别培养基等。

(2) 选择适宜的营养物质　总体而言，所有微生物生长繁殖的培养基都应含有碳源、氮源、无机盐、生长因子、水及满足其生长需要的能源，其中碳源和氮源是最主要的营养。但由于微生物营养类型复杂，具体到某种微生物，就要根据此种微生物的营养需求，配制针对性强的培养基。例如，自养型微生物能利用简单的无机物合成自身需要的糖类、脂类、蛋白质、核酸、维生素等复杂的有机物，因此培养自养型微生物的培养基完全可以由简单的无机物组成。就光能自养型微生物而言，除需要各类营养物质外，还需光照提供能源。培养异养型微生物需要在培养基中添加有机物作为碳源。而且不同类型异养型微生物的营养要求差别很大，因此其培养基组成也相差很远。例如，培养大肠杆菌的培养基组成比较简单，而有些异养型微生物的培养基的成分非常复杂，肠膜明串珠菌需要生长因子，若配制培养它的合成培养基时，需要在培养基中添加的生长因子多达 33 种，因此通常采用天然有机物来为它提供所需的生长因子。自生固氮微生物的培养基不需要添加氮源，否则会丧失固氮能力。对于某些需要添加生长因子才能生长的微生物，还需要在培养基内添加它们所需要的生长因子，如培养乳酸菌时，要求在培养基中加入一定量的氨基酸和维生素等才能很好地生长。就微生物主要类型而言，有细菌、放线菌、酵母菌、霉菌、原生动物、藻类及病毒之分，培养它们所需的培养基各不相同。在实训室中常用牛肉膏蛋白胨培养基（或简称普通肉汤培养基）培养细菌；用高氏Ⅰ号合成培养基培养放线菌；培养酵母菌一般用麦芽汁培养基，培养霉菌则一般用察氏合成培养基。

(3) 营养物质浓度及配比合适　在微生物培养基中，只有营养物质的浓度及营养物质间的浓度比例适宜时，微生物才能很好生长。营养物质浓度过低则不能满足微生物正常生长所需，浓度过高不但造成浪费，而且由于培养基渗透压过大，还会对微生物生长起抑制或杀伤作用。例如高浓度糖类物质、无机盐、重金属离子等不仅不能维持和促进微生物的生长，反而起到抑菌或杀菌作用。

另外，培养基中各营养物质之间的浓度配比也直接影响微生物的生长繁殖和（或）代谢产物的形成、积累，其中碳氮比（C∶N）的影响较大。碳氮比指培养基中碳元素与氮元素的物质量的比值，微生物每次将一份碳化物组成细胞物质约需四份碳化物作为能源，因此微生物对碳源的需求比较大，碳源不足，菌体易衰老和自溶；氮源不足，菌体会生长过慢，若 C/N 比小，微生物会因氮源过多易徒长，不利于代谢产物的积累。例如，在利用微生物发酵谷氨酸的生产过程中，培养基碳氮比为 4∶1 时，菌体大量繁殖，谷氨酸积累少；当培养基碳氮比为 3∶1 时，菌体繁殖受到抑制，谷氨酸产量则大量增加。在抗生素发酵生产过程中，可以通过控制培养基中速效氮（或碳）源与迟效氮（或碳）源之间的比例来控制菌体生长与抗生素的合成；在食用菌栽培发酵过程中，若发酵处理不当，碳源不易吸收，导致菌丝生长缓慢、纤细、易老化；若氮源偏多，往往引起菌丝徒长形成菌被，不利于菌丝成熟转化。

一般培养基中营养物质的C∶N为（20～25）∶1时，有利于大多数微生物的生长。此外培养基中的无机盐、生长因子等也对微生物的生长发育有着重要影响。如磷、钾的含量一般为0.05%左右，镁、硫含量一般0.02%左右。除对生长因子有特殊要求的微生物外，微生物培养基中一般不需特别添加生长因子。

（4）调节适宜的pH　培养基的pH必须控制在一定的范围内，以满足不同类型微生物的生长繁殖或产生代谢产物。各类微生物生长繁殖或产生代谢产物的最适pH条件各不相同，如细菌为6.5～7.5，放线菌为7.5～8.5，酵母菌为3.8～6.0，霉菌为4.0～5.8，藻类为6.0～7.0，原生动物为6.0～8.0。但对于某一具体的微生物菌种来说，其生长的最适pH范围常会大大突破上述界限，其中一些嗜碱菌更为突出。值得注意的是，在微生物生长繁殖和代谢过程中，由于营养物质被分解利用和代谢产物的形成与积累，会导致培养基pH发生变化，若不对培养基pH条件进行控制，往往由于不适宜的pH导致微生物生长速度下降或（和）代谢产物产量下降。因此，为了维持培养基pH的相对恒定，通常在培养基中加入pH缓冲剂，常用的缓冲剂是一氢磷酸盐和二氢磷酸盐（K_2HPO_4和KH_2PO_4）组成的混合物。K_2HPO_4溶液呈碱性，KH_2PO_4溶液呈酸性，两种物质等量混合的溶液的pH为6.8。当培养基中酸性物质积累导致H^+浓度增加时，H^+与弱碱性盐结合形成弱酸性化合物，培养基pH不会过度降低；如果培养基中OH^-浓度增加，OH^-则与弱酸性盐结合形成弱碱性化合物，培养基pH也不会过度升高。

但K_2HPO_4-KH_2PO_4缓冲系统只能在一定的pH范围（pH 6.4～7.2）内起调节作用。有些微生物如乳酸菌能大量产酸，上述缓冲系统就难以起到缓冲作用，此时可在培养基中添加难溶的$CaCO_3$作为“备用碱”来进行调节。$CaCO_3$在水溶液中溶解度很低，故将它加入到液体或固体培养基中并不会提高培养基pH，但它可以不断中和微生物产生的酸，同时释放出CO_2，将培养基pH控制在一定的范围内。如果不希望培养基有沉淀，有时可以添加$NaHCO_3$。

此外，在培养基中还存在一些天然的缓冲系统，如氨基酸、肽、蛋白质都属于两性电解质，也可起到缓冲剂的作用。

（5）控制氧化还原电位　不同类型微生物生长对氧化还原电位（φ）的要求不一样。一般好氧型微生物φ值为+0.1V以上时可正常生长，以+0.3～+0.4V为宜，厌氧型微生物只能在φ值低于+0.1V条件下生长，兼性厌氧型微生物在φ值为+0.1V以上时进行好氧呼吸，在+0.1V以下时进行发酵。好氧微生物必须保证氧的供应，这在大规模发酵生产中尤为重要，需要采用专门的通气设施保证氧的供应。厌氧微生物的培养必须除去氧，因为氧对它们有毒害，所以，在配制这类微生物培养基时，常加入适量的还原剂以降低氧化还原电位。常用的还原剂有巯基乙醇、抗坏血酸、硫化钠、半胱氨酸、谷胱甘肽、二硫苏糖醇等还原性物质。

（6）原料来源的选择　在选用和设计培养基时应遵循经济节约的原则，尽量利用廉价且易得的原料作为培养基成分的来源。首先应考虑培养基用途，如配制实验室用的培养基，可选用操作方便、易加工、使用方便的原料和试剂。如碳源可选择葡萄糖、蔗糖、淀粉等；氮源可选择蛋白胨、牛肉膏、酵母膏等。在保证培养基成分能满足微生物营养要求的前提下，也可选用价格低廉、资源丰富、配制方便的材料，这样更能体现出原料利用上的经济，如麸皮、豆饼、米糠、野草、作物秸秆等农产品下脚料及酿造业等工业的废弃物都可作为培养基的主要原料。用于发酵生产的培养基用量很大，必须考虑经济节约的原则。例如，在微生物单细胞蛋白的工业生产过程中，常常利用糖蜜（制糖工业中含有蔗糖的废液）、乳清（乳制品工业中含有乳糖的废液）、豆制品工业废液及黑废液（造纸工业中含有戊糖和已糖的亚硫酸纸浆）等作为培养基的原料。再如，工业上的甲烷发酵主要利用废水、废渣做原料，而在我国农村已推广利用人畜粪便及禾草为原料发酵生产甲烷。另外，大量的农副产品或制品，如麸皮、米糠、玉米浆、酵母浸膏、酒糟、豆饼、花生饼、蛋白胨等都是常用的发酵工业原料。

（7）选择适宜的灭菌处理　要获得微生物纯培养，必须避免杂菌污染，对培养基要进行严格的灭菌。培养基一般采取高压蒸汽灭菌，一般培养基用121℃、20～30min进行灭菌，可达到灭菌的目的。在高压蒸汽灭菌过程中，长时间高温会使某些不耐热物质遭到破坏。如使糖类物质形成氨基糖、焦糖。因此含糖培养基常选择112.6℃、15～30min进行灭菌，或先将糖进行过滤除菌或间歇灭菌，再与其他已灭菌的成分混合。长时间高温还会引起磷酸盐、碳酸盐与某些阳离子（特别是钙、镁、铁离子）结合，形成难溶性复合物而产生沉淀，因此，在配制用于观察和定量测定微生物生长状况的合成培养基时，常常在培养基中加入少量螯合剂，避免培养基中产生沉淀。常用的螯合剂为乙二胺四乙酸（EDTA）。还可以将含钙、镁、铁等离子的成分与磷酸盐、碳酸盐分别进行灭菌，然后再混合，避免形成沉淀。高压蒸汽灭菌后，培养基pH会发生改变（一般使pH降低），可根据所培养微生物的要求，在培养基灭菌前后加以调整。

在配制培养基过程中，泡沫的存在对灭菌处理极为不利，因为泡沫中的空气形成隔热层，使泡沫中微生物难以被杀死。因此，有时需要在培养基中加入消泡剂以减少泡沫的产生，或适当提高灭菌温度，延长灭菌时间。

2. 培养基类型

微生物种类不同，所需要的培养基种类也不同；同一微生物菌种用于不同目的时，对培养基的要求也不一样，所以形成了不同类型的培养基。一般根据培养基的营养物质来源、培养基的物理状态和使用目的等可将培养基分成多种类型。

（1）根据培养基成分来源分类

① 天然培养基　天然培养基是用天然的有机物质配制而成的，其含有化学成分还不完全清楚或化学成分不恒定，也称非化学限定培养基。常用各种动物、植物和微生物材料配制，这种培养基具有取材广泛、营养丰富、经济简便，适合各种异养微生物生长等优点；缺点是其成分不能定量，不完全清楚，也不稳定，不适宜用于精确的科学试验。天然培养基适用于实验室的一般粗放性实验和大规模微生物发酵生产。例如：牛肉膏蛋白胨培养基和麦芽汁培养基就属于此类。基因克隆技术中常用的LB（Luria-Bertani）培养基也是一种天然培养基。

常用的天然有机营养物质包括牛肉浸膏、蛋白胨、酵母浸膏（表3-4）、豆芽汁、玉米粉、土壤浸液、麸皮、牛乳、血清、稻草浸汁、羽毛浸汁、胡萝卜汁等。嗜粪微生物可以利用粪水作为营养物质。天然培养基成本较低，除在实训室经常使用外，也适于进行工业上大规模的微生物发酵生产。

表3-4　牛肉浸膏、蛋白胨及酵母浸膏的来源及主要成分

营养物质	来　　源	主要成分
牛肉浸膏	瘦牛肉组织浸出汁浓缩而成的膏状物质	富含水溶性糖类、有机氮化合物、维生素、盐等
蛋白胨	将肉、酪素或明胶用酸或蛋白酶水解后干燥而成的粉末状物质	富含有机氮化合物，也含有一些维生素和糖类
酵母浸膏	酵母细胞的水溶性提取物浓缩而成的膏状物质，也可制成粉末状物质	富含B族维生素，也含有有机氮化合物和糖类

② 合成培养基　合成培养基是由化学成分和含量完全清楚的物质配制而成的培养基，也称化学限定培养基。与天然培养基相比，其优点是成分精确、稳定、容易控制、适于定性定量测定，用于精确试验，重复性强；缺点是价格较贵、配制麻烦，造成一般微生物生长缓慢或某些要求严格的异养微生物不能生长。因此，一般用于进行营养、代谢、生理生化、遗传育种、菌种鉴定等要求较高的研究工作。高氏Ⅰ号培养基和察氏培养基就属常用的合成培养基。

③ 半合成培养基　用天然有机物和化学药品配成的培养基，称为半合成培养基。通常是以天然有机物提供碳源、氮源和生长因子，用化学药品补充无机盐类或在合成培养基中添加少量天然有机物。该种培养基能充分满足微生物的营养要求，能使多数微生物生长良好。例如培养真菌用的马铃薯葡萄糖培养基，培养异养型细菌用的牛肉膏-蛋白胨培养基。半合成培养基配制方便，成本较低，微生物生长良好，在实际中使用得最多，发酵工业和实验室中应用的培养基大都属于半合成培养基。

(2) 根据培养基的物理状态分类　根据培养基中凝固剂的有无及含量的多少，可将培养基划分为固体培养基、半固体培养基和液体培养基三种类型。

① 液体培养基　将各种营养物质溶解于定量的水中，配制成的营养液称为液体培养基。微生物在液体培养基中可充分接触养料，通过振荡或搅拌可以增加培养基的通气量，同时使营养物质分布均匀。有利于生长繁殖及代谢产物的积累，适用于微生物的纯培养。液体培养基在微生物实验和生产中应用极其广泛，如观察菌种的培养特性、研究菌体的理化特征和进行杂菌检查；生产上的大规模深层发酵和生产中的浅盘发酵，也都采用液体培养基。

② 固体培养基　在液体培养基中加入一定量凝固剂，使其成为固体状态的适合微生物生长繁殖的营养基质，即为固体培养基。对绝大多数微生物而言，琼脂是最理想的凝固剂，它是由藻类（如海产石花菜）中提取的一种高度分支的复杂多糖。琼脂加入1.5%～2.0%就可制成固体培养基，具有不易被微生物分解利用、透明度好、黏着力强，能反复凝固溶化，不易被高温灭菌破坏，凝固对微生物生长无害，在微生物生长期间保持固体状态，配制方便等优点。但是，培养基pH在4.0以下时，琼脂熔化后不能凝固。将固体培养基装入试管或培养皿中，制成斜面培养基或平板培养基，可用于菌种培养、活菌计数、微生物分离和保藏及鉴定等工作。除琼脂以外，还有明胶（表3-5）、硅胶等凝固剂。

表3-5　琼脂与明胶主要特征比较

项　目	琼　脂	明　胶
常用浓度/%	1.5～2	5～12
熔点/℃	96	25
凝固点/℃	40	20
pH	微酸	酸性
灰分/%	16	14～15
氧化钙/%	1.15	0
氧化镁/%	0.77	0
氮/%	0.4	18.3
微生物利用能力	绝大多数微生物不能利用	许多微生物能利用

明胶是由胶原蛋白制备得到的产物，是最早用来作为凝固剂的物质，但由于其凝固点太

低，而且某些细菌和许多真菌产生的非特异性胞外蛋白酶以及梭菌产生的特异性胶原蛋白酶都能液化明胶，目前已较少作为凝固剂。硅胶是由无机的硅酸钠（Na_2SiO_3）及硅酸钾（K_2SiO_3）被盐酸及硫酸中和时凝聚而成的胶体，它不含有机物，适合配制分离与培养自养型微生物的培养基。

另外，由天然固体营养物质直接配制成的培养基，称为天然固体培养基。例如用麸皮、米糠、豆饼、玉米粒、麦粒、马铃薯、胡萝卜条、棉子壳、木屑等原料经除杂、粉碎和蒸料处理后获得的培养基均属于天然固体培养基，常直接用于发酵生产。

③ 半固体培养基　液体培养基中加入的琼脂含量为0.3%～0.6%时，营养基质静止时呈固态，剧烈振荡后呈流体态，称为半固体培养基。半固体培养基常用于观察细菌运动性、分类鉴定菌种、细菌的糖类发酵能力测定、噬菌体效价测定、厌氧菌的培养等。

（3）根据培养基的用途分类

① 基础培养基　尽管不同微生物的营养需求各不相同，但大多数微生物所需的基本营养物质是相同的。基础培养基是含有一般微生物生长繁殖所需的基本营养物质的培养基。牛肉膏蛋白胨培养基是最常用的基础培养基。基础培养基也可以作为一些特殊培养基的基础成分，再根据某种微生物的特殊营养需求，在基础培养基中加入所需的少量特殊营养物质。

② 加富培养基　根据培养微生物的生理特性，在基础培养基中特别加入该微生物生长繁殖所需要的某种特殊营养物质，只利于这种微生物快速生长的培养基，称为加富培养基（也称营养培养基、增殖培养基）。加富培养基含有某种微生物所需的特殊营养物质，该种微生物在这种培养基上较其他微生物生长速度快，并逐渐富集而占优势，逐步淘汰其他微生物，从而容易达到分离该种微生物的目的。所以，常用于菌种筛选前增殖、分离培养。加富培养基加入的特殊营养物主要是一些特殊的碳源和氮源，如培养基中加入纤维素粉，有利于纤维素分解菌的增殖与分离；利用以石蜡油作为唯一碳源的培养基，可以从混杂的微生物群体中分离出能分解石蜡油的微生物。从某种意义上讲，加富培养基类似选择培养基，两者的区别在于：加富培养基是用来增加所要分离的微生物的数量，使其形成生长优势，从而分离得到该种微生物；选择培养基则一般抑制不需要的微生物的生长，使所需要的微生物增殖，从而达到分离所需微生物的目的。

③ 选择培养基　选择培养基是用来将某种或某类微生物从混杂的微生物群体中分离出来的培养基。根据不同种类微生物的特殊营养需求或对某种化学物质的敏感性不同，在培养基中加入相应的特殊营养物质或化学物质，抑制不需要的微生物的生长，有利于所需微生物的生长。

一类选择培养基是依据某些微生物的特殊营养需求设计的，例如，缺乏氮源的选择培养基可用来分离固氮微生物。另一类选择培养基是在培养基中加入某种化学物质，这种化学物质没有营养作用，对所需分离的微生物无害，但可以抑制或杀死其他微生物，例如，在培养基中加入数滴10%酚可以抑制细菌和霉菌的生长，从而由混杂的微生物群体中分离出放线菌；在培养基中加入亚硫酸铋，可以抑制革兰阳性菌和绝大多数革兰阴性菌的生长，而革兰阴性的伤寒沙门菌可以在这种培养基上生长；在培养基中加入染料结晶紫，可以抑制革兰阳性菌的生长，从而达到分离革兰阴性菌的目的；在培养基中加入青霉素、四环素或链霉素，可以抑制细菌和放线菌生长，而将酵母菌和霉菌分离出来。

在实际应用中，有时需要配制既有选择作用又有鉴别作用的培养基。例如，当要分离金黄色葡萄球菌时，在培养基中加入7.5%NaCl、甘露糖醇和酸碱指示剂。金黄色葡萄球菌可耐高浓度NaCl，且能利用甘露糖醇产酸。因此，能在上述培养基中生长，而且菌落周围培养基颜色发生变化，则该菌落有可能是金黄色葡萄球菌，再通过进一步鉴定加以确定。

④ 鉴别培养基　鉴别培养基是用于鉴别不同类型微生物的培养基。在培养基中加入某种特殊化学物质，特定的微生物在培养基中生长后能产生某种代谢产物，而这种代谢产物可以与培养基中的特殊化学物质发生特定的化学反应，产生明显的特征性变化，根据这种特征性变化，可将该种微生物与其他微生物区分开来。鉴别培养基主要用于微生物的快速分类鉴定，以及分离和筛选产生某种代谢产物的微生物菌种。常用的一些鉴别培养基参见表 3-6。

表 3-6　几种常用的鉴别培养基

培养基名称	加入化学物质	微生物代谢产物	培养基特征性变化	主要用途
酪素培养基	酪素	胞外蛋白酶	蛋白水解圈	鉴别产蛋白酶菌株
明胶培养基	明胶	胞外蛋白酶	明胶液化	鉴别产蛋白酶菌株
油脂培养基	食用油、吐温、中性红指示剂	胞外脂肪酶	由淡红色变为深红色	鉴别产脂肪酶菌株
淀粉培养基	可溶性淀粉	胞外淀粉酶	淀粉水解圈	鉴别产淀粉酶菌株
H_2S 试验培养基	乙酸铅	H_2S	产生黑色沉淀	鉴别产 H_2S 的菌株
糖发酵培养基	溴甲酚紫	乳酸、乙酸、丙酸等	由紫色变为黄色	鉴别肠道细菌
远藤氏培养基	碱性复红、亚硫酸钠	酸、乙醛	带金属光泽深红色菌落	鉴别水中的大肠杆菌
伊红美蓝培养基	伊红、美蓝	酸	带金属光泽深紫色菌落	鉴别水中的大肠杆菌

⑤ 生产用培养基　在生产实践中经常用孢子培养基、种子培养基和发酵培养基。

孢子培养基是供能产生孢子的菌种生长繁殖产生孢子的固体培养基，该培养基能使菌体迅速生长，并能产生较多孢子，且不易引起变异。例如，生产上常用的麸皮培养基、小米培养基、玉米碎屑培养基等都是孢子培养基，培养目的是产生较多的孢子。孢子培养基要求营养不要太丰富，尤其是氮源，否则不易产生孢子；无机盐浓度要适当，否则会影响孢子的颜色和数量；同时培养基的湿度和酸碱度等也会对孢子的产生或多或少有影响。

种子培养基是指能使微生物孢子萌发、大量生长繁殖、产生足够菌体的培养基。种子培养基是为了获得数量充足和质量较好的健壮菌体，具有营养成分丰富而完全、氮源和维生素含量偏高、易被利用的特点。种子培养基一般要求培养基中有丰富的天然有机氮源。如果是固体培养基，则要求基质疏松易于换气和散热。例如，酱油生产中利用麸皮、豆粕、水等配制种子培养基。

发酵培养基是指能使特定微生物积累大量发酵产品的培养基。发酵培养基不是微生物最适生长培养基，其目的是为了使微生物迅速地、最大限度地产生代谢产物。发酵培养基营养成分总量较高、碳源含量往往高于种子培养基，一般还具有产物所需的特定元素、促进剂和抑制剂等。发酵培养基一般用量较大，从经济成本角度考虑，原料应来源充足，成本低廉，还应有利于下游的分离提取。

除上述几种主要类型外，培养基按用途划分还有很多种，比如：分析培养基常用来分析某些化学物质（抗生素、维生素）的浓度，还可用来分析微生物的营养需求；还原性培养基专门用来培养厌氧型微生物；组织培养物培养基含有动植物细胞，用来培养病毒、衣原体、立克次氏体及某些螺旋体等专性活细胞寄生的微生物。尽管如此，有些病毒和立克次氏体目前还不能利用人工培养基来培养，需要接种在动植物体内和组织中才能增殖。常用的培养病毒与立克次氏体的动物有小白鼠、家鼠和豚鼠，鸡胚也是培养某些病毒与立克次氏体的良好营养基质，鸡瘟病毒、牛痘病毒、天花病毒、狂犬病毒等十几种病毒也可用鸡胚培养。

知识链接

琼脂能吃吗?

琼脂，又名琼胶、洋菜、冻粉、燕菜精、洋粉、寒天粉、大菜丝，是以石花菜、江蓠菜、紫菜等海藻为原料，采用科学方法精炼提纯的天然高分子多糖类物质，是目前世界上用途最广泛的海藻胶之一。

琼脂能吸收相当本身体积20倍的水。最有用特性是它的凝固点和熔点之间的温度相差很大。琼脂不溶于冷水，易溶于沸水，在水中需加热至95℃时才开始熔化，稀释液在42℃（108 ℉）时仍保持液态，40℃时才开始凝固，37℃即凝成紧密的胶冻。

琼脂外形有细条、长条、薄片、小块等几种不同形体，以细条为佳。优质的琼脂体干，色白亮，洁净透明度高，弹性大，坚韧，牢度强。劣质的琼脂色黄且乌暗，不透明，弹力弱，干硬较脆，不坚韧。假琼脂外观白而没有光泽，杂质含量高，透明度很差（1%浓度的水溶液溶解后，可发现大量的水中不溶物）。如果用冷水或温水浸泡30min左右，它很快就吸水膨胀复原，而真琼脂没有这种现象。一般琼脂不会彻底假，因为假的琼脂不可能表现出琼脂熔化后的凝固特性，要说假，只有可能掺假或者是劣质琼脂。

琼脂在食品工业、医药工业、日用化工、生物工程等许多方面有着广泛的应用。琼脂在化学工业、医学科研领域，可作培养基、药膏基等，它是配制固体培养基的最好凝固剂；用于食品中能明显改变食品的品质，提高食品档次；可用作增稠剂、凝固剂、悬浮剂、乳化剂、保鲜剂和稳定剂，广泛用于制造粒粒橙及各种饮料、果冻、冰淇淋、糕点、软糖、罐头、肉制品、八宝粥、银耳燕窝、羹类食品、凉拌食品等。

1. 果粒橙饮料：以琼脂作悬浮剂，其使用浓度0.01%～0.05%，可使颗粒悬浮均匀，透明度好，流动性好，口感爽滑无异味。

2. 果汁软糖：琼脂为主料（用量约为2.5%），以葡萄糖液、白砂糖、香料等为辅料制得的软糖，其透明度及口感远胜于其他软糖。

3. 肉类罐头、肉制品：加入0.2%～0.5%的琼脂能形成有效黏合碎肉的凝胶。

4. 八宝粥、银耳燕窝、羹类食品：加和0.3%～0.5%琼脂作为增稠剂、稳定剂。

5. 凉拌食品：先将琼脂洗净，用开水冲泡让其膨胀，捞起加入调配料即可食用。

6. 冻胶布丁：加入0.1%～0.3%的琼脂和精炼的半乳甘露聚糖，可制得透明的强弹性凝胶。

7. 果冻：以琼脂作悬浮剂，参考用量为0.15%～0.3%，可使颗粒悬浮均匀，不沉淀，不分层。

8. 啤酒澄清剂：以琼脂作为辅助澄清剂可以加速和改善澄清。

琼脂含有丰富的膳食纤维（含量为80. 9%），蛋白质含量高，热量低，具有排毒养颜、泻火、润肠、降血压、降血糖和防癌作用，被联合国粮农组织确认为21世纪健康食品。因此琼脂一般人都可食用，尤其适合肥胖、高血压、高血脂及便秘人群。

三、微生物接种技术

微生物接种方法包括斜面接种、液体接种、固体接种和穿刺接种等，实际操作中可根据所培养的微生物的特点、实验及生产目的、培养基类型及培养容器等，采用不同的接种方式。接种必须在一个无杂菌污染的环境中进行严格的无菌操作，才能保证获得生长良好的纯种微生物。常用的接种工具有接种环、接种针、刻度吸管和玻璃刮铲及移液枪等（图 3-1）。

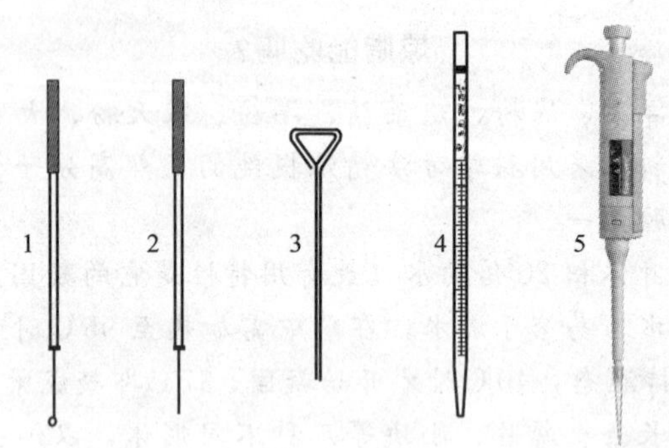

图 3-1　微生物接种及分离工具

1—接种环；2—接种针；3—涂布器；4—刻度吸管；5—移液枪

在微生物的应用中，一般小规模的接种操作采用无菌接种箱或超净工作台，大规模接种在无菌室中进行。也有的接种在生产车间完成，如工业发酵利用管道压力差接种法，把种子液从种子罐抽入发酵罐中的接种方法。

1. 试管菌种接种技术

(1) 斜面接种　是指将试管菌种移植到空白斜面试管培养基上的过程。先用 75%的酒精擦手及工作台、菌种管及准备进行移接的试管管口部分，左手持菌种试管和将移植的空白斜面试管，斜面向上，两管口平齐。先将棉塞旋松。右手持接种环，进行火焰灭菌。然后将两试管的棉塞用右手小指、无名指和中指拔下，然后将试管口迅速通过火焰灭菌后置于火焰的无菌区内。两管口要保持与桌面几乎平行，并稍稍下倾，以防止空气中杂菌的混入，将灭菌并冷却过的接种环伸入菌种管，轻轻挑取少量菌苔并迅速抽出，放入待移植的试管内，在斜面培养基上，自下而上划波浪线。移植放线菌及丝状真菌时，蘸有菌体的接种环除在斜面中间自下而上地划线外，还要沿斜面边沿周围划线涂抹，以便于斜面的形态观察。移植结束后，把接种环先在内焰灼烧，再在外焰烧红，冷却后放回原处，试管口和棉塞同时轻轻通过火焰灭菌后，将棉塞塞回试管。

(2) 平板接种　是指将试管菌种移植到平板培养基上的过程。用左手的小指和无名指托着平板底部，中指和拇指成圆弧形拿着皿盖，将生长有微生物的试管夹在食指与平皿之间，管口朝前且斜面向上。在火焰无菌区，拔下菌种管棉塞，将灭菌且冷却的接种环伸入菌种管，蘸取少量菌苔，放在用左手中指与拇指稍打开皿盖的琼脂平板上划线。

(3) 液体培养基接种　是指将试管斜面菌种接种液体培养基的过程。当接种量小时，可用接种环蘸取少量菌体移入培养基容器（试管或三角瓶等）中，将环在培养液表面处的器皿内壁轻轻摩擦以把菌苔研开，然后抽出接种环，塞好棉塞，再摇动培养液，使菌体均匀分布在液体培养基中。当接种量大时，可先在试管斜面菌种管中加入 1～2mL 无菌水，塞上棉塞轻轻摇动试管，直至菌苔被无菌水冲洗下来成均匀的菌悬液或用接种环把菌苔刮下研开，再把菌悬液倒入液体培养基中，倒液体前需将试管口在火焰上灭菌。

2. 液体培养基接种技术

将液体培养物接种到试管或三角瓶盛装的液体培养基中，若是定量接种可用无菌的滴管或移液管吸取菌液，然后直接把液体移植入液体培养基中；若是非定量接种，或者是大量接种（三角瓶液体培养物接入一级种子罐），可将液体培养物在火焰保护下直接倒入液体培养基中。

在生产车间可利用高压无菌空气通过特殊的注液装置把液体培养物注入种子罐或发酵罐的液体培养基，或利用负压将液体培养物抽到液体培养基中。

3. 固体培养料接种技术

（1）用菌液接种固体培养料　菌液包括用无菌水刮洗菌苔制成的悬液和直接培养的液体培养物。接种时可按无菌操作将菌液直接倒入固体培养料中，搅拌均匀。为防止液体种子菌接种后固体料含水量偏大，影响培养效果。操作时要注意接种所用菌液的含水量要计算在固体培养料加水总量之内。

（2）用固体种子接种固体培养料　包括用菌丝孢子混合种了菌、孢子粉以及其他固体培养的种子菌。接种方法是：先把种子菌和少部分固体料混匀，然后再拌入已灭菌料堆充分搅拌均匀即可。

为使培养的目标菌在接种后即得到适宜的温度条件，能迅速生长繁殖，长势好，减少滋生杂菌的机会。应在固体料灭菌后，当料温下降至高于培养温度5～10℃时抓紧接种，即抢温接种，这种方法适用于产芽孢菌和产生孢子的菌。也可在大量的固体曲料接种后，先堆积起来，加覆盖物防止料堆散热，使培养的目标菌尽快适应新的环境条件，随着菌体逐渐生长旺盛，产生较多热量，使料温升高后再分装曲盘或上帘培养。

为保证接种后菌种的纯正，在接种过程中应注意以下问题：接种用具在使用前后都必须通过火焰灭菌。对拔出棉塞后和塞进棉塞前的试管口及棉塞都要通过火焰灭菌。而且用过的接种环要经过火焰灭菌才能放回原位，以防菌种污染环境。方法是接种环首先经过温度低的内焰（还原焰）灼烧，然后再移到温度高的外焰烧红。对于病原菌要格外注意，如果首先在外焰灼烧，菌体因温度过高会突然聚集，就可能向四周飞散而污染环境。容器开口必须保证以火焰封口。火焰封口就是移植操作时将试管的管口或培养皿开口处置于火焰无菌区内进行操作。外焰周围1cm之内和距外焰顶端3cm之内的区域为火焰无菌区，保证火焰封口是移植技术中无菌操作的关键。

知识链接

认识超净工作台

超净工作台是一种提供局部高洁净度工作环境且通用性较强的空气净化设备，对改善工艺条件、提高产品质量和成品率均有良好效果。超净工作台广泛应用于医药卫生、生物制药、食品、医学实验、光学、电子、无菌室实验、无菌微生物检验、植物组织培养接种等需要局部洁净无菌工作环境的科研和生产部门，也可连接成装配生产线，具有低噪声、可移动等优点。

超净工作台由箱体、离心风机、高效过滤器、操作开关等几大部件组成。箱体采用冷板制作，表面烤漆，净化单元采用了可调风量的风机系统。通过调节风机的工况，可使洁净工作区中的平均风速保持在额定范围内，有效地延长了高效过滤器的使用寿命。

超净工作台的洁净环境是在特定的空间内，洁净空气（过滤空气）按设定的方向流动而形成的。以气流方向来分，现有超净工作台可分为垂直式、由内向外式以及侧向式。从操作质量和对环境的影响来考虑，以垂直式较优越。由供气滤板提供的洁净空气以特定的速度下降通过操作区，在操作区的中间分开，由前端空气吸入孔和后吸气窗吸走，与操作区下部、前后部吸入的空气混合在一起，并由鼓风机泵入后正压区，约30%的气体通过排气滤板从顶部排出，约70%的气体通过供氧滤板重新进入操作区。为补充排气口排出的空气，同体积的空气通过操作口从房间空气中得到补充。这些空气不会进入操作区，只是形成一个空气屏障。

超净工作台使用前应用紫外灯照射30～40min，并检查操作区周围各种可开启的门窗是否处于工作位置。操作最好在操作区的中心位置进行，在设计上，这是一个较安全的区域。在进行操作前应对实验材料有一个初步的认识，同时了解所使用设备的性能及安全等级，严格执行实验室安全规程。特定病原在任何超净工作台中的操作必须进行安全性评估。如果实验材料会对周围环境造成污染，就应避免在无排气滤板的机型内使用，因为在流动空气中操作与散毒无异。任何先进的设备并不能保证实验的成功，动物检疫实验室超净工作台的使用是以无菌和避免交叉污染为目的，因此熟练的操作和明确的无菌要求是必不可少的。

超净工作台是较精密的电气设备，对其进行经常性的保养和维护是非常重要的。首先要保持室内的干燥和清洁，潮湿的空气既会使制造材料锈蚀，还会影响电气电路的正常工作，潮湿空气还利于细菌、霉菌的生长，而清洁的环境则可以延长滤板的使用寿命。另外，定期对设备的清洁是正常使用的重要环节。清洁应包括使用前后的例行清洁和定期的处理。熏蒸时，应将所有缝隙完全密封，如果操作口设有可移动挡板封盖，可用塑料薄膜密封。超净工作台的滤板和紫外灭菌灯都有标定的使用年限，应按期更换。

四、微生物菌种的使用与扩大培养

1. 环境对微生物生长的影响

生长是微生物与外界环境因子共同作用的结果。在一定限度内环境因子变化会引起微生物形态、生理或遗传特性发生变化，但超过一定限度的环境因子变化，常常导致微生物死亡。反之，微生物在一定程度上也能通过自身活动，改变环境条件，以适合于它们的生存和发展。为了更好地研究和利用微生物，人们常需要对其进行人工培养，人工培养微生物，不但要提供生长所需的营养物质，还需要提供适合的生长环境。影响微生物生长的环境因素主要有温度、pH、氧、渗透压、光和辐射、化学药物等。

（1）温度　温度是微生物生长的重要环境条件之一。微生物细胞无法控制它们自身的温度，因此它们的生存依赖于自然环境温度。从总体上看微生物生长和适应的温度围为－12～100℃或更高，但具体到某一种微生物，则只能在有限的温度范围内生长，并具有最低、最适和最高3个临界值。

最低温度是微生物生长温度的下限，低于该温度微生物将停止生长。低温一般不易导致微生物死亡，在低温下，微生物的代谢活动降低，接近于停止状态，但原生质结构不被破坏，能较长期地保存其生活能力，当提高温度后仍可恢复其正常生命活动。所以人们常用低温来保藏菌种，并用低温保藏食品避免被微生物腐败。低于冰点的低温可使微生物死亡，主要是由于细胞内的水转变为冰晶，冰晶造成细胞的机械损伤和脱水而致死。最适生长温度是指某微生物代谢、生长繁殖速度最快的温度，代谢时间也最短。微生物生长繁殖的最高温度界限称为最高生长温度，超过这个温度会引起酶和核酸不可逆地失活而导致微生物细胞死亡。不同的微生物对高温的敏感性不同，多数细菌、酵母、霉菌的营养细胞和病毒在50～60℃下10min可致死。放线菌、霉菌孢子比较耐热，在76～80℃下10min可致死。细菌的芽孢有抗热性，致死温度和时间长短视菌而定，如炭疽芽孢杆菌在105℃下5～10min可致死，枯草芽孢杆菌在100℃下6～17min致死，肉毒梭菌在120～121℃下10min致死。高温能杀死微生物，因此常用加热来进行培养器材和培养基的灭菌处理。

温度对微生物生长的影响具体表现在以下几个方面。

① 影响酶的活性　微生物生长过程中细胞内所发生的一系列化学反应绝大多数是在特定酶的催化下完成的，每种酶都有最适的酶促反应温度，温度变化影响酶促反应速率，最终影响细胞物质合成。

② 影响细胞质膜的流动性　温度高，细胞质膜的流动性增强，有利于物质的运输；温度低，细胞质膜的流动性减弱，不利于物质运输，因此温度变化影响营养物质的吸收与代谢产物的分泌。

③ 影响物质的溶解度　物质只有溶于水才能被机体吸收或分泌，除气体物质以外，温度上升则物质的溶解度增加，温度降低则物质的溶解度降低，最终影响微生物的生长。

根据微生物生长的最适温度不同，可以将微生物分为专性嗜冷、兼性嗜冷、嗜温、嗜热、超嗜热微生物（嗜高温微生物），它们的温度生长范围见表3-7。

表3-7　微生物的温度生长范围

微生物类型	生长温度/℃			主要分布
	最低	最适	最高	
嗜冷微生物	−12	5～15	15～20	雪原、极地冰原和深海
兼性嗜冷微生物	−5～0	10～20	25～30	海水及冷藏食品
嗜温微生物	10～20	20～40	45	温带、亚热带、热带地区寄生于动物、植物、土壤、水
嗜热微生物	45	55～65	80	温泉、堆肥堆、土壤表层等
嗜高温微生物	65	80～90	100以上	火山活动活跃地区的土壤、水中

（2）pH　环境的pH对微生物生长也有重要影响。总体而言，微生物能在pH为1～11的范围内生长，但不同种类微生物都有各自特定的pH生长范围。一般藻类和真菌适于偏酸环境，原生动物和细菌为中性，放线菌适于偏碱环境。除不同种类的微生物有其最适生长的pH外，即使同一种微生物在其不同的生长阶段和不同的生理、生化过程中，也有不同的最适pH要求。例如，酵母菌在pH为4.5～6.0时发酵蔗糖产生乙醇，不产甘油和乙酸；当pH>7.6时则可同时产生乙醇、甘油和乙酸。又如黑曲霉在pH为2.0～2.5时发酵蔗糖以产生柠檬酸为主，在pH为2.5～6.5时就以菌体生长为主，而当pH升至中性时则大量合成草酸，柠檬酸产量很低。因此，调节和控制发酵液pH可以改变微生物的代谢方向，以获得需要的代谢产物。利用上述规律对提高发酵生产效率十分重要。

在生产实践中还可利用pH防止杂菌生长。例如生产食品和饮料时加入柠檬酸作为防腐剂和酸味剂。

pH影响细胞膜的透性、膜结构稳定性、物质的溶解性，进而影响营养物质的吸收，最终影响微生物的生长速率。

微生物在环境中物质的代谢常常也能反过来改变环境的pH。如许多细菌和真菌在分解培养基基质中的碳水化合物时产酸使环境变酸，另一些微生物则在分解蛋白质时产氨而使环境变碱。因此，在配制培养基时，往往不仅需要调节pH，有时还要选择适合pH的缓冲液(主要是磷酸缓冲液)，或加入过量碳酸钙等方法来维持微生物生长过程中的pH。

(3) 氧　氧对微生物影响很大。根据微生物与氧气的关系可把它们粗分为好氧微生物和厌氧微生物两大类，并可进一步细分为以下五类。

① 专性好氧菌　这类微生物必须在较高浓度O_2条件下才能生长，在正常大气压下通过呼吸产能。用试管液体培养基培养时，由于O_2在液体培养基中只向下渗透一段很短的距离，因而专性好氧菌只生长在液体培养基顶部。培养好氧微生物必须保证通气良好，振荡、通气、搅拌都是实训室和工业生产中常用的供氧方法。绝大多数真菌和多数细菌、放线菌都属于专性好氧菌，如固氮菌属、铜绿假单胞菌、白喉棒杆菌等。

② 兼性厌氧菌　这类微生物以在有氧条件下生长为主，也可兼在厌氧条件下生长，亦称兼性好氧菌。有O_2时，通过呼吸产能，无O_2时借发酵或厌氧呼吸产能。用试管液体培养基培养，不论O_2存在与否，在整个试管培养基中，兼性厌氧菌都能生长。明显地，在液体培养基顶部，兼性厌氧菌生长量要大一些，说明兼性厌氧菌在有氧条件下比在无氧时生长得更好。这类微生物包括的范围较广，如肠道细菌、人及很多动物的病原菌、酵母菌和其他一些真菌等。

③ 微好氧菌　微好氧菌在氧气充足和绝对厌氧条件下均不能生长，只有在较低氧分压下才能正常生长，也是通过呼吸链并以氧为最终氢受体而产能。这类微生物大多生活在土壤、水、人体内这些只提供少量O_2而不直接暴露于大气的生活环境中。用试管液体培养基培养时，微好氧菌会生长在液体培养基的上部，接近顶部，但不会是最顶部。

④ 耐氧菌　耐氧菌是耐氧性厌氧菌的简称，是一类可在O_2存在下进行发酵性厌氧生活的厌氧菌。它们的生长不需要任何O_2，但O_2的存在对它们也无害。通常的乳酸菌多为耐氧菌，如乳酸乳杆菌、乳链球菌、肠膜明串珠菌等；非乳酸菌类耐氧菌如雷氏丁酸杆菌等。用试管培养基培养时，整个试管培养基中，耐氧菌都能生长。

⑤ 专性厌氧菌　分子氧对它们有毒，即使短期接触也会抑制其生长甚至致死；生命活动所需能量由发酵、无氧呼吸、循环光合磷酸化或甲烷发酵等过程提供。常见的厌氧菌有梭菌属、双歧杆菌属以及各种光合细菌和产甲烷菌等。用试管液体培养基培养，由于O_2对它们有毒，因而专性厌氧菌只生长在液体培养基底部。

需氧不同类型微生物在试管液体培养基中的生长状态见图3-2。

(4) 渗透压　尽管多数微生物只能在低渗压或等渗压条件下生活，但少数微生物被称为喜盐微生物，能在高溶质浓度环境中生活。嗜盐菌如盐杆菌属和盐球菌属栖居于盐湖、池塘及其他高盐环境中，它们的最适生长盐浓度为25%的NaCl，至少要求9%的NaCl才能生长。这些细菌属于古菌，它们的细胞壁、细胞膜与真细菌显著不同，在低渗压环境中会溶解。兼性嗜盐菌尽管它们通常并不居住于高盐环境中，但是它们具有显著的抗盐性。例如，葡萄球菌可以在0.1%～20%NaCl含量范围的培养基上生长。尽管用高浓度盐或高浓度糖保存食物（糖浆、盐水），但许多细菌、真菌在这种环境下仍然生长旺盛，引起食物腐败变

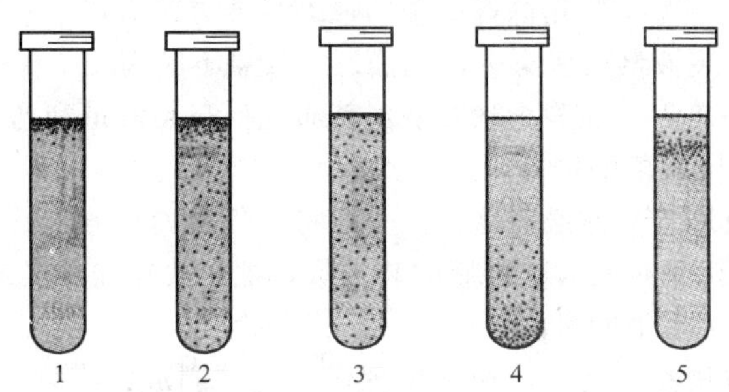

图 3-2 需氧不同类型微生物在试管液体培养基中的生长状态

1—专性好氧型；2—兼性好氧型；3—耐氧厌氧型；4—专性厌氧型；5—微好氧型

质。可以经受高渗透压，能在高渗透压下生长的生物叫嗜渗微生物。

（5）光和辐射　光并不是所有微生物都需要的，只有光能营养型的微生物才需要光，光能营养菌吸收 400～760nm 的可见光参与代谢。有的微生物不是光合微生物，但有趋光性，如闪光须霉。药用真菌灵芝形成子实体也需要散射光的照射。

日光中的紫外线（UV）对微生物有杀伤作用，以波长为 260nm 的紫外线杀菌力最强。许多电离辐射对微生物有害，特别是短波长、高能量的电离辐射会导致原子失去电子而发生电离。X 射线、γ 射线是两种主要的电离辐射源，它们的低剂量辐射会使细胞产生突变甚至死亡，高剂量辐射则直接有致死效应。

（6）化学药物　化学药物对微生物的影响因种类不同而异。

① 重金属盐　重金属离子带正电荷，易与带负电荷的菌体蛋白质结合，使蛋白质变性，有较强的杀菌作用。0.05%～0.1%升汞（$HgCl_2$）用于非金属器皿的消毒。2%红汞水溶液用于皮肤、黏膜及小伤口的消毒。硫柳汞用于皮肤及手术部位的消毒、生物制品的防腐。波尔多液含 $CuSO_4$，用来杀灭真菌防治植物病害。

② 氧化剂　高锰酸钾、H_2O_2、过氧乙酸等氧化剂对微生物有杀伤作用。0.1%高锰酸钾用于皮肤、尿道及蔬菜、水果的消毒。1.0%～3.0% H_2O_2 用于伤口消毒。0.2%～0.5%过氧乙酸用于皮肤、塑料、玻璃、人造纤维的消毒。

③ 卤素化合物　以 Cl、I 常用，例如用作饮水消毒的漂白粉为次亚氯酸盐，主要成分是 $CaCl_2$、$Ca(OH)_2$ 及 $Ca(OCl)_2$，次亚氯酸盐分解放出新生态氧，具有强烈的氧化作用而杀菌。

$$Ca(OCl)_2 + H_2O \longrightarrow Ca(OH)_2 + 2HClO$$

$$HClO \longrightarrow HCl + [O]$$

10%～20%漂白粉用于地面和厕所消毒，0.5%～1.0%漂白粉上清液用于空气及物体表面消毒，亦可用作饮用水消毒剂。2.5%的碘酒用于皮肤消毒。

2. 微生物的培养方法

（1）实训室微生物的培养

① 固体培养法　固体培养分为好氧菌的固体培养和厌氧菌的固体培养。好氧菌的固体培养主要采用试管斜面、培养皿琼脂平板及较大型的克氏扁瓶、茄子瓶等进行培养。专性厌氧菌须在无氧条件中才生长：一是将培养基放在无氧环境中培养；二是在培养基中加入还原性物质，降低培养基的氧化还原电势，并在培养基表面上用凡士林或石蜡封闭，使培养基与外界空气隔绝，让培养基本身成为无氧的环境。

② 液态培养法　实训室中常用的好氧菌的液态培养方法有以下几类。

a. 试管液态培养　装液量可多可少，此法通气效果不够理想，仅适合培养兼性厌氧菌。

b. 三角瓶浅层液态培养　在静止状态下，其通气量与装液量和通气塞的状态关系密切。此法一般仅适用于兼性厌氧菌的培养。

c. 摇瓶培养　摇瓶培养又称振荡培养。一般将三角瓶内培养液的瓶口用 8 层纱布包扎，以利于通气和防止杂菌污染，同时减少瓶内装液量，把它放在往复式或旋转式摇床上做有节奏的振荡，以达到提供溶氧量的目的。

d. 台式发酵罐发酵培养　这是一种利用现代高科技制成的实训室研究用的发酵罐，体积一般为数升至数十升，有良好的通气、搅拌及其他各种必要装置，并有多种传感器、自动记录和调控装置，应用较为方便。

(2) 发酵工业中微生物的培养

① 固态培养法

a. 好氧菌的曲法培养　在距今 4000～5000 年前我国已发明制曲酿酒了。原始的曲法培养就是将麸皮、碎麦或豆饼等固态基质经蒸煮和自然接种后，薄薄地铺在培养容器表面，使微生物既可获得充足的氧气，又有利于散发热量，对真菌来说还十分有利于产生大量孢子。

根据制曲容器的形状和生产规模的大小，可把各种制曲形式分成瓶曲、袋曲（一般用塑料袋制曲）、盘曲（用木盘制曲）、帘子曲（用竹帘子制曲）、转鼓曲（用大型木质空心转鼓横向转动制曲）和通风曲（即厚层制曲）等。其中瓶曲、袋曲形式在目前的食用菌制种和培养中仍有广泛应用。通风曲是一种机械化程度和生产效率都较高的现代大规模制曲技术，在中国酱油酿造业中广泛应用。在制曲过程中，有一个面积为 $10m^2$ 的水泥曲槽，槽上有曲架和用适当材料编织而成的筛板，其上可摊一层约 30cm 厚的曲料，曲架下部不断通以低温、湿润的新鲜过滤空气，以此制备半无菌状态的固体曲。

b. 厌氧菌的堆积培养　生产实践上对厌氧菌进行大规模固态培养的例子还不多见。在中国传统的白酒生产中，一向采用大型深层地窖对固态发酵料进行堆积式固态发酵，这对酵母菌的酒精发酵和己酸菌的己酸发酵等都十分有利，因此可生产名优大曲酒（蒸馏白酒）。

② 液体培养法　工业上好氧菌的液体培养方法有以下两种。

a. 浅盘培养　这是一种用大型盘子对好氧菌进行浅层液体静止培养的方法。在早期的青霉素和柠檬酸等发酵中均使用过这种方法，但因存在劳动强度大、生产效率低以及易污染杂菌等缺点，故未能广泛使用。

b. 深层液体通气培养　这是一类应用大型发酵罐进行深层液体通气搅拌的培养技术，它的发明在微生物培养技术发展史上具有革命性的意义，并成为现代发酵工业的标志。

发酵罐是一种最常规的生物反应器，一般是一个钢质圆筒形直立容器，其底和盖为扁球形，直径与高之比一般为 1∶(2～2.5)。容积可大可小，大型发酵罐一般为 $50～500m^3$，最大的为英国用于甲醇蛋白生产的巨型发酵罐，其有效容积达 $1500m^3$。

发酵罐的主要作用是要为微生物提供丰富、均匀的养料，良好的通气和搅拌条件，适宜的温度和酸碱度，并能消除泡沫和确保防止杂菌的污染等。为此，除了罐体有相应的各种结构外（详见任务四），还要有一套必要的附属装置，如培养基配制系统，蒸汽灭菌系统，空气压缩和过滤系统，营养物流加系统，传感器和自动记录、调控系统，以及发酵产物的后处理系统（俗称“下游工程”）等。

3. 微生物菌种的购买与使用

(1) 购买标准菌种　能否实现微生物教学、研究及发酵生产目的，所使用的微生物菌种好坏是成败的关键。标准菌种必须从正规的菌种保藏机构购买。国内菌种保藏由中国微生物菌种保藏管理委员会（CCCCM）负责，下设7个保藏中心，12个保藏机构，国内外部分菌种保藏机构见表3-8。

表3-8 国内外部分菌种保藏机构

单位简称	单位名称	单位简称	单位名称
WFCC	世界菌种保藏联合会	ACCC	中国农业微生物菌种保藏中心
CNCTC	捷克斯洛伐克国家菌保会	CGMCC	中国普通微生物菌种保藏管理中心
NRC	加拿大国家科学研究委员会	AS	中国科学院微生物研究所
CBS	荷兰真菌中心收藏所	AS-IV	中国科学院武汉病毒研究所
ATCC	美国标准菌种保藏中心	CACC	中国抗生素微生物菌种保藏中心
NCTC	英国国立典型菌种收藏馆	CCCCM	中国微生物菌种保藏管理委员会
IAM	东京大学应用微生物研究所	CICC	中国工业微生物菌种保藏中心
CCTM	法国典型微生物保藏中心	IFFI	中国食品发酵工业研究所
KIM	德国微生物研究所菌种收藏室	CMCC	中国医学微生物菌种保藏中心

（2）接收菌种

① 作好接收菌种的准备　清洁和整理存放菌种的设备（如菌种盒、冰箱等），如需要则提前做消毒处理，并检查设备的完好性，确保冰箱的性能正常。

② 接收菌种　注意核对菌种名称、数量及冷冻干燥管的完整性，同时整理菌种保藏中心提供的相关资料。将菌种信息填写在接收登记表上（表3-9）。

表3-9 菌种接收登记表

序号	菌种名称	菌种来源	菌种编号	菌种数量/支	接收人	接收日期	保存条件	存放地点	有效期

③ 制作菌种标签　菌种标签应包含以下信息：菌种编号、菌种名称、接收日期及有效期等。标签粘贴牢固，以防脱落，造成菌种混淆。

（3）菌种的复苏　新购的微生物菌种（冷冻菌种干燥管）必须经复苏后才能使用。整个操作过程必须在无菌环境下进行，具体方法如下。

① 准备好适合菌种生长的液体培养基，细菌用肉汤培养基，真菌用马铃薯葡萄糖琼脂液体培养基，或根据购买菌种时菌种保藏中心提供的相关资料配制相应的液体培养基。

② 将冻干菌种、灭菌吸管、无菌培养皿、培养基等物品移入无菌接种室的超净工作台上。

③ 用碘伏及75%酒精棉球消毒菌种管外壁，放在无菌培养皿内风干，用砂轮在菌种管封口端1/3处划痕，再用干燥的无菌纱布包裹菌种管，将菌种管掰开，或将划痕在火焰上烧热后，用无菌湿棉球炸裂打开。

④ 用无菌吸管吸取0.5～0.8mL相应的培养基（也可用无菌水），滴入开启的冷冻干燥

菌种管中，并反复吹打，使冻干菌种溶解成菌悬液。

⑤ 将上述菌悬液全部吸出，接种于相应的培养基中。

⑥ 细菌于30～35℃培养，真菌于23～28℃培养，次日观察菌种生长情况，如菌种未生长，应继续培养，细菌最长可延至7d，真菌可延至14d。若仍不生长，则按规定灭菌处理。

⑦ 复苏培养的菌种为第1代菌种，复苏后的菌种应再传代1～2次后使用。

4. 种子的扩大培养

现代发酵工业生产规模越来越大，每个发酵罐的容积从几十立方米到几百甚至上千立方米，要使微生物在几十个小时的有限时间内完成巨大的发酵转化任务，需要巨大数量的微生物细胞。发酵周期的长短与接种量的大小有直接关系，按10%左右的接种量计算，50m^3的发酵罐需要5m^3的种子，300m^3的发酵罐需要30m^3的种子。所以，发酵生产需要一个种子扩大培养的过程。

种子扩大培养是指将保存在沙土管、冷冻干燥管中处于休眠状态的生产菌种接入试管斜面，活化后再经过扁瓶或摇瓶以及种子罐逐级扩大培养，从而获得一定数量和质量的纯种的过程，所得的纯种培养物称为种子。

从保藏在试管中的微生物菌种逐级扩大为生产用的种子，其生产方法与条件随菌种种类而异。因此，种子扩大培养应根据菌种的生理特性，选择合适的培养条件来获得代谢旺盛、数量足够的种子。足够数量的、活力旺盛的种子接入发酵罐中，有利于缩短发酵周期，提高发酵罐的周转率，并且也有利于减少染菌的机会。

当一种微生物接种于新鲜培养基时，其生长延滞期的长短取决于许多因素。除菌株特性外，菌体所处的环境，特别是营养成分的变化、接种物的菌龄（培养时间）和接种量的大小等都会对其后的生产产生重大影响。在工业发酵中，接种适量的优质种子培养液是缩短延滞期、提高容量产率的主要措施之一。

(1) 种子扩大培养流程　发酵生产中，种子的制备工艺如图3-3。

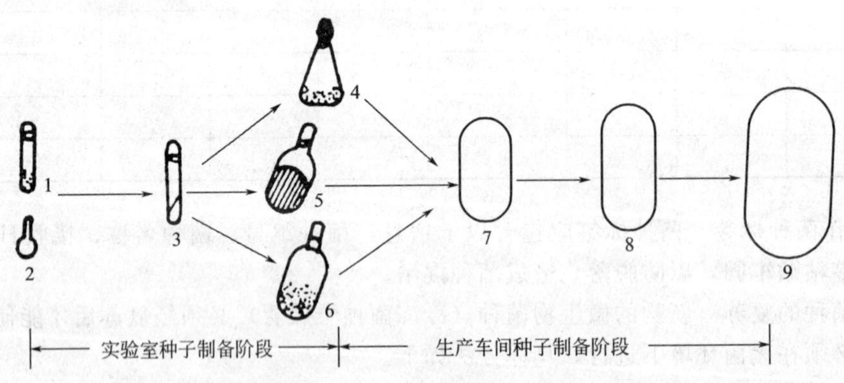

图3-3　种子的制备工艺流程

1—沙土菌种；2—冷冻干燥菌种；3—试管斜面培养；4—摇瓶液体培养；5—茄子瓶斜面培养；6—固体培养基培养；7—一级种子罐培养；8—二级种子罐培养；9—发酵罐

种子扩大培养过程大致可分为实验室种子制备和生产车间种子制备两个阶段。实验室种子制备阶段一般包括试管斜面种子的培养、实验室内进行的固体或液体培养基的种子扩大培养；生产车间种子制备阶段是指在生产车间进行的种子扩大培养，如利用种子罐进行种子培养。

(2) 实验室种子制备　保藏在沙土管或冷冻干燥管的菌种经无菌操作接入适合孢子发芽或菌丝生长的斜面培养基中，培养成熟后挑选菌落正常的菌种再一次转接入试管斜面进行培养，以完成菌种的活化。对于产孢子能力强、孢子发芽及生长繁殖快的菌种，可采用固体培养基进行孢子培养，然后将培养所得的孢子直接作为生产车间种子罐的种子，这样操作方便，不易污染杂菌，如柠檬酸生产的制种，用麸皮培养基产生大量孢子直接用于种子罐接种；对于不产孢子或产孢能力不强、孢子发芽慢的菌种，如产链霉素的灰色链霉菌，可以采用液体培养基进行摇瓶培养，所得的菌丝体悬浮液作为下一步培养的种子。

对于不产孢子的细菌，如生产谷氨酸的棒状杆菌属、短杆菌属，生产上一般采用斜面营养细胞保藏法，2～3个月移种一次。于32℃下、培养18～24h，即可移入茄子瓶斜面培养基上，或者1000mL摇瓶液体培养基中，再于32℃培养12h，即可移入种子罐培养。

放线菌的试管斜面培养温度大多数为28℃，少数为37℃，培养时间一般为4～7d；霉菌的试管斜面培养温度一般为25～28℃，培养时间一般为4～14d；细菌的试管斜面培养温度大多数为37℃，少数为28～32℃，培养时间一般为1～2d，产芽孢的细菌则需要3～5d。用于活化的试管斜面培养成熟后，可置于4℃冰箱内保存备用，一般用于生产时的保存时间不超过一周。

在无菌操作条件下，将试管斜面菌种接种到三角瓶的液体培养基中，经恒温振荡培养形成大量菌体的过程，称为摇瓶培养。摇瓶培养有一级摇瓶（母瓶）培养和二级摇瓶（母瓶-子瓶）培养两种方式。摇瓶培养条件因菌种不同而异，对于好氧型微生物菌种，振幅、振荡频率、装液量多少以及瓶口覆盖的纱布厚度等对氧气的溶解程度均有较大影响，应加以严格控制。摇瓶培养成熟后，可存放于4℃冰箱内备用，保存时间不超过1d。

（3）生产车间种子制备　生产车间种子制备有固体培养和液体培养两种类型。我国酿造生产特有的传统制曲就是采用固体培养方式，而目前液体深层发酵生产的生产车间种子制备则采用液体培养种子的方式。实验室制备的孢子悬浮液或摇瓶菌丝体种子移到种子罐扩大培养。孢子悬液一般采用微孔接种法接入，而摇瓶菌丝体种子一般采用压差法接入，或在火焰保护下倒入种子罐。种子罐的培养基因菌种不同而异，但配制原则均是采用易被吸收利用的成分，如葡萄糖、玉米浆等，同时需不断供给充足的无菌空气并不断搅拌，以满足种子生长繁殖时对氧的需求，使种子在培养液中均匀分布，获得相同的培养条件。

① 种子罐级数的确定　在以种子罐进行种子扩大培养流程中，种子罐级数是指制备种子需逐级扩大培养的次数。种子罐级数是根据菌种生长特性、孢子发芽及菌体繁殖速度以及所采用发酵罐的容积而定。对于生长快的细菌，如在谷氨酸发酵生产中，通常采用摇瓶种子接入种子罐于32℃、培养8～12h，菌体浓度达到要求后即可接入发酵罐，整个过程只采用了一级种子罐的扩大培养；在青霉素发酵生产中，将孢子悬液接入一级种子罐，于27℃培养40h，孢子发芽，长出短菌丝，然后移接到装有新鲜培养基的二级种子罐，于27℃培养10～24h，菌丝迅速繁殖并获得粗壮菌丝体，方可作为种子接入发酵罐，整个过程采用了二级种子罐的扩大培养。对于生长较慢或更慢的链霉菌，一般采用三级发酵（二级种子罐扩大培养）或四级发酵（三级种子罐扩大培养）。在种子的扩大培养中，越接近发酵罐的培养级数，其培养基的组成越接近发酵培养基，以有利于种子接入发酵罐后减少延滞期，尽快适应发酵培养基。

种子罐的级数越少，越有利于简化工艺和控制，并可减少由于多次移种而产生的染菌机会。但也必须考虑尽量延长发酵罐生产产物的时间，缩短由于种子发芽、生长而占用的非生产时间，以提高发酵罐的生产率。

② 种龄和接种量　种龄是指培养的时间。例如种子罐中培养的菌体从开始在此罐中培养时算起到移入下一级种子罐或发酵罐时的培养时间。在种子罐中，随着培养时间的延长，

菌体量增加，基质消耗及代谢产物积累，菌体量不断增加，而菌种会逐渐趋于老化。通常以菌体处于生命力极为旺盛的对数生长期，且培养液中菌体量还未达到最高峰时，较为合适。若过于年轻且菌体浓度较低的种子接入发酵罐后，往往会出现前期生长缓慢，整个发酵周期延长，产物开始形成的时间推迟，造成异常发酵的情况。过老的种子会引起生产能力下降而菌体过早自溶。不同品种或同一品种的工艺条件不同，其种龄也不一样，一般要经过多次试验，考察其发酵罐中产量的多少来确定最适种龄。

接种量是指移入的种子液体积和接种后培养液体积的比例。除了始于斜面培养的初次接种外，发酵过程的所有阶段在接种时均需 0.5%～10%的接种量。实际生产中，为了缩短发酵过程中的延滞期，经常采用的是接种量为 10%的大体积接种。大量接入成熟的菌种，不但使培养基中初始菌体浓度较大，而且可以把微生物生长和分裂所必需的代谢物一起带进去，有利于微生物对基质的利用，使微生物尽快进入对数期，缩短发酵周期。接种量的大小取决于生产菌种在发酵罐中生长繁殖的速度和发酵液的体积。采用较大的接种量可以缩短发酵罐中菌体繁殖到达高峰的时间，使产物的形成提前到来。但是，如果接种量过多，往往使培养液黏度增加，造成溶解氧不足，从而影响产物的合成。而且，若过分强调增大接种量，必然要求种子罐容积过大或种子培养级数过多，造成种子扩大培养的投入与运行费用过高。接种量过小，则发酵周期延长，影响发酵生产效率。因此接种量的确定，既取决于比生长速率，又取决于接种物的特点。总之，对每一生产菌种，要经过多次试验后才能决定其最适接种量。

③ 种子质量的检查　由于菌种在种子罐中的培养时间较短，可供分析的参数较少，使种子的内在质量难以控制，为了保证各级种子移种前的质量，除了保证规定的培养条件外，在过程中还要定期取样测定一些参数以观察基质的代谢变化及菌体形态是否正常。在生产中通常测定的参数为：pH；培养基灭菌后磷、糖、氨基氮的含量；菌体形态、菌体浓度和培养液外观（色素、颗粒等）；其他参数，如接种前产物含量、某种酶活力等。

④ 影响种子质量的因素　影响种子质量的因素主要是原材料的质量以及培养条件。

培养基是微生物生存的营养来源，培养基的质量对于菌种的生长繁殖、酶的活性和代谢产物的产量有着直接的影响。种子培养基的成分要适当丰富和完全，易被菌体直接吸收和利用，其中氮源和维生素含量较高，有利于孢子发芽和菌丝生长，以便获得菌丝粗壮且活力较强的种子。不同类型的微生物所需的培养基成分与浓度配比并不完全相同，应根据实际情况加以选择。但在同一微生物的培养过程中，即使培养基配方不发生任何改变，生产过程中依然经常出现种子质量不稳定现象，其主要原因是原材料质量波动。例如，用于配制产霉菌孢子的大（小）米，其产地、颗粒大小、均匀程度不同，孢子质量也不同，甚至米中所含无机离子的差别也会引起孢子质量的变化。水质的硬度、污染程度对生产均有影响。原材料质量的波动，起主要作用的是其中无机离子含量不同，如 Mg^{2+}，Cu^{2+}，Ba^{2+} 能刺激孢子的形成。磷含量太多、太少都影响孢子质量。

温度对多数微生物斜面孢子质量有显著影响。如土霉素产生菌龟裂链霉菌在高于 37℃培养时，孢子接入发酵罐后表现出糖代谢变慢、氨基氮回升提前、菌丝过早自溶、效价降低等现象。一般各生产单位都严格控制孢子斜面的培养温度。

进行斜面孢子培养时，湿度对孢子的数量和质量有较大的影响。如土霉素生产菌种龟裂链霉菌孢子，在相对湿度 40%～50%时孢子数量最多，且孢子颜色均匀，质量较好。

各种微生物都有自己生长与合成酶的最适 pH，同一菌种合成酶的类型与酶系组成可以随 pH 的改变而发生不同程度的变化。例如，在黑曲霉合成果胶酶的培养基中，当 pH 在

6.0 以上时，果胶酶的形成受到抑制；如果将 pH 调节到 6.0 以下，就可产生果胶酶。培养基 pH 在培养过程中会因菌体代谢而有所改变。因此，一方面，在配制培养基时，注意培养基营养成分的合理配比，使其具有一定 pH 缓冲能力；另一方面，在培养过程中，可以流加酸碱溶液、缓冲液以及各种生理缓冲剂（如生理酸性与生理碱性的盐类）进行调节。

足够的通气量可以提高种子质量。例如，青霉素的生产菌种在制备过程中将通气充足和不充足两种情况下得到的种子分别接入发酵罐内，它们的发酵单位相差一倍。

斜面孢子的冷藏时间，对孢子的质量影响很大。总的原则是冷藏时间宜短不宜长，一般不超过 7d。

泡沫的持久存在影响微生物对氧的吸收，妨碍 CO_2 的排除，甚至可能发生逃液，引起染菌。

5. 发酵工业对菌种的要求

发酵工业使用的微生物菌种是多种多样的，但不是所有的微生物都可作为菌种，即使同属于一个种的不同株的微生物，其生产能力也不同。因此，无论是野生菌株，还是突变菌株或基因工程菌株，都必须经过精心选育，达到生产菌种的要求才可用于发酵工业。

一般来说，优良的生产菌种应该具备以下基本特性。

(1) 菌种在有限的发酵过程中生长繁殖快、代谢能力强。生长迅速可提高发酵设备的周转率；代谢能力强包括高产能力和高转化能力，高产能力有利于提高生产能力，高转化能力有利于降低底物的消耗。

(2) 菌种遗传特性稳定，不易变异退化，且菌种所要求的工艺控制比较粗放，易于控制，有利于发酵生产运行和产品质量的稳定。

(3) 发酵过程中产生的副产物少，不但有利于提高底物的有效转化率，而且目的产物分离容易，有利于降低提取成本和提高产品质量。

(4) 抗噬菌体感染的能力强。

(5) 菌种不是病原菌，对人、动物、植物和环境都不具有潜在的危害性。

(6) 菌种具备利用广泛来源原料的能力，并对发酵原料成分波动的敏感性尽可能小。

五、微生物菌种退化、复壮

工业微生物发酵所用优良菌株的获得需很长时间的艰苦工作。然而，微生物菌种在传代繁殖过程中由于不断受环境条件的影响，会出现退化现象，因此掌握菌种衰退的规律，采取相应的措施，尽量减少菌种的衰退或使已衰退的菌种得以复壮是微生物研究与应用工作的重要课题。

1. 菌种退化

所谓菌种退化，是指由于基因突变，优良菌种的群体中出现某些生理特征和形态特征逐渐减退或丧失，而表现为目的代谢产物合成能力下降的现象。菌种衰退具体表现在以下几个方面。

(1) 菌落和细胞形态改变　如果典型的形态特征减少，即表现为衰退。例如苏云金芽孢杆菌的芽孢和伴孢晶体变小甚至丢失等。

(2) 生长速度缓慢，产生的孢子变少　如放线菌和霉菌在斜面上经过多次传代后产生了“光秃型”。

(3) 生理上的变化　有的是菌种的发酵力（如糖、氮消耗能力）下降，有的是发酵产品得率下降。例如，黑曲霉糖化力、放线菌抗生素发酵单位的下降以及各种发酵代谢产物量的减少等。所有这些都给发酵生产带来不利影响。

(4) 致病菌对寄主侵染能力下降　如白僵菌对寄主的致病力减弱或消失等。

(5) 对外界不良条件抵抗能力下降　如对低温、高温或噬菌体侵染抵抗力下降等。

菌种退化不是突然发生的，而是从量变到质变的逐步演变过程，个别细胞突变不会使群体表型发生明显改变，但经过连续传代，负变细胞达到一定数量后，群体表型就出现退化。造成菌种退化的原因主要有：①菌种的基因突变；②连续传代是加速菌种衰退的一个主要原因，传代的次数越多，发生自发突变的概率越高；③不适宜的培养和保藏条件是加速菌种衰退的另一个重要原因。

2. 菌种复壮

(1) 复壮的含义　狭义的复壮是指菌种发生衰退后，采用单细胞菌株分离措施，通过菌落和菌体的典型特征分析和生产性能等指标测定，从中筛选出具有原来性状的菌株或性状更好的菌株。广义的复壮，指在菌种的典型特征和生产性能尚未退化前就经常有意识地进行纯种分离与生产性能测定，以保证菌种生产性状的稳定，甚至有所提高。显然，在菌种明显退化的情况下进行复壮是一种比较消极的措施，而广义的复壮则是目前生产上提倡的积极的措施。

虽然变异是绝对的，但采用减少传代、定期分离复壮、选择合适的培养条件、进行科学保藏等措施，可以使菌种保持优良性能。

(2) 复壮的方法

① 纯种分离法　把已退化的菌种的细胞群中仍保持原有典型性状的单细胞分离出来，扩大培养，就可恢复菌种的原有性状。一种方法比较粗放，采用稀释平板法、涂布平板法或平板划线法等方法获得单菌落，可达到“菌落纯”的水平。另一种方法是较精细的单细胞或单孢子分离方法，可以达到“菌株纯”水平，方法很多，采用分离小室法、显微操作法及菌丝尖端切割法等进行单细胞分离。

② 寄主体内复壮法　对于因长期在人工培养基上移种传代而衰退的病原菌，可接种到相应的昆虫或动植物寄主体内来提高菌株的毒性。例如，苏云金芽孢杆菌经过长期人工培养产生毒力减退、杀虫效率降低等衰退现象，可用退化的菌株感染菜青虫的幼虫，再从病死的虫体内分离典型的产毒菌株，以达到复壮的目的。

③ 淘汰法　对衰退菌种进行药物、低温、高温等处理，达到淘汰已衰退个体复壮的目的。例如，将“5406”农用抗生菌的分生孢子，采用－40～－30℃的低温处理5～7d，退化的个体死亡，留下的存活的个体是未退化的。

六、微生物菌种保藏

1. 菌种保藏原理

根据微生物的生理、生化特性，人为地创造条件，使微生物的代谢处于不活泼、生长繁殖受到抑制的休眠状态，以减少菌种的变异。保藏时，一般利用优良纯菌的休眠体（孢子、芽孢等），创造有利于微生物休眠的环境条件，如降低培养基营养成分、低温、干燥、缺氧、避光和添加保护剂等方法，降低或停止微生物的代谢活动，以达到防止菌种退化、死亡、不污染杂菌的目的。菌种保藏的方法很多，因菌种生理、生化特性不同而异，一般首先考虑能够较长期地保存原有菌种的优良特性，同时也要考虑保藏方法的经济性与简便性。

2. 菌种保藏方法

(1) 斜面低温保藏法　斜面低温保藏是一种短期的保藏方法，将菌种接种在斜面、液体或半固体培养基上，待生长完全后，置于普通冰箱4℃保藏，可将棉塞换成橡皮塞用石蜡密封。一般3～6个月须传代一次。优点是方便，各类微生物均可。缺点是保藏时间短、传代多、易退化。

(2) 液体石蜡保藏法　在无菌条件下向培养成熟的菌种斜面注入一层灭过菌且冷却的石蜡油，油层高出斜面1cm，然后直立保存于冰箱中，可保藏1～2年左右。适用于不能利用石蜡作为碳源的细菌、霉菌、酵母等微生物的保藏。优点是低温、无氧、保藏效果好、保藏时间较长，使用较方便。

(3) 沙土管保藏法　将沙与土用酸浸泡除去其中的有机质，洗涤、中和、干燥、过筛后，沙与土按比例混匀，分装入安瓿管中，加塞灭菌，然后，将健壮的斜面孢子制成孢子悬浮液接入沙土管中或将斜面孢子刮下与沙土混合均匀，置于干燥器中用真空泵抽干并封口，放在4℃冰箱或干燥器中保存。适用于产生孢子的丝状真菌、放线菌或产芽孢的细菌，是国内常用的一种保藏方法。保藏期一般为几年，有的微生物可保藏10年以上。优点是保藏效果好，时间长，缺点是不能用于保藏细菌营养体。

(4) 冷冻干燥保藏法　将含保护剂的菌悬液，装入安瓿管，然后迅速冷冻至－30℃左右，在低温下迅速用真空泵抽干，最后将安瓿管在抽真空情况下熔封，置于低温保藏。保护剂的作用是使悬浮液保持活性，尽量减少冷冻干燥时对微生物造成的损伤。保护剂有氨基酸、有机酸、蛋白质、多糖等物质，一般采用脱脂牛乳或血清。冷冻干燥保藏法是目前比较理想的保藏方法，保藏期可长达5～10年，具有变异小和适用范围广的优点，为各保藏机构广泛采用。

(5) 液氮超低温保藏法　用甘油或二甲基砜作保护剂制备细胞悬液，分装并密封于无菌安瓿管内，置液氮罐内保藏，液氮温度可达－196℃。保藏期可长达10年之久。液氮超低温保藏法是适用范围最广、保存期最长的一种方法。液氮每周的蒸发量大约为1/10，保藏期间要注意液氮的补充，使液氮面保持在固定水平。优点是保藏时间长、效果好，缺点是价格昂贵。

(6) 甘油管法　将菌悬液与灭菌的80%浓度的甘油混合，装入小甘油瓶中，使甘油最终浓度为40%，置于－20℃保存。

(7) 滤纸片保藏法　用灭菌的脱脂牛乳作保护剂，将吸足菌悬液的滤纸小条保存于安瓿管中，低温保藏。细菌、酵母菌用此法可保藏2年左右，丝状真菌保藏时间最长可达10年以上。此法较液氮超低温保藏法、冷冻干燥法简便，不需要特殊的设备。

任务一　常用玻璃器皿的清洗、干燥与包扎

一、任务目的

1. 了解微生物项目中玻璃器皿洗涤的重要性；
2. 学会玻璃器皿灭菌的原理及方法；

3. 掌握玻璃器皿正确的洗涤方法。

二、任务说明

在微生物的研究及应用中，必须保证微生物的纯培养，因此操作所需要的所有玻璃器皿，无论是新购置的还是使用过的，都必须经过仔细清洗和严格灭菌后才能使用。为保持灭菌后的无菌状态，需要灭菌前对培养皿、吸管等进行包扎，对试管和三角瓶等加塞棉塞。这些工作看起来很普通简单，但如操作不当或不按操作规定去做，则会影响试验结果、污染环境，甚至会导致试验的失败。

三、任务准备

高压蒸汽灭菌锅，电热烘箱，试管，三角瓶，培养皿，各种规格的玻璃吸管，烧杯，载玻片与盖玻片，玻璃涂布器，棉线，纱布，棉花，牛皮纸，报纸，硅胶塞等。

四、任务实施

1. 玻璃器皿的清洗

(1) 新购的玻璃器皿的洗涤　将器皿放入2%盐酸溶液（或其他酸性洗涤剂）中浸泡数小时，以除去游离的碱性物质，最后用流水冲净。对容量较大的器皿，如大烧瓶、量筒等，洗净后注入浓盐酸少许，转动容器使其内部表面均沾有盐酸，数分钟后倾去盐酸，再以流水冲净，倒置于洗涤架上。

(2) 使用过的玻璃器皿的洗涤

① 确实无病原菌或未被带菌物污染的器皿，使用后应立即放入洗涤液中浸泡，然后用瓶刷或海绵刷清洗，最后用自来水或蒸馏水冲洗干净；当器皿内含有较难洗净的油污时可用热碱水（或热肥皂水）洗涤；当器皿内含有无机盐类沉淀时可用稀盐酸浸泡后刷洗，然后再用自来水或蒸馏水洗净。

② 凡实验室用过的菌种以及带有活菌的培养皿、试管、三角瓶等各种玻璃器皿，做完实验后应立即放入消毒桶内，用2%来苏尔、5%石炭酸或0.25%的新洁尔灭消毒浸泡24h，或用沸水煮沸0.5h后，再用上述常规方法洗涤。吸过菌液的吸管（如有棉塞应先去掉）、滴管（先拔去橡皮头）。如果器皿带有致病菌时，必须先经过高温蒸汽灭菌，将培养物倒去才能进行刷洗。含菌培养皿的灭菌，底盖要分开放入不同的桶中，再进行高压灭菌。

③ 玻璃吸管的洗涤　吸过血液、血清、糖溶液或染料溶液的，移液管使用后应立即投入盛有自来水的标本缸内（缸内底部应垫有脱脂棉或纱布，以防止移液管投入时损伤尖嘴），以免样品干燥后难以冲洗干净。待实验完毕后，再集中用洗涤液和细长毛刷洗净，用自来水冲洗，最后用蒸馏水淋洗。

④ 载玻片与盖玻片的洗涤　用过的玻片上如滴有香柏油，要先用吸水纸擦去或浸在二甲苯内轻摇数次，使油污溶解，再在肥皂水中煮沸5～10min，用软布或脱脂棉花擦拭，立即用自来水冲洗，然后在稀洗涤液中浸泡0.5～2h，再用自来水冲洗洗涤液，最后用蒸馏水冲洗数次，待干后浸入95%酒精中保存备用，使用时在火焰上烧去酒精。用此方法洗涤和保存的载玻片和盖玻片清洁透亮，没有水珠。检查过活菌的载玻片及盖玻片，使用后不得放在桌子上，立即分别放入盛有2%来苏尔、5%石炭酸或0.25%新洁尔灭溶液的玻璃缸（筒）内消毒24h后，用夹子取出后再用上述方法清洗。

2. 玻璃器皿的干燥

玻璃器皿洗涤后可倒置于洗涤架上自然晾干，也可用烘箱烘干，把器皿置于托盘中（大件的器材可直接放入烘箱中），再放入烘箱内，采用 80～120℃烘干，当温度下降到 60℃以下时再打开箱门取出器皿使用。

3. 玻璃器皿的包扎

如果需要灭菌后的器皿较长时间保持无菌状态，需在灭菌前进行包扎。

(1) 培养皿　培养皿干燥后常用报纸包扎，一般以 5～10 套为宜，将培养皿叠在一起，用纸卷成一筒，或装入特制的金属桶中，然后进行干热灭菌。

(2) 吸管　干燥的吸管，在吸口的一端塞入少许脱脂棉花，以免使用时将杂菌吹入管中或将微生物吸出管外。塞入的棉花量要适宜，多余的棉花可用酒精灯火焰烧掉。每支吸管用一条宽约 4～5cm 的报纸条，以 30～50℃的角度螺旋形卷起来，吸管的尖端在头部，另一端用剩余的纸条打成一结（图 3-4），以防散开，标上容量单独灭菌，也可若干支吸管包扎成一束进行干热灭菌或湿热灭菌。使用时，从吸管中间拧断纸条，抽出吸管。

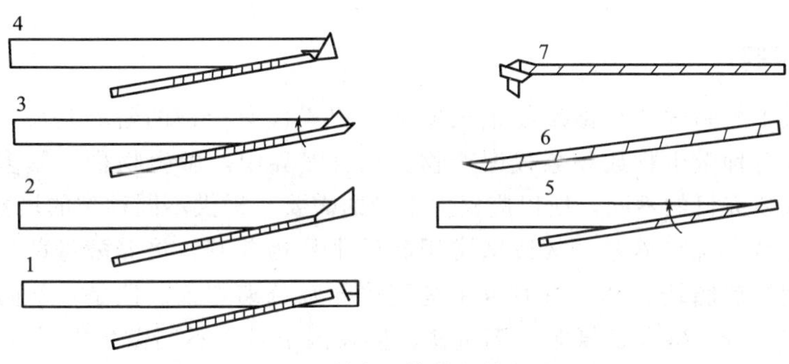

图 3-4　刻度吸管的包扎方法

1～7 为包扎顺序

(3) 试管和三角瓶　试管口和三角瓶口内塞好棉花塞或硅胶泡沫塑料塞，然后进行灭菌。制作棉塞时（图 3-5），要求棉塞紧贴玻璃壁，没有皱纹和缝隙，松紧适宜。过紧不易塞入且易挤破管口；过松易掉落，且微生物容易浸入污染。棉塞的长度不小于管口直径的 2 倍，约 2/3 塞进管口。若采用塑料试管塞，可根据所用的试管规格和试验要求来选择合适的塑料试管塞。将若干支试管用绳扎在一起，在棉塞部分外包裹油纸或牛皮纸，再用绳扎紧。三角瓶加棉塞后单个用油纸包扎。干热或湿热灭菌。

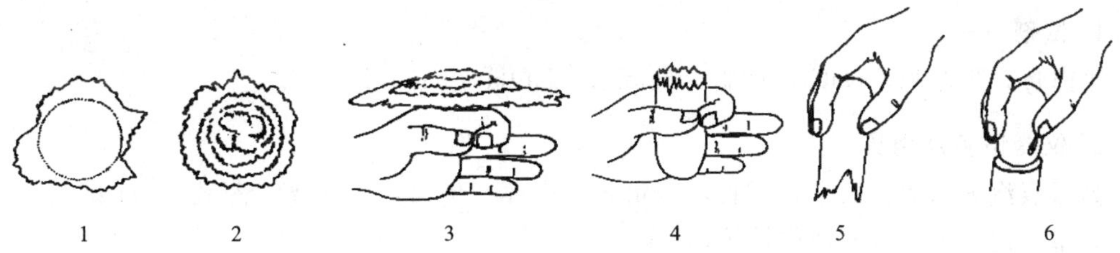

图 3-5　无纱布棉塞的制作过程

1—长绒棉；2—整形；3—铺在左手上；4—制成棉卷；5—换到右手；6—回折毛头端塞入试管

五、任务提示

1. 玻璃器皿洗涤时，带有培养基的器皿应先将培养基除去，然后再洗涤。

2. 制作棉塞的棉花应选择长绒棉，短绒棉花不宜作棉塞，更不宜使用脱脂棉。
3. 加棉塞时，三角瓶口、试管口一定要干，否则棉花会粘在瓶口，干燥后不易拔出。
4. 洗涤后的玻璃器皿内壁的水应均匀分布成一薄层，无条纹和水珠。

六、任务思考

1. 包扎好的培养皿为什么不宜用高压蒸汽灭菌？
2. 电热烘箱和高压锅如何操作？各有哪些使用注意事项？

任务二 微生物培养基的制备

一、任务目的

1. 了解微生物培养基配制的原理；
2. 掌握常用培养基的制备方法。

二、任务说明

培养基是人工配制的适合微生物生长繁殖或积累代谢产物的营养基质，用于培养、分离、鉴定、保存各种微生物或积累代谢产物。在自然界中，微生物种类繁多，营养类型多样，加之实验和研究目的不同，所以应根据不同的需要，提供不同种类的培养基，分离培养细菌常用牛肉膏蛋白胨培养基，放线菌常用高氏Ⅰ号培养基，培养酵母菌、霉菌则用麦芽汁、马铃薯葡萄糖琼脂培养基，有时也用马丁培养基分离霉菌。但是，不同种类的培养基中，一般应含有水分、碳源、氮源、无机盐、生长因子等。不同微生物对pH要求不一样，霉菌和酵母的培养基pH一般是偏酸性，而细菌和放线菌的培养基pH则为中性或微碱性，所以在配制培养基时，应该根据不同微生物的要求将培养基的pH调到合适的范围。此外，由于配制培养基的各类营养物质和容器等一般都带有各种微生物，故已配制好的培养基必须立即灭菌。如果来不及灭菌，应暂时低温贮存，以防止其中的微生物生长繁殖而消耗养分和改变培养基的酸碱度带来不利影响。

本任务要求以牛肉膏蛋白胨培养基为例，制备微生物培养基。

三、任务准备

1. 试剂

牛肉膏，蛋白胨，NaCl，琼脂，1mol/L NaOH，1mol/L HCl。

2. 仪器设备及用具

高压蒸汽灭菌锅，天平，试管，三角瓶，烧杯，量筒，玻璃棒，药匙，pH试纸，棉花塞，纱布，记号笔，大号注射器等。

四、任务实施

1. 药品称量

按培养基配方（见附录）比例和实际用量计算后依次准确称取牛肉膏、蛋白胨、NaCl

放入大烧杯中。牛肉膏常用玻璃棒挑取，放在小烧杯或表面皿中称量，用热水溶化后倒入大烧杯，也可放在称量纸上，称量后直接放入水中，稍微加热，牛肉膏便会与称量纸分离，立即用玻璃棒挑出称量纸即可。

2. 加热溶解

在上述烧杯中先加入少于所需要的水量，然后在石棉网上小火加热使其溶解，并用玻璃棒搅拌，将药品完全溶解后，补充水分到所需的总体积。如果配制固体培养基，可将称好的琼脂放入已溶的药品中，再加热熔化，最后补足所损失的水分。当用三角瓶盛固体培养基时，一般将一定量的液体培养基分装于三角瓶中，然后按1.5%～2.0%的量将琼脂直接加入各三角瓶中，不必加热熔化，在灭菌时使加热与熔化同步进行，节省时间与能源。

3. 调 pH

在未调 pH 前，先用精密 pH 试纸测量培养基的原始 pH。如果偏酸，用滴管向培养基中逐滴加入 1mol/L NaOH 溶液，边加边搅拌，并随时用 pH 试纸测其 pH，直至 pH 达7.6，反之，用 1mol/L HCl 溶液逐滴加入进行调节。对于某些要求 pH 较精确的微生物，可用酸度计进行 pH 的调节。

4. 过滤

液体培养基趁热用滤纸过滤，固体培养基可用 4 层纱布过滤，以利某些培养和观察。一般无特殊要求的情况下，一般使用的培养基这一步可省略。

5. 分装

按任务要求，可将配制的培养基分装于试管或三角瓶内（图 3-6）。

(1) 液体培养基分装　分装高度以试管高度的 1/4 左右为宜。分装三角瓶的量则根据需要而定，一般以不超过三角瓶容积的一半为宜，如果是用于振荡培养的，则根据通气量的要求酌情减少。有的液体培养基在灭菌后，需要补加一定量的其他无菌成分（如抗生素），装量一定要准确。

(2) 固体培养基分装　分装试管，其装量约为管高的 1/5，灭菌后制成斜面。分装三角瓶的以不超过三角瓶容积的一半为宜。

(3) 半固体培养基分装　一般以试管高度的 1/3 为宜，灭菌后垂直待凝。

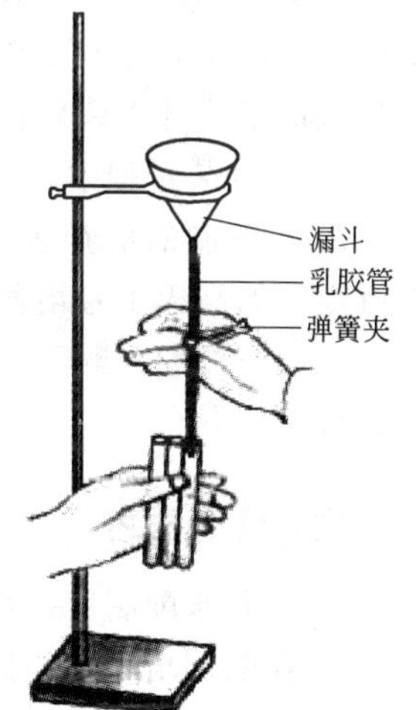

图 3-6　培养基的分装

6. 加棉塞

培养基分装完毕后，在试管口或三角瓶口上塞好棉塞，以阻止外界微生物进入培养基内造成污染，并保证有良好的通气性能，有些微生物需要更好的通气，则可用 8 层纱布制成通气塞。

7. 包扎

加塞后，将试管 5～7 支捆在一起，再在棉塞外包一层牛皮纸，以防止灭菌时冷凝水润湿棉塞。然后用记号笔注明培养基名称、配制日期、组别。三角瓶加塞后，外包牛皮纸，或双层报纸，用线绳以活结形式扎好，使用时容易解开，同样用记号笔注明培养基名称、配制日期、组别。

8. 灭菌

将上述培养基以 121℃，高压蒸汽灭菌 20min。

9. 摆斜面

灭菌后的试管如制斜面，则需趁热将试管口端搁置在一根长木条上或其他合适高度的器具上，并调整斜度，使斜面长度不超过试管总长的 1/2 为宜（图 3-7）。

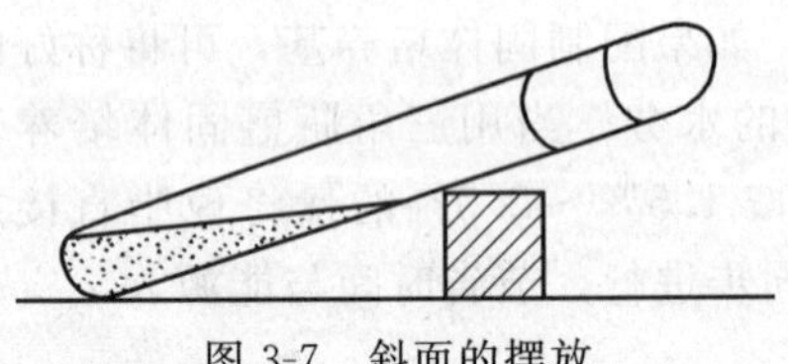

图 3-7　斜面的摆放

10. 无菌检查

将灭菌培养基于 37℃，保温 24～48h，检查灭菌是否彻底。

五、任务提示

1. 蛋白胨易受潮，在称取时动作要迅速。

2. 称药品时严防药品混杂，称取一种药品后，将药匙洗净擦干后再称取另一种药品；或一把药匙称取一种药品；药品的瓶盖也注意不要盖错。

3. 琼脂在常用浓度下 96℃时熔化，在实际应用时，一般在沸水浴中或电炉上垫以石棉网煮沸熔化，要小心控制火力，以免培养基因沸腾而溢出容器。同时，需不断搅拌，以防琼脂糊底烧焦。

4. 在配制培养基时，不可用铜或铁锅加热熔化，以免离子进入培养基中，影响细菌生长。

5. 调节 pH 时不要过头，以免回调会影响培养基内各离子浓度。配制 pH 低的琼脂培养基时，若预先调好 pH 并在高压蒸汽下灭菌，则琼脂因水解不能凝固。因此，应将培养基的成分和琼脂分开灭菌后再混合，或在中性 pH 条件下灭菌，然后再调整 pH。

6. 在分装过程中，注意不要使培养基沾在管（瓶）口上，以免污染棉塞。

7. 若配制的培养基中含有多种化学成分已知的无机盐，这些无机盐可能相互作用而产生沉淀。如高氏Ⅰ号培养基中的磷酸盐和镁盐相互混合时易产生沉淀，故在混合培养基成分时，一般是按配方顺序依次溶解各成分，甚至有时还需要将两种或多种成分分别灭菌，使用时再按比例混合。

六、任务思考

1. 培养基配制后，为什么必须立即灭菌？如何判断培养基是否灭菌彻底？

2. 在配制培养基的操作过程中应注意哪些问题？为什么？

任务三　微生物接种与无菌操作

一、任务目的

1. 了解无菌概念及无菌操作的重要性；

2. 掌握无菌操作的基本技术；

3. 熟练掌握各种微生物菌种的移接方法。

二、任务说明

微生物无处不在，无孔不入，因此，在对微生物研究和应用过程中，必须随时注意保持微生物纯培养物的纯洁性，防止其他微生物（杂菌）的混入；在进行分离、转接及培养微生物纯培养物时，要采用严格的无菌操作技术，防止被其他微生物所污染。

微生物接种技术是微生物实验及研究的一项最基本的操作技术。将微生物接种到适于它生长繁殖的人工培养基上或活的生物体内的过程称接种。培养基经高压灭菌后，用经过灭菌的工具（如接种针或吸管等）在无菌条件下将含菌材料（如样品、菌苔或菌悬液等）接种于培养基或活的生物体上，这个过程叫做无菌接种操作。无菌操作是微生物接种技术的关键，一般要求在无菌室、超净工作台等无菌或相对无菌的环境条件下进行。划线接种是通过在固体培养基表面划线来达到接种的目的，这种方法是最常用的接种方法，在斜面接种和平板划线中常用此法，常用的接种工具有接种环、接种针。穿刺接种是用接种针蘸取少量的菌种，沿半固体培养基中心向管底做直线穿刺，如某细菌具有鞭毛而能运动，则在穿刺线周围能够生长，在保藏厌氧菌种或观察微生物的动力时常采用这种方法。浇混接种是将待接的微生物先放入培养皿中，然后再倒入冷却至45℃左右的固体培养基，迅速轻轻摇匀，这样菌液就达到稀释的目的，待平板凝固之后，置合适温度下培养，就可长出单个的微生物菌落。涂布接种与浇混接种略有不同，它是先倒好平板，让其凝固，然后再将菌液倒入平板上面，迅速用涂布棒在表面做来回左右的涂布，让菌液均匀分布，就可长出单个的微生物的菌落。液体接种是从固体培养基中将菌洗下，倒入液体培养基中，或者从液体培养物中用移液管将菌液接至液体培养基中或从液体培养物中将菌液移至固体培养基中，都可称为液体接种。

三、任务准备

1. 菌种

大肠杆菌，金黄色葡萄球菌，枯草芽孢杆菌。

2. 培养基

牛肉膏蛋白胨培养基（斜面、液体、半固体、平板）。

3. 仪器设备及用具

超净工作台，恒温培养箱，水浴锅，接种环，接种针，无菌吸管，酒精灯，试管架等。

四、任务实施

1. 斜面接种

从生长良好的斜面菌种挑取少量菌苔接种至空白斜面培养基上（图3-8）。

（1）在空白牛肉膏蛋白胨斜面试管上标明待接种的菌种名称、菌株号、日期和接种者。

（2）点燃酒精灯。

（3）将菌种试管和空白斜面试管用大拇指和其余四指握在左手中，试管底部放在手掌内并使中指位于两试管间，斜面向上呈水平状，在火焰边用右手松动试管塞以利于接种时拔出。

（4）右手拿接种环通过火焰灼烧灭菌（图3-9），在火焰边用右手的手掌边缘和小指、小指和无名指分别夹持棉塞将其取出，并灼烧管口灭菌。

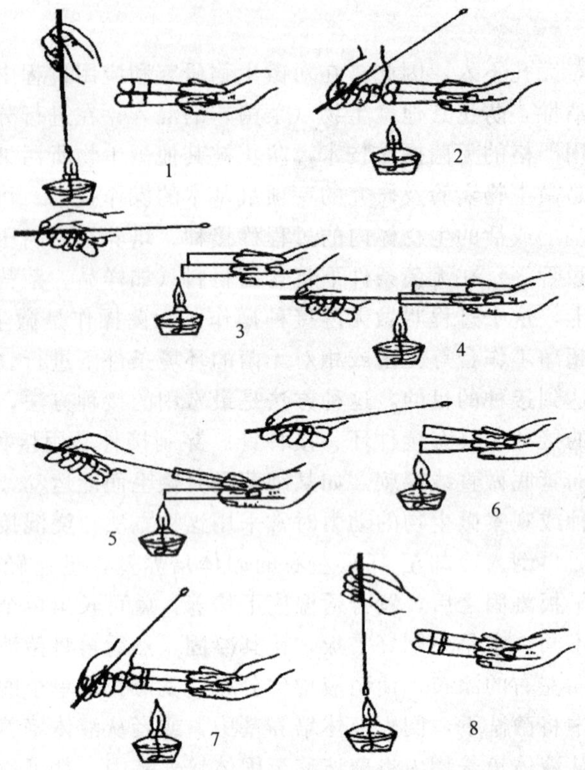

图 3-8 斜面接种时的无菌操作（1～8 为操作顺序）

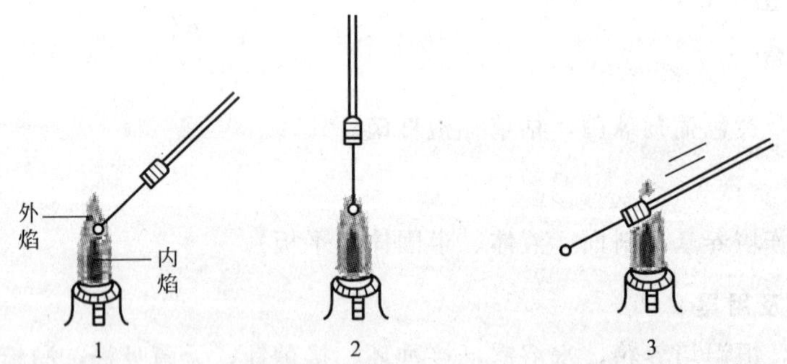

图 3-9 接种环火焰灼烧灭菌（1～3 为操作顺序）

(5) 将灭菌的接种环伸入斜面菌种试管中，先将接种环接触试管内壁或未长菌的培养基，使接种环冷却，然后挑取少量菌苔。将接种环退出菌种试管，勿接触管壁或管口，迅速伸入待接种的斜面试管，用接种环在斜面上自试管底部向上轻轻划“Z”形线。

(6) 接种环退出斜面试管后，用火焰灼烧试管口和棉塞，在火焰边塞好试管。接种环应逐渐接近火焰再灼烧，如果接种环上沾的菌体较多时，应先将其在火焰边烤干，然后再灼烧，以免未烧死的菌体飞溅而污染环境。接种病原菌时尤为必要。

2. 液体培养基接种

(1) 斜面菌种接入试管液体培养基 接种环、试管的灼烧灭菌与斜面接种相同。取液体培养基试管 2 支，贴好标签，注明菌种名称、菌株号、日期和接种者，按无菌操作将蘸有菌种的接种环插入液体培养基中轻轻搅拌，使菌体分散于液体中。接种后塞好棉塞，轻摇培养基使菌体均匀分布，以利于生长。

（2）试管中的菌液接入三角瓶中的液体培养基　取液体培养基三角瓶1个，贴好标签，注明菌种名称、菌株号、日期和接种者，按无菌操作，用无菌移液管或滴管定量吸出试管中的菌液。接入三角瓶盛装的液体培养基中，盖好纱布，轻轻摇匀。

3. 穿刺接种

该法常用来接种厌氧菌，检查细菌的运动能力或用于保藏菌种。

（1）接种前的准备工作同斜面接种。

（2）灼烧接种针，用接种针挑取少量菌苔从半固体培养基的中心垂直刺入并接近试管底部，但不要穿透，然后沿原穿刺线路将针退出（图3-10）。

（3）塞好棉塞，灼烧接种针。

4. 培养

将已接种的斜面培养基、液体培养基、半固体培养基置于28～30℃培养2～3d后观察结果。

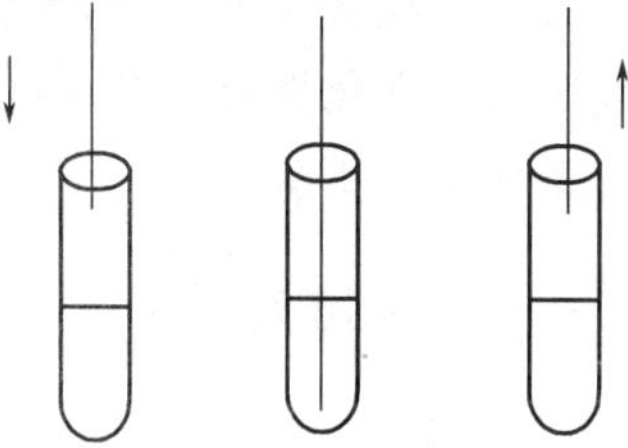

图3-10　穿刺接种

五、任务提示

1. 火焰封口是菌种移植技术中无菌操作的关键。方法是将试管的管口或培养皿开口处于火焰无菌区内进行操作。火焰无菌区，一般指酒精灯外焰周围1cm之内和距外焰顶端3cm之内。

2. 在火焰上直接灼烧接种环（针）灭菌后，一定要使其冷却后方可移取菌种，以免烫死菌种。

3. 在使用吸管操作过程中，手指不要接触到吸管的下端，以免染杂菌。

4. 树立有菌观念和无菌观念，认真细心体会无菌操作要领。

5. 试管如贴标签则应在离试管口1/3处。

6. 固体接种时，切勿划破培养基。

六、任务思考

1. 认真观察记录培养结果，检查是否有染菌现象，如果有，请分析原因。

2. 大肠杆菌在半固体培养基和液体培养基中的培养特征是怎样的？

3. 接种环（针）接种前后灼烧的目的是什么？为什么在接种前一定要将其冷却？如何判断是否已冷？

任务四　微生物的分离与培养

一、任务目的

1. 了解从土壤中分离与纯化微生物的基本原理和方法；

2. 掌握几种常用的微生物分离、纯化基本操作技术。

二、任务说明

微生物的分离纯化技术是微生物行业中最基本操作技术之一。自然条件下，微生物常以群落存在，这种群落往往是不同种类微生物的混合体。为了研究、利用某一微生物，就必须从混杂的微生物群中将其分离出来，得到它的纯培养，这种获得纯培养的方法称为微生物的分离与纯化。

为获得某种微生物的纯培养，一般根据该微生物对营养、酸碱度或氧等条件要求的不同，供给它们适宜的培养条件或加入某种抑制剂，造成只适合此菌生长而抑制其他菌生长的环境，从而淘汰一些不需要的微生物，再用稀释平板法或划线分离法等分离、纯化该微生物，使它们在培养基上形成单菌落，从而得到纯培养。划线法实质上是将样品（由线到点）稀释，使之形成单菌落。较适用于含菌比较单一的材料的纯化。

土壤是微生物生活的大本营，其中生活的微生物的数量和种类都是极其丰富的，因此土壤是人类寻找和发现有重要应用潜力的微生物的主要菌源。土壤中微生物数量与种类主要与土壤肥力、理化性质（如通气、pH）有关。

本任务要求采用稀释平板法、平板划线法从菜园土中分离好气性细菌、真菌和放线菌。

三、任务准备

1. 样品

菜园土。

2. 培养基

灭菌的牛肉膏培养基，高氏Ⅰ号培养基，马丁孟加拉红培养基。

3. 仪器设备及用具

超净工作台，恒温培养箱，天平，90mL 无菌水 1 瓶（内装玻璃珠 20 个左右），9mL 无菌水 6 支，直径 9cm 的无菌平皿，无菌吸管（1mL、0.1mL），试管架，无菌称量纸，酒精灯，火柴，接种环，玻璃涂布器，记号笔，酒精棉球，链霉素等。

四、任务实施

1. 稀释分离法

（1）倒平板　将牛肉膏蛋白胨培养基、高氏Ⅰ号培养基、马丁孟加拉红培养基加热熔化，待冷却至 55～60℃时，高氏Ⅰ号培养基中加入 10%石炭酸 10 滴，马丁孟加拉红培养基中加入链霉素溶液（每 10mL 基础培养基加 1mL 浓度为 0.03%的链霉素溶液），混匀后分别倒平板，每种培养基倒 9 个平板。

倒平板的方法：右手持熔化的培养基置于酒精灯旁，用左手将试管塞或瓶塞轻轻地拔出，保持试管或瓶口在酒精灯的无菌区内。左手拿培养皿，利用大拇指和食指将皿盖在火焰附近打开一缝，迅速倒入培养基约 15mL，盖好盖后将培养皿平放在超净工作台上，轻轻摇动培养皿，使培养基均匀分布在培养皿底部，凝固备用（图 3-11）。

（2）制备土壤稀释液　称取土样 10g，放入装有 90mL 无菌水并带有玻璃珠的 250mL 三角瓶中，振荡 20min，使微生物细胞均匀分散，静置 20～30s，制成 10^{-1} 稀释度的土壤稀释液。用一支 1mL 无菌吸管从中吸取 1mL 土壤悬浮液加入盛有 9mL 无菌水的试管中吹吸 3 次，充分混匀，即成 10^{-2} 稀释液；然后换一支无菌吸管从 10^{-2} 稀释液中吸取 1mL 加入另一盛有 9mL 无菌水的试管中，混合均匀，以此类推分别配制成 10^{-1}、10^{-2}、10^{-3}、10^{-4}、10^{-5}、10^{-6}、10^{-7}、10^{-8}、10^{-9} 不同稀释度的土壤悬浮液（图 3-12）。

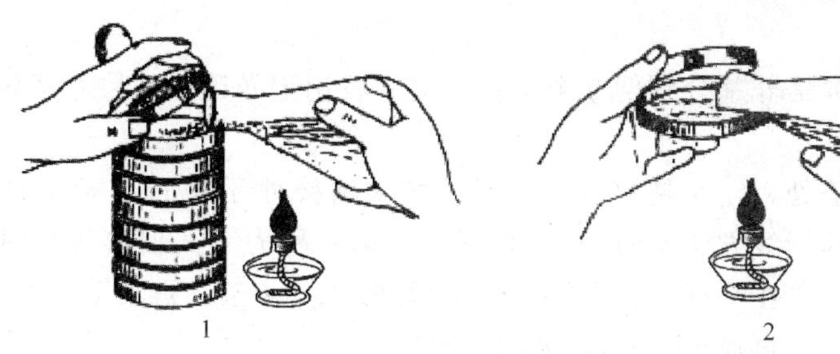

图 3-11 倒平板

1—皿架法；2—手持法

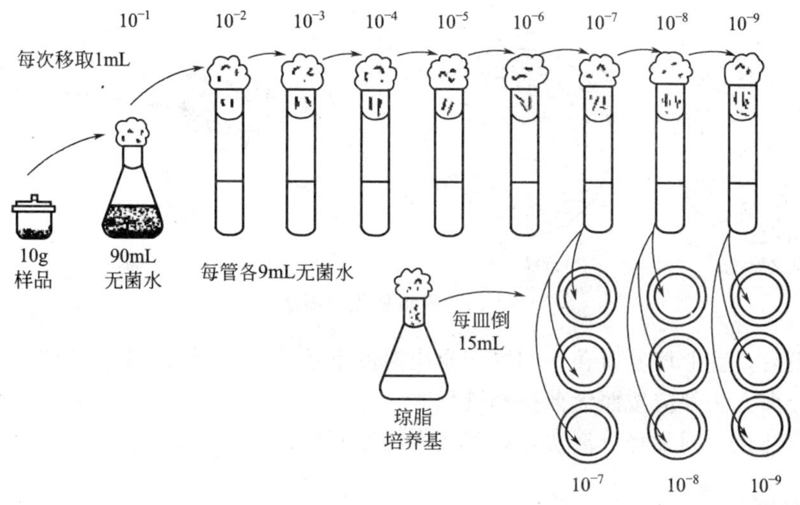

图 3-12 稀释平板分离法中样品的稀释和稀释液的取样

(3) 涂布 将牛肉膏蛋白胨培养基平板编上 10^{-7}、10^{-8}、10^{-9} 号码，每一号码设 3 次重复，用无菌吸管按无菌操作要求吸取 10^{-9} 稀释液各 0.1mL 放入标有 10^{-9} 的 3 个平板中，同法吸取 10^{-8}、10^{-7} 的稀释液放入相应编号的平板中（从低浓度向高浓度吸取时，吸管可以不更换）。再用无菌涂布器将菌液在平板上涂抹均匀（图 3-13），更换稀释度时，需将涂布器灼烧灭菌。当由低浓度向高浓度涂抹时，也可以不更换刮铲。将涂抹好的平板放于桌上 20～30min，使菌液渗透入培养基内，然后将平板倒转。同法选择 10^{-2}、10^{-3}、10^{-4} 3 个稀释度涂布到高氏Ⅰ号培养基平板和马丁孟加拉红培养基平板上。

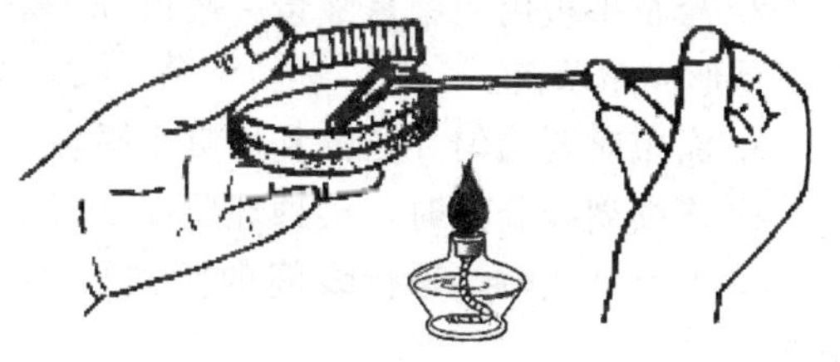

图 3-13 涂布分离法

(4) 培养 将高氏Ⅰ号琼脂培养基平板和马丁培养基平板倒置于 28℃培养箱中培养 3～5d，牛肉膏蛋白胨培养基平板倒置于 37℃培养箱中培养 24～36h。

(5) 挑菌落 在平板上选择分离较好的有代表性的单菌落接种于相应的斜面，同时做涂片检查，若发现不纯，应挑取此菌落做进一步划线分离，或制成菌悬液再做稀释分离，直到获得纯培养物。

2. 平板划线分离法

(1) 倒平板　将三种培养基分别倒 9 个平板，凝固后用记号笔标明培养基名称，土样编号和实验日期。

(2) 划线　在近火焰处，左手持培养皿，右手拿灭菌接种环取 10^{-1} 稀释液 1 环于已凝固的平板上划线。常用的划线方法有两种（图 3-14）。第一种为交叉划线法：用接种环以无菌操作蘸取一环土壤悬液，在平板一边做第一次平行划线 3～4 条，再转动培养皿约 70°，将接种环在火上灼烧并冷却，再通过第一次划线部分做第二次平行划线，再用同样的方法做第三次和第四次平行划线。第二种为连续划线法：将蘸有菌液的接种环从平板边缘的一点开始，连续做紧密的“Z”字形连续划线，直至平板中央。转动培养皿 180°，再从平板另一边同样划线至平板中央（不灼烧接种环）。

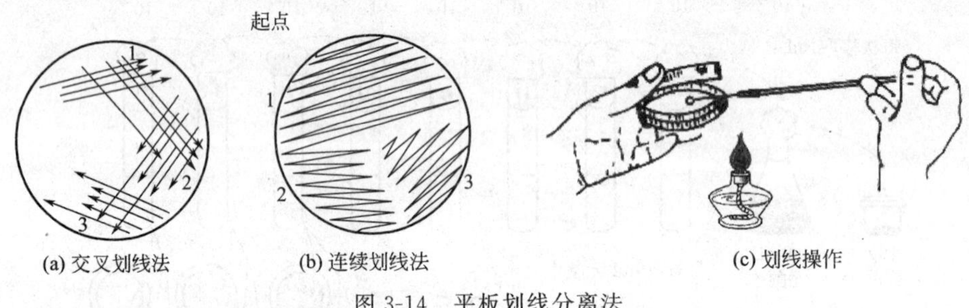

图 3-14　平板划线分离法

划线完成后，盖上培养皿盖，倒置于相应温度下培养，直至长出菌落为止。

以上各分离方法都应按照无菌操作进行。

(3) 挑菌纯化　同稀释分离法，直到获得纯培养物。

五、任务提示

1. 制备土壤悬液时，要用玻璃珠在小三角瓶中剧烈振荡，尽可能使菌体分散，以便在平板中获得均匀分散的单菌落。

2. 涂布平板用的菌悬液量一般以 0.1mL（1～2 滴）较为适宜。如果菌液量过多，培养后不易形成单菌落。

3. 涂布时要均匀并充分利用整个平板表面，使培养后菌落均匀分散。

4. 连续划线分离时，接种环要在平板上迅速划动，但注意勿划破培养基。

5. 平行划线时，平行线间的距离要小，使划线次数增加，及时灼烧接种环上剩余的菌体。

6. 从微生物群体中经分离生长在平板上的单个菌落并不能保证是纯培养。因此，纯培养的确定除了要观察菌落形态特征外，还要结合显微镜检测个体形态特征。

六、任务思考

1. 将从土壤中分离好气性细菌、真菌、放线菌的过程用简图表示。

2. 任务中所应用的稀释平板分离法、划线分离法，是否较好地得到了单菌落？如果哪种方法效果不理想，请分析可能的原因。

3. 当平板上长出的菌落不是均匀分散而是集中在平板的某一位置时，你认为主要是什么问题引起的？

4. 如何确定平板上长出的单个菌落是否为纯培养物？请写出实验主要步骤。
5. 在分离真菌时为什么培养基中需加链霉素（庆大霉素或氯霉素），而不加青霉素？

任务五 菌种的传代与保藏

一、任务目的

1. 了解微生物菌种保藏的基本原理；
2. 掌握几种常用的菌种保藏方法。

二、任务说明

微生物菌种具有容易变异的特性，因此，在保藏过程中，必须使微生物的代谢处于最不活跃或相对静止的状态，才能在一定时间内使其不发生变异而又保持生活能力。

目前，已建立的长期保藏菌种的方法包括：斜面低温保藏法、穿刺保藏法、液体石蜡保藏法、沙土管保藏法、木粒麸皮保藏法、悬液保藏法、滤纸片保藏法、冷冻干燥保藏法、甘油管保藏法、液氮保藏法等。

无论何种保藏方法，其依据的基本原理均是根据微生物的生理生化特性，人为地创造出低温、干燥、缺氧的环境条件，使微生物的生长繁殖受抑制、新陈代谢处于最不活泼的休眠状态。在此条件下，微生物菌株极少或不发生变异，从而能够达到长期保持菌种纯正的目的。

在本任务中，要求掌握 6 种最常用最有效的菌种保藏技术，包括斜面低温保藏法、液体石蜡保藏法、沙土管保藏法、滤纸片保藏法、冷冻真空干燥保藏法、甘油管保藏法。

三、任务准备

1. 菌种

大肠杆菌，放线菌，酿酒酵母，黑曲霉。

2. 培养基与试剂

肉汤斜面培养基，淀粉琼脂斜面培养基，麦芽汁斜面培养基。

3. 仪器设备

冷冻真空干燥机，恒温培养箱，恒温干燥箱，冰箱，真空泵，真空干燥器，高压灭菌锅，超净工作台，冻结器，液态氮超低温冰箱。

4. 试剂及其他材料

P_2O_5 干燥剂，10%HCl，甘油，二甲基亚砜，脱脂牛乳，液体石蜡，河沙，黄土，样品筛，安瓿管，小试管，滤纸，长颈滴管，酒精喷灯，灭菌吸管，灭菌滴管，灭菌培养皿，滤纸条（0.5cm×1.2cm）等。

四、任务实施

1. 斜面低温保藏法

(1) 在无菌试管斜面的正上方（距试管口 2～3cm 处）贴上标签，注明菌株名称和接种日期。将待保藏的菌种用接种环以无菌操作法移接至相应的试管斜面培养基上（细菌接入肉汤培养基斜面，放线菌接入淀粉培养基斜面，酵母菌和丝状真菌接入麦芽汁培养基斜面），适温培养。

(2) 斜面上的菌种长好后，用油纸将管口棉塞部分包扎好，或换上无菌胶塞或螺旋帽。也可用熔化的固体石蜡熔封管口棉塞。

(3) 将斜面菌种装入盒中，置于4℃冰箱保藏。

保藏时间依微生物种类而异，霉菌、放线菌及有芽孢的细菌一般2～4个月移种1次，酵母菌可间隔2个月移种1次，而不产芽孢的普通细菌最好每月移种1次。

2. 液体石蜡保藏法

(1) 在250mL三角烧瓶中装入100mL液体石蜡，塞上棉塞。用牛皮纸包扎，于121℃灭菌30min。然后置于105～110℃干燥箱中烘干1～2h，除去石蜡中的水分，备用。

(2) 将待保藏的菌种用上述斜面法接种培养，得到健壮的菌体或孢子。

(3) 用无菌滴管吸取灭菌而且冷却的液体石蜡，以无菌操作加到菌种斜面上（加入量以高出斜面顶端约1cm为宜，图3-15）。

(4) 用油纸将管口棉塞部分包扎好，将试管直立放置于4℃冰箱中保藏。使用时，用接种环从液体石蜡下挑取少量菌落，轻碰试管壁使油滴净，接种于新鲜培养基中培养，必要时再转接1次。

图3-15 液体石蜡保藏菌种

3. 沙土管保藏法

(1) 河沙经40目的筛子过筛，去掉粗颗粒，取细沙加入10%稀盐酸，加热煮沸30min除去其中有机质。

(2) 倒去酸，用自来水冲洗至中性，最后再用蒸馏水冲洗一次，烘干备用。

(3) 另取非耕作层黄土，用自来水浸泡洗涤直至中性，烘干后碾碎，用100目的筛子过筛去除粗粒。将沙与土按3∶1的比例混合均匀。装入10mm×100mm的小试管或安瓿管中，装量3～4cm，加棉塞并包扎。于121℃蒸汽灭菌30min，然后烘干。

(4) 抽样进行无菌检查。从每10支沙土管中随机抽一支，将沙土倒入肉汤培养液中。37℃下培养48h，以确定无杂菌生长。若有，则需要全部重新灭菌，再做无菌检验，直到证明无菌，方可备用。

(5) 用无菌吸管吸取2～3mL无菌水，注入培养成熟的菌种斜面上（一般指孢子层丰满的，营养细胞用此法效果不好）。用接种环轻轻将菌苔洗下，制成菌悬液。沙土管注明标记后，每支加入0.5mL菌悬液（以沙土刚刚湿润为宜），用接种针拌匀。

(6) 将含菌沙土管放入真空干燥器中，干燥器底部用培养皿盛P_2O_5干燥剂，务必在12h内抽干。每10支抽一支，用接种环取出少数沙粒，接种于斜面培养基上，进行培养，观察生长情况和有无杂菌生长。

(7) 若经检查没有问题，用火焰熔封管口，放冰箱或室内干燥处保存。每半年检查一次活力和杂菌情况。

(8) 复活培养时，取沙土少许移入液体培养基内，置恒温箱中培养。

4. 滤纸片保藏法

(1) 将滤纸剪成0.5cm×1.2cm的小条，装入0.6cm×8cm的安瓿管中，每管装1或2

片。塞上棉塞，于121℃蒸汽灭菌30min，备用。

（2）取灭菌脱脂牛乳1～2mL滴加在灭菌培养皿或试管内，取数环菌苔在牛乳内混匀，制成浓菌悬液。

（3）用无菌镊子自安瓿管中取出滤纸条浸入菌悬液内，使其吸饱，再放回安瓿管中，塞上棉塞。

（4）将安瓿瓶放入内有 P_2O_5 干燥剂的干燥器中，用真空泵抽气至干。

（5）干燥后抽真空用喷灯熔封安瓿管口，置于4℃冰箱或室温下干燥器中保存。

5. 甘油管保藏法

（1）首先将甘油配成80%浓度。

（2）将80%甘油按每瓶1mL的量分装到甘油瓶（3mL规格）中，121℃湿热灭菌30min。

（3）将要保藏的菌种培养成新鲜的斜面（也可用液体培养基振荡培养成悬液）。

（4）在培养好的斜面中注入少许（2～3mL）的无菌水，刮下斜面振荡，使细胞充分分散成均匀的菌悬液。

（5）吸取1mL菌悬液于上述装好甘油的无菌甘油瓶中，充分混匀后，使甘油终浓度为40%，然后置于－20℃保存（液体培养的菌液到对数期直接吸收1mL于甘油瓶中）。

6. 冷冻真空干燥法

（1）准备安瓿管　选用市售优质安瓿管（内径约50mm，长10～15cm），用10%HCl浸泡8～10h。用自来水冲洗，再用去离子水洗，烘干后加上棉塞。将印有菌名和接种日期的标签条放入安瓿管内。于121℃湿热灭菌30min，烘干备用。

（2）准备菌种　将要保藏的菌种接入斜面培养基，适温培养一定时间（依菌种不同而异）。一般细菌要求24～48h的培养物；酵母菌需培养3d；形成孢子的微生物则宜保存孢子；放线菌与丝状真菌则需培养7～10d。

（3）制备菌悬液及分装　吸取2mL无菌脱脂乳，直接加入含有新鲜菌种的斜面试管中。用接种环轻轻将菌苔或孢子洗下，振摇均匀，制成悬液。用无菌长颈滴管吸取菌悬液，分装于安瓿管底部，每管约装0.2mL。

（4）冷冻　将分装好的安瓿管先放入4℃冰箱中约30min。移入冰箱上格冷冻室（－18℃）约30min，再置于－30℃低温冰箱20min。最后快速转入－70℃的超低温冰箱中20～30min，使菌悬液充分冻结。

（5）真空干燥　启动冷冻真空干燥机的制冷系统（图3-16）。当温度下降到－50℃以下时，将冻结好的样品迅速放入干燥瓶内。启动真空泵抽气直至样品干燥。先关真空泵，再关制冷机，打开进气阀，使钟罩内真空度逐渐下降至常压。打开钟罩，取出冻干管，

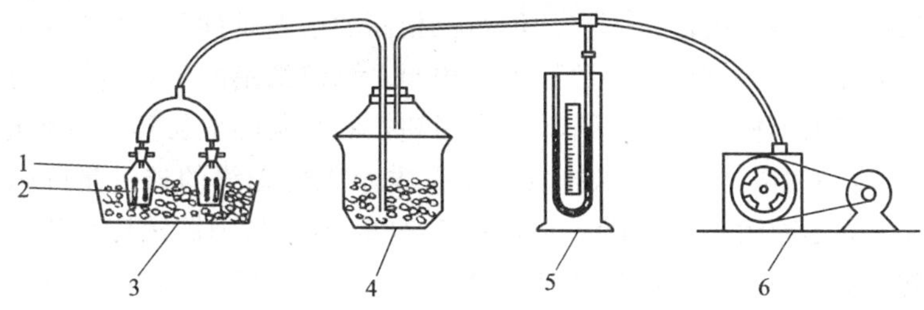

图3-16　简易冷冻真空干燥装置

1—干燥瓶；2—安瓿管；3—冷冻槽；4—干燥器；5—真空压力表；6—真空泵

检查干燥程度（用指轻弹，样品即与内壁脱离表明样品完全干燥）。

(6) 封口　将已干燥的冻干安瓿管安装在歧形管上，启动真空泵抽气干燥。约10min，待管内真空度达到要求时将冻干管在酒精喷灯火焰上灼烧，拉成细颈并熔封（图3-17）。安瓿管冷却后装盒，置于4℃冰箱内保藏。用冷冻干燥法保藏的菌种，其保藏期可达数年至十数年。

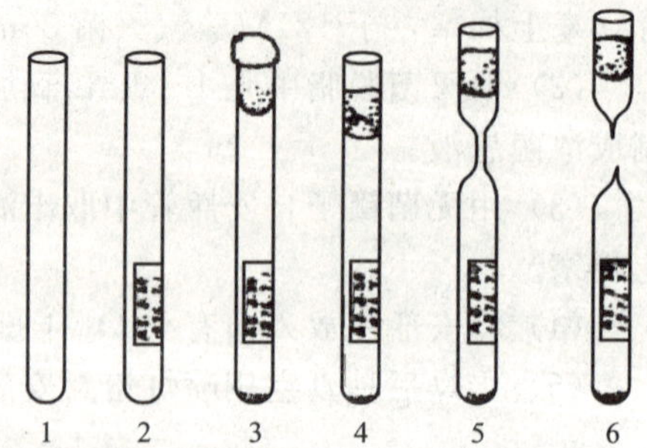

图3-17　安瓿管的处理过程

1—安瓿管；2—放置标签；3—加菌悬液塞棉塞；4—向管内推移棉塞；5—拉细瓶颈；6—熔封

(7) 恢复培养　用75%酒精消毒安瓿管外壁后，在火焰上烧热安瓿管上部。将无菌水滴在烧热处，使管壁出现裂缝，用镊子将裂口端敲开。加入合适的培养液，使干菌粉溶解。用无菌长颈滴管吸取菌液至培养基中，适温培养。

五、任务思考

1. 本任务中介绍的常用的6种菌种保藏法各是依据什么保藏原理？各有什么优缺点？
2. 为什么冷冻干燥时一般要用牛乳作为保护剂？
3. 经常使用的细菌菌种，应用哪一种方法保藏既好又简便？
4. 产孢子的微生物常用哪一种方法保藏？
5. 你认为在普通实验室哪种保藏方法最好？

任务六　光电比浊计数法测定细菌生长曲线

一、任务目的

1. 了解光电比浊计数法测定微生物菌数的基本原理；
2. 学会光电比浊计数法的基本操作方法；
3. 掌握用光电比浊计数法测定并绘制细菌生长曲线。

二、任务说明

将少量细菌培养物接种到一定容积的新鲜培养液中，在适宜的培养条件下进行培养，在培养过程中定时取样测定细菌数目，以培养时间为横坐标，以细菌数目的对数或生长速率为纵坐标所绘制的曲线，称为该细菌的生长曲线。一般细菌的典型生长曲线粗分为延滞期、对数期、稳定期和衰亡期四个阶段。不同的细菌在相同的培养条件下其生长曲线不同，同种细菌在不同的培养条件下所得到的生长曲线也不相同。测定细菌的生长曲线，了解其生长繁殖的规律，对于人们根据不同的需要，有效地利用和控制细菌的生长具有重要意义。

当光线透过菌悬液时，由于菌体的散射及吸收作用使光线的透过量降低。在一定范围内，透光率与微生物细胞浓度成反比，而光密度（OD值）与细胞浓度成正比。透光率或光密度可以由光电池精确测出（光波通常选择在400～700nm），因此，可用一系列已知菌数的某种菌悬液测定其光密度，作出光密度与菌数相关性的标准曲线。这样，由样品液（采用与制作标准曲线时相同菌种的菌株和相同的培养条件）所测得的光密度，即可从标准曲线中查出对应的菌数。光电比浊计数法的优点是简便迅速，可以连续测定，适合于自动控制（图 3-18）。

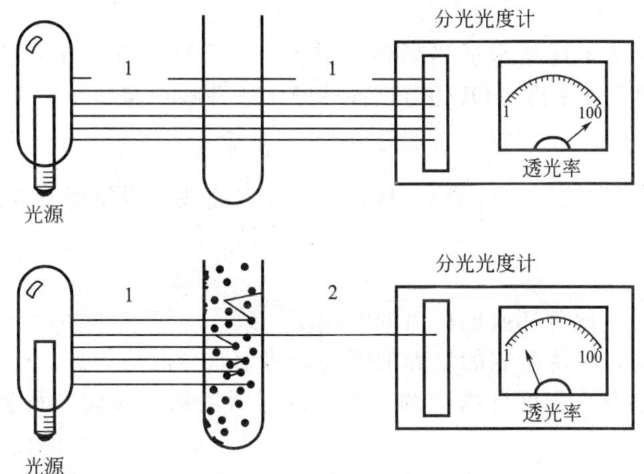

图 3-18 光电比浊计数法测定细胞浓度原理

1—光源发出的直射光；2—减弱的直射光线

本任务要求采用分光光度计或光电比色计进行光电比浊，测定不同培养时间细菌悬浮液的 OD 值，绘制细菌生长曲线。

三、任务准备

1. 微生物菌种

培养 18h 的大肠杆菌培养液。

2. 培养基

牛肉膏蛋白胨液体培养基。

3. 仪器设备

超净工作台，高压灭菌锅，光电比色计，分光光度计，电子天平，恒温培养箱，水浴振荡摇床，冰箱，电炉。

4. 器具及其他材料

三角瓶，无菌培养皿，1mL 无菌吸管，酒精灯，试管架，记号笔，无菌生理盐水等。

四、任务实施

1. 制作标准曲线

（1）调整菌液浓度 将培养 18h 的大肠杆菌菌悬液用无菌生理盐水稀释、摇匀。用光电比色计于 650nm 波长、在 1cm 比色皿中测定稀释后的菌悬液的光密度（OD 值），分别调整 OD 值为 0.9、0.8、0.7、0.6、0.5、0.4、0.3、0.2（用无菌生理盐水作空白对照），装入无菌试管。

（2）平板菌落计数 按平板菌落计数的方法，将不同 OD 值的菌悬液经适当倍数稀释，分别测定其菌落数或菌落形成单位（cfu）。

(3) 绘制标准曲线　以每毫升稀释菌悬液所含的菌数为纵坐标，以光密度（OD值）为横坐标，绘制出标准曲线。

2. 样品测定

将待测样品用无菌生理盐水适当稀释、摇匀。以无菌生理盐水作空白对照，用650nm波长、1cm比色皿测定光密度（OD值），各种操作条件必须与制作标准曲线时相同。

3. 查标准曲线

根据所测得的光密度值（OD值），从绘制的标准曲线查得每毫升样品的含菌数。

五、任务提示

1. 测定OD值时，比色杯或比色皿的洁净度一致。
2. 测定OD值前，将待测定的培养液振荡，使细胞分散均匀。
3. 测定时，需将分光光度计指针调“0”。调零所用的溶液应与待测菌液中所含的溶液一致。
4. 注意光密度或透光度除了受菌体浓度影响之外，还受培养液成分与颜色以及所采用的光波长等因素影响。
5. 颜色太深的样品或在样品中含有其他的干扰物质的菌悬液样品不适合用此法进行测定。
6. 在生产实践中，并不一定要查对标准曲线得出其含菌数，而是以OD值的高低直接作为大肠杆菌增殖数量的指标。

六、任务思考

1. 绘制大肠杆菌的生长曲线。
2. 用光电比浊法测定细菌生长量有何优缺点？它在实际生产中有何应用价值？
3. 用分光光度法测定吸光值，如何选择测定所用的波长？哪些样品不适合用比浊法测定生长量？
4. 采用光电比浊计数法测定细菌细胞量，与采用平板菌落计数法测定活菌数，这两种方法绘制出的细菌生长曲线有什么不同？两者各有什么优缺点？
5. 测定和绘制细菌的生长曲线对科学研究和发酵生产有何指导意义？

【案例】

2011年6月17日，××生物科技公司菌种工作室的技术员小赵，配制了马丁孟加拉红培养基和伊红美蓝培养基，经121℃灭菌20min，出锅冷却后，发现瓶中分两层，下层凝固了，上层呈液体状。次日，小赵又配制了MRS培养基，pH调为6.0，经过高温高压灭菌后，也出现不完全凝固现象，请你帮助分析可能的原因。

【解析】

一般来说，培养基灭菌后发生不凝固现象可能由以下几个原因造成的：第一，培养基

pH 过低；第二，灭菌温度过高、灭菌时间过长；第三，琼脂质量较差，或琼脂混合不均匀造成部分培养基琼脂含量偏低。

小赵配制的马丁孟加拉红和伊红美蓝培养基，根据灭菌后出现的分层现象，凝固在瓶底，说明琼脂在培养基中分散不均匀，主要集中在底部，而上部培养基中琼脂含量低。这种情况可以将培养基加热溶化、摇匀重新凝固即可使用。建议今后配制培养基时，加入琼脂粉后一定要充分摇匀再灭菌，灭菌出锅后也要摇一摇以保证琼脂分散均匀。最好按琼脂使用要求先将琼脂溶化并用玻璃棒充分搅拌分散入培养基后，再进行灭菌。以避免此类现象的发生。

引起 MRS 培养基不凝固的原因，可能是灭菌后培养基 pH 有所下降，当培养基的 pH 低于 5 时，琼脂的凝固会受影响；另外加入琼脂的质量差也会产生不凝固现象。

在配制培养基时，除了以上现象，还可能出现同时配制的一种培养基，同时灭菌后，大部分凝固很好，而出现个别几瓶不凝固或凝固不好的现象。可能是由于灭菌锅过大，造成局部温度过高、灭菌时间过长造成的。

项目四

微生物发酵与控制技术

【学习目标】

⊙ 了解常见微生物的发酵类型及发酵设备；
⊙ 了解发酵产物的提取与加工方法；
⊙ 能正确分析发酵生产中染菌的原因，并能够针对染菌提出有效的防止方法；
⊙ 掌握发酵过程中温度、水分、溶解氧、中间补料、pH、泡沫等条件的控制方法；
⊙ 熟练掌握小型发酵罐的结构与操作方法。

知识讲解

发酵一词最初来源于拉丁文“fervere”（发泡、沸腾），是指酵母作用于果汁、麦芽汁或谷物，进行酒精发酵时产生二氧化碳引起沸腾的现象。但是，随着生物技术的发展，人们发现微生物代谢既包括有氧过程也包括无氧过程，因此人们又重新定义了微生物发酵。现代微生物发酵是指采用现代工程技术手段，利用微生物的某些特定功能，为人类生产有用的产品，或直接把微生物应用于工业生产过程的一种新技术，又称发酵工程、微生物工程。

一、常见微生物发酵类型

微生物发酵的分类方法很多，据不同的分类依据可以分为不同的类型。

1. 按培养基物理性状分类

（1）液体发酵　利用液体培养基在发酵设备中进行的发酵，是目前发酵工业上最主要的发酵方式。例如单细胞蛋白、啤酒、酒精、有机酸、酶制剂、氨基酸、抗生素等的发酵。

（2）固体发酵　利用固体培养基进行的发酵形式，是人类利用微生物生产产品最早的一种技术，例如白酒、酱油、食醋的酿造。这种发酵对无菌操作不像现代液体发酵那么严格，从20世纪40年代抗生素大规模生产实现之后，固体发酵技术的发展相当缓慢。然而，近几年，由于液体培养消耗大量的能源，而且还存在环境污染的问题，固体发酵又引起人们的重视。因此，固体发酵也是发酵工程中不可缺少的一个组成部分。

2. 根据微生物对氧气需求的不同分类

（1）厌氧发酵　厌氧发酵是将培养基置于发酵槽中，在接种菌种后，不通入空气进行发酵。例如酒精、丙酮、丁醇、乳酸等发酵均属此类型。

（2）好氧发酵　好氧发酵是在发酵过程中不断地通入无菌空气的发酵方式，根据固态和液态的差别，常分为浅盘液体发酵、浅盘固体发酵、深层固体发酵和深层液体好氧发酵4种。

① 浅盘液体发酵 包括小规模的克氏瓶或烧瓶培养到较大规模的塑料膜和具有自动控制的发酵器培养。由于局限性较大，生产上采用的不多。

② 浅盘固体发酵 主要以曲盘、曲帘等培养为主，目前国内小型酿造厂或种曲培养尚采用。

③ 深层固体发酵 是浅盘固体发酵的一种发展，如厚层通风床、固体发酵罐等。

④ 深层液体好氧发酵 这是目前应用最广的发酵方法，即微生物细胞在一个密封的发酵罐内，通入无菌空气进行发酵。

3. 按操作方式不同分类

(1) 分批发酵 分批发酵指发酵过程中所有物料（除空气，消泡剂，调 pH 的酸、碱外）一次加入发酵罐，然后灭菌、接种、培养，最后整个罐的内容物放出，进行产物回收。即：一次投料，一次接种，一次收获的发酵方式。柠檬酸和一些氨基酸、抗生素、维生素的生产属于这一类型。

分批发酵的优点是：对温度的要求低，工艺操作简单；比较容易解决杂菌污染和菌种退化等问题；对营养物的利用效率较高，产物浓度也比连续发酵要高。缺点是：人力、物力、动力消耗较大；生产周期较短，由于分批发酵时菌体有一定的生长规律，都要经历延滞期、对数生长期、稳定期和衰亡期，而且每批发酵都要经菌种扩大发酵、设备冲洗、灭菌等阶段；生产效率低，生产上常以体积生产率（以每小时每升发酵物中代谢产物的克数来表示）来计算效率，在分批发酵过程中，必须计算全过程的生产率，即时间不仅包括发酵时间，而且也包括放料、洗罐、加料、灭菌等时间。

(2) 连续发酵 连续发酵是发酵过程中，以一定的速度向发酵罐内连续加入新鲜培养基，同时以相同的速度排出含有产物的培养液，从而使发酵罐内的发酵液总量保持恒定，培养物在近似恒定状态下生长的发酵方式。

连续发酵的优点是：在恒定状态下进行，避免分批发酵所需的清洗、投料、灭菌、接种、放罐等操作，可以提高设备的利用率和单位时间产量；发酵中各参数趋于恒值，便于自动控制；易于分期控制，可以在不同的罐中控制不同的条件。

连续发酵的缺点是微生物发酵周期长，多次的传代会使菌种容易发生退化、变异，物料不断的进出也增加了污染的机会；营养成分的利用较分批发酵差，产物浓度比分批发酵低。

(3) 补料分批发酵 补料分批发酵又称半分批培养或半连续培养，俗称“流加”，是一种介于分批发酵和连续发酵之间的特殊培养模式，它是微生物的分批培养过程中向生物反应器中间歇或连续补加一种或一种以上特定的限制性底物，反应结束后一次性排出培养液的操作方式。

补料分批发酵技术应用十分广泛，包括单细胞蛋白、氨基酸、生长激素、抗生素、维生素、酶制剂、有机酸、有机溶剂、核苷酸等的生产都可应用。不仅在液体培养中有广泛的应用，在固体培养与混合培养中也可采用。这种操作方式既有分批发酵和连续培养的优点，又克服了二者的缺点。与分批培养相比，补料分批发酵能使基质浓度保持在较低水平，解除或减小了底物与产物的抑制与阻遏作用。与连续培养相比，降低了菌种变异、物料污染等机会；终产物的浓度高，便于产物分离；应用范围更广泛（图 4-1）。但它也具有一定的缺陷性，如用于反馈控制的设备昂贵；培养物的流加难，目前在生产上只凭经验操作，很难同步满足微生物生长与产物合成的需要，也不可能完全避免基质的调控反应。

4. 按发酵产品类型分类

(1) 微生物菌体发酵 微生物菌体发酵是以获得具有某种用途菌体为目的的发酵。它包

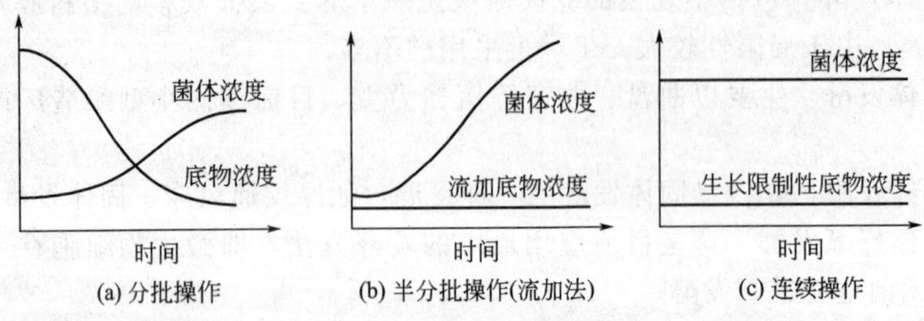

图 4-1 分批、补料及连续操作时菌体及底物的浓度随时间的变化

括：①酵母菌发酵；②微生物菌体蛋白发酵，如白地霉的发酵；③药用真菌发酵，这些药用真菌可以通过发酵培养的手段来生产出与天然产品具有同等疗效的产物，如虫草拟青霉的发酵；④微生物杀虫剂的发酵，如苏云金芽孢杆菌和蜡样芽孢杆菌的发酵。

(2) 微生物酶发酵 酶普遍存在于动物、植物和微生物体中。目前工业应用的酶大多来自微生物发酵，因为微生物具有种类多、产酶的品种多、生产容易和成本低等特点。微生物酶制剂有广泛的用途，多用于食品和轻工业中，如微生物生产的淀粉酶和糖化酶用于生产葡萄糖。微生物酶也用于医药生产和医疗检测中，如胆固醇氧化酶用于检查血清中胆固醇的含量，葡萄糖氧化酶用于检查血中葡萄糖的含量等。

(3) 微生物代谢产物发酵 此种发酵是以生产微生物代谢产物为目的的发酵。微生物生长过程中的代谢产物种类很多，分为初级代谢产物和次级代谢产物。初级代谢产物是微生物生长繁殖所必需的，如氨基酸、核苷酸、蛋白质、核酸、糖类等；次级代谢产物是某些微生物合成的一些具有特定功能的产物，如抗生素、生物碱、细菌毒素、植物生长因子等，这些产物对微生物的生存、生长、繁殖不是必需的，但在自然环境中对产生菌的存活还是有益的。次级代谢产物的结构一般比较复杂，其合成具有明显的种属特异性。许多次级代谢产物还有药理学性质，因而得到了大力发展，已逐渐成为发酵工业的重要部分。

(4) 微生物的转化发酵 微生物转化发酵是利用微生物细胞的一种或多种酶，把一种化合物转变成另一种结构相关的、更具经济价值的产物。可进行的转化反应包括：脱氢反应、氧化反应、脱水反应、缩合反应、脱羧反应、氨化反应、脱氨反应和异构化反应等。最古老的生物转化，就是利用微生物将乙醇转化成乙酸的乙酸发酵。微生物转化还可用于把异丙醇转化成丙醇，甘油转化成二羟基丙酮等。此外，微生物转化发酵还包括甾类转化和抗生素的生物转化等。

(5) 生物工程细胞的发酵 生物工程细胞的发酵是指利用生物工程技术所获得的细胞，如 DNA 重组的工程菌、细胞融合所得的杂交细胞等进行培养的新型发酵，其产物多种多样。如用基因工程菌生产胰岛素、干扰素、青霉素酰化酶，用杂交瘤细胞生产用于治疗和诊断的各种单克隆抗体等。

二、微生物发酵设备

大规模发酵一般都在专门的设备中进行，微生物发酵设备可以分为厌氧固体发酵设备、厌氧液体发酵设备、好氧固体发酵设备、好氧液体发酵设备。

1. 厌氧固体发酵设备

我国传统发酵工业中的白酒和黄酒的酿造均采用厌氧固体发酵法，工艺独特，其主要设施设备包括发酵室、发酵槽（池）或发酵缸。

2. 厌氧液体发酵设备

厌氧液体发酵设备是密闭厌氧发酵罐，主要应用于酒精、丙酮-丁醇、啤酒等发酵。下面以密闭厌氧发酵罐为例，介绍几种厌氧发酵设备。

(1) 酒精发酵罐 如图 4-2 所示，酒精发酵罐的罐体为圆柱形，顶盖和底盖为弧形或锥形，罐圆柱体径高比为 1∶(2～2.5)；在酒精发酵过程中，为了回收 CO_2 及其所带出的部分酒精，发酵罐宜采用密闭式；罐顶装有人孔窥镜、CO_2 回收管、进料管和接种管、压力表、喷淋洗涤水入口等；罐底装有发酵液和污水排出口，喷淋水收集槽和喷淋水出口；罐身上下部装有取样口和温度计接口，对于大型发酵罐，为了便于维修和清洗，往往在近罐底装有人孔。

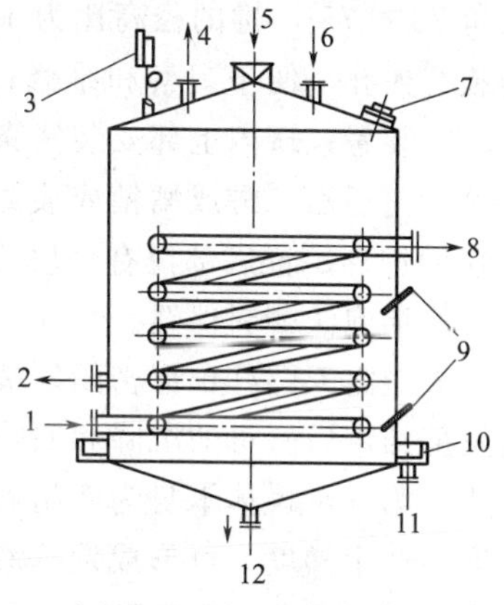

图 4-2 锥底酒精发酵罐

1—冷却水入口；2—取样口；3—压力表；4—CO_2 气体出口；5—喷淋水入口；6—料液及酒母入口；7—人孔；8—冷却水出口；9—温度计；10—喷淋水收集槽；11—喷淋水出口；12—发酵液及污水排出口

① 发酵罐的冷却装置 对于中小型发酵罐，多采用罐顶喷水淋于罐外壁表面进行膜状冷却；对于大型发酵罐，罐内装有冷却蛇管或罐内蛇管和罐外壁喷洒联合冷却装置。为了避免发酵车间的潮湿和积水，要求在罐体底部和罐体四周装有集水槽。

② 发酵罐的洗涤 近年来，已逐渐采用水力喷淋洗涤装置，从而降低了劳动强度，提高了生产效率。它是一根直立的喷水管，沿轴向安装于罐的中央，在垂直喷水管上按一定间距均匀钻有 $\phi 4$～6mm 的小孔。孔与水平呈 20°角。水平喷水管借助于活接头上端和喷水总管相连，洗涤水压为 0.6～0.8MPa。水流在较高的压力下，由水平喷水管出口处喷出，使其以 48～56r/min 的速度自动旋转，并以极大的速度喷射到罐壁各处。而垂直喷水管也以同样的水流速度喷射到罐体四壁和罐底。因此，在 5min 内就可完成洗涤作业。

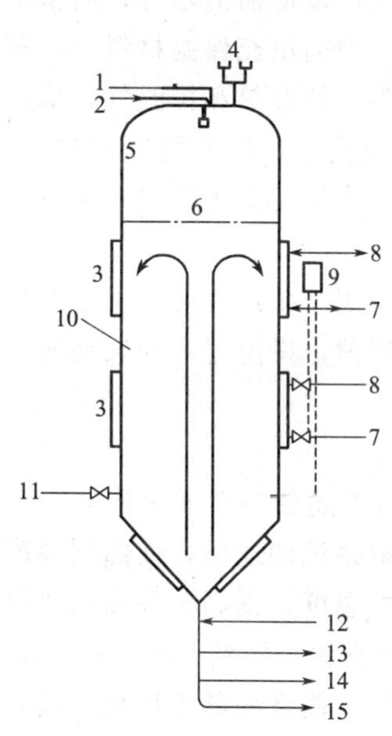

图 4-3 啤酒露天发酵罐

1—CO_2 排出；2—洗涤管；3—冷却夹套；4- 加压装置；5—人孔；6—发酵液面；7—冷却剂进口；8—冷冻剂出口；9—温度控制器；10—温度计；11—取样口；12—麦汁管；13—嫩啤酒管路；14—酵母排出；15—洗涤剂管路

(2) 丙酮-丁醇发酵罐 丙酮 - 丁醇发酵罐与酒精发酵罐类似，但比酒精发酵罐高，罐身需要耐高压，罐壁较厚，用钢板制成；由于灭菌要求较高，顶盖和底部采用球形封头，罐内表面平整光滑。采用表面喷淋冷却。

(3) 啤酒发酵设备 传统的啤酒发酵工艺分为前发酵和后发酵，设备由分别设在发酵室的前发酵池和贮酒室的后发酵罐两部分组成。前发酵池一般由钢筋混凝土制成的开放型的水泥池，内刷防腐涂料，池中装有冷却蛇管或排管。后发酵罐为立式或卧式的圆筒形内刷防腐涂料的金属密闭容器，在贮酒室内呈“品”字形排列，中间用钢枕架开。我国小型啤酒厂仍采用该传统发酵设备。

现代啤酒发酵设备均采用大型露天圆柱锥形密闭发酵罐如图 4-3 所示，进行一罐法发酵（前发酵和后发酵在一个发酵罐中）。该发酵罐用不锈钢制成，置于室外；罐身呈圆柱形，罐底呈圆锥状，管的锥体高度为总高度的 1/4～1/3，锥角 70°～75°，罐的径高比为 1∶3，罐容量 60～600m^3，工作压力 0.07MPa；灌顶和罐身均装有人孔，便于观察和维修；灌顶装有压力表、安全阀、玻璃视镜、CO_2 排出口、加压及真空装置；罐内上部安装洗涤球，罐身外部装有取样管、温度计以及 2～4 段冷却夹套和盘管，内通乙二醇或酒精或液氮冷却；罐底装有净化的 CO_2 充气管，以便在后发酵中进行 CO_2 的饱和；锥底部设有一段冷却夹套和盘管，利于发酵后酵母的沉积。整个罐体外部包扎聚氨酯泡沫塑料保温。

大型露天圆柱锥形密闭发酵罐的特点如下。第一，锥底具有一段冷却夹套和盘管，便于前发酵结束后酵母的沉降和回收。第二，具有 2～4 段冷却夹套和盘管，可满足发酵降温的需要。第三，罐体本身为密闭罐，可进行 CO_2 的洗涤和回收。第四，发酵过程中由于罐的高度而产生梯度，可形成发酵液自上而下或自下而上的对流。第五，既可作为发酵罐，又可作为贮酒罐；前酵和后酵可在一罐中进行，防止了传统工艺中前酵至后酵的 CO_2 损失，也避免了传统工艺中前酵至后酵与氧接触后双乙酰的回升，加速了啤酒的成熟。第六，罐的清洗、消毒均可采用 CIP（clean in place）内部清洗系统自动控制。

3. 好氧固体发酵设备

（1）好氧固体浅层发酵设备　传统的好氧固体浅层发酵也可称自然通风固体浅层发酵，是传统发酵工业中制备种曲的方法。原始的固体曲制备采用木制的浅盘，常用浅盘尺寸有 0.37m×0.54m×0.06m 或 1m×1m×0.06m 等。大的曲盘没有底板，只有几根衬条，上铺竹帘、苇帘或柳条，或者干脆不用木盘，把帘子铺在架上，这扩大了固体培养基与空气的接触面，减少了老法的许多笨重操作，提高了曲的质量。

自然通风的曲室设计要求如下：易于保温、散热、排除湿气以及清洁消毒等；曲室四周墙高 3～4m，不开窗或开有少量的细窗口，四壁均用夹墙结构，中间填充保温材料；房顶向两边倾斜，使冷凝的水汽沿顶向两边下流，避免滴落在曲上，为方便散热和排湿气，房顶开有天窗。固体曲房的大小以一批曲料用一个曲房为准。曲房内设曲架，以木材或钢材制成，每层曲盘应占 0.15～0.25m 空间，最下面一层离地而约 0.5m，曲架总高度取 2m 左右，以方便人工搬取或安装曲盘。

现代好氧固体浅层发酵设备是密闭箱式浅盘发酵设备，已应用于生产，可较大规模生产如酶制剂、酒曲、酱油、食用菌、饲料添加剂等，其优点是料层薄，发酵过程通入调温调湿的空气，温湿度易控制，不易污染杂菌；其缺点是占用面积大。

（2）好氧固体深层发酵设备

① 机械通风固体曲发酵设备　机械通风固体曲发酵设备与上述的自然通风固体发酵设备的不同主要是前者使用了机械通风即鼓风机，因而加强了发酵系统的通风，使曲层厚度大大增加，不仅使种曲生产效率大大提高，而且便于控制曲层发酵温度，提高了种曲的质量。

机械通风固体曲发酵设备如图 4-4 所示。曲室多用长方形水泥池，宽约 2m，深 1m，长度则根据生产场地及产量等选取，但不宜过长，以保持通风均匀，曲室底部应比地面高，以便于排水，池底应有 8°～10°的倾斜，以使通风均匀；池底上有一层筛板，发酵固体曲料置于筛板上，料层厚度为 0.3～0.5m。曲池一端（池底较低端）与风道相连，其间设一风量调节闸门。曲池通风常用单向通风操作，为了充分利用冷量或热量，一般把离开曲层的排气部分经循环风道回到空调室，另吸入新鲜空气。据实验测试结果，空气适度循环，可使进入固体曲层空气的 CO_2 浓度提高，可减少霉菌过度呼吸而减少淀粉原料的无效损耗。当然，废气只能部分循环，以维持与新鲜空气混合后 CO_2 浓度在 2%～5%之间为佳。通风量为 400～

$1000m^3/(m^2 \cdot h)$，视固体曲层厚度和发酵使用菌株、发酵旺盛程度及气候条件等而定。

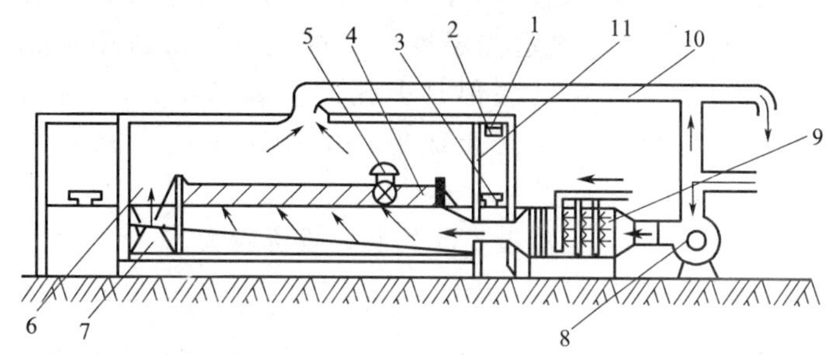

图 4-4 机械通风固体曲发酵设备

1,7—输送带；2—高位料斗；3—输送小车；4—曲料室；5—进出料机；6—料斗；8—鼓风机；9—空调室；10—循环风道；11—曲室闸门

曲室的建筑与自然通风所用曲房大同小异，空气通道中风速取 10～15m/s。因固体发酵机械通风过程阻力损失较低，故可选用效率较高的离心式送风机，通常用风压为 1000～3000Pa 的中压风机较好。

日本在酱油和味酱汤制曲生产使用的通风箱式固体发酵设备如图 4-5 和图 4-6 所示。其中图 4-6 所示的是双层旋转式制曲设备。

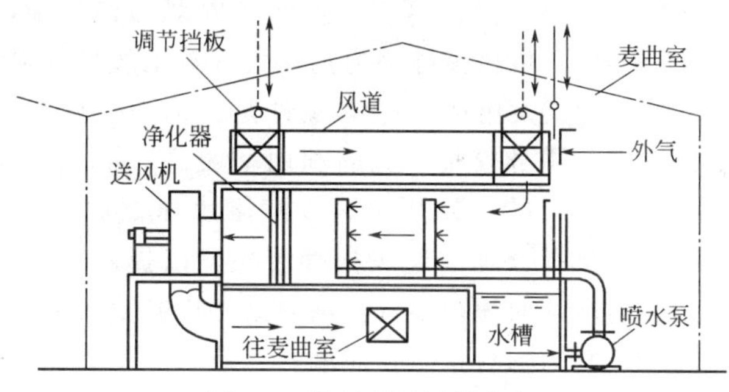

图 4-5 机械通风固体曲室

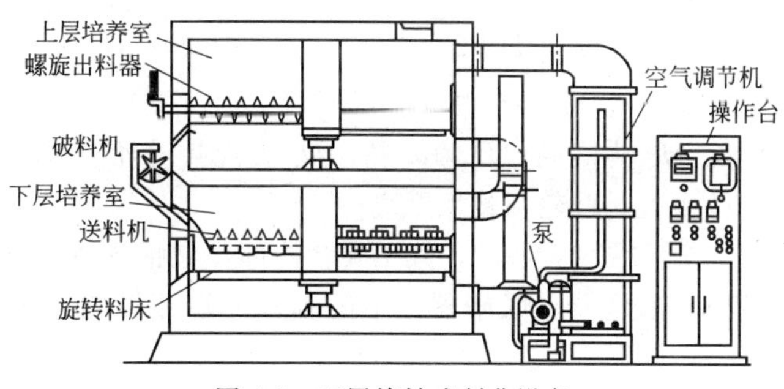

图 4-6 双层旋转式制曲设备

② 旋转式固体深层发酵罐　旋转式固体发酵罐有鼓型和管型两种形态；将固体培养基接入菌种，放在发酵罐内；培养或发酵过程中，发酵罐以低速间歇式旋转，罐内培养物沿罐壁滑动，达到散热并与空气接触的目的；同时还可以通入经过调温调湿的空气，利于控制发酵条件。但由于罐体旋转，菌丝生长早期易遭损伤，易结块；控制不当，还易污染。

③ 传送带式固体深层发酵设备　传送带式固体深层发酵设备由一组传送带组成。其工艺流程为：a. 将湿麦麸加热至 85℃以上，并在第一传送带上保持 15min；b. 在第二传送带上用无菌冷空气将培养料吹冷至适当温度；c. 喷上孢子液或用种曲接入料中：d. 用布料器将接种的培养料分装入无菌的底部具多孔的金属盘中：e. 用空中吊车把金属盘送入培养隧道，采用适宜温度培养发酵至成熟；f. 用吊车把发酵好的金属盘送入干燥隧道。

这种发酵系统机械化程度高，但温度不易控制，投资较大。

4. 好氧液体发酵设备

（1）好氧液体浅层发酵设备　好氧液体浅层发酵的主要设施与设备包括培养室、搪瓷盘、培养工具等。柠檬酸发酵生产的早期曾采用好氧液体浅层发酵，随着生产规模的扩大，好氧液体浅层发酵很快被液体深层发酵代替。

（2）好氧液体深层发酵设备

① 机械搅拌通风密闭式发酵罐　机械搅拌通风密闭发酵罐又称机械搅拌通用式发酵罐，它是好氧液体深层发酵广泛应用的设备，也是好氧生物反应器的典型代表，其主要特点是：第一，利用机械搅拌的作用使无菌空气与发酵液充分混合，提高了发酵液的溶氧量，特别适合于发热量大、需要气体含量比较高的发酵反应；第二，发酵过程容易控制，操作简便，适用广泛；第三，发酵罐内部结构复杂，操作不当，容易染菌；第四，机械搅拌动力消耗大，对于丝状细胞的培养与发酵不利。

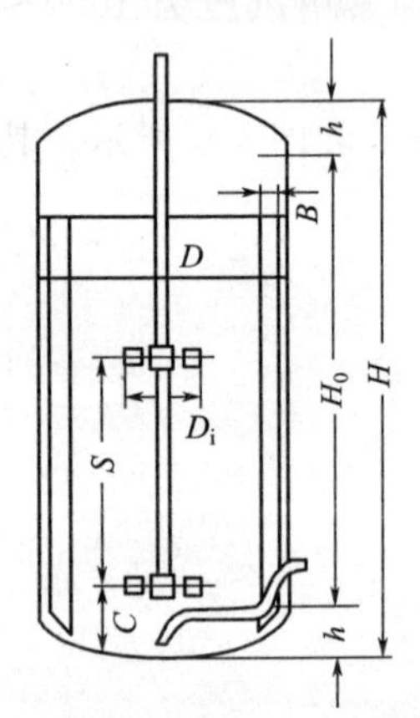

图 4-7　通用式发酵罐的几何尺寸

通用式发酵罐的基本条件是：第一，具有适宜的径高比，径高比适宜，罐身较长，氧的利用率较高；第二，能够承受消毒灭菌及发酵过程中的一定压力，发酵罐水压试验应为工作压力的 1.5 倍；第三，具有合理的通风搅拌装置，以提高氧的利用率；第四，具有足够的冷却面积；第五，罐内抛光以减少死角，使灭菌彻底；第六，具有严密的轴封，防止泄漏。

通用式发酵罐的几何尺寸如图 4-7 所示。发酵罐常见的几何尺寸如下。

$H:D=(2.5\sim4.0):1$　　$H_0:D=2:1$　　$S:D_i=(2\sim5):1$（一般为 3∶1）

$D:D_i=(2\sim3):1$　　$C:D_i=(0.8\sim1.0):1$　　$D:B=(8\sim12):1$

其中，H 为罐身高；H_0 为罐高；D 为罐径；D_i 为搅拌叶轮直径；S 为相邻搅拌叶轮间距。B 为挡板宽；C 为下搅拌叶轮与罐底距离。

发酵罐的结构如图 4-8 和图 4-9 所示，其主要结构部件包括罐体、搅拌器、挡板、通风管、热交换器（冷却器）、消泡器、联轴器、中间轴承、端面轴封、变速装置、人孔、视镜等。

罐体由不锈钢的圆柱体和两端椭圆形封头焊接而成，一般容量 $50m^3$ 左右为小型，$100m^3$ 左右为中型，$500m^3$ 左右及其以上为大型。小型发酵罐顶和罐身用法兰连接，罐顶设有清洗用的手孔。大型发酵罐设有快开人孔，罐顶装有视镜、灯镜、进料管、补料管、接种管、排气管和压力表等。排气管尽量靠近罐顶中心位置，进料管、补料管、接种管可合二为一。罐身装有冷却水进出口、通气管、温度计和检测仪表。取样管可以装在罐顶或罐身。罐身上的管路越少越好。放料可以通过通风管压出。

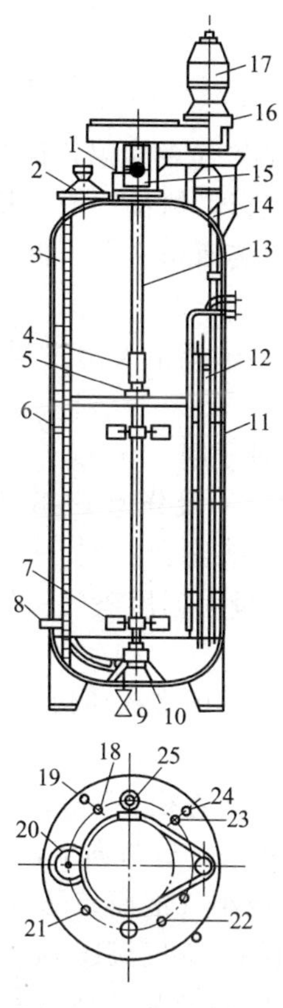

图 4-8 大型发酵罐

1—轴封；2,20—人孔；3—梯子；4—联轴节；5—中间轴承；6—热电偶接口；7—搅拌器；8—通风管；9—放料口；10—底轴承；11—温度计；12—冷却管；13—轴；14—取样；15—轴承柱；16—三角皮带转轴；17—电动机；18—压力表；19—取样口；21—进料口；22—补料口；23—排气口；24—回流口；25—窥镜

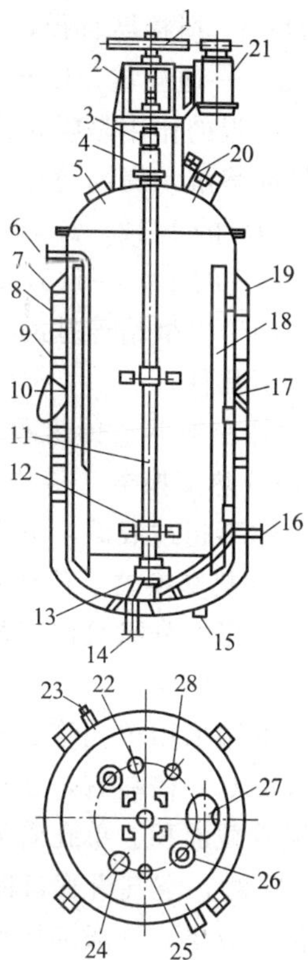

图 4-9 小型发酵罐

1—三角皮带转轴；2—轴承支柱；3—联轴节；4—轴封；5—窥镜；6—取样口；7—冷却水出口；8—夹套；9—螺旋片；10—温度计接口；11—轴；12—搅拌器；13—底轴承；14—放料口；15—冷水进口；16—通风管；17—热电偶接口；18—挡板；19—接压力表；20—手孔；21—电动机；22—排气口；23—取样口；24—进料口；25—压力表接口；26—窥镜；27—人孔；28—补料口

搅拌器的主要作用是延长气液接触时间，加速和提高溶氧，有利于传质和传热。常用的搅拌器有平桨式、螺旋桨式、涡轮式，其中以涡轮式使用最为广泛。涡轮式搅拌器叶片分为平叶式、弯叶式和箭叶式三种，尤以箭叶式消耗功率最小，翻动液体能力最强；而在相同功率下，平叶式粉碎气泡能力最大。工业生产上常使用两组以上搅拌器叶片，其材料使用不锈钢，且选择叶片类型必须通过试验确定。

搅拌功率是指搅拌桨输入发酵液的功率，即搅拌桨在转动时为克服发酵液阻力所消耗的功率，有时被称作轴功率。

通气条件下非牛顿流体搅拌功率的计算常用 Michel-Miller 公式表示：

$$P_R = Q_1\left(\frac{P_0^2 N D_i^3}{Q^{0.56}}\right)Q_2$$

式中 Q_1、Q_2——与流体黏度有关的系数；

P_R——通气功率，kW；

P_0——不通气功率，kW；

N——搅拌转速，r/min；

D_i——搅拌器直径，m；

Q——通气量，L/min。

罐内安装挡板的作用是阻止因液体的水平流动而在液面中心产生的旋涡，促使液体上下翻腾，增加氧的溶解，提高搅拌效率。罐内一般装有4～6块挡板，挡板一般为长方形，宽度为罐直径（D）的1/12～1/8，垂直向下，接近罐底，上部与液面相平。挡板与罐壁的距离为罐直径（D）的1/8～1/5，避免挡板与罐壁形成死角。

热交换器用于发酵培养基的加热、消毒、灭菌、冷却并且能够调节发酵过程中的温度。其类型包括以下几种。

a. 夹套式热交换器　传热系数较小，适用于小型发酵罐或种子罐。

b. 立式蛇管热交换器　传热系数大，适用于大中型发酵罐；一般分为4～8组安装在罐内托架上，上端不超过液面，下端距罐底100mm左右，每组4～5圈。

c. 立式排管热交换器　传热系数比蛇管热交换器低，用水量大，用于气温较高水源充足地区；以排管形式分组对称安装在管内。

通风管是将无菌空气引入到发酵液中的装置。小型发酵罐常采用多孔环状管或多孔十字形管，大型发酵罐采用单孔管。多孔环状管或多孔十字形管安装在搅拌器回盘之下，其直径为搅拌器直径的0.8倍左右，通风管上开有许多向下的小孔，小孔直径5～8mm，小孔总面积约等于通风管截面积。单孔管安装在搅拌器下面，正对圆盘中心，管口向下，与罐底距离约40mm，通风时，空气沿管口四周上升，被搅拌器桨叶打碎成小气泡而与醪液充分混合，增加了气液传质效果。一般通风管入口空气压力为0.1～0.2MPa，空气流速20m/s。

在搅拌轴较长时，常分为两段或三段，用联轴器连接。联轴器分为鼓型和夹壳型两种。轴的连接应垂直，中心线对正。为了减少振动应装有可调节的中间轴承。

发酵罐常采用的变速装置有三角皮带传动、圆柱或圆锥齿轮减速装置两种类型，其中前者较为简单，噪声较少。

搅拌器轴与灌顶或罐底连接处需要密封，即轴封，以防止发酵醪泄漏和杂菌污染。常用的轴封有填料函（填料函密封圈）和端面轴封（机械轴封）两种机械密封装置，以后者最为常用。端面轴封是靠弹簧和液体的压力，在做相对运动的动环和静环的接触面（端面）产生适当的压力，使这两个光洁平直的端面紧密贴合，端面间维持一层极薄的液体膜而达到密封的目的。端面轴封具有密封可靠、使用时间长、无死角、清洁、易消毒灭菌、摩擦损耗小和对轴振动不敏感等优点，但结构较复杂，装拆不便，对动环和静环的光洁平直度要求较高。

② 改良的机械搅拌通用式发酵罐

a. 瓦尔德霍夫发酵罐　它装有一种独特的消泡装置。

b. 一种带有上下两个分离搅拌器的发酵罐　上搅拌采用螺旋桨，用以加强轴向流动；下搅拌采用涡轮桨分散气体，可以提高氧传递效率。这种设计方法充分发挥了这两种搅拌桨的各自特长。

c. 完全填充反应器　它是一种比通气搅拌罐能更有效地提高氧传递效率的发酵罐。气液混合时间短，即使对十分黏稠的液体也有同样效果，还消除了罐顶的空间，空气在罐内的滞留时间比通气搅拌罐长。

虽然改良型通用式发酵罐有一些改进，但是它的实际应用却远没有机械搅拌通用式发酵罐广泛。

③ 机械搅拌自吸式发酵罐　机械搅拌自吸式发酵罐是一种不需要空气压缩机和通气管，而是在转子和定子组成的特殊搅拌器作用下自吸入空气的发酵罐。我国自20世纪60年代开始研制自吸式发酵罐，已应用到乙酸、酵母、蛋白酶、维生素C和利福霉素等发酵产品上。

该发酵罐的特点是节省了空气压缩系统，减少了设备投资；溶氧系数高；应用范围广；便于实现自动化和连续化。但是，进罐空气处于负压状态，容易增加杂菌侵入的机会，不适合无菌要求较高的发酵过程；装料系数较低，约40%左右；搅拌容易导致转速提高，有可能使某些微生物的菌丝被切断，影响细胞的正常生长。机械搅拌自吸式发酵罐的结构如图4-10所示，其主要构件是自吸式搅拌器和导轮，简称转子和定子。转子由底轴或上主轴带动而旋转，空气则由导气管吸入。其吸气原理是浸在发酵液中的转子迅速旋转，液体和空气在离心力的作用下，被甩向叶轮外缘。这使转子中心处形成负压，从而将罐外的空气通过过滤器吸到罐内，转子转速越大，转子中心处形成的负压也越大，吸气量也越大。同时，转子的搅拌在液体中产生的剪切力又使吸入的空气粉碎成细小的气泡，均匀分散在液体之中。

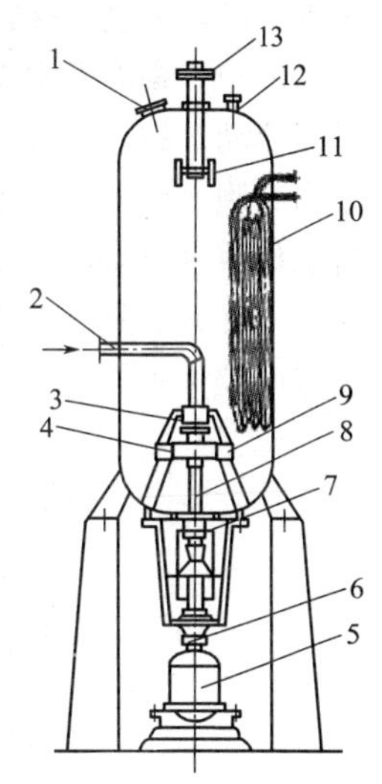

图4-10　机械搅拌自吸式发酵罐的结构

1—人孔；2—进风管；3—轴封；4—转子；5—电机；6—联轴器；7—轴衬；8—搅拌轴；9—定子；10—冷却蛇管；11—消泡器；12—排气管；13—消泡转轴

根据搅拌器的不同及相应装置的改进，自吸式发酵罐又有喷射自吸式、溢流喷射自吸式、溢流单层自吸式、溢流双层自吸式发酵罐等。

④ 机械搅拌伍式发酵罐　伍式发酵罐的主要部件是套筒、搅拌器。如图4-11所示。

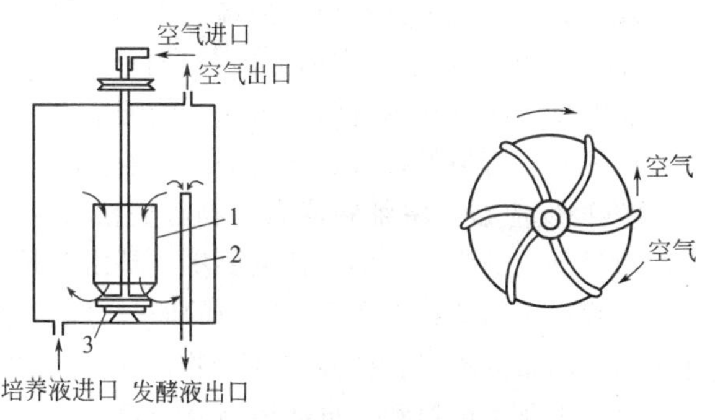

图4-11　机械搅拌伍式发酵罐

1—套筒；2—溢流管；3—搅拌器

搅拌时液体沿着套筒外向上升至液面，然后由套筒内返回罐底，搅拌器是用6根弯曲的空气管子焊于圆盘上，兼作空气分配器。空气由空心轴导入，经过搅拌器的空心管吹出，与被搅拌器甩出的液体相混合，发酵液在套筒外侧上升，由套筒内部下降，形成循环。这种发酵罐多应用于纸浆废液发酵生产酵母。设备的缺点是结构复杂，清洗筒套较困难，消耗功率较高。0.76m^3的发酵罐，K_{La}为220～312h^{-1}，传递每千克氧电耗约6kW·h。

⑤ 气升式发酵罐　气升式发酵罐属于非机械搅拌发酵罐。该发酵罐内分为上升管和下降管，含气量高的发酵液密度小向上升，而含气量低的发酵液密度高向下降；由于在管内外发酵液密度不同，产生压力差，推动发酵液在罐内循环。上升管和下降管装在罐内的，称为

内循环；上升管和下降管装在罐外的，称为外循环。

该发酵罐的特点是结构简单，节省动力，操作方便，杂菌污染机会少，装料系数高（80%～90%），氧的传质速率高，可用于高密度培养。另外，该发酵罐依靠空气流动带动发酵液循环流动，既能使发酵液均匀混合，又能使气体充分分散，而且没有动力剪切力，也适合动植物细胞的培养。但不适合固形物含量高、黏度大的发酵液或培养液。

其工作原理（如图 4-12 所示）是在上升管的下部设空气喷嘴，空气以 250～300m/s 的高速喷入上升管，使气泡分散在上升管中的发酵液中，发酵液的密度下降而上升，罐内发酵液由于密度较大而下降进入上升管，从而形成了发酵液的循环。

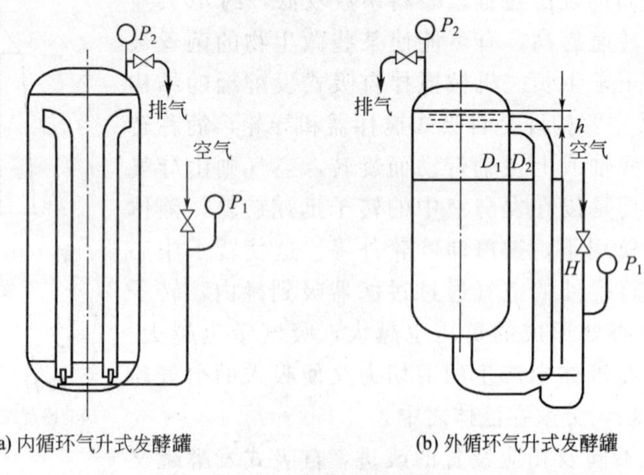

(a) 内循环气升式发酵罐　(b) 外循环气升式发酵罐

图 4-12　气升式发酵罐

根据上升管和下降管的位置及相应装置的改进，气升式发酵罐又有带升式发酵罐、气升外循环发酵罐、气升环流发酵罐、空气搅拌高位发酵罐（塔式发酵罐）。

⑥ 液提式发酵罐　液提式发酵罐是液体借助液体泵进行输送，同时气体在液体的喷嘴处被吸入的发酵罐。液提发酵罐的常见形式有喷嘴塔式、喷嘴塔循环式、喷嘴循环式、喷射通道式、滴流式、六级塔循环式、管道循环式、下流塔式、液体流化床式。

⑦ 膜生物反应器　膜生物反应器是将细胞或微生物等截留或存放在海绵体内，以实现生物催化剂和反应溶液的即时分离的膜反应器。其主要特点是由于采用了膜分离技术与发酵过程的结合，实现了发酵过程中生物催化剂和反应溶液的即时分离，解除了代谢产物对细胞生长的抑制作用，可进行细胞高密度培养和提高代谢产物产率；生物催化剂能够重复使用，可采用固定化技术进行发酵；生化条件温和，也适用高分子膜；可用于微生物发酵和动植物细胞的培养，是实现连续发酵的有效途径。随着研究的不断深入，膜生物反应器将成为最有发展前途的一种生物反应器。

如图 4-13 所示，用于发酵过程的膜生物反应器可分为两类，一类是中空纤维固定化细胞反应器；另一类是发酵罐与膜分离组件相结合的细胞循环膜发酵系统。

⑧ 基因工程菌生物反应器　基因工程菌生物反应器与一般生物反应器的最大不同是防止菌体的泄漏。造成基因工程菌生物反应器内微生物泄漏的主要原因如下。第一，在排气过程中，菌体随废气排入大气中。所以，必须经加热灭菌或经微孔过滤器除菌后，才能将基因工程菌反应器中的气体排放到大气中去。第二，轴封不严，导致菌体泄漏，即所谓的轴封渗漏现象。因此，基因工程菌反应器应采用双端面密封，而且作为润滑剂的无菌水的压力应高于反应器内液体的静压力。

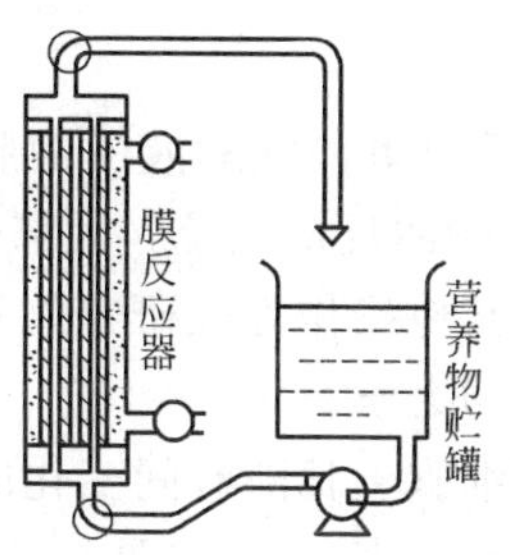

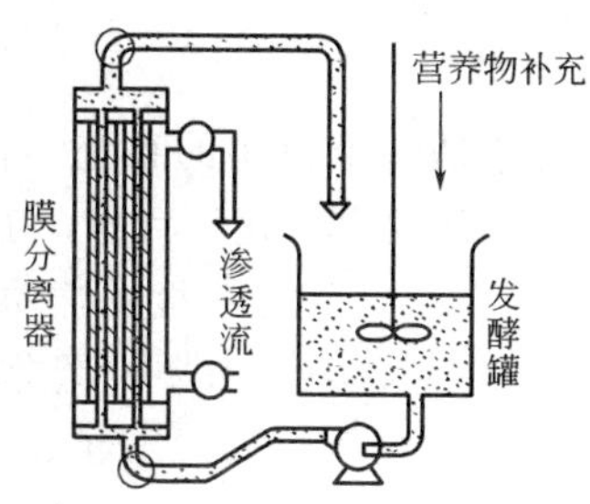

图 4-13 膜生物反应器

三、微生物发酵动力学

1. 发酵动力学概念

发酵过程中的各种环境因素与微生物代谢活动之间相互作用随时间变化的规律称为发酵动力学。它主要包括五方面内容：细胞生长和死亡的规律，基质消耗的规律，产物合成的规律，微生物消耗氧生成二氧化碳的规律，代谢热生成的规律。研究发酵动力学的步骤如下：①首先找出反应过程变化的理化参数，把这些参数变化与代谢联系起来，找出它们之间的相互关系和变化规律；②建立各种数学模型来反映各参数随时间变化的关系；③采用计算机在线控制等重复验证模型的可行性与适用性；④最后编成调控程序并在生产上应用实施。

2. 发酵动力学分类

根据产物形成与底物（尤其是碳源）利用的关系将发酵过程分为三个类型（图 4-14）。

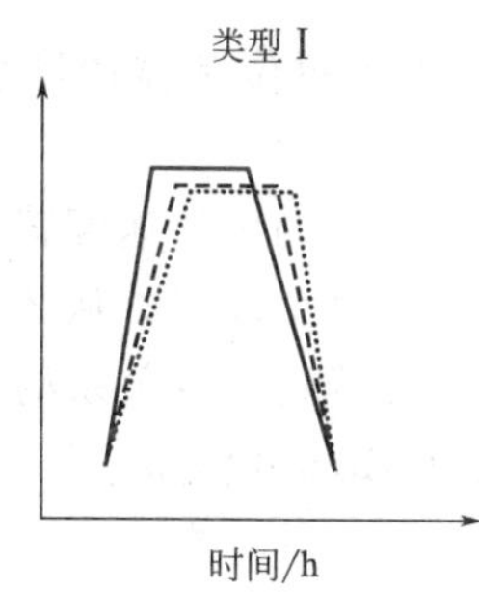

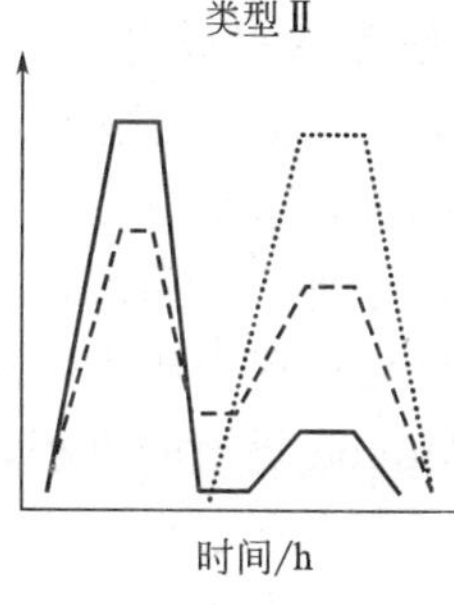

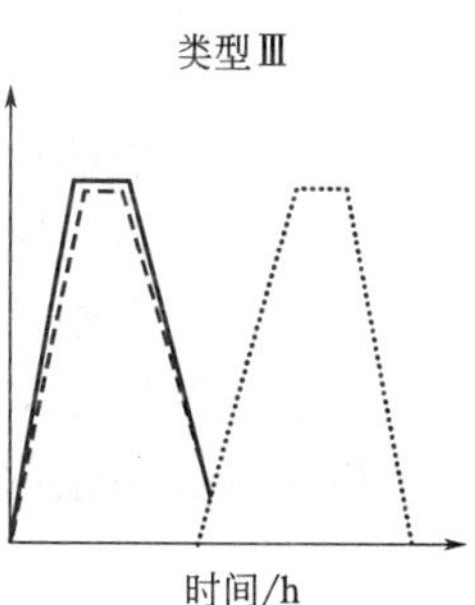

图 4-14 发酵类型

— 比生长速率 g/(g・h)；----- 碳源利用比速率 g/(g・h)；……产物形成比速率 g/(g・h)

(1) 第Ⅰ型 又称为生长关联型，产物形成与菌体生长基本平行。菌体生长、碳源利用、产物形成几乎在相同的时间出现高峰。这种类型的发酵产品一般是菌体本身或初级代谢产物，如酵母、乙醇、乳酸、柠檬酸、真菌菌丝、苏云金芽孢杆菌等的发酵生产。当然也有一些例外，如土霉素、氯霉素、杆菌肽等次级代谢产物的发酵也属于Ⅰ型发酵。

(2) 第Ⅱ型 也叫部分生长关联型。它的特点是菌体生长出现两个高峰，在这两个高峰，碳源利用率都较高。不同的是，第一个生长高峰，产物形成很少或不形成产物；第二个生长高峰，产物高速度合成。如丙酮、丁醇、丙酸、谷氨酸等的发酵。

(3) 第Ⅲ型 也叫非生长关联型。这一型的特点是：产物合成与细胞生长和碳源利用无平行关系，产物一般在菌体生长接近或达到稳定期时形成。大部分次级代谢产物属于这一型发酵。如多数抗生素、色素、毒素、维生素等。

3. 分批发酵动力学

分批发酵可以看作是一个封闭的系统。在这个系统里，发酵液的细胞浓度、培养基浓度、产物浓度不断随时间发生变化。目前，工业微生物的反应系统，大部分为分批发酵。分批发酵动力学是其他操作方式研究的基础，因而在此主要介绍分批发酵动力学。

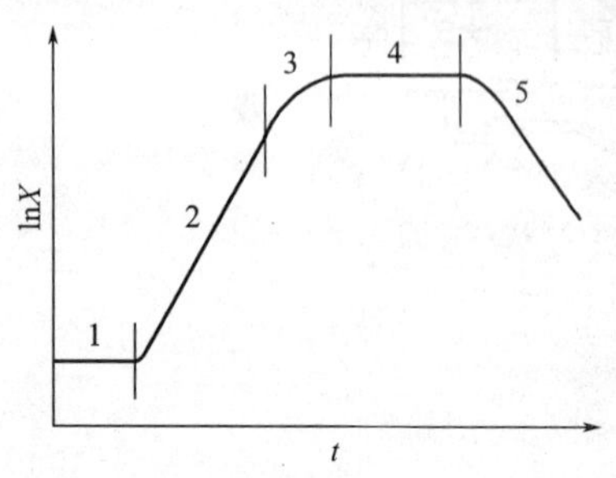

图 4-15 分批发酵中细胞浓度的变化
1—延迟期；2—对数生长期；3—减速期；4—稳定期；5—衰亡期

(1) 微生物细胞生长随时间变化的规律 微生物生长过程可分为五个生长时期（图 4-15），即延迟期、对数生长期、减速期、稳定期、衰亡期。

① 延迟期 是菌体进入培养基新环境的适应期，这个时期的长短一般与培养基浓度无关。它只与菌龄和接种量的大小有关。一般细菌和酵母菌的延迟期较短，霉菌次之，放线菌最长。

② 对数生长期 经过延迟期的适应后，微生物进入对数生长期，在这个时期，由于培养基丰富，有毒的代谢产物又少，细胞生长不受限制，因此细胞生长随时间呈指数生长。这个时间细胞浓度变化率（生长速率）与细胞浓度（菌体数量）成正比。这个关系可以用一个式子来反映：

$$\frac{\mathrm{d}X}{\mathrm{d}t}=\mu X$$

式中 X ——细胞浓度，kg（干重）/m^3；

t ——时间，s；

μ ——比生长速率，s^{-1}。

μ 与细胞种类、培养温度、pH、培养基组成等有关。它表示单位菌体浓度引起的菌体增长速率，能反应细胞生长的快慢。μ 大，表明细胞生长快。

应该明确，不是所有微生物生长都符合这个方程。丝状微生物的生长速度就不符合这一方程。这个方程只在没有限制性底物存在时才适用。也正是由于这个原因，从 20 世纪 40 年代开始，人们提出了许多描述微生物生长过程中比生长速率和营养物浓度关系的一些数学模型。其中应用最广泛的是 1942 年由 Monod 提出的方程，也叫 Monod 模型。

$$\mu=\frac{\mu_m S}{K_s+S}$$

式中 S——限制性基质浓度，mol/m^3；

K_s——饱和常数，mol/m^3。

一般 K_s 是很低的，大约为 0.1～120mg/L 或 0.01～3.0mmol/L。在对数生长期，$S \gg K_s$，比生长速率最大，即 $\mu=\mu_m$。

注意：此方程也有它的适用范围，只有在无基质和产物抑制现象时，比生长速率和营养物浓度关系才符合这一方程。

③ 减速期 此阶段营养物迅速消耗，营养物浓度逐渐降低，最后转入稳定期。

④ 稳定期 营养物质消耗尽，细胞浓度达到最大，此时的比生长速率为“0”。

⑤ 衰亡期 细胞开始死亡，活细胞浓度不断下降，最终会导致整个微生物群体死亡。一般微生物发酵在衰亡期之前就已经结束，因此，衰亡期研究对生产来说，意义不大。

(2) 基质的消耗与细胞生长以及产物形成的关系

① 微生物生长与产物形成关系 微生物发酵主要目的是生产微生物菌体或代谢产物。

生产微生物菌体为Ⅰ型发酵，产物与微生物生存、生长和繁殖有关，产物的形成与微生物细胞生长同步，分批培养中，稳定期是产物的最佳收获期。生产初级代谢产物为Ⅰ型或Ⅱ型，具有与菌体同样的特点。次级代谢产物为Ⅲ型发酵，产物与微生物的生存、繁殖无关，产物的形成过程与微生物生长不同步，稳定期后期或衰亡期是产物的收获期。

② 得率系数　在分批培养中，随着时间的推移，营养逐渐耗尽，产物逐渐形成。人们通常用得率系数来表示生成的细胞或产物与营养消耗之间的关系。

a. 生长得率系数　是指在一定时间内，菌体的生长量相对于基质消耗量的得率。

b. 产物得率系数　一定时间内，产物的生成相对于基质消耗量的得率。

发酵动力学非常重要，它是进行发酵工艺控制的前提。研究它有助于更好地进行发酵管理。如属于Ⅰ型发酵，生长条件与产物合成条件基本一致，那么在管理上只考虑生长就可以了，放罐时间应在对数期后或稳定期前。属于第Ⅱ型发酵（部分生长关联型），则要分期控制，生长与合成要兼顾，但管理的重点要放在合成期。而对于非生长关联型，要分别考虑生长与产物合成的条件，还要把重点放在如何延长稳定期这个问题上，以获得最大产量和最好的经济效益。

四、微生物发酵的中间控制

微生物发酵是受菌种活性及环境条件制约的生化反应过程，在选育得到优良微生物菌种的前提下，发酵过程的控制对发酵产品高产、稳产起着至关重要的作用。熟悉菌种性能，优化发酵条件和发酵过程控制，则可充分发挥菌种潜力，获得满意的发酵结果。由于发酵过程的复杂性，使得生产过程的控制较为复杂。发酵过程控制的参数也较多，如温度、pH、氧、CO_2、泡沫等都是对发酵影响大的一些因素，下面介绍发酵工业上比较重要的也容易控制的几个因素及其控制方法。

1. 温度对发酵过程的影响及其控制

温度对于发酵过程的影响主要在于它能影响细胞生长与产物的合成，其本质是影响膜透性与酶的活性。

（1）对微生物细胞生长的影响　温度对细胞生长有很大的影响，这种影响主要是通过影响酶的活性来实现的。温度升高，酶促反应速度加快，呼吸代谢加强，微生物生长繁殖加快。但是随着温度的升高，酶失活的速度也加快，蛋白质变性加快，微生物死亡就加快。通常采用的高温杀菌就是利用高温能使蛋白质变性这一原理。因此，温度过高对发酵不利。

不同的微生物对温度的耐受力不同。如芽孢菌就比不产芽孢的菌耐高温，有些芽孢菌在沸水中 2h 还不死亡。即使对同一种菌株，菌体生长的最适温度与形成代谢产物的最适温度也往往不同。

微生物对低温的抵抗力比对高温的强。细菌的芽孢和霉菌的孢子对低温的抵抗力尤其强。一般低温只能抑制微生物生长，而致死效果较差。

（2）对产物的影响

① 影响产物的合成速度　一定的温度范围内，温度高，酶促反应快，微生物代谢快，产物合成也快。但酶是高度敏感的，温度愈高，酶失活愈快，微生物衰老也快，这对产物生成同样有害。

② 影响产物的合成方向　因为温度与微生物的调节机制有密切关系，因此能够影响产物的合成方向。例如四环素发酵中，金色链霉菌既能产生四环素，也能生成金霉素，在低于

30℃，合成金霉素的能力强，当温度超过35℃时，金霉素的合成停止，只合成四环素。

③ 通过改变发酵液的物理性质间接影响产物的合成　例如，温度能够影响发酵液中的溶解氧，温度升高，氧在发酵液中的溶解度减小，溶解氧对好气性微生物的生长是非常重要的，一旦缺乏，就会影响到微生物的代谢及产物的合成。

④ 温度影响代谢调控　近几年的研究发现，温度对微生物的调节机制有密切关系。如在20℃低温下，氨基酸的合成途径的终产物对第一个酶的反馈抑制作用比在正常生长温度37℃下更大，根据这一点，在抗生素生产中，可以考虑在发酵后期降低发酵温度，使蛋白和核酸的正常合成途径早点关闭，促使发酵代谢转向抗生素的合成。

(3) 发酵过程中温度的变化及最适温度的选择　发酵过程中温度常常会发生一定的变化，这个变化的一般规律是：前低，中高，后回落。影响温度变化的因素主要为发酵热，它是微生物代谢产生的生物热、搅拌器与发酵液摩擦产生的搅拌热、发酵罐中由尾气排出时带走的蒸发热以及罐体向外辐射的辐射热等不同形式热的代数和。

由于温度对发酵产物会产生影响，因此在发酵工业上就需要选择一个最适温度，在这个温度时，培养条件适当，则微生物生长最快。最适发酵温度则是指在该温度下最适于微生物的生长或发酵产物的生成。严格控制菌种生长繁殖和生物合成所需要的最适温度，对稳定发酵过程，缩短发酵周期，提高发酵单位和产量，具有十分重要的意义。最适温度是一种相对的概念，它是在一定的条件下测得的结果。一般不同的菌种和不同的培养条件最适温度是不同的。即使是同一菌种，在不同的生长阶段最适温度也不同。例如，青霉素产生菌的最适生长温度为30℃，但合成青霉素的最适温度却是24℃。可见，最适生长温度不一定是最佳合成温度。因此，在发酵过程中，不能只选择一个最适温度。具体选择时可参考以下几点进行。

① 参考生长与合成的主次进行选择（变温培养）　如青霉素发酵时，在生长初期，抗生素合成还没有开始，发酵目的是促使菌体大量增殖，这时要选最有利于微生物繁殖的温度为最适温度；当微生物菌体达到一定浓度之后，抗生素的合成开始，这时就要以抗生素的合成温度为最适温度，促进抗生素的大量合成。

② 参考、结合其他发酵条件（如溶解氧、培养基成分与浓度等）进行选择　如在通气较差的情况下，与良好的通气相比，要适当降低最适温度，一方面可以增加溶氧的浓度，另一方面还能降低菌体的生长速度，减少氧的消耗，弥补氧不足造成的代谢异常。又如，培养基浓度过稀或培养基较易利用时，过高的培养温度会使营养基质过早耗尽，导致菌体过早自溶，产物合成会提前终止，严重影响代谢物的产量。

因此，在各种微生物的发酵过程中，最适温度的选择要对各方面综合进行考虑后才能确定。

(4) 发酵过程中温度的控制　一般来说，接种温度可以适当提高些，以利于孢子的萌发或加快微生物的生长和繁殖。待发酵液的温度上升时，温度应控制在微生物的最适生长温度。当菌体生长到一定量时，温度的控制可比最适生长温度低些，即控制在微生物代谢产物合成的最适温度。在实际生产中，由于发酵热的产生，发酵过程一般不需要加热，反而是降温的情况要多一些。一些大规模发酵罐都带有冷却装置，因此在发酵过程中能够对温度进行有效的控制。

2. 溶解氧对发酵的影响及调控

在好氧发酵生产中，微生物所能利用的氧是指溶解于发酵液中的氧，即溶解氧。氧是很难溶于水的气体，在25℃1个大气压下，空气中的氧在水中的溶解度为0.26mmol/L，而在同样条件下氧在发酵液中的溶解度约为0.2mmol/L。随着温度升高和水中溶质浓度增加，氧在水中的溶解度还要下降。满足微生物呼吸的最低限度的溶解氧浓度称临界溶解氧浓度，一般好气性微生物约为0.003～0.05mmol/L。氧的传递是一个非常复杂的过程，气泡中的氧从培养液逐步传递到细胞呼吸酶的位置上，需克服多种阻力（图4-16）。发酵过程中微生物仅利用全部溶氧量1%左右，如何提高效率是个很重要的问题。

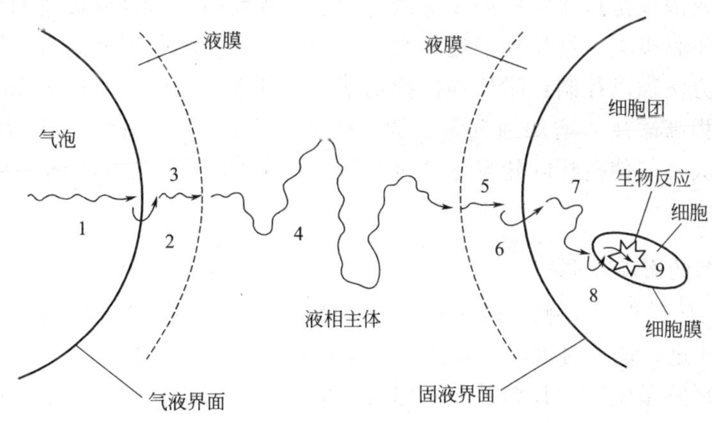

图4-16 氧传递的各种阻力示意

（1）影响微生物需氧因素　不同微生物对氧的需求是不同的，具体的需求量通常用呼吸强度和摄氧率表示。

呼吸强度指单位质量的细胞在单位时间内消耗氧的量。呼吸强度随溶解氧浓度的增加而加强，当呼吸强度达到一定值时，它就不再影响微生物的呼吸强度，如再增大溶解氧浓度，呼吸强度也保持不变。摄氧率指单位体积培养液在单位时间内消耗氧的量。它取决于微生物的呼吸强度和单位体积发酵液的菌体浓度。对数生长初期，随着细胞浓度的增加，摄氧率迅速增加，在对数生长后期达最大，此后，虽然细胞浓度还在增大，但由于传氧能力的限制，摄氧率下降，最后随着基质的消耗和细胞的自溶，摄氧率迅速下降。影响微生物需氧的因素如下。

① 生产菌种　不同产品的生产菌种对氧的需要都是不相同的。同一菌种的不同菌株对溶氧的需要亦有不同。这决定于各种微生物体内氧化酶系统的种类和数量。

② 菌体浓度　一定范围内，菌体浓度增高，需氧量加大。另外，由于培养液随着菌丝体的增加，黏度逐渐增加，氧的溶解度也逐渐减少，因而更需要强有力的通风搅拌。而细菌按单细胞生长繁殖，随着培养时间的推移，菌体浓度增加，需氧量随之增加，而氧的溶解速度往往并不减少。

此外，菌丝在受到通气搅拌影响时，容易发展成诸如网状、球状颗粒或团块状，也能影响溶氧。

③ 菌龄　一般幼龄菌体常有较强的呼吸强度，以后随菌龄的增加，呼吸强度反而下降，耗氧减少。从整个发酵周期来看，对数期与稳定期需氧量大，延滞期与衰亡期需氧量相对小些。

应该指出的是，在发酵过程中不但要注意菌体摄氧量，而且注意菌体在形成代谢产物时的最适需氧量，这两个时期的最适需氧量往往并不一致，这要看终端产物的代谢途径中所包括的酶系而定。

④ 培养基　培养基成分和浓度的改变对菌体摄氧量的影响也是显著的。例如将 NH_4Cl 加入到缺氨发酵液中，发现菌体摄氧量立即增加，当氨利用完后，摄氧量又恢复到原来的水平，其他碳源、氮源、无机盐、维生素也有类似情况。有些消泡油可被菌体作为碳源利用，提高菌体摄氧量，而化学消泡剂能妨碍氧的溶解，影响供氧。有毒产物的积累（如 NH_3、CO_2）对微生物的呼吸强度也产生不利的影响，挥发性中间产物的损失，也影响氧的吸收。

(2) 溶解氧的控制措施　各种微生物在发酵过程中，都有其临界溶解氧浓度和最适生长的氧浓度。最适氧浓度是指溶解氧浓度对微生物生长或代谢产物合成最适的浓度范围。在生产中只有供氧大于临界氧并维持在最适氧水平上才能确保发酵的正常进行。发酵液中溶解氧浓度可采取以下方法加以控制：①增加搅拌功率；②补水稀释培养液；③降低培养温度。此外，也可以通过提高罐压、增加通气量、通入纯氧等方法。但提高罐压增加了对设备的要求，空气速度过大，能使搅拌叶轮发生“过载”，通气效率不再增加，通入纯氧会提高发酵成本。

3. pH 对发酵的影响及调控

(1) pH 对发酵过程的影响　微生物生长和产物合成都有其最适合的 pH 范围。因此，发酵过程中对 pH 进行调控对提高代谢产物产率是很重要的。pH 对发酵的影响主要体现在以下几方面：①影响微生物生长繁殖，不同的微生物对 pH 要求不同，如多数细菌的最适生长 pH 为 6.5～7.5；霉菌为 4.0～5.8；酵母为 3.8～6.0；②影响菌体形态，如 pH<6 时，菌丝的直径为 2～3μm，当 pH≥7 时，菌丝直径为 2～18μm；③影响产物的形成，如在噻孢霉素的发酵中，pH 在 6.5～7.5 时，产量相对稳定，当 pH>7.5 时，合成受到抑制，产量下降；④影响生物合成途径。如黑曲霉在 pH 2.0～3.0 时，产物是柠檬酸，pH 接近中性时，积累草酸和葡萄糖酸。

(2) 影响 pH 变化的因素　发酵过程中，由于微生物对培养基的利用和一些代谢产物的产生，pH 会发生一定的变化。这个变化决定于微生物的种类、培养基组成与培养条件等。正常情况下，在适合微生物生长和产物合成的条件下，菌体生长期 pH 上升或下降；产物合成期 pH 比较稳定；菌体自溶阶段 pH 上升。引起发酵液 pH 变化因素有以下三点。

① 微生物的代谢特性　微生物在代谢过程中，会释放出一些生理酸性物质或一些生理碱性物质，从而使培养基 pH 发生改变。一般微生物对培养基 pH 具有一定的调节能力。例如：在 pH 为 5.0、6.0、7.0 条件下，以花生饼粉为培养基，分别进行土霉素发酵，发酵 24h 后发现三种培养基的 pH 在都在 6.5～7.0 之间。

② 培养基的成分　由于对培养基中营养成分的利用和代谢产物的积累，使培养基的 pH 发生变化，如碳源过多会导致 pH 下降。当尿素被分解时，培养基中铵离子浓度增加，pH 就上升。因此发酵液中 pH 的变化是微生物生化过程的综合指标。

正因为不同的营养基质会引起 pH 发生两种不同的变化，因此，在配制培养基时一定要考虑培养基的 C/N 比。一般 C/N 比高，培养基偏酸性，反之，偏碱性。

③ 发酵条件　主要是通气和搅拌，比如正常通气条件下葡萄糖氧化生成 CO_2 和 H_2O，而通气不足时，则会生成乳酸（糖酵解）。

(3) 发酵过程中 pH 值的调控　在实际生产中，一般要对 pH 进行跟踪测定，根据测定结果对 pH 进行调节，选择适合菌体生长和产物合成的最佳 pH 值，实现生产目标。pH 调节和控制的方法有以下四种：①调节培养基的原始 pH，或加入缓冲液如磷酸盐、碳酸钙等，制成缓冲能力强、pH 改变不大的培养基；②在发酵过程中加弱酸、弱碱调 pH；③控制发酵液中各营养物的配比，特别是要控制C/N比；④通过补料调节pH。如简单地加酸加碱、流加无机氮源等。除了这几种之外，也可以通过增加溶氧和控制有机酸积累控制pH，或降低温度，减慢微生物代谢速度，改变罐压及通风量，改变二氧化碳浓度等来调节pH值。

4. 发酵过程的中间补料控制

分批发酵方法工艺和操作简单，是广泛采用的培养方式。但是对许多发酵产品，特别是一些次级代谢产物的发酵，到中后期往往因培养基营养的缺乏，菌体容易衰老自溶，影响发酵单位和产量。如果采用高浓度的营养丰富的培养基，可能对微生物生长不利，也可能因培养基浓度太高，影响细胞膜内渗透压而无法生长；对发生基质抑制或异化代谢物阻遏的培养过程，则会产生基质抑制或分解代谢产物阻遏作用，如淀粉酶的发酵中，葡萄糖浓度过高时，会抑制淀粉酶的产生，发酵液酶的活力不高。另外，发酵液浓度过高，黏度增大，通气搅拌困难，溶解氧浓度难以提高，发酵难以进行。为此，现代发酵工厂很多都采用分批补料发酵工艺，如谷氨酸、赖氨酸、酶制剂、有机酸、抗生素等均采用补料措施。在工业生产上，补料还经常作为纠正异常发酵的一个重要手段。

补料是指发酵过程中补充某些维持微生物的生长和代谢产物积累所需要的营养物质。补料的目的就在于控制微生物的中间代谢，使之向着有利于产物积累的方向发展，延长产物的分泌期，推迟菌体的衰老，降低培养液中限制性基质的抑制作用，大幅度提高产量。为此，要根据菌体的生长代谢、生物合成途径，利用中间补料调节发酵过程，让生物合成阶段有足够而又不过多的养料供给其合成和维持正常代谢的需要。补料主要是补充碳源、氮源、无机盐、微量元素和前体。

(1) 补充碳源　碳源的浓度对发酵有明显影响，碳源过多容易引起菌体异常增殖，菌体的代谢、产物的合成会受到明显的抑制。反之，碳源不足，仅仅供给维持量的碳源，菌体生长和产物合成都会减慢甚至停止。因此，控制适量的碳源浓度，对发酵工业是很重要的。控制碳源的浓度，可采用经验性方法和动力学方法，以及在发酵过程中采用中间补料的方法来控制。例如谷氨酸生产菌$ATCC_{13869}$，当发酵初糖为60g/L，流加糖浓度控制在20～40g/L时，总糖达200g/L，谷氨酸浓度达93g/L，转化率为46.3%。当改为初糖浓度5g/L，流加糖浓度控制在2～5g/L，总糖为198g/L，谷氨酸浓度达100g/L，转化率51%（提高了4.7%）。总之，补充碳源要根据培养基使用碳源的种类、用量和消耗速度、pH的变化、菌种特性、发酵过程中菌体生长和产物形成的情况等因素综合考虑。

(2) 补充氮源　发酵时除了培养基中的氮源外，往往还需中途补加氮源来控制氮的浓度，同时也起到调节pH的作用。根据发酵情况，在发酵过程中添加某些无机氮源如氨水等，既可补充氮源又可起到调节pH的作用，补充有机氮源，在某些发酵过程中补充酵母粉、玉米浆等有机氮源可以有效提高发酵单位。在谷氨酸发酵中，由于pH持续下降，对菌体生长不利，因此必须定时流加尿素或氨水，将pH控制在适宜的范围，保证生产正常进行。

(3) 补充微量元素和无机盐　根据发酵代谢的具体情况，有时还需要补加某些具有调节生长代谢作用的因子，如磷酸盐、硫酸盐、钙、镁、锌、生物素等。为避免中间补料对菌体发酵造成抑制或阻遏，每次补料的量应适量，以少量多次为好。

(4) 补充前体　一些生物合成的前体物质对微生物的生长有抑制作用，浓度高时会产生毒性。而且前体主要是用于产物的合成，与菌体生长关系不大。因此多在菌体生长到一定阶段时，通过补料形式加入培养液中，以减轻毒性，提高利用率。

早期的补料是一种经验性操作，方法比较简单，但对控制发酵不太有效。近年来，补料方式得到较大的发展，采用计算机控制系统，选择适当的反馈控制参数，了解这些参数对微生物代谢、菌体生长、基质利用及产物形成之间的关系，有利于建立补料数学模型以及选择最佳的补料控制程序。

5. 泡沫对发酵的影响及其控制

（1）发酵过程中泡沫的产生及对发酵的影响　通气发酵过程中，培养液中含有蛋白质等易起泡物质，由于通气、搅拌和产生的大量二氧化碳，会形成泡沫。培养基的组成、菌种的性能及通气和搅拌的强弱，都会对于泡沫的形成产生很大影响。发酵原料中的豆粕、花生饼粉、酵母粉、蛋白胨、玉米浆等蛋白质含量高，水解到一定分子量大小时，起泡性非常好。葡萄糖等本身起泡能力很低，但培养基中浓度较高的糖类增加了培养基的黏度，起到稳定泡沫的作用。糊精含量多也会引起泡沫的形成。另外，细菌本身有稳定泡沫的作用。特别是当感染杂菌和噬菌体时，泡沫特别多。发酵条件不当，菌体自溶时泡沫也会增多。泡沫过多就会对发酵产生影响，会引起发酵液溢出排气口，从而造成逃液，容易引起污染；泡沫上升到罐顶，可能从轴封渗漏，造成杂菌污染；泡沫会减少发酵罐的装料系数，降低设备利用率；泡沫影响通气搅拌效果及氧传递；当泡沫稳定，难以消除时，代谢产生的气体不能及时排出，影响菌体正常呼吸作用，使产量下降。因此，必须控制发酵过程中产生的泡沫，使发酵过程得以正常进行。

（2）泡沫的控制　为将泡沫控制在一定范围内，就需要采取消泡措施，发酵过程中常用的消泡方法主要有机械法、化学法两种。

① 机械法消泡　机械消泡就是靠机械力打碎泡沫或改变压力，促使气泡破裂。机械消泡的优点在于不需要加入其他物质，从而减少了染菌机会和对下游工艺的影响。其缺点在于不能从根本上消除引起泡沫稳定的因素；消泡效果也较化学法差；同时还需要特定的设备和消耗动力。机械消泡装置类型有：耙式消泡器、刮板式消泡器、涡轮式消泡器、射流消泡器、碟片式消泡器、离心式消泡器等。

② 化学法消泡　化学消泡是一种使用化学消泡剂进行消泡的方法。其优点是消泡效果好，作用迅速，用量少，不耗能，也不需要改造现有设备。这是目前应用最广的消泡方法。

发酵液中加入的消泡剂，起着破泡和抑制泡沫产生的作用。所谓破泡作用是因为消泡剂为表面活性剂，当其加入到发酵体系中，由于消泡剂本身的表面张力相对于发酵体系来说是比较低的，所以当其接触到气泡表面时，就会造成气泡膜局部表面张力降低，力的平衡受破坏，在力的作用下气泡破裂、合并，最后导致泡沫破裂。抑制泡沫产生主要是因为加入的消泡剂除去了发泡剂的吸附层，而其自身优先吸附。发酵体系中吸附了消泡剂的发酵液，由于表面黏度在局部地方显著降低，该部分气泡液膜就容易破裂。

在发酵过程中消泡的效果，除了与消泡剂的种类、性质、分子量大小、消泡剂亲水亲油基团等有密切联系外，还与消泡剂的浓度、加入方法和温度等有很大关系。消泡剂可在基础料中一次加入，然后连同培养基一起灭菌，此法操作简便但消泡剂用量较大。也可将消泡剂配制成一定浓度，经灭菌、冷却后在发酵过程中根据泡沫的消长情况分次加入。此法能充分发挥消泡剂作用，用量较少，但操作复杂，易造成杂菌污染。此外，还可通过机械分散及加入载体和乳化剂等方法增强消泡剂的作用。

发酵工业中常用的消泡剂有两类，天然油脂类和化学合成类。油脂在发酵中不仅用于消泡，并可作为发酵中的碳源和中间控制手段。化学合成类消泡剂，如聚氧丙基甘油醚、聚氧乙烷丙烷甘油醚，这类化学合成消泡剂通称“泡敌”，添加量约为培养基总体积的0.02%～0.035%，其消泡能力约为植物油的8～15倍。此外还有十八醇、聚二醇、硅树脂类、二甲基硅树脂油等。

6. 发酵终点的判断

发酵过程进行到一定时期，由于菌体的衰亡会使产物合成能力下降，更为严重的是菌体自溶释放的分解酶类还可能破坏已经合成的产物。因此必须综合各种因素，确定发酵终点，这对提高产量和经济效益都是很重要的。一般确定放罐时间要考虑三个因素。

(1) 考虑产品的质量因素　发酵时间对后续工艺和产品的质量有很大影响。发酵时间太短，培养基利用不完全，发酵液中会残留过多的营养物，这些物质会对发酵产物的分离与纯化造成不利的影响。发酵时间太长，菌体自溶释放的酶类与菌体蛋白又会改变发酵液的性质或破坏发酵产物。这些影响都会造成产品质量下降，因此必须确定合适的发酵周期。

(2) 考虑经济效益　发酵终点确定既要有利于提高生产率，又有利于提高产物的浓度。

(3) 考虑异常因素　出现异常发酵，如当发现发酵液染菌时，应提早放罐，减少损失。

考虑了这三个因素，还要结合一些具体的指标才能最终决定放罐时间。判断放罐的指标有：产物产量、过滤速度、发酵液外观与黏度、pH、菌体形态等。发酵终点的掌握，必须结合这些参数来确定。

五、微生物发酵生产中的染菌与防止

发酵染菌是指在发酵过程中，生产菌以外的其他微生物侵入发酵系统，从而导致发酵过程失去真正意义上的纯种培养。染菌对发酵影响极大，轻者影响产品的得率和质量，重者会导致“倒罐”，造成严重的经济损失。为了防止染菌，人们积极地改进工艺、设备，以及加强管理，在与杂菌污染的斗争中积累了许多宝贵经验，并取得了一定成效。

1. 染菌的危害

染菌对发酵产率、提取得率、产品质量以及废水治理等都有很大影响。然而，染菌造成的危害程度，往往与产品种类、污染杂菌的种类和性质、染菌时间、染菌途径、染菌程度等有密切关系。

(1) 不同发酵过程的染菌危害　由于各种发酵过程所使用的微生物菌种、培养基以及发酵条件、产物性质不同，染菌所造成的危害程度有可能不同。例如，在青霉素发酵过程中，不管染菌是发生在发酵的前期、中期或后期，由于许多杂菌都能产生青霉素酶，都会使青霉素迅速分解破坏，产物产率严重降低；而对于核苷或核苷酸发酵，由于生产菌种是多种营养缺陷型微生物，其培养基要求营养丰富，这种培养基极利于多种微生物生长，一旦受到杂菌的污染，培养基中的营养成分会被迅速消耗，不利于生产菌的生长和代谢产物的生成；对于柠檬酸发酵，产酸期的发酵pH控制较低，一般杂菌较难生长，这时的染菌机会较小，因此，柠檬酸发酵主要是预防发酵前期染菌。

(2) 不同杂菌污染的危害　不同杂菌对不同发酵过程的危害程度不一样。青霉素发酵污染细短产气杆菌比污染粗大杆菌危害更大，四环素发酵最怕污染双球菌、芽孢杆菌和荚膜杆菌，柠檬酸发酵最怕污染青霉菌，肌苷发酵最怕污染芽孢杆菌，而对谷氨酸发酵影响最大的是污染噬菌体。

（3）不同染菌程度的危害　不同染菌程度对发酵的影响不同，其危害性往往要与染菌时间、杂菌的繁殖速度、发酵周期结合起来评价。如果染菌程度相当严重，尤其是发生在发酵前期或中期、将会对发酵产生严重危害；如果在发酵后期发生轻微染菌现象，可能对发酵造成的危害不大；如果在发酵前期、中期感染极少数杂菌，视发酵周期和杂菌的繁殖速度而判断其危害，当杂菌在发酵周期内能形成一定的群体，所造成的危害也极其严重。

（4）不同时期染菌的危害　从染菌发生的时间来看，染菌可分为四个阶段，即种子培养期染菌、发酵前期染菌、发酵中期染菌和发酵后期染菌。不同时期的染菌对发酵所产生的影响各不相同。

① 种子培养期染菌　种子培养时培养基的营养相对丰富，操作不当容易染菌。如果将染菌的种子接入发酵罐，由于杂菌在发酵周期内有足够时间生长繁殖，其危害极其严重，因此，应加强种子培养管理，防止种子染菌的发生。一旦发现种子受污染，应经灭菌弃去，并对种子罐以及附属设备、管道进行仔细检查和彻底灭菌。

② 发酵前期染菌　发酵前期的生产菌主要处于生长繁殖阶段，此时培养基营养丰富、操作不当也容易染菌。如果发酵前期染菌，杂菌与生产菌争夺营养成分，严重干扰生产菌的正常生长繁殖及产物的生成，甚至会抑制生产菌。目前，当发现发酵前期染菌后，一般迅速采取重新灭菌、补充营养、重新接种的处理措施，以免培养基中营养成分被消耗过多而造成损失。

③ 发酵中期染菌　发酵中期染菌会导致培养基中营养物质的大量消耗，并严重影响生产菌的生长和代谢，影响目的产物的生成。杂菌在培养基中大量繁殖后，糖、氮等营养成分消耗迅速，甚至已积累的目的产物也被消耗，由于菌体增多，致使发酵液黏度增大，泡沫也大量形成。发酵中期营养成分已被大量消耗，而产物已有一定量的积累，若发生染菌，一般难以进行处理，危害性较大。因此，生产上应尽力做到早发现和快处理，发现越早、处理越及时，损失愈小。

④ 发酵后期染菌　进入发酵后期，培养基中的糖、氮等营养成分已基本耗尽，且发酵产物也已积累较多，如果只是轻微染菌，一般对发酵的危害不大，但是要注意防止杂菌在产物提取阶段继续繁殖而造成危害。如果发酵后期严重染菌，应及时处理并提前放罐，以免有的杂菌在继续发酵过程中分解目的产物，使产率降低。

2. 染菌造成的异常现象

发酵生产中的异常现象是指发酵过程中某些物理参数、化学参数或生物参数发生与原有规律不同的改变。这些改变必然影响发酵水平，使生产受到一定损失。发酵的异常现象有很多，包括条件控制不当和染菌所造成的异常现象，其中染菌造成的异常现象往往会在pH变化、温度变化、溶氧变化、排气中的CO_2含量变化、泡沫、发酵液颜色、气味以及菌体形态等方面表现出来。

当发酵液大量感染杂菌时，由于菌体浓度增大，表现为OD值比正常情况高；培养基的营养消耗速度比正常速度快；发热量较大，表现为温度上升速度较快；细胞呼吸强度加大，排气中的CO_2含量增多。若杂菌是好氧性微生物，培养液中溶氧下降速度较快；若杂菌是产酸微生物，pH表现为下降趋势。染菌有时还表现为发酵液泡沫增多、颜色改变、有异常气味等。通过显微镜观察，会发现杂菌存在。

当发酵感染噬菌体时，生长菌的生长趋于缓慢，培养基的营养消耗速度降低；耗氧速率减小，溶氧会逐渐上升；发热量减少，温度上升速率降低，降温用水量急剧减少。噬菌体感染严重时，生产菌停止生长繁殖，细胞迅速破裂，发酵液黏稠，泡沫增多，OD值迅速大幅度下降。通过显微镜观察，会发现细胞碎片。如果生产菌为产酸菌，pH下降趋势微小，甚至出现pH不下降；细菌呼吸强度微弱，排气中的CO_2含量骤减。

3. 染菌的检查和判断

为了防止发酵染菌和进行原因分析，在接种前后以及发酵过程中的不同阶段，通常分别取样进行无菌检查。

（1）杂菌的检查方法　杂菌检查方法有肉汤培养法、平板培养法、斜面培养法和显微镜检查法。采用培养法检查杂菌一般需要8～16h才能做出判断，为了缩短时间，有时可以向检查培养基中加入赤霉素、对氨基苯甲酸等生长激素以促进杂菌的生长。

① 肉汤培养法　直接用装有酚红肉汤培养基的无菌试管取样，然后分别置于27℃、37℃进行恒温培养，定时观察试管内肉汤培养基的颜色变化，同时进行显微镜观察。肉汤培养法常用于检查灭菌后的培养基或通入无菌空气是否带有杂菌。

② 平板培养法　用空白无菌试管取样，然后在平板培养基上划线，分别置于27℃、37℃进行恒温培养，培养24h以内，可定时在灯光下观察是否有杂菌生长。培养24～48h，再复查一次，以免生长缓慢的杂菌漏检。有时为了提高平板培养法的灵敏度，也可将需要检查的样品先置于37℃条件下培养6h，使杂菌迅速增殖后再划线培养。

③ 斜面培养法　用空白无菌试管取样，然后在无菌条件下接种于斜面培养基中，分别置于27℃、37℃进行恒温培养定时观察有无杂菌菌落生长。

④ 显微镜检查法　显微镜检查法是最为简单、省时、直接的方法，也是最常用的检查方法之一。用革兰染色法对样品进行涂片、染色，然后在显微镜下观察微生物的形态特征，根据生产菌与杂菌的特征进行区别，可判断是否染菌。如果发现有与生产菌形态特征不一样的其他微生物存在，就能判断为杂菌。在染菌初期，要从显微镜中发现杂菌是比较困难的，必要时还要进行芽孢染色或鞭毛染色，再行检查。若能从视野中发现杂菌时，说明染菌程度已很严重。

（2）噬菌体的检查方法　噬菌体检查方法有双层平板法、单层平板法、平板交叉划线法和快速检测法。

① 双层平板法　按下层培养基组成配制培养基，灭菌后倒入已灭菌的平皿内，冷却凝固制得下层平板，32℃空白培养48h。检查无菌备用。按上层培养基组成配制培养基，灭菌后冷却至45℃左右，备用。采用无噬菌体的　级种子液作为指示菌液。用无菌吸管吸取0.5mL待检样品与0.5mL指示菌液混合，然后倒入45℃左右的上层培养基中，混匀后倒入下层平板中。将平皿置于32℃恒温培养20h，观察有无噬菌体空斑。

② 单层平板法　配制牛肉膏蛋白胨培养基，灭菌后冷却至45℃左右，备用。制备无菌的1.0%蛋白胨液，并用此蛋白胨液稀释待检样品至10^{-6}～10^{-5}。无菌操作下吸取1mL稀释样品、0.5mL指示菌液，加入平皿内，然后倒入8mL备用的45℃培养基，摇匀，将平皿置于32℃恒温培养20h，观察有无噬菌体空斑。

③ 平板交叉划线法　取平皿按常规倒入培养基，制成平板；然后取无噬菌体的指示菌液划线，再取待检液与其交叉划线。32℃恒温培养10～12h左右，当噬菌体较少时，能发现噬菌斑；当噬菌体较多时，则发现交叉处透明，同时可见到由含噬菌体的交叉点向指示菌液线析展的一条亮线（噬菌带）。此法既可检查噬菌体，又可检查杂菌污染。

④ 快速检测法　取不同时间需检查的种子液或发酵液，用比色计、650nm的滤光片测

OD值，定为OD_{650}；然后于3500r/min离心20min，取上清液用比色计、420nm的滤光片检测OD值，测定值为OD_{420}。如果$OD_{650} \approx OD_{420}$，认为种子液或发酵液正常；如果$OD_{650} \ll OD_{420}$，说明污染噬菌体。

(3) 染菌的判断　在杂菌检查中，如果采用肉汤培养法，肉汤连续三次发生变色反应（由红色变为黄色）或产生混浊，可判断为污染杂菌。有时肉汤培养反应不够明显，可结合显微镜检查法，如确认连续三次样品有杂菌，即可判断为污染杂菌。采用平板培养法或斜面培养法，连续三次发现有异常菌落的出现，即可判断为污染杂菌。对于噬菌体的检查，采用双层平板法、单层平板法或平板交叉划线法，如果连续三次样品的检查中都发现噬菌斑，即可判断为感染噬菌体；如果在快速检测法中发现$OD_{650} \ll OD_{420}$，再结合双层平板法、单层平板法或平板交叉划线法中任何一种方法来检查，若发现噬菌斑，也可判断为感染噬菌体。

一般，发酵过程中每隔4～8h取无菌样一次，直至发酵结束，以便掌握染菌情况。杂菌检查的肉汤、平板、斜面或噬菌体检查的平板应保存并观察至发酵结束后12h，确认发酵有无染菌后才能弃掉。

4. 染菌原因分析

发酵染菌后，一定要找出染菌的原因，以便总结经验教训，积极采取必要的措施，防止后来发酵批次再度染菌。造成整个发酵过程染菌的原因很多，常常因为发酵工厂不同而有所不同。但是，发酵罐及其附属设备渗漏、空气过滤器失效、种子带菌、设备与培养基灭菌不彻底、管理不完善、环境条件差等方面均是造成染菌的普遍原因。表4-1是日本工业技术院发酵研究所对抗生素发酵染菌原因分析，表4-2是某厂对链霉素发酵染菌的分析，表4-3是某味精厂谷氨酸发酵染菌的分析。

表4-1　日本工业技术院发酵研究所对抗生素发酵染菌原因分析

染菌原因	染菌百分率/%	染菌原因	染菌百分率/%
外界带入杂菌(取样、补料等)	8.20	种子带菌	0.60
设备穿孔	7.60	违反操作规程	1.60
空气过滤系统失效	26.00	蒸汽量不足	0.60
接种操作	11.00	管理问题	7.09
停电罐压下跌	1.60	原因不明	35.00

表4-2　某厂对链霉素发酵染菌的分析

染菌原因	染菌百分率/%	染菌原因	染菌百分率/%
种子带菌或怀疑种子带菌	9.64	接种管穿孔	0.39
接种时罐压跌零	0.19	阀门渗漏	1.45
培养基灭菌不彻底	0.79	搅拌轴密封渗漏	2.09
空气过滤系统失效	19.9	其他设备渗漏	10.13
泡沫冒顶	0.48	发酵罐盖漏	1.54
夹套穿孔	12.0	操作问题	10.15
盘管穿孔	5.89	原因不明	24.91

表 4-3 某味精厂谷氨酸发酵染菌的分析

染菌原因	染菌百分率/%	染菌原因	染菌百分率/%
空气过滤系统失效	32.05	补料、取样带菌	4.30
管理和操作不当	11.34	种子带菌	1.72
设备问题	15.46	环境污染及原因不明	35.13

从上述表中可以看出，不明原因造成染菌仍占有较大比例，表明了目前分析染菌原因的技术水平还有待于进一步提高。我们可以从以下几个方面分析染菌原因。

(1) 从染菌类型分析　若污染的杂菌是耐热芽孢杆菌，很有可能是由于培养基或设备灭菌不彻底、设备存在死角等引起；若污染的杂菌是球菌、无芽孢杆菌等不耐热杂菌，有可能是由于种子带菌、空气过滤系统失效、设备渗漏或操作问题等引起；若污染浅绿色菌落的杂菌，可能是冷却盘管渗漏而引起；若感染噬菌体，可能是种子带菌、培养基灭菌设备渗漏或培养基灭菌不彻底、空气过滤系统失效等原因所造成。

(2) 从染菌时间分析　如果是发酵前期染菌，可能是培养基灭菌不彻底，或种子罐带菌，或接种管道灭菌不彻底所造成；如果发酵中后期染菌，除了检查培养基灭菌是否彻底、种子罐是否带杂菌、接种管道灭菌是否彻底之外，应重点分析冷却盘管是否渗漏、空气过滤系统是否失效、补料系统是否带菌等。

(3) 从染菌规模分析　从发酵染菌的规模来看，主要表现为：多数发酵罐染菌和个别发酵罐连续染菌。如果多数发酵罐染菌，杂菌的主要来源于公共系统，应重点检查空气系统是否失效、连消系统是否渗漏，同时，也要注意种子罐、接种管道以及补料系统；如果个别发酵罐连续染菌，应重点检查单个发酵罐及其附属设备，例如，发酵罐的冷却盘管、阀门等设备是否渗漏，空气分过滤器是否失效，接种、连续灭菌系统以及补料的分管道是否渗漏等。

5. 染菌的防治

(1) 防止染菌　发酵染菌，防重于治。首先必须采用合理的工艺与设备，严格进行操作，防止染菌。一般，可从下列几方面采取措施。

① 预防实验室种子不纯　由于实验室种子不纯而发生的染菌率虽然不高，但实验室种子毕竟是发酵成败的关键，因此防止实验室种子污染极为重要。实验室种子不纯的原因主要有：保藏的斜面菌种不纯、培养基以及培养所涉及的设备灭菌不彻底、种子移接操作不当等。因此，防止实验室种子带菌要做到：a. 对无菌室进行严格管理，确保无菌室的洁净度；b. 采用适当方法保藏菌种，并对菌种定期进行分离纯化；c. 培养基及有关培养设备灭菌必须彻底；d. 种子移接过程严格执行无菌操作，确保种子不受污染；e. 加强种子培养物的无杂菌检查，一旦发现种子培养物污染杂菌，绝对不能接入下一级培养基中。

② 消除设备的隐患　发酵过程涉及的设备很多，所有要求灭菌的设备都是与培养基直接或间接接触的设备，在设计、安装、维护等方面均有严格的要求，必须做到无渗漏、无“死角”。

a. 灭菌设备　生产车间的种子培养基、发酵培养基以及所有补加料液的灭菌设备在设计、安装上必须合理，保证灭菌温度与灭菌时间达到灭菌要求，并且不存在灭菌“死角”。定期对这些设备进行维护，确保设备无渗漏。例如生产上，常有因为培养基连续灭菌系统的冷却装置（如换热器、冷却管段）与实罐灭菌设备的冷却装置（如夹套、盘管）的渗漏而导致发酵染菌，应加强对这些设备装置的定期检查，经过水压检测无渗漏才能使用。

b. 空气过滤系统　空气除菌系统失效是发酵染菌的主要原因之一。要防止空气除菌系统带菌，就必须从空气系统的净化流程、空气过滤设备的设计、过滤介质的选用和填装、过滤介质的灭菌和管理等方面进行完善，使除菌效率达到要求。首先，设计合理的空气预处理工艺，尽可能提高采风的空气洁净度，尽可能除去压缩空气中夹带的水和油，降低空气的相对湿度，保持过滤介质处于干燥状态工作；其次，选择适当的过滤介质，如果采用棉花、普通玻璃纤维等作为过滤介质，须按要求填装，防止出现翻动现象而造成空气短路；如果采用折叠式滤芯，应注意灭菌温度，防止高温灭菌造成折叠微孔膜的支撑架变形、脱离等现象发生；再次，过滤器须定期灭菌，过滤介质定期更换；最后，制备的纯净空气需定期进行无菌检查。

c. 培养设备　种子罐、发酵罐等培养设备须设计、安装合理，易于清洗和灭菌。罐内的部件及其支撑件位置，如扶梯、联轴器、挡板、冷却管及其支撑件、空气分布管及其支撑件、温度计套管焊接处等，容易积垢而形成灭菌死角，需定期清除这些部位的积垢。轴封、人孔、法兰等密封部位必须紧密，发酵罐冷却装置（如夹套、列管、盘管）确保无渗漏，需定期对发酵罐体以及冷却装置进行水压检查，做到及时维护，以免发酵过程中出现渗漏引起染菌。

d. 管道与管件　所有与培养基接触的管路都有可能是染菌的途径。因此，管路设计、安装时必须注意消除管路灭菌的死角（图 4-17）。经验证明，与培养基接触的管道与管件的连接最好采用焊接、法兰连接、这些连接方式在防止染菌方面要比螺纹连接好。管道输送无菌物料前，必须对管道进行彻底灭菌，定期用蒸汽对管道进行压力检查，定期拆检阀门，防止管道、阀门渗漏。

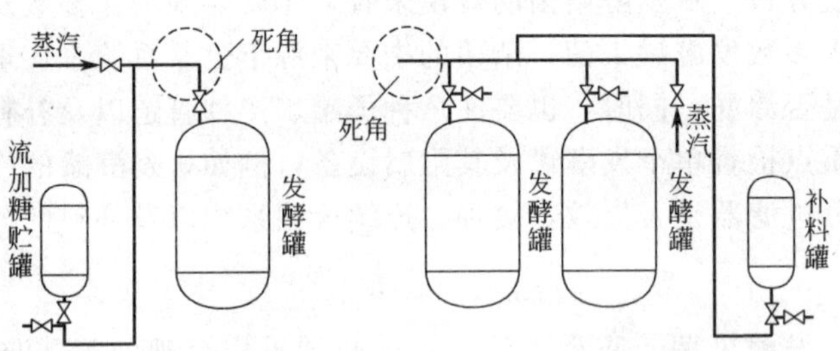

图 4-17　管路上灭菌时蒸汽不能通达的死角示意

③ 生产操作必须严格、规范　由于操作者技术掌握不好或无菌观念不强，在灭菌、移种、补料等操作过程容易造成染菌。培养基、设备、管路的灭菌必须按照灭菌要求的温度、时间进行控制，灭菌过程中应该打开排汽的阀门，必须按要求打开通入蒸汽的阀门，灭菌结束后必须及时利用蒸汽、无菌空气或物料进行保压，以免外界空气进入发生污染。接种操作必须在无菌条件下进行，例如，实验室种子接入种子罐时，须在火焰保护下操作；同时，实验室种子接入种子罐或种子罐的种子接入发酵罐时，都要注意防止种子罐或发酵罐的罐压跌至零。发酵过程中，罐压必须保持正压，所有补料操作须按照操作规程严格执行，谨防补料操作带入杂菌；注意及时控制泡沫，尽可能避免逃液发生；每次操作罐体上阀门后，必须紧密关闭。要做到操作规范，除了加强无菌概念和工作责任心的教育外，还要定期进行岗位技术培训，不断提高岗位操作技能。

④ 加强环境卫生管理　生产操作环境卫生状况差会直接或间接引起发酵染菌，尤其是对于一些设备密闭性较差的工厂，或者是一些不是在密闭设备中进行的操作，如实验室种子接入种子罐的操作，其影响程度会更加直接。

对于一些利用细菌或放线菌进行的发酵生产，受到噬菌体威胁较大，而空气是传播噬菌体的媒介，因此，在这类型发酵中环境因素显得十分重要。在自然环境中，溶源性菌株是广泛存在的，当溶源性细胞诱发成温和噬菌体，再经过变异就可能成为烈性噬菌体。造成噬菌体污染，必须具备三个条件：一有噬菌体；二有活菌体；三有使噬菌体与活菌体接触的机会和适宜条件。因此，自然界中有寄主细胞存在的地方，一般都存有它们的噬菌体，发酵车间、提取车间及其周围更有机会积累噬菌体。生产上，人们往往不加注意地把活菌体排放到环境中去，使生产环境中的噬菌体有了寄主而不断增殖，造成噬菌体密度增高而形成污染源。加强环境卫生管理而采取的措施通常有以下几方面。

a. 严格控制活菌体排放 废弃的斜面、摇瓶液、取样液、发酵罐以及其他带菌器皿的洗涤水等，应收集起来经灭菌后才能排放。发酵罐尾气应该经过化学药剂溶液洗涤，杀灭活菌后才排放。取样口处经常用蒸汽消毒，还辅以药剂喷洒。同时，发酵控制过程中应尽量避免逃液。另外，放罐的发酵液最好经过灭菌处理，冷却后才放到提取工序，有些工厂采用这种工艺，环境中噬菌体密度明显减小。

b. 彻底搞好全厂的环境卫生，定期进行环境消毒 每天或每班都要对菌种室、发酵车间、提取车间、精制车间等及其周围环境进行清洁工作，且定期进行环境消毒。以彻底搞好全厂性卫生是防止发酵染菌的最根本措施，使用药物消毒只是作为辅助性措施。

每天都对环境进行杂菌、噬菌体的检测，一般采用平板空气暴露30min的方法，检测点要有代表性，如菌种室、种子罐区、发酵罐区、取样口、排污口、配料间、提取工序、精制工序、空压机房等。通过检测，了解杂菌、噬菌体的分布情况，以便针对性地进行环境消毒。

(2) 染菌的处理

① 杂菌污染的处理方法 发酵过程一旦发现杂菌污染后，应根据杂菌种类、染菌时间以及染菌危害程度等进行挽救处理，同时也要对有关设备进行仔细检查以及灭菌等处理。

a. 种子培养期污染杂菌的处理 一旦发现种子污染杂菌，该种子绝对不能接入发酵罐，应经灭菌后弃之，并对种子罐及其附属设备仔细检查和彻底灭菌。出现这种情况，一般来说，已经灭菌的发酵培养基采用无菌空气保压，等待下一批培养成熟的种子。

b. 发酵前期污染杂菌的处理 发酵前期污染杂菌后，如果培养基中营养成分含量尚高，应及时终止发酵、将培养基进行重新灭菌处理，然后重新接种发酵；如果培养基中营养成分已被消耗比较多，可放掉部分料液，再补充新鲜的培养基，然后重新灭菌，重新接种发酵。

重新灭菌处理又可以分为几种情况：如果能够确认不是发酵罐内部设备发生渗漏，可以在原罐进行实罐灭菌处理；如果怀疑发酵罐内部设备发生渗漏，应将发酵液压至其他空罐，再进行实罐灭菌处理，或者，将发酵液排到连续灭菌工序的定容罐中，再连续灭菌至其他灭过菌的发酵罐中。

c. 发酵中后期污染杂菌的处理 发酵中后期污染杂菌时，如果染菌程度严重，杂菌分解目的产物明显，应立即终止发酵，并原罐升温灭菌，然后放罐至提取工序；如果染菌程度较轻，培养基中营养成分的残留浓度不高，杂菌分解目的产物不是十分明显，可以停止补加营养，继续进行发酵，待营养成分被消耗完后，升温灭菌再放罐。放罐前升温灭菌是为了防止杂菌蔓延，污染所接触的管道、设备。当然，在带杂菌继续发酵的处理中，可适量添加有效的药品，以抑制杂菌的生长繁殖；如果改变温度、pH、通风量等发酵条件能抑制杂菌生长繁殖，而对生长菌代谢影响不大时，也可以采取改变发酵条件以完成发酵任务。对于无法挽救，而又没有提取价值的发酵液，只能加热后弃去。

d. 染菌后的设备处理 对于染菌的发酵罐，放罐后应彻底清洗，仔细检查，并对存在隐患加以排除。在重新使用前，为了防止容易积垢部位残留杂菌，应加强空罐灭菌，除了可以适当提高空罐灭菌温度和延长空罐灭菌时间外，也可以加入适量杀菌剂进行浸泡或熏蒸，以强化灭菌效果。

② 噬菌体污染的处理方法　根据多年来的生产实践经验，无论采用哪一种方法对感染噬菌体的发酵罐次进行“挽救”，最终都要彻底杀灭噬菌体。有时，在不彻底灭菌的情况下，希望通过补充营养液或补种来“挽救”感染噬菌体的发酵罐次，不但“挽救”结果不理想，反而导致噬菌体扩散，造成更大的损失。因此，对于感染噬菌体的发酵罐次，首先原罐升温彻底杀灭噬菌体，然后再根据染菌原因分析、染菌时间、生产计划等决定具体的处理方法。

a. 放罐分批重配重灭菌法　如果感染噬菌体的发酵液的残糖较高，代谢产物仍很低，可采用此法。将发酵液原罐升温至80℃左右并保温10min，然后一分为三（分成三批）放罐至连续灭菌定容罐，每批补加葡萄糖液至规定初糖浓度，其他培养基一律按常规比例重新加入，按照正常培养基的连续灭菌工艺连续灭菌至空罐灭菌好的发酵罐，重新接入种子进行发酵。

b. 原罐重灭菌补料补种法　如果感染噬菌体的发酵液已积累一定代谢产物，通过分析已确认染菌原因与发酵罐设备、管道、管件无关时，可采用此法。按实罐灭菌的操作步骤，将发酵液原罐升温至90～100℃并保温10min，然后趁热补加适量已灭菌的葡萄糖液以及其他营养液（补加量凭经验估算），冷却至发酵温度后，重新接入种子进行发酵。

由于染菌发酵液的泡沫多，残糖不高，为了预留一定容积补种和补料，通常将经过原罐重灭菌的一部分发酵液放罐至连续灭菌定容罐，剩余部分再进行补料、补种，重新发酵。同样原理，为了得到比较满意的处理结果，补加的葡萄糖液最好采用高浓度糖液。

如果染菌发酵液残糖不高，处理目的仅是杀灭噬菌体和耗尽残糖，那么，原罐进行重灭菌后，趁热补充适量已灭菌的无机盐溶液等，冷却至发酵温度，与正处于发酵对数期的正常发酵罐（经过镜检没有污染杂菌和噬菌体的正常发酵罐）等体积对压混合，以此完成补种，然后分别发酵。对压前，所用的管道一定要经过彻底灭菌，确保无菌。由于对压时存在污染的可能性较大，且被对压的正常罐次的发酵结果往往不理想，一般较少采用对压补种的方式。

c. 原罐重灭菌、换罐补料补种法　如果感染噬菌体的发酵液已积累一定代谢产物，通过分析，怀疑染菌原因与原发酵罐有关时，通常采用此法进行处理。首先，染菌原罐升温至70℃，然后将发酵液压入已空罐灭菌好的发酵罐。在新发酵罐中，按实罐灭菌操作步骤，继续升温至100℃左右，并保温10min，趁热补充适量营养液，冷却至发酵温度后，重新接入种子进行发酵。

与原罐重灭菌补料补种法处理的原理一样，可以只转移大部分的发酵液时，而剩余部分放罐至连续灭菌定容罐；可以采用高浓度糖液进行补加；可以通过对压进行补种。

六、微生物发酵产物的提取与加工

微生物发酵生产中，培养液是一个复杂的多相系统，目标产品往往同发酵液中其他杂质混在一起，采用适宜的分离、精制方法即可获得有用的目标产品，此过程称为下游加工过程（或下游技术）。

目标产品分离纯化的基本要求如下。

① 采用的分离纯化方法必须有利于生物产品的分离，操作简单，费用低。

② 要求能够达到所要求的纯度，提取率高，废液中发酵产品的含量低。

③ 提取方法不影响产品的质量。

④ 在提取过程中所采用的试剂对设备的腐蚀性小。

⑤ 生产中所产生的废物能够处理，对环境污染小。

下游加工过程由许多操作单元组成，通常可分为：发酵液预处理和固液分离、提取（初步纯化）与精制（高度纯化）、成品加工。

1. 发酵液的预处理与过滤

发酵液是否需要预处理和过滤是根据不同的方法需要而定的。一般来说，发酵液具有三个特点：一是杂质含量多，在发酵液的杂质中，对提炼影响较大的是可溶性蛋白质，高价金属离子和有机杂质等。如用离子交换法提炼时，蛋白质和高价金属离子的存在会影响树脂的吸附量。用溶媒萃取法提炼时，蛋白质存在会产生乳化，使溶媒相与水相分离困难。用钙盐法提取柠檬酸时，发酵液中如有过量草酸存在，则会降低柠檬酸钙盐的纯度。二是由于发酵液中含残糖、植物油等消泡剂，或发酵周期过长，菌体自溶或发酵液染噬菌体后，使得核酸、蛋白质及其他黏性有机物质增多，黏性增强，给过滤造成困难。三是有些发酵产物如胞内酶、核酸、蛋白质等是细胞内物质，需要先分离收集菌体细胞，并把细胞破碎后才能进一步提取。

(1) 发酵液的预处理

① 蛋白质的沉淀　可用等电点法、热沉淀和盐析法。此外，还有采用加酒精、丙酮等有机溶剂使蛋白质变性沉淀。

② 高价金属离子的沉淀　如加草酸或磷酸使生成草酸钙或生成磷酸钙、磷酸镁沉淀，草酸钙还能促进蛋白质的凝固。去除铁离子加入黄血盐，形成普鲁士蓝沉淀。

③ 有机杂质的沉淀　发酵液中的有机酸（如葡萄糖酸、草酸和柠檬酸）能与 Ca^{2+}、Mn^{2+} 和 Zn^{2+} 等阳离子形成凝胶沉淀而被清除，同时还能吸附大量铁离子、色素等物质。

④ 细胞破碎　破坏细胞理想的方法是仅仅破坏微生物的细胞壁，而对所需产物无破坏作用。破碎细胞的方法很多，有化学法（碱或去污剂裂解、溶剂浸出法）、酶法、物理法（冷冻与加热交替溶化法、加热裂解法、渗透压破裂法和超声波破裂法）、机械法（振荡摩擦法、磨碎法、格压法）和脱水干燥法（溶剂干燥、气流干燥和冷冻干燥）等。

(2) 发酵液过滤　发酵液的过滤特性受菌种、培养基成分和发酵状况等多种因素制约。菌种中细菌过滤最难，其次是放线菌。过滤速度还随残糖、消泡油、菌丝自溶、发酵液染菌、胶黏物质增加而降低。改善过滤性能的方法是加入一些反应剂或助滤剂。助滤剂是一种不可压缩的多孔微粒，其作用在于形成一层极为微密的滤层，截留悬浮物质，隔离了可压缩的胶体物质与过滤介质的直接接触，保证过滤作业的顺利进行。工业上使用的助滤剂是硅藻土、珍珠岩粉、活性炭、纸浆等。加入反应剂的目的在于它们相互作用或与某些可溶性盐类发生反应生成不溶性沉淀，其沉淀能防止菌丝粘接成块状，沉淀本身也可作助滤剂。例如发酵液中加入磷酸氢二钠和氯化钙，形成磷酸三钙沉淀，这种新生的磷酸钙盐有较大的吸附表面，能将菌体及其他悬浮的粒子相互凝聚而沉降。

2. 发酵液的提取与精制

(1) 沉淀法提取　沉淀是溶液中的溶质由液相变成固相析出的过程，主要是为了通过沉淀达到浓缩的目的，或通过沉淀除去非必要的成分，其次将已纯化的产物转为固体便于保存。

沉淀法是根据发酵产物在等电点时，或在一定浓度的有机溶剂、中性盐类或有机沉淀剂中溶解度降低而析出沉淀，或发酵产物与一些酸、碱、盐类等形成不溶性盐类或复合物而析出沉淀的原理，从而达到分离提取的目的。如等电点沉淀法、不溶性盐沉淀法、有机溶剂沉淀法、盐析法。

(2) 色谱分离法　色谱方法按分离机制的不同，可分为吸附色谱、分配色谱、离子交换色谱、凝胶过滤（或分子筛）色谱和亲和色谱等。

① 吸附色谱　凡能够将其他物质聚集到自己表面上的物质，都称为吸附剂，聚集于吸附剂表面的物质就称为吸附物。常用的吸附剂有硅胶、氧化铝、活性炭、聚酰胺、聚苯乙

烯、磷酸钙等。吸附剂颗粒的大小、密度，吸附剂表面的化学基团，吸附环境，吸附时间，吸附剂的处理等均会对吸附效果产生很大的影响。如氧化铝适于亲脂性成分的分离制备；活性炭有不同的颗粒大小，吸附极性基团多的化合物大于极性基团小的化合物，pH 不同则吸附能力不同。因此，具体应用时要根据各种吸附剂的特性进行选择。硅胶使用前需在 150～200℃加热活化。活性炭使用前要在 150℃加热 4～5h 下活化，氧化铝经不同的处理，可以做成碱性、中性和酸性，用于不同物质的吸附分离。

此外，溶剂和洗脱剂也会对吸附造成影响。极性大的洗脱能力大，因此可先用极性小的做溶剂，使组分易被吸附，然后换用极性大的溶剂作洗脱剂，使组分易从吸附柱中洗出。

② 离子交换色谱　离子交换法的原理是利用某些能够离子化的极性物质或两性电解质产物，这些离子可与阳离子或阴离子交换树脂的离子进行交换，从而把溶液中的离子交换到树脂上去，然后再用另一种对树脂有重大亲和力的离子溶液把产物从树脂上洗脱出来，而达到分离、浓缩和纯化的目的。

③ 凝胶层析色谱（凝胶分子筛，凝胶渗透层析）　如葡聚糖凝胶是一种具有多孔性三度空间网状结构的高分子化合物，称之为分子筛。发酵工业常用酶制剂的脱盐，核酸、蛋白质与核苷酸的分离。

(3) 萃取法提取　萃取法是利用各种溶质在不同溶剂中的溶解度的不同，分离纯化的一种方法，有溶剂萃取法与双水相萃取法两种。溶剂萃取法是利用物质在亲水性溶液和疏水性溶剂中的溶解度不同而分离纯化的技术。适用于提取加入有机溶剂时不会变性失活的生物大分子物质且亲水性不太强的可溶于有机溶剂的生物大分子物质。双水相萃取法是利用两种亲水聚合物的水溶液混合时，会形成两相，不同的溶质在这两相中的溶解度不同，通过溶解度的不同而分离纯化物质的一种技术，适用于提取易失活的、亲水性较强的不易溶于有机溶剂的生物大分子物质。生产上常采用提高材料的破碎度、进行搅拌以增加萃取液与提取物的接触面积、延长提取时间等方法提高萃取效果。

(4) 膜分离技术　膜分离的原理主要是利用溶液中溶质分子的大小、形状、性质等差别，对于各种薄膜表现出不同的可透性而达到分离的目的。选择薄膜在膜分离法中很重要，薄膜的作用是有选择地让小分子通过，而把较大分子挡除。分子透过膜，可由简单的扩散作用引起，或由膜两边外加的流体静压差或电场作用所推动。由上述原理衍生出的分离法有透析、超滤、电渗析、反渗透等。

(5) 结晶法　结晶是沉淀的一种特殊情况，结晶过程具有高度的选择性，可获得更纯净的发酵产品。结晶的先决条件是溶液要达到过饱和。要达到过饱和，可用下列方法：加入某些物质，使溶解平衡发生改变，例如调 pH；将溶液冷却或将溶剂蒸发；正确控制温度、溶剂的加入量和加料速度。通过这些操作可控制晶体的生长，达到分离纯化的目的。常用的结晶方法有：浓缩结晶、冷却结晶、化学反应结晶、盐析结晶等。

3. 成品加工

经提取和精制后，根据产品应用要求，有时还需要浓缩、无菌过滤和加稳定剂等加工步骤。浓缩可采用升膜或降膜式的薄膜蒸发或者采用膜过滤的方法，对热敏性物质可用离心薄膜蒸发进行浓缩，对大分子溶液可用超滤膜过滤，小分子溶液可用反渗透膜过滤进行浓缩。如果最后要求的是结晶性产品，则上述浓缩、无菌过滤等步骤应放于结晶之前，而干燥则通常是固体产品加工的最后一道工序。干燥方法根据物料性质、物料状况及当地具体条件而定，可选用真空干燥、红外线干燥、沸腾干燥、气流干燥、喷雾干燥和冷冻干燥等方法。

知识链接

金黄色葡萄球菌就在你我身边

2011 年 10 月，某知名品牌的三鲜水饺在京被检出可致病的金黄色葡萄球菌，这个消息让不少喜欢超市速冻食品的市民有些心慌。金黄色葡萄球菌到底什么样？它在哪？会对人体产生什么样的危害呢？

金黄色葡萄球菌是人类的一种重要的病原菌，隶属于葡萄球菌属，有“嗜肉菌”之称。典型的金黄色葡萄球菌为球形，直径 0.8μm 左右，显微镜下可观察到其排列成葡萄串状。无芽孢、鞭毛，大多数无荚膜，革兰阳性。最适生长温度 37℃，最适生长 pH 7.4，干燥环境下可存活数周。这种细菌在自然界广泛存在，空气、水、灰尘及人和动物的排泄物中都可找到。健康人的鼻子、喉和手是最适合它们生活的地方。如果有伤口，伤口处很容易大量滋生。

金黄色葡萄球菌是人类化脓感染中最常见的病原菌，可引起局部化脓感染，也可引起肺炎、伪膜性肠炎、心包炎等，甚至败血症、脓毒症等全身感染。金黄色葡萄球菌的致病力强弱主要取决于其产生的毒素和侵袭性酶。

金黄色葡萄球菌毒素引起的肠炎，一般在 1～6h 发作，最快的甚至半小时就出现症状。中毒症状严重，主要表现为呕吐、发热、腹泻。呕吐常在发热前出现，发热很高。轻症大便次数稍多，为黄绿色糊状便；重症大便次数频繁，每日可达数十次，大便呈暗绿色水样，外观像海水。

金黄色葡萄球菌对温度很敏感，在高温下相当脆弱。55℃下 3min，即可杀死 90%；煮饺子的温度，对它们比“秒杀”还要迅速。虽然金黄色葡萄球菌很脆弱，但是它们的毒素极为顽强。在牛奶中，100℃加热 70min 之后都还会有 10% 的活性留下。这些毒素的毒性也比较强，1μg 就可以引发症状。如果食物中的金黄色葡萄球菌达到每毫升 10 万个，就能够产生这个水平的毒素。

最容易感染金黄色葡萄球菌的食物有：肉类、禽类、蛋类、水产类、奶制品等。此外，剩饭、油煎蛋、糯米糕及凉粉等引起的中毒事件也有报道。上呼吸道感染患者鼻腔带菌率 83%，人畜化脓性感染部位，常成为污染源。

金黄色葡萄球菌肠毒素是个世界性卫生难题，在美国由金黄色葡萄球菌肠毒素引起的食物中毒，占整个细菌性食物中毒的 33%，加拿大则更多，占到 45%，我国每年发生的此类中毒事件也非常多。美国疾病控制与预防中心（CDC）提供了如下建议来避免金黄色葡萄球菌感染。

1. 制备食物之前用肥皂和水充分洗手，尤其是指甲内；
2. 鼻子或者眼睛感染时不要去制备食物；
3. 手或者手腕有伤口时不要制备食物，也不要给其他人端送食物；
4. 保持厨房与就餐区域的清洁卫生；
5. 如果食物要保存 2h 以上，要么在 60℃以上保温，要么在 4℃以下冷藏；
6. 做好的食物要装在宽而浅的容器中尽快冷藏。

由于 MRSA（耐甲氧西林金黄色葡萄球菌）对青霉素有耐药性。所以现在金黄色葡萄球菌感染者，可选用红霉素、新型青霉素、庆大霉素、万古霉素或先锋霉素Ⅵ治疗。

典型任务

任务一 小型发酵罐结构与操作

一、任务目标

1. 了解实验室使用的小型发酵罐的结构及其配套设备；
2. 掌握小型发酵罐的使用方法。

二、任务说明

实验室所使用的小型发酵罐具有体积小、耗电少，不易染菌，单位时间、单位体积的生产能力高，代谢放出热量易于移去，可以进行在位蒸汽灭菌，操作及维修方便且能够通过控制器自动控制发酵温度、溶氧和 pH 等，发酵条件较易控制，能较好地满足微生物生产和代谢的需要。本实训以 10L 全自控不锈钢发酵罐为例介绍其结构和操作过程。

三、任务准备

10L 发酵罐及其附属设备。

四、任务实施

1. 实验室小型发酵罐的结构认识

实验室小型发酵罐主要由不锈钢罐体、空气系统、蒸汽发生装置、温度调节系统、自动流加系统、计算机显示与控制系统、连接管道与阀门等组成。如图 4-18 所示。

(1) 不锈钢罐体的组成 不锈钢罐体主要由不锈钢壳体、夹套、搅拌装置、通风及空气分布管、挡板、接种孔、电极插孔、流加孔以及相关管道的连接口组成。

不锈钢壳体内外壁经抛光处理，表面光滑，无死角，能承受 0.4MPa 的设计压力。不锈钢壳体上各个插孔以及连接口均要求密封。夹套是包围在发酵罐直筒外表，用蒸汽间接加热和用冷却水降温的换热装置，与蒸汽、冷却水管道连接，能承受 0.2MPa 的设计压力。

搅拌装置上有 2～3 挡搅拌器，一般采用圆盘涡轮直叶型或圆盘涡轮斜叶型。搅拌器上方安装有机械消泡器。搅拌轴与发酵罐上封头的连接采用机械密封。在罐体外部，与搅拌轴连接的是可变频电机以及减速机，电机变频器与计算机连接，可以通过计算机设置调节搅拌转速。由于采用径向流搅拌器，为了促使液体的轴向流动，在发酵罐内壁上安装了三块挡板。空气分布管与管内通风管并为一体，采用单管口出风，管口朝下，正对罐底中央。

发酵罐上封头有消泡电极插孔、4 个流加孔、1 个接种孔、1 个排气口、1 个压力表。电极采用 O 形圈密封和不锈钢螺纹环固定。流加孔供流加消泡剂、酸碱液、营养液等使用，采用硅胶塞密封，流加时直接用不锈钢针插穿硅胶塞，硅胶塞多次使用后可更换。接种孔用不锈钢螺纹塞密封，供接种、灌装发酵培养基时使用。排气口与排气管相连，采用焊接。压力表与计算机连接，可通过计算机显示调节罐压。

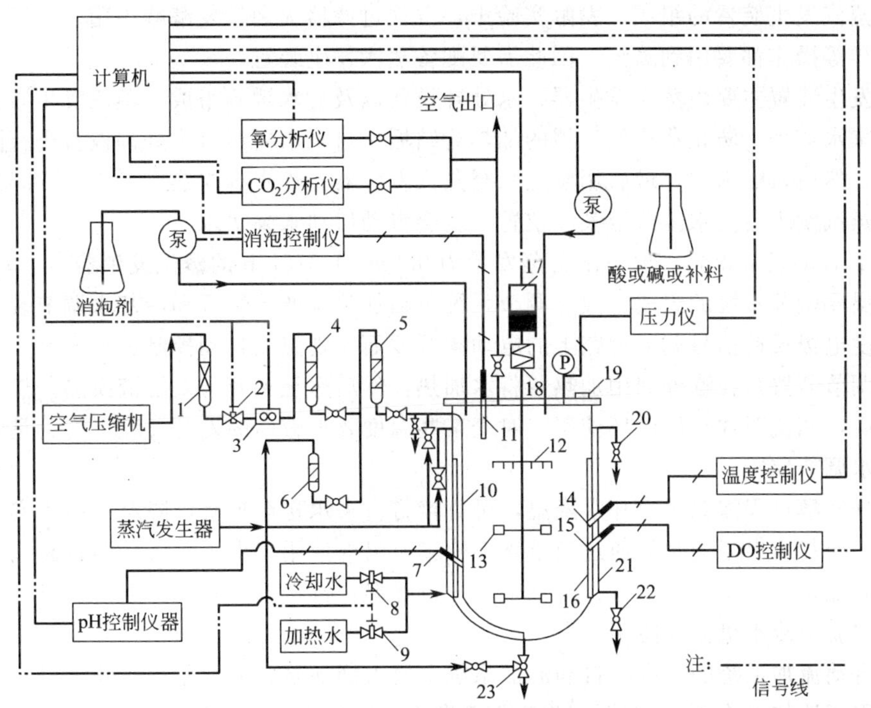

图 4-18 10L 全自控实验罐结构示意

1—空气预处理器；2—电动阀；3—电磁流量计；4—空气预滤器；5—空气精滤器；6—蒸汽过滤器；7—pH 电极；8—电动阀（夹套进冷水）；9—电动阀（夹套进热水）；10—通风管；11—消泡电极；12—消泡器；13—搅拌器；14—检测温度的热电耦；15—DO 电极；16—挡板；17—电极；18—减速机；19—接种孔；20—出水阀；21—夹套；22—冷凝水排除阀；23—取样与放料阀（三通阀门）

发酵罐直筒上有 4 个电极插孔、1 个通风管口、1 个蒸汽进口、1 个蒸汽出口、1 个冷却水出口、下部有 1 个冷却水进口、1 个冷凝水出口。电极插孔分别供温度、pH、溶氧等检测电极插入使用，电极均采用 O 形圈密封并用不锈钢螺纹环固定。通风管口，冷却装置的进出口均采用焊接。发酵罐下封头有 1 个三通阀门，与取样、蒸汽进入道连接，采用焊接。

（2）空气系统的组成　空气系统主要由无油空气压缩机、空气预处理装置、贮气罐以及空气过滤器等组成。无油空气压缩机的工作能力一般选用 30～40m^3/h。压缩空气进入过滤器前，需通过空气预处理装置进行冷却、油水分离等处理，因此，空气预处理装置包括小型冷冻机和油水分离器。贮气罐主要起到压力缓冲的作用，预处理后的空气先进入贮气罐，然后再进入空气过滤器。

空气过滤器是空气除菌设备，一般采用聚乙烯醇（PVA）膜折叠滤芯，滤芯的通气量与型号有关，需根据要求进行选型。空气过滤流程是二级过滤流程，即第一级滤芯为粗滤芯，其过滤最小微粒直径≥0.4μm，第二级滤芯为精滤芯，其过滤最小微粒直径≥0.1μm。第一级滤芯起到保护第二级滤芯的作用，空气的无菌程度主要依靠第二级滤芯保证。精滤芯在使用前要用蒸汽灭菌，为了防止蒸汽夹带管道中的铁锈等污物进入精滤芯，通常在蒸汽进入精滤芯前设置一个蒸汽过滤器。

发酵过程需控制通气量，为了便于采集信号，在粗过滤器前设置一个电磁流量计，用于计量空气流量。在电磁流量计前设置一个电动阀，用于自动调节空气流量。

(3) 蒸汽发生装置的组成　发酵实验中，空气过滤器灭菌、发酵罐灭菌、培养基灭菌以及无菌取样等操作都要用到蒸汽，因此需要配备蒸汽发生装置。

蒸汽发生装置主要由蒸汽发生器、水处理设备以及贮水罐等组成。蒸汽发生装置的水源一般是自来水，为了防止蒸汽发生器的加热管结垢，自来水要经过水处理设备进行除杂和软化等处理，然后入贮水罐，最后用泵送水至蒸汽发生器。贮水罐与蒸汽发生器之间采用自动控制，当蒸汽发生器的水位低至某一位置，就会自动启动水泵送水。

对于 10L 的发酵罐，一般可配备蒸发量为 0.01～0.015t/h 的蒸汽发生器。

(4) 温度调节系统的组成　温度调节系统包括加热水调节装置和冷却水调节装置，都可以通过温度电极反馈信号调节管路上的电动阀开度而实现温度自动控制。

热水调节装置是在罐外利用加热器将水加热，然后送至夹套与发酵液换热，热水经过热交换排出后，回流至加热器循环使用。对于某些温度要求较高的发酵过程，尤其是冬天，需要启动热水调节装置。

大部分发酵过程需要用冷却水降温，可直接将自来水送至夹套内降温。由于实验罐的用水量不大，冷却后出来的水可通过简单管道收集，另外使用。由于夏天气温较高，发酵过程难降温，需配备一台小型冷水机，将自来水先行降温，再送至夹套内降温，这时，冷却后出来的水应回流至冷水机循环使用。

(5) 自动流加系统的组成　自动流加系统主要由蠕动泵、流加瓶、硅胶管以及不锈钢插针组成，用于流加消泡剂、酸液、碱液或营养液。流加前，先配制好流加溶液装于流加瓶中，用硅胶管把流加瓶和不锈钢插针连接并进行包扎，置于灭菌锅内灭菌。流加时，把硅胶管装入蠕动泵的挤压轮中，通过挤压轮转动把流加液压进发酵罐。挤压轮的转速可以调节，从而控制流加速度。蠕动泵与计算机连接，通过计算机采集的信号，可以控制蠕动泵的工作。

(6) 计算机系统　设备制造商在实验罐的计算机内安装了控制软件，可对十几种参数进行分析和记录。检测仪器和操作装置与计算机通过信号线连接，通过信号采集、分析、传送，能够按照操作者事先设置的参数进行控制。

一般实验中，计算机系统可以显示发酵温度、pH、DO、通气量、罐压、搅拌转速、各种流加液流速和累计流加量、排气中的氧和 CO_2 含量等，可以控制发酵温度、pH、通气量、罐压、搅拌转速、各种流加液流速等。

2. 空气过滤器的灭菌操作

(1) 灭菌前的准备

① 启动蒸汽发生器　将自来水引入水处理装置进行除杂、软化处理，处理后流入贮水罐，然后开启自动控制开关，泵送入蒸汽发生器。当蒸汽发生器水位达到规定高度，开启蒸汽发生器电源开关进行加热，蒸汽压力达到 0.2～0.3MPa 时可供使用。

② 启动冷冻机　将自来水引入冷冻机，开启冷冻机电源开关制冷。当冷水温度达到 10℃时，可供空气预处理使用。

③ 启动空气压缩机　启动前，先关闭空气管路上所有阀门，然后打开空气压缩机电源开关，启动空气压缩机。当空气压缩机的压力达到 0.25MPa 左右时，依次打开管路上的阀门，将空气引入冷冻机、油水分离器，压缩空气经过冷却、除油水后进入贮气罐，待用。

(2) 空气过滤器的灭菌、吹干以及保压　图 4-19 是 10L 发酵罐空气管道示意图。

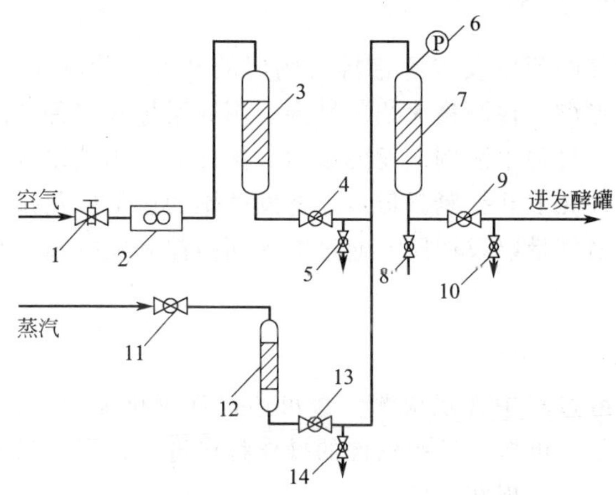

图 4-19 10L 发酵罐空气管道示意

1—电动阀；2—电磁流量计；3—粗滤器；4、9—空气阀；5、8、10、14—排气阀；6—压力表；7—精滤器；11、13—蒸汽阀；12—蒸汽过滤器

一般只对精滤器灭菌。灭菌时，先关闭图 4-19 中的空气阀 4，打开空气阀 9、排气阀 5、排气阀 8、排气阀 10 以及发酵罐的排气阀，然后打开蒸汽阀，蒸汽经过蒸汽过滤器后，进入精滤器，再进入发酵罐。为了消除死角，废气由排气阀 5、排气阀 8、排气阀 10 以及发酵罐的排气阀排出。灭菌过程中，须控制蒸汽阀、空气阀 9、排气阀 5、排气阀 8 的开度，使过滤器上的压力表显示值为 0.10～0.12MPa，维持 15min，可完成空气过滤器灭菌。

灭菌完毕，关闭蒸汽阀，依次打开各个空气阀进空气，并打开图 4-19 中的排气阀 14，让空气从排气阀 5、排气阀 8、排气阀 10、排气阀 14 以及发酵罐的排气阀排出，以便吹干精滤器和相关管道，大约 20min 可完成。最后，关闭空气阀 9、排气阀 5、排气阀 8、排气阀 14，让空气保压至空气阀 9 以及蒸汽阀 13 的位置，待用。

3. 发酵罐的空罐灭菌

发酵罐空罐灭菌前，必须首先检查并关闭发酵罐夹套的进水阀门，然后启动计算机，按照操作程序进入到显示发酵罐温度的界面，以便观察温度变化。

空罐灭菌时，先打开夹套的冷凝水排出阀，以便夹套中残留的水排出，然后从两路管道将蒸汽引入发酵罐：一路是发酵罐的通气管，另一路是发酵罐的放料管。每一路进蒸汽时，都是按照“由远处到近处”依次打开各个阀门，即在一个管路中，先打开离发酵罐最远的阀门，然后顺着管路向发酵罐移动，逐个打开阀门。两路蒸汽都进入发酵罐后，适当打开所有能够排气的阀门充分排气，如管路上的小排气阀、取样阀、发酵罐的排气阀等，以便消除灭菌的死角。灭菌过程中，密切注意发酵罐温度以及压力的变化情况，及时调节各个进蒸汽阀门以及各个排气阀门的开度，确保灭菌温度在（121±1）℃，维持 30min，即可达到灭菌效果。

灭菌完毕，先关闭各个小排气阀，然后按照“由近处到远处”依次关闭两路管道上各个阀门。待罐压降至 0.05MPa 左右时，关闭发酵罐的排气阀，迅速打开精过滤器后的空气阀，将无菌空气引入发酵罐，利用无菌空气压力将罐内的冷凝水从放料阀排出。最后，关闭放料阀，适当打开发酵罐的排气阀，并调节进空气阀门开度，使罐压维持在 0.1MPa 左右，保压，备用。

4. 接种操作

接种前，调节进空气阀门以及发酵罐排气阀门的开度，使罐压为0.01～0.02MPa。用酒精棉球围绕接种孔并点燃。在酒精火焰区域内，用铁钳拧开接种孔的不锈钢塞，同时，迅速解开摇瓶种子的纱布，将种子液倒入发酵罐内。接种后，用铁钳取不锈钢塞在火焰上灼烧片刻，然后迅速盖在接种孔上并拧紧。最后，将发酵罐的进气以及排气的手动阀门开大，在计算机上设定发酵初始通气量以及罐压，通过电动阀门控制发酵通气量以及罐压，使达到控制要求。

5. 发酵过程的操作

（1）参数控制　发酵过程中在线检测参数可通过计算机显示，通气量、pH、温度、搅拌转速、罐压等许多参数，可按照控制软件的操作程序进行设定，只要调节机构在线，即可通过计算机控制调节机构而实现在线控制。

（2）流加控制　一般情况下，流加溶液主要有消泡剂、酸液或碱液、营养液（如碳源、氮源等）。流加前，将配制好的流加溶液装入流加瓶，用瓶盖或瓶塞密封好，用硅胶管把流加瓶和不锈钢插针连接在一起，并用纱布、牛皮纸将不锈钢插针包扎好，置于灭菌锅内灭菌。

流加时，在火焰区域内解开不锈钢插针的包扎，并将插针迅速插穿流加孔的硅胶塞，同时，将硅胶管装入蠕动泵的挤压轮中，启动蠕动泵，挤压轮转动可以将流加液压进发酵罐。通过计算机可以设定开始流加的时间、挤压轮的转速，从而可以自动流加以及自动控制流加速度。另外，计算机可以显示任何时间的流加状态，如瞬时流量以及累计流量。

（3）取样操作　发酵过程中、需定时取样进行一些理化指标的检测，如OD值、残糖浓度、产物浓度等。取样前打开与三通阀门连接的蒸汽，对取样口灭菌5min。取样时，调节罐底的三通阀门至取样位置，利用发酵罐内压力排出发酵液，用试管或烧杯接收。取样完毕，关闭三通阀门，打开与之连接的蒸汽，对取样口灭菌5min。

（4）放料操作　发酵结束后，先停止搅拌，然后关闭发酵罐的排气阀门，调节罐底的三通阀门至放料位置，利用发酵罐内压力排出发酵液，用容器接收发酵液。

6. 发酵罐的清洗与维护

放料结束后，先关闭放料阀以及发酵罐进空气阀门，打开排气阀门排出罐内空气，使罐压为0MPa。然后，拆卸安装在罐上的pH、DO等电极以及流加孔上的不锈钢插针，并在电极插孔和流加孔拧上不锈钢塞。接着，从接种孔加入7L左右的清水，启动搅拌，转速为100r/min左右，用蒸汽加热清水至121℃左右，搅拌30min左右，清洗发酵罐。清洗完毕，利用空气压力排出洗水，并用空气吹干发酵罐。

停用蒸汽时，切断蒸汽发生器的电源，通过发酵罐的各个蒸汽管道的排气阀排出残余蒸汽，直至蒸汽发生器上压力表显示为0MPa。停用空气时，切断空气压缩机的电源，通过空气管道的排气阀排出残余空气，直至贮气罐上压力表显示为0MPa。最后，关闭所有的阀门以及计算机。

7. 电极的使用与维护

（1）pH电极的使用与维护　pH电极为玻璃电极，不使用时将电极洗净，检测端须保存在3mol/L的KCl溶液中，防止出现“干电极”现象而造成损坏。pH电极耐高温有一定极限，一般不超过140℃，在灭菌温度范围内，温度越高对其破坏性越大，使用寿命越短，其正常使用寿命为50～100次。因此，应尽可能减少pH电极受热的机会，且在培养基灭菌时注意控制灭菌温度。

在pH电极装上发酵罐之前，须对pH电极进行两点校正。pH电极与计算机连接后接通电源，将pH电极分别浸泡在两种不同pH的标准缓冲溶液中进行校正，检查测定值的两点斜率，一般要求斜率≥90%，方可使用。需根据发酵控制pH范围选择标准缓冲溶液，例如，发酵pH为酸性时，可选择pH4.00与pH6.86的标准缓冲溶液；如果发酵pH为碱性时，可选择pH6.86与pH9.18的标准缓冲溶液。

(2) DO电极的使用与维护　使用DO电极测量时，由于缺乏氧在不同发酵液中饱和溶解度的确切数据，因此，常用氧在发酵液中饱和时的电极电流输出值为100%，残余电流值为0来进行标定，测量过程中的氧浓度以饱和度的百分数（%）来表示。使用前，DO电极与计算机连接并接通电源，将DO电极浸泡在饱和的亚硫酸钠溶液中，此时的测量值标定为0。发酵培养基灭菌并冷却至初始发酵温度时，DO电极的测量值标定为100%。

DO电极的耐高温性也有一定极限，应尽可能减少DO电极受热的机会，且培养基灭菌时注意控制灭菌温度，一般不超过140℃。每次使用后，将电极洗净，检测端保存在3mol/L的KCl溶液中。

8. 折叠膜过滤芯的维护

折叠膜过滤芯如图4-20所示，其锁扣、外筒、端盖以及密封胶圈虽然都是热稳定材料，但耐高温有一定限度。灭菌时，必须严格控制灭菌温度和灭菌时间，若灭菌温度过高、灭菌时间过长，容易造成损坏。灭菌后必须用空气吹干，才能使用，否则过滤效率降低或失效。不使用时，必须保持干燥，以免霉腐。

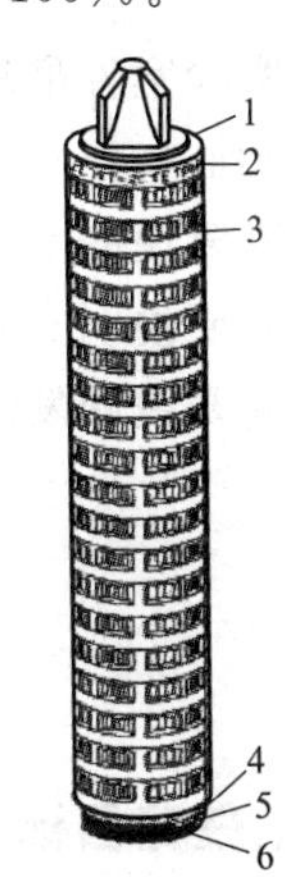

图4-20　折叠膜过滤芯

1—端盖（热稳定PP）；2—滤芯的烙印编号；3—外筒（热稳定PP）；4—防止背压的锁扣；5—2260型密封胶圈；6—316不锈钢内衬

9. 蒸汽发生器的维护

用于蒸汽发生器的水必须经过软化、除杂等处理，以免蒸汽发生器加热管结垢，影响产生蒸汽的能力。使用时，必须保证供水，使水位达到规定高度，否则会出现“干管”现象造成损坏。蒸汽发生器的电气控制部分必须能够正常工作，达到设置压力时能够自动切断电源。蒸汽发生器上的安全阀与压力表须定期校对，能够正常工作。每次使用后，先切断电源，排除压力后，停止供水，并将蒸汽发生器内的水排空。

五、任务提示

1. 罐体灭菌前务必检查其中液面高度，要求所有的电极都没于液面以下。

2. 打开发酵罐电源前务必检查冷却水是否已打开、温度探头是否已插入槽中，否则会烧坏加热电路。

3. 发酵过程中一定要保持工作台的清洁，用过的培养瓶及其他物品及时清理，因故溅出的酸碱液或水应立即擦干。

4. 对罐体安装，拆卸和灭菌时要特别小心pH电极和罐体的易损又昂贵部件。

5. 必须确保所有单件设备能正常运行时使用本系统。

6. 在消毒过滤器时，流经空气过滤器的蒸汽压力不得超过0.17MPa，否则过滤器滤芯会被损坏，失去过滤能力。

7. 在发酵过程中，应确保罐压不超过0.17MPa。

8. 在空消及实消时，一定要排尽发酵罐夹套内的余水。否则可能会导致发酵罐内筒体压扁，造成设备损坏；在实消时，还会造成冷凝水过多导致培养液被稀释，从而无法达到工艺要求。

9. 在空消、实消结束后冷却过程中，严禁发酵罐内产生负压，以免造成污染，甚至损坏设备。

10. 在发酵过程中，罐压应维持在0.03～0.05MPa之间，以免引起污染。

11. 在各操作过程中，必须保持空气管道中的压力大于发酵罐的罐压，否则会引起发酵罐中的液体倒流进入过滤器中，堵塞过滤器滤芯或使过滤器失效。

12. 如果遇到自己解决不了的问题请直接与公司售后服务部门联系。请勿强行拆卸或维修。

六、任务思考

1. 实验室发酵罐由哪几个系统组成，各有什么功能？其中电极、折叠膜以及蒸汽发生器应如何维护？

2. 简要说明空气过滤器的灭菌操作。

3. 简要说明实验室发酵罐的空罐灭菌操作。

4. 简要说明发酵过程中参数控制、流加控制、放料、取样等操作要点。

任务二　培养基实罐灭菌操作

一、任务目标

掌握培养基实罐灭菌的方法。

二、任务说明

培养基的实罐灭菌也称实消是将配制好的培养基放在发酵罐或其他贮存容器内，通入蒸汽，将培养基和设备一起进行加热灭菌，然后再冷却至发酵所要求的温度的灭菌过程。采用实罐灭菌时，不需另外配置灭菌设备，但灭菌时间较长且营养成分损失较大，灭菌过程占用发酵设备的操作时间较长，不利于发酵设备的周转。一般适用于小批量培养基（如种子培养基）以及少量只适宜单独灭菌的特殊物料（如尿素等）。

三、任务准备

1. 对发酵罐各阀门进行必要的拆检，并对发酵罐内部进行淋洗，排出洗罐水，关闭各个阀门，尤其要关闭放料阀门。

2. 先对发酵罐的空气过滤器进行灭菌，灭菌后吹干，用无菌空气保压，备用。

四、任务实施

1. 泵将配制好的培养基送至发酵罐，然后开启搅拌。

2. 开启列管（或盘管、夹套）的蒸汽阀以及蒸汽冷凝水的排水阀，通入蒸汽间接加热培养基至80℃左右。加热过程中，开启发酵罐顶部的排气阀、接种阀、进料阀、补料阀等阀门或这些阀门上的小边阀进行排气。此过程必须掌握好预热温度，若预热温度过高，意味着随后直接通入蒸汽的时间过短，导致发酵罐顶部空间、某些管道及阀门灭菌不彻底；若预热温度过低，意味着后面直接通入蒸汽的时间过长，导致过多的蒸汽冷凝水进入培养基，使培养基体积增大，营养基质浓度降低。

3. 预热后，关闭列管（或盘管、夹套）的蒸汽阀，保持排水阀处于开启状态。

4. 三路管道将蒸汽通入发酵罐内加热培养基，一般依照“由远至近”（指某一管路上的阀门离罐体的远近）的次序开启主要阀门，防止培养基倒流，即依次打开放料管道上的蒸汽阀、放料阀进蒸汽，依次打开通风管道上的蒸汽阀、空气阀进蒸汽，依次打开取样管上的蒸汽阀、取样阀进蒸汽。如果管道上装设小边阀，还需打开这些小边阀进行排气。此过程需保持所有排气阀处于充分排气状态，以便消除死角；同时，罐外通风管也需灭菌，将蒸汽通至空气过滤器后的阀门，并打开该阀门上的小边阀进行排气。

5. 如果发酵罐容积较大，升温速度较慢，当温度升至100℃左右时，可按照进蒸汽次序打开发酵罐顶部各路管道上的阀门进蒸汽入罐内。一方面，为了更好地消除发酵罐顶部各个阀门的死角；另一方面，为了补充蒸汽，使升温加速。

6. 发酵罐温度上升至121℃时，即进入保温阶段，需调节各个蒸汽阀、排气阀的开度，使发酵罐压力稳定在一定范围内，其对应的温度维持在121～125℃温度范围。

7. 保温时间需根据发酵罐容积、罐内结构等具体情况而定，保温结束后，除了排气管道，“自上至下”逐个关闭排气阀，然后“自上至下”逐个关闭各路管道的蒸汽，最后关闭的一路管道是放料管道。关闭每路管道上阀门时，其次序是“由近至远”，防止培养基倒流。关闭阀门过程中，操作应迅速，防止发酵罐压力降低至零压（表压）。

8. 无菌空气通入发酵罐进行保压，调节进气阀、排气阀的开度，使压力稳定在0.05～0.10MPa。

9. 开启列管（或盘管、夹套）的进水阀通入冷却水进行降温，热交换后的水经回水阀输送至冷却塔进行降温，并收集到贮水箱，循环使用。降温过程中，需密切关注发酵罐压力变化，并及时调整罐压，使其维持在0.05～0.10MPa。

10. 培养基温度降至工艺所要求的温度（一般比培养温度略高0.5～1℃）时，关闭冷却水，然后停止搅拌，保持无菌空气保压状态，等待接种。

五、任务提示

1. 须确保发酵罐的所有单件设备能正常运行时使用本系统。

2. 发酵过程中，应确保罐压不超过0.17MPa。

3. 实消过程中，夹套通蒸汽预热时，必须控制进汽压力在设备的工作压力范围内（不应超过0.2MPa），否则会引起发酵罐的损坏。

4. 实消时，一定要排尽发酵罐夹套内的余水。否则可能会导致发酵罐内筒体压扁，造成设备损坏；在实消时，还会造成冷凝水过多导致培养液被稀释，从而无法达到工艺要求。

5. 实消结束后冷却过程中，严禁发酵罐内产生负压，以免造成污染，甚至损坏设备。

6. 发酵过程中，发酵罐的罐压应维持在0.03～0.05MPa之间，以免引起污染。

7. 各操作过程中，必须保持空气管道中的压力大于发酵罐的罐压，否则会引起发酵罐中的液体倒流进入过滤器中，堵塞过滤器滤芯或使过滤器失效。

8. 遇到自己解决不了的问题请直接与发酵罐的售后服务部门联系。请勿强行拆卸或维修发酵罐。

六、任务思考

简要说明实验室发酵罐中培养基的实罐灭菌操作。

任务三 酵母菌的液体发酵生产

一、任务目标

1. 了解酵母菌生长代谢的基本规律，观察并记录酵母菌扩大培养过程及上罐发酵过程菌种生长变化情况。

2. 测定酵母发酵罐培养过程中还原糖、总糖、pH 和酵母浓度的变化，并画出各自的变化曲线。

3. 了解摇瓶种子培养与发酵培养的区别。

二、任务说明

面包酵母培养（分子式：$C_{3.72}H_{6.11}O_{1.45}N_{0.61}+P_{0.035}+K_{0.051}+5.6g$ 其他物质）是最典型的细胞物质生产过程。利用葡萄糖为碳源，通风培养面包酵母的微生物反应过程可用下列化学方程式表示：

$$6.67CH_2O+2.10O_2 \longrightarrow C_{3.92}H_{6.5}O_{1.95}+2.75CO_2+3.42H_2O$$

（碳水化合物）　　　（酵母菌体）

200　67.2　84.6　121　61.6

如果在酵母菌体内再计入除碳、氢、氧以外的其他元素如氮、磷以及灰分，则每 200g 碳水化合物约可得到 100g 干酵母，即得率约为 50%。

在通风供氧充足的前提下，培养基中葡萄糖的浓度是限制性基质。培养基中葡萄糖的浓度对于提高酵母得率是至关重要的。

培养方式分为分批培养、分批补料（流加）培养和连续培养。本实验培养面包酵母的目的是获得最大酵母浓度。因此采用流加培养较为理想，其原理是所谓的反巴斯德效应，即酵母培养过程中，当糖浓度过高时，即使溶解氧很充足，但由于糖生成乙醇，从而使菌体得率下降的现象。

三、任务准备

1. 菌种

面包酵母。

2. 培养基

（1）酵母斜面培养基　10°P 麦芽汁固体斜面，pH5.0。

（2）酵母摇瓶种子培养基　10°P 麦芽汁，pH5.0 或葡萄糖 10%，玉米浆 1%，尿素 0.2%，pH5.0。

（3）酵母分批发酵培养基　玉米粉经液化、糖化，折合葡萄糖浓度为 10%，玉米浆 1%，硫酸铵 0.4%，pH 5.5。

（4）酵母分批补料发酵培养基　补料培养基配比与分批发酵培养基相同。

3. 仪器设备

10L发酵罐；一套空气除菌系统；检查无菌用的肉汤培养基和装置；摇瓶机或摇床；超净工作台；离心机；显微镜；分光光度计；500mL三角瓶；接种铲；高压灭菌锅；总糖测定用手提糖量计；pH测定用pH计等。

四、任务实施

操作总流程如下。

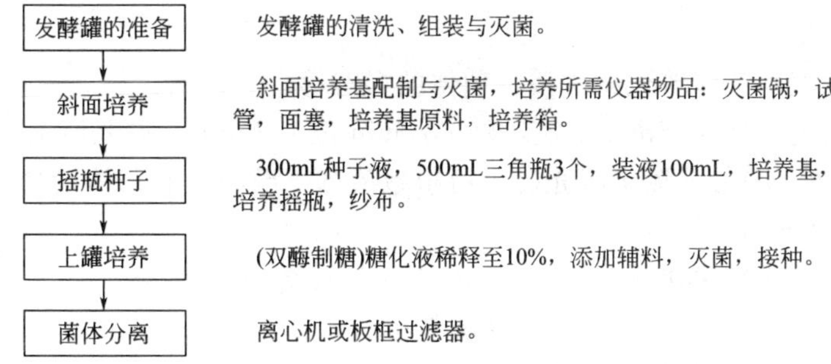

1. 前期准备工作

（1）发酵罐的清洗（参照本项目任务一）。

（2）发酵罐的组装工作（参照本项目任务一）。

（3）发酵罐灭菌（参照本项目任务一）。

2. 斜面种子制备

自保藏斜面中挑取一环酵母菌体接入新鲜的斜面试管中，于28℃培养箱中培养24h。

3. 发酵摇瓶培养基配制与培养

（1）配制摇瓶培养基，分装三角瓶。500mL三角瓶装100mL培养基，常规灭菌。

（2）在超净工作台上，将上述培养好的斜面培养物接入发酵三角瓶中。

（3）摇瓶培养，在28℃，200r/min振荡培养15～20h。

（4）发酵结束时，略微嗅到发酵的特殊气味，测总糖、pH、菌体浓度。

4. 发酵罐培养（分批培养）

10L发酵罐装入3L发酵培养基，冷却至30℃，将培养好的摇瓶种子接入发酵罐（接种量2%～3%）进行发酵。发酵条件为：28℃，搅拌转速400r/min，通风量1VVM。

（1）发酵罐培养基配制与灭菌　基础料发酵一般按发酵罐容积的30%配制，如1L发酵罐配300mL培养基。10L发酵罐装入3L发酵培养基，121℃实罐灭菌20min。

（2）接种与发酵

① 接种　接种是在发酵罐顶部接种口进行。取生长良好的无杂菌污染的种子摇瓶培养液，适当降低通风量，在接种口四周缠绕上经酒精浸泡的脱脂棉，用火焰圈罩住发酵罐接种口，降低发酵罐进气压力，戴上石棉手套，迅速打开接种口，将冷却至30℃的培养好的摇瓶种子接入到发酵罐中，接种量为2%～3%，整个操作要连贯严谨。然后立即将接种口盖子在火焰中灭菌后盖好，开无菌空气，撤火圈，开搅拌，开始培养发酵。

② 发酵　发酵条件为：28℃，搅拌转速400r/min，通风量1VVM。

（3）发酵终点的判定　正常发酵周期一般为3d左右，当菌体玻片染色颜色渐浅，菌体形态不清晰时，则停止发酵。

(4) 培养完成时的操作　培养完成时，除取出足够量的培养液作为样品外，剩余培养液要经过灭菌处理。此时发酵罐所装有的电极可一同经灭菌处理。如果培养液为无害物质，可将电极单独取出处理。

(5) 过程监控　0h，取样测定总糖和还原糖；4～24h，每隔 4h 取样镜检，测定还原糖、菌体浓度。

(6) 取样方法　自培养操作开始起，每 4h 取 1 次样。取样时将取样管口流出的最初 15mL 左右培养液作为废液，取随后流出的培养液 10mL 进行分析和测定。

(7) 分析项目和方法

① 酵母镜检　观察菌体着色的深浅，菌体的形态等。

② 酵母浓度测定　吸取 5mL 菌液，2500r/min 离心 5min，去上清液，称量菌体湿重（湿重法）。也可以在 OD_{550} 下测定吸光度，所得数值基于已制得的菌体量与吸光度之间的关系曲线，换算出菌体浓度。

③ 还原糖浓度　采用快速法测定。

④ 发酵活力的测定（选做）　称取 0.26g 鲜酵母，加 5g 在 30℃下保温 1h 的面粉制成面团，置于 30℃水中。测定面团从水底浮出的时间，浮起时间在 15min 内认为样品合格。

五、任务提示

1. 培养初始阶段是最易出现故障的阶段，因此在这段时间里，有必要再次确认并保证发酵罐及相关装置的正常运行。特别注意接种前后所取样品的分析，以及 pH、温度和气泡等的变化。

2. 注意蠕动泵运转中由于硅胶管的弯曲折叠，出现的阻塞现象以及水的渗漏等问题。特别需要注意在一定的阶段泡沫有可能大量生成。每次取样有必要进行检查。

3. 发酵罐内可进行清洗的任何部分都应认真清洗，否则都可能成为杂菌的滋生地。易被忽略而未能充分清洗的地方有喷嘴内部、取样管内以及罐顶等处。

4. 由于操作过程要和水打交道，故发酵罐线路连接一定要注意安全，要特别注意防止漏电。

5. 培养完成时，如果培养液为无害物质，最好将电极单独取出处理，以利于延长电极使用寿命。

6. 取样时应将取样管口流出的最初 15mL 左右培养液作为废液弃掉后再取。

六、任务思考

1. 叙述实验设计原理，两种不同培养方式酵母浓度的比较，发酵罐培养酵母浓度的变化规律，做出相关参数指标随时间变化的曲线图。

2. 通气搅拌发酵培养与摇瓶培养有何区别？为什么发酵罐发酵要采用补料方式而摇瓶却不需补料？

【案例一】

某药品发酵企业在发酵一批产品时，50L 发酵罐和小试都没问题，但在进行大型发酵罐发酵后，进行了 1d 左右总是染上一种芽孢粗杆菌，此大型发酵罐进行其他药品种子扩大培养和生产都不出现染菌问题，请你根据所学的知识分析染菌的原因及解决办法。

【解析】

（1）从染菌类型分析　此次污染的杂菌是耐热芽孢杆菌，很有可能是由于培养基或设备灭菌不彻底、设备存在死角等引起。

（2）从染菌时间分析　从染菌的时间可以看出属于发酵前期染菌，可能是培养基灭菌不彻底，或种子罐带菌，或接种管道灭菌不彻底所造成。

（3）从染菌规模分析　此次发酵为个别发酵罐染菌，应重点检查单个发酵罐及其附属设备，例如，发酵罐的冷却盘管、阀门等设备是否渗漏，空气分过滤器是否失效，接种、连续灭菌系统以及补料的分管道是否渗漏等。

综上所述，此次染菌的主要原因可能是培养基或设备灭菌不彻底、设备存在死角，菌种带菌等引起的。

解决办法如下。

（1）防止实验室种子带菌要做到：①对无菌室严格管理，确保无菌室的洁净度；②采用适当方法保藏菌种，并对菌种定期进行分离纯化；③培养基及有关培养设备灭菌必须彻底；④种子移接过程严格执行无菌操作，确保种子不受污染；⑤加强种子培养物的无杂菌检查，一旦发现种子培养物污染杂菌，绝对不能接入下一级培养基中。

（2）发酵过程涉及的设备很多，所有与培养基直接或间接接触的设备，包括发酵罐主体、空气过滤器及其附属设备都要重新灭菌。

（3）生产操作必须严格、规范。

【案例二】

某生产面包酵母的企业在一次发酵生产面包酵母时发现有球菌污染，经技术人员排查发现是在除菌空气中有杂菌，试分析原因，提出解决办法。

【解析】

除菌空气中带菌是空气除菌系统失效，可能是过滤介质失效。

要防止空气除菌系统带菌，就必须从空气系统的净化流程、空气过滤设备的设计、过滤介质的选用和填装、过滤介质的灭菌和管理等方面进行完善，使除菌效率达到要求。首先，设计合理的空气预处理工艺，尽可能提高采风的空气洁净度，尽可能除去压缩空气中夹带的水和油，降低空气的相对湿度，保持过滤介质处于干燥状态工作；其次，选择适当的过滤介质，如果采用棉花、普通玻璃纤维等作为过滤介质，须按要求填装，防止出现翻动现象而造成空气短路；如果采用折叠式滤芯，应注意灭菌温度，防止高温灭菌造成折叠微孔膜的支撑架变形、脱离等现象发生；再次，过滤器须定期灭菌，过滤介质定期更换；最后，制备的纯净空气需定期进行无菌检查。

项目五

微生物农药生产技术

【学习目标】

⊙ 了解微生物农药的种类及特点；
⊙ 了解白僵菌的生物学特性；
⊙ 了解我国对微生物农药的登记要求及管理规范；
⊙ 能识别苏云金芽孢杆菌的形态和培养特征；
⊙ 基本掌握苏云金芽孢杆菌制剂、白僵菌制剂、绿僵菌制剂、庆丰霉素制剂、鲁保一号除草剂等微生物农药的使用方法与注意事项；
⊙ 掌握苏云金芽孢杆菌制剂的生产工艺。

知识讲解

一、微生物农药的种类及特点

微生物农药是利用微生物或其产物来防治植物病虫害和杂草危害的一种微生物制剂，是通过筛选的昆虫病原体或病菌拮抗微生物，用人工方法培养、收集、提取而制成的。当这些病原体和拮抗微生物或其代谢产物为昆虫吞食、接触或病菌感染后，通过微生物的活动、毒素的作用而使害虫和病菌新陈代谢受影响，破坏其机体器官，影响其发育繁殖或变态，从而达到灭虫防病的目的。

1. 微生物农药的种类

微生物农药可以分为原生动物型、线虫型、真菌型、细菌型、病毒型以及农用抗生素型等。细菌制剂以苏云金芽孢杆菌制剂为代表，真菌制剂主要有白僵菌制剂、绿僵菌制剂、赤僵菌制剂、蚧生轮枝菌制剂、汤姆生多毛菌制剂等。病毒制剂主要有核型多角体病毒（NPV）制剂和质型多角体病毒（CPV）制剂。线虫制剂研究和应用主要有斯氏线虫制剂、异小杆线虫属的线虫制剂等。原生动物目前研究应用最多的是微孢子虫；而农用抗生素是一种广泛应用、品种众多的微生物农药，它由微生物产生的次生代谢产物，在低浓度时即可抑制或杀灭作物的病、虫、草害或调节作物生长发育。常见品种有：春雷霉素、灭瘟素、多氧霉素、有效霉素、灭孢素、杀螨霉素，井冈霉素、阿维霉素、公主岭霉素、浏阳霉素、韶关霉素、农抗 120、中生菌素、武夷菌素等。按照微生物农药的防治对象，将微生物农药分为微生物杀虫剂、微生物杀菌剂和微生物除草剂、微生物生长调节剂、微生物杀鼠剂、微生态制剂等类别。

2. 微生物农药的特点

与化学农药防治病虫害相比，微生物农药有以下特点。

(1) 对脊椎动物和人类无毒害　就广泛应用的苏云金芽孢杆菌制剂而言，它对鱼类、鸟类、兽类和人类是完全安全的。这已被大量试验所证实。某些苏云金芽孢杆菌菌株所产生的耐热性外毒素虽然对高等动物有一定毒性，但其毒性远远小于对昆虫的毒性。金龟子乳状病芽孢杆菌制剂也证明对哺乳动物是无害的。到目前为止，尚未发现多角体病毒制剂和颗粒体病毒制剂对哺乳动物有致病性。真菌制剂中的白僵菌制剂和绿僵菌制剂，用鼠类进行的毒性和致病性试验，也认为是安全的。尽管白僵菌制剂的孢子对人类的呼吸道有过敏反应，但症状大多在脱离接触后短期内可以消除。可见微生物农药是一种“安全”的生物农药，不会污染环境。

(2) 对植物无毒害　绝大多数微生物农药对植物是不会产生药害的，即使高剂量使用，对植物也是安全的。它们可以在植物生长发育的任何时期，甚至收获前施用，用于水果、蔬菜等作物更为有利。

(3) 能保护害虫天敌　微生物农药防治害虫的良好效果，在很大程度上归功于对害虫天敌的保护作用。捕食性和寄生性天敌昆虫及鸟类对于消灭害虫起着十分重要的作用。昆虫天敌维持在较高的水平，害虫则被压制在一个低的水平，从而不至于造成重大的危害。微生物杀虫剂有区别地作用于害虫，不伤害天敌，使生态平衡向着有利于天敌的方向发展，保证了稳定的防治效果。

(4) 昆虫不易产生抗药性　到目前为止，还没有发现昆虫对于微生物杀虫剂产生抗性的确切证据。在综合了大量有关昆虫对各种病原微生物的抗性研究材料后，有人认为昆虫对于微生物的长期、多次的侵染是会发展一定的抗性，但这种抗性的增长是极其缓慢的，对于化学农药来说，昆虫一般经过15～20代即可产生明显的抗性，而对于微生物杀虫剂，在高剂量下，连续处理30～40代才会产生某种程度的抗性。微生物杀虫剂，特别是苏云金芽孢杆菌制剂，大量使用已有20多年，至今尚未发现因昆虫抗性增加而影响防治效果的事例。

(5) 有自然传播感病的能力　有些昆虫病原微生物，在使用后可在昆虫群落中自然传播感染而造成流行病，从而可以起到长期防治的作用。昆虫病毒、多种虫生真菌及金龟子芽孢杆菌等就属于这种类型。有些病原微生物虽然短期的防治效果不显著，一旦在某一生态环境中定居下来，在适合条件下就可引起昆虫的疾病和死亡，成为经常抑制虫口密度的自然因素，这是化学杀虫剂所完全不具备的特点。

(6) 容易进行大量生产　许多昆虫病原微生物已能进行工业化的大量生产。不少类型还可以采用简单的固体发酵方法来进行生产，不需要特殊的设备条件。生产原料大多为农副产品，成本低，便于就地取材，就地生产和使用。

目前人们所采用的微生物农药，绝大部分都是以当代短期目标进行的。在使用概念上与化学农药没有什么差别。虽然微生物农药对人畜安全，不污染环境，对害虫也不会产生抗性，但也有缺点。其主要缺点是效果较缓慢，受环境条件的影响较大。微生物农药的杀虫范围窄，生产成本相对较高，产品质量不稳定等因素也困扰着微生物农药的推广应用。因此，微生物防治不能解决所有害虫的防治问题。必要的和合理的化学防治仍然是很重要的。但是，为了有效地控制害虫，保护环境，保证人畜健康，除了努力研制高效低毒的化学杀虫剂之外，还应当积极地大力发展微生物农药在害虫防治上的作用。

二、几种常见微生物农药的生产技术

1. 苏云金芽孢杆菌制剂的生产技术

苏云金芽孢杆菌制剂是一种细菌杀虫剂，是由昆虫病原细菌苏云金芽孢杆菌（*Bacillus Thuringiensis*，简称 Bt）的发酵产物加工而成的制剂，它是目前细菌杀虫剂中一项最重要的产品。

（1）苏云金芽孢杆菌的形态和培养特征

① 个体形态　苏云金芽孢杆菌是一种革兰染色阳性、杆状、能形成内生芽孢的细菌。营养体周生鞭毛或无鞭毛。营养体生长到一定阶段进入芽孢囊期。成熟的芽孢着生于细胞的一端。同时，在细胞的另一端，则形成容易着色的伴孢晶体；伴孢晶体可以是一个、两个或多个，形态也不尽相同。

芽孢成熟后，芽孢囊破裂，释放出游离的芽孢和伴孢晶体，苏云金芽孢杆菌芽孢的形态和大小往往依菌株本身的特性、培养基和培养条件的差异而不同。芽孢能抵抗高温、干燥、化学药物的影响。伴孢晶体是一种蛋白质，由一种或多种多肽组成，形态有菱形、长菱形、方形、圆形，或椭圆形、镶嵌形、无定形和三角形等。大多数菌株的伴孢晶体对敏感昆虫有特异的毒杀作用。

② 群体培养特征　苏云金芽孢杆菌的培养特征因菌株的不同而有差异，同时他也因培养基、培养时间、培养温度的不同而变化。

a. 菌落特征　以库斯塔克亚种 7216 菌株为例：培养在牛肉膏蛋白胨琼脂平板培养基上，30℃培养 72h，大多数菌落圆形，乳白色，表面似毛玻璃，有时有皱纹，边缘不整齐，直径可达 8～10mm。而苏云金亚种柏林纳菌株在蛋白胨琼脂培养基上 30℃培养 24h，形成针尖大小的黄色小点，边缘平滑。显微镜观察深层菌落呈毡块状，有丝状放射线。72h 为圆盘状，直径约 1cm；淡黄色而湿润，边缘不整齐，呈粗布状向外展开，略呈放射状皱纹。如果在 2% 葡萄糖琼脂培养基中，30℃培养 24h，可见表面黄色小菌落；48h 后为厚圆环形，直径 3mm，中央有一较深的圆环，表面暗白色，微有光泽，干燥粗颗粒状，深层菌落不整齐，似小块奶油状；72h 后，直径可达 2cm。苏云金芽孢杆菌还经常出现光滑型菌落。

b. 菌苔　库斯塔克亚种 7216 菌株在牛肉膏蛋白胨琼脂斜面培养基上，30℃培养 14～16h，菌苔薄，乳白带黄，表面无光泽；培养 48h，菌苔厚，乳白色，表面有光泽；培养 72h，菌苔丰满，有光泽，有时有皱纹。

（2）生长和芽孢的形成　苏云金芽孢杆菌在自然环境中主要以芽孢的形式存在。芽孢在适宜条件下，萌发成营养细胞。适合芽孢萌发的条件包括水、营养物质、适合的温度、氧浓度和一些必需的物质。热处理可促进芽孢萌发。最终从芽孢的一端脱出一个新的营养细胞。营养细胞发育一定阶段产生隔膜，进行分裂。当细胞分裂到一定阶段，苏云金芽孢杆菌不再生长，便开始形成芽孢。

（3）苏云金芽孢杆菌的营养与代谢　苏云金芽孢杆菌的营养需求，包括碳源、氮源、矿物质元素、微量元素和生长素等。苏云金芽孢杆菌代谢产物种类非常多，它对昆虫的毒力也主要是通过代谢产物起作用的。

① 营养

a. 碳素营养　苏云金芽孢杆菌是一类化能有机营养型细菌，只能利用有机碳化合物作为碳源和能源。自然界的含碳有机物种类繁多，并非都能被苏云金芽孢杆菌利用，常用来作为碳源培养苏云金芽孢杆菌的主要是糖类、淀粉。而淀粉不能直接被吸收，必须通过淀粉酶水解成单糖再利用。

b. 氮素营养　氮源主要用来构成苏云金芽孢杆菌的细胞物质，如氨基酸、蛋白质和核酸。苏云金芽孢杆菌的一些重要代谢产物（如伴孢晶体、苏云金素和各种酶类），也是含氮的化合物。氮源一类为无机含氮化合物，常用的有铵盐和硝酸盐；另一类为有机氮化合物，最常见的是氨基酸和蛋白质，它们既可作为氮的重要来源，也可作碳源，是苏云金芽孢杆菌生长良好的营养物质。

c. 矿质养料　矿质养料分为主要元素和微量元素两大类。主要元素包括磷、硫、镁、钾、钠和钙 6 种，他们分别参与细胞结构物质的组成、能量转移、物质代谢以及调节细胞原生质的胶体状态和细胞透性等。微量元素有锰、锌、硅、铜和铁，他们多为辅酶或辅基。苏云金芽孢杆菌对微量元素的需要量很少，通常在水和其他养料成分中的含量足以满足其需要。

② 代谢产物

a. 伴孢晶体　伴孢晶体是苏云金芽孢杆菌在形成芽孢的同时产生的一种蛋白质物质，它的形态结构多样，伴孢晶体蛋白质由 18 种氨基酸组成，各种氨基酸的含量因伴孢晶体的来源不同而有少许差别。伴孢晶体中存在相当数量的钙、铁、镁和硅。伴孢晶体由分子量为 27kD～140kD 的多肽组合而成。伴孢晶体是在芽孢形成至成熟期间形成的。苏云金芽孢杆菌在一个细胞内可同时形成多个伴孢晶体。当芽孢和伴孢晶体形成后，成熟的芽孢囊破裂，释放出游离的芽孢和伴孢晶体。伴孢晶体对敏感昆虫有毒害作用。

b. 苏云金素　苏云金素是一种由苏云金芽孢杆菌产生的热稳定外毒素，也称为 β-外毒素，对昆虫有毒性。该毒素不同于苏云金芽孢杆菌伴孢晶体，它不是蛋白质物质，而是一种小分子的 AIP 类似物。苏云金芽孢杆菌血清 1 型菌株通常都能产生高产量的苏云金素。苏云金素的变化范围很大，每升培养液为 50～300mg，其产量明显受培养基和培养条件的影响，一般在芽孢囊期产生量达高峰，个别菌株却在芽孢囊末期达高峰。苏云金素能干扰昆虫体内脱氧核糖核酸的合成，使昆虫的正常代谢受阻。

c. 几丁质酶　苏云金芽孢杆菌的一些菌株还能分泌几丁质酶。几丁质是一些生物的骨架材料，它是以 β-1,4 糖苷键连接的 N-乙酰氨基葡萄糖的多聚物。昆虫的肠道覆盖有一层几丁质，起保护作用。几丁质酶能提高苏云金芽孢杆菌制剂对昆虫的防治效果，并能提高低温时的杀虫作用。

（4）苏云金芽孢杆菌制剂的生产　苏云金芽孢杆菌的生产可分为固体生产和工业生产两种方法。

① 固体生产法——网盘薄层一步发酵法　该法生产简单，具有通气性好，发酵热容易控制，生长快，不易污染，发酵物效价高等优点。工艺流程如下：

苏云金芽孢杆菌优质菌粉（100 亿活芽孢/g 以上）→网盘薄层固体发酵→干燥→粉碎→包装→成品。

a. 菌种　购买含菌量在 100 亿活芽孢/g 以上、毒力高而无杂菌污染的优质工业菌粉。

b. 发酵器材　网盘：根据苏云金芽孢杆菌对空气的要求，发酵盘底采用金属丝做成，盘长 52cm，宽 35cm，高 5cm，每盘可装培养基 750g，厚度为 2.5cm，这样可以提高苏云金芽孢杆菌对空气的利用，从而使发酵物的含菌量和毒力提高。

培养架：培养架采用角钢做成，每个培养架共分 9 层，每层可放 5 个发酵盘，每层间隔 20cm。如果通气条件差，可以去掉 4 层，使每层之间的距离为 40cm，以增加通气。这种培

养架的优点是可以充分利用空间，提高产量，经久耐用，培养架可以拆开，随时装卸。

c. 培养基　用于苏云金芽孢杆菌固体发酵的原材料主要有麦麸、米糠、玉米粉、蚕豆粉、黄豆饼粉、黄豆秆粉、花生饼粉、棉子饼粉、玉米芯秆粉、绿肥茎秆粉、草炭粉、豆渣、蚕蛹粉、面条煮水、粉厂下脚水等。用于疏松通气的材料有谷壳、锯末、肥土、细河沙、玉米芯、高粱秆、玉米秆、麦草以及多孔珍珠岩等。原料的种类、培养基配方不同，产品的毒力也有明显的差异。因此，针对苏云金芽孢杆菌某一亚种或某一菌株，在采取新配方大规模生产前，应做毒效试验。选择单位质量培养物毒力最高的培养基用于扩大生产。

将作为营养成分的原材料粉碎过筛。用于通气疏松的茎秆切成 0.2～0.5cm 长的小块。所有原材料准备好后，将干培养基成分混合均匀，按比例泼上石灰水，边泼边翻，混匀培养料，调节 pH 在 9～10 之间。培养料含水量以捏之成团，触之即散为宜。培养料配制好后，根据网盘的大小和上料的厚度，用双层纱布定量分装包好。

d. 培养基的灭菌和消毒　上述分装好的培养料，在高压灭菌锅中灭菌（0.1MPa，121℃）1h，或土灭菌锅或蒸笼 100℃灭菌 2～3h。消毒时，切不可把料包堆压过紧，需留出一些空隙，使蒸汽在蒸笼内循环，达到彻底灭菌的效果。

e. 接种　接种量为干培养基的 0.5%～1%，接种后的培养料每克含活芽孢 0.5 亿～1 亿以上。

f. 培养及管理　苏云金芽孢杆菌的固体发酵可分为四个阶段。第一阶段为发酵初期（6～10h）。接种后料温逐步下降到接近于室温，再回升到略高于室温，这一阶段芽孢萌发成营养体并开始分裂。这一时期的关键是保温、保湿。室温应控制在 30℃左右，空气相对湿度应控制在 80%～90%，以促进芽孢萌发，防止污染。第二阶段为发酵高峰（10～24h）。营养体进入对数生长期，菌数成倍增长，放出大量热，料温升高，可达 34℃以上，pH 开始上升。若控温不好，料温可达 35℃以上，这一时期的关键是降温、保湿、控制料温在 32℃以内，以免菌体降低毒力。第三阶段是稳定期（24～34h）。培养料温度逐渐下降，持续 10～16h，这一时期菌数增长缓慢，并趋于稳定，菌体形成芽孢，pH 继续上升，增至 8.5 左右。此时应保持室温在 28～32℃，空气相对湿度降到 30%以内。第四阶段是后熟期（34h 以后）。培养料温度与室温一致，pH 保持恒定。这一时期的关键是升温，控制料温在 35℃左右，并增大通气，促进菌体迅速老熟。经 40～70h，约 20%以上的芽孢晶体脱落后，即可终止培养。如果发酵条件控制得好，一般成品含菌数可达每克 150 亿～200 亿。

② 工业生产法

工艺流程如下：

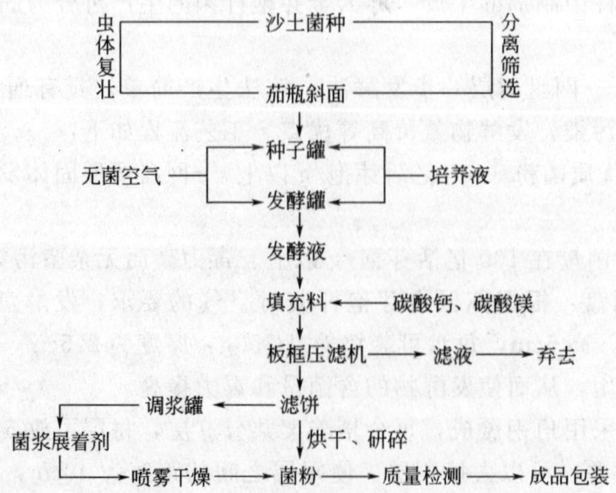

a. 菌种　通常是以沙土管保存的，因在低温干燥及营养缺乏的情况下孢子呈休眠状态，可以长时间保藏，又便于随时使用，还可避免传代过多引起菌种退化。

b. 沙土管菌种的制备　取细沙用稀盐酸处理、洗净、烘干，再用磁铁吸去其中带磁性的金属微粒，用 250μm 筛孔过筛。再取有机质含量少的土壤研细，用 125μm 筛孔过筛。沙与土按 3∶1 混合均匀，分装于小试管中，每管装量 2g（或直接装入 2g 沙），塞上纱布棉塞，湿热灭菌（0.15MPa，1h）两次或干热灭菌（160℃，2h）一次，经无菌检查合格后备用。

c. 沙土孢子的制作　选虫体复壮或分离筛选并经摇瓶培养检验合格的斜面菌种一支，加无菌水 4～5mL，用接种环轻轻刮下菌苔接入，即为高浓度的孢子悬液。用无菌吸管吸取菌液 0.2mL 至灭菌后的沙土管中，置真空干燥器内（装 $CaCl_2$ 或 P_2O_5），用真空泵抽干，用石蜡封管口，放入冰箱保存，供生产用。

d. 茄瓶斜面菌种

（a）培养基制备　用牛肉膏蛋白胨琼脂培养基，每茄瓶装 50mL，经 0.11～0.12MPa 灭菌 30min 后，待温度降至 60℃左右，将瓶放置斜面，放 32℃下培养 24～48h，如无杂菌污染可进行接种。

（b）菌种质量检查　用肉眼观察斜面长满灰白色丰满的菌苔，无杂菌，无噬菌斑。染色制片显微镜观察 15%以上菌体的芽孢晶体脱落，芽孢晶体形态正常。合格者置冰箱保存备用。但保存时间最好不超过 7～10d。

e. 发酵

（a）种子罐培养基配方（任选一种）

配方一：花生饼粉 0.6%、葡萄糖 0.12%、糊精 0.12%、蛋白胨 0.03%、硫酸镁 0.03%、硫酸铵 0.03%、pH 7.6。

配方二：豆饼粉 0.7%、玉米浆 2.0%、植物油 0.3%、pH 为 7.1～7.2。

配方三：花生饼粉 0.5%、玉米浆 0.5%、葡萄糖 0.2%、pH 为 7.1～7.4。按 0.1%加入甘油聚醚作消泡剂，50L 种子罐投料 30L。

配方四：玉米浆 0.8%、黄豆饼粉 0.1%，灭菌前 pH 为 7.5～7.6，灭菌后 pH 为 6.8～7.2。

（b）发酵罐培养基配方（任选一种）

配方一：花生饼粉 2%、过磷酸钙 0.2%，糊精 1.25%、蛋白胨 0.1%、硫酸镁 0.05%、硫酸铵 0.1%、碳酸钙 0.1%，花生油 0.03%，pH 为 7.6。

配方二：豆饼粉 1.5%、玉米浆 3.0%、碳酸钙 0.5%、硫酸铵 0.2%、硫酸镁 0.03%、植物油 0.1%、pH 为 7.0～7.2。

配方三：豆饼粉 1.5%、鱼粉 0.5%、碳酸钙 0.1%、硫酸镁 0.2%、磷酸二氢钾 0.1%，葡萄糖 1.0%、pH 为 7.2～7.4。

f. 灭菌　为了保证各管路的蒸汽压力，锅炉的总蒸汽压应达到 0.4～0.45MPa。

（a）管路灭菌　所有管路、阀门通入蒸汽灭菌 1h（采用流通蒸汽应维持蒸汽压 0.2～0.3MPa）

（b）发酵罐（种子罐）及培养基灭菌　先于夹层（或罐内冷却管道）通入蒸汽，使培养基预热至 90℃左右，直接通入蒸汽，保持罐内蒸汽压力为 0.1～0.12MPa（温度为 120～126℃），时间 30～40min，然后关闭蒸汽，并用无菌空气保压，使发酵罐罐压始终保持 0.1MPa，同时夹层通入冷水，使培养基迅速冷却至 30～35℃，备用。

(c) 加料罐（油罐）灭菌　油罐贮油量一般不超过总体积的1/2，灭菌时先于夹层通蒸汽使油温达到100℃左右，然后通入蒸汽，压力保持在0.15～0.2MPa（130℃），1h，再放出蒸汽，并用无菌空气补压，冷却至30～35℃后，备用。

g. 接种

(a) 种子罐接种　一般采用茄瓶或摇瓶菌种，茄瓶菌种先用无菌水做成菌液，然后将棉塞换成灭菌橡皮塞，并与种子罐接口接通（无菌操作）。再将无菌空气输入种子罐逐步上升到0.15MPa，然后逐步排气，降压过程中，将菌液吸入种子罐。

(b) 发酵罐接种　当种子罐内的菌种进入生长旺盛期（对数期）时，经检查合格做种子，通过无菌管道输入发酵罐。

h. 发酵条件的控制

(a) 罐温　种子罐和发酵罐中温度的变化，可通过罐壁插孔中放置的温度计进行测量夹层或罐内温度，冷却管中通入蒸汽或冷水来调节，要求温度控制在28～35℃之间。

(b) 罐压　一般种子罐保持罐压0.05MPa，发酵罐为0.03～0.05MPa。

(c) 搅拌　种子罐搅拌转速为250～300r/min，发酵罐为185r/min。

(d) 空气流量　一般种子期搅拌速度快，通风量小1∶(0.5～0.8)对种子发育有利，进入大罐后，减低搅拌速度，再加大通气量（1∶1）。容量为1t的发酵罐，配用1m³/min的空气压缩机，即可达到1∶(0.5～1)的通气量。

(e) 加油　主要作用是消除罐内产生的大量泡沫。

(f) 抽样检查　每小时取样1次，主要测定pH和涂片、染色、镜检菌体发育及有无杂菌污染，在种子罐移种前和大罐成熟期或必要时计菌数。发现菌态异常或菌数骤减的现象，应做平板培养，检查噬菌体。

(g) 培养周期　种子罐培养周期一般约8～10h，当培养液pH降到最低时开始回升，菌数骤然大量增加，菌体涂片观察可见细胞质着色性变强，此时菌种已达到生长旺盛期。如无污染，即可用以接种。

大罐培养周期约为16～24h，当发酵罐内含菌数不再增加，并略有下降，大部分菌体已形成孢子囊，而其中20%左右的芽孢晶体开始脱落时，停止培养。

i. 产品处理

(a) 加填充料　将发酵菌液通过物料管压入贮存罐，加入一定量轻质碳酸钙作填充剂，搅拌30min。

(b) 板框压滤机过滤　0.2MPa压力，将物料由贮存罐压入板框，通过7号滤布过滤，如有混浊现象，可适当降低压力，以不混浊为宜，滤液含菌数不应超过每毫克0.3亿个，否则回收率太低。

(c) 打浆　过滤后，将滤液饼刮入打浆地下罐，按加入碳酸钙量的8%加入浓乳100号，再加适量滤液搅拌30min。

(d) 喷雾干燥　在喷雾干燥塔进口温度达140℃时，将菌浆喷雾干燥，喷嘴流量为400～500L/h，使中层温度保持在65～75℃或在60℃下的烘房内通风干燥。

(e) 粉碎、混合、包装　将旋风分离器内的菌粉与喷雾干燥塔底的菌粉和经粉碎的以后黏附塔壁的菌粉混合装袋，并取样进行质量检查。

(5) 苏云金芽孢杆菌半固体发酵物的后处理

① 粉剂的制备　由于固体发酵到后期，发酵物所含水分不太高，不必经脱水这一步骤，可直接进行干燥后粉碎。粉碎机要达到100目以上的细度，必须选用不发热而效果好的粉碎

机，或自然风干，但应避免将发酵物放置阳光下晒干，以防止阳光中的紫外线破坏其有效成分。粉剂含水分必须在4%以下，这样才能较长时间保持有效成分处于稳定状态。粉剂有原粉、粉剂和可湿性粉剂三种。

a. 原粉　原粉是制备粉剂、可湿性粉剂和油剂的基础原料，因此，原粉所含效价较高，一般情况下由发酵液经浓缩后直接干燥而成。制备高含量的原粉必须有具备高毒力的菌种、高发酵效价和先进的后处理设备。

b. 粉剂和可湿性粉剂　发酵液加入填充料吸附后喷雾干燥或烘干、发酵物浓缩液加填充料后喷雾干燥，固体发酵物烘干后经粉碎均可制备成粉剂。填充料或称为载体，是一类惰性物质，它包括轻质碳酸钙、高岭土、滑石粉等。这种粉剂有疏水性，稀释喷雾时难于湿润，可用于喷粉、制毒土等。为了改善性能可在喷雾干燥前打浆时加入适量的湿润剂，这样制备的为可湿性粉剂，用于稀释喷雾就十分方便。

② 液剂的制备　将半固体发酵培养物制成液剂也是可行的。首先按少量多次的原则将固体发酵物中的芽孢和伴孢晶体在保持稳定的条件下洗脱下来。控制洗脱液的总量，使其最终效价达到或超过产品质量标准，然后加入各种助剂（吸附剂、防腐剂、黏着剂、保护剂等），制备成性能良好的制剂。

a. 水剂　用水作为稀释剂的一类制剂，它可以经发酵液直接浓缩后加助剂而成。它至少应含有防腐剂，以免芽孢萌发和杂菌污染。防腐剂的类型和效果是十分重要的。经贮存，特别是夏季短期贮存后，制剂发臭或产气都使有效成分受到极大的影响，以致不能使用。水剂中离子的种类和含量、有机质的含量对制剂的稳定性影响很大，应尽量减少有机质的含量和对制剂稳定性影响较大的离子含量。能改进制剂性能的其他助剂的加入都是有利的，甚至少量化学杀虫剂的加入也是允许的；经久置后水剂产生沉淀是一种正常现象，这种沉淀是悬浮物的自然沉降，而非化学反应所形成，在使用前摇匀即可。

b. 乳剂　乳剂有油包水和水包油两种类型。助剂的基本成分是联结油相和水相的乳化剂，其他成分与液剂相同，包括防腐剂、为达到等渗压而加入的盐类、湿润剂和黏着剂等。

c. 其他剂型　颗粒剂是经过加工使粉剂充分黏附到颗粒物质（如沙土）等上，用于防治玉米螟等害虫十分方便，且经济有效。

漂浮剂是经加工使粉剂充分黏附到软木锯末、聚丙烯泡沫等上，这些载体能使有效成分漂浮在水面，便于蚊幼虫取食致死。

缓释剂能使有效成分缓慢释放，并能减缓有效成分遭受破坏或降解，从而可延长残效期，提高防治效果。

(6) 苏云金芽孢杆菌致病机理　苏云金芽孢杆菌对昆虫的致病作用是通过它所产生的毒素和芽孢而引起的。一般是伴孢晶体的毒素使昆虫发生毒血症而死亡，由于晶体毒素对昆虫中肠上皮有破坏作用，使肠壁受损，中肠的碱性、高渗内含物进入昆虫血腔，使血液pH升高导致染病幼虫麻痹而死亡。而芽孢是在肠道中萌发为菌体通过由晶体毒素破坏的中肠肠壁进入血腔，菌体在血腔中进行繁殖从而引起昆虫败血症的发生，造成染病昆虫的死亡。而β-外毒素是RNA聚合酶的竞争抑制剂，可干扰昆虫有关激素的合成，从而导致幼虫发育畸形或不能正常化蛹。苏云金芽孢杆菌虽然有较强的杀虫能力，但它必须经吞食过程进入体内才能杀死昆虫。因此，在实际应用中，将其与吸引昆虫的物质一起喷洒，可以增加昆虫吞食的可能性。

(7) 苏云金芽孢杆菌在害虫防治上的应用　苏云金芽孢杆菌类的各变种对鳞翅目、膜翅目、直翅目、双翅目、梢翅目等350余种昆虫有不同程度的防治效果，但主要应用于防治下列害虫。

- 经济作物类　棉铃虫、红铃虫、造桥虫、烟青虫。
- 蔬菜类　菜青虫、小菜蛾、菜螟。
- 粮食作物类　二化螟、三化螟、稻苞虫、稻纵卷叶螟、玉米螟等。
- 果树类　松毛虫、桃小食心虫、尺蠖、大袋蛾、卷叶蛾等。

① 苏云金芽孢杆菌的使用方法　苏云金芽孢杆菌杀虫效果对虫龄越小防治效果越好，使用时必须掌握好时机和用量。苏云金芽孢杆菌农药药效较慢，一般害虫进食 30min 后停止危害作物，24h 开始死亡，48h 达到死亡高峰，72h 死亡率达 95%以上。

a. 单用喷粉，喷雾均可。

b. 混用　为提高药剂的防治效果，特别是在害虫大面积发生和多种害虫混合发生时，可与非碱性的杀虫双、杀虫单、甲胺磷、三唑磷等常用化学杀虫剂混用，作用互补，效果更佳。但必须现配现用，最好不和其他杀菌剂混用，以免影响防治效果。

c. 与其他生物农药混用　可与白僵菌、小菜蛾 GV 等混用。

② 苏云金芽孢杆菌使用注意事项

a. 温度　使用苏云金芽孢杆菌制剂的适宜温度在 25℃以上，温度过低完全失去杀虫作用；在 25～35℃时使用，其防治效果比 10～15℃时高出 1～2 倍，温度低于 20℃时最好不使用。

b. 湿度　环境湿度越大，其防效发挥越好。因此，宜在早晚有露水时喷施粉剂，利于菌剂黏附在茎叶上，并促进芽孢繁殖。较湿润的土壤有助于菌剂的吸附，从而提高杀虫效果。

c. 阳光　为了避免阳光中紫外线对苏云金芽孢杆菌芽孢的破坏作用，最好在阴天或晴天下午 4 时以后使用，如能在苏云金芽孢杆菌中加入粗精蜜、玉米糖浆或洗衣粉，其防效更佳。

d. 雨水　中到大雨会冲刷喷洒在茎叶上的药液，降低防效。如果喷后 5h 下毛毛细雨，有增加防效作用。

2. 白僵菌制剂的生产

在昆虫真菌病害中，由白僵菌引起的病害约占 21%，白僵菌可用作防治玉米螟、大豆食心虫、松毛虫等农林害虫，均能收到良好的效果。

(1) 白僵菌生物学特性　白僵菌属半知菌纲链孢霉目链孢霉科白僵菌属。被白僵菌寄生的昆虫，虫体坚硬，体表长有白色的菌丝层。通常为“白僵病”或“硬化病”。白僵菌分布甚广，我国从海南岛到黑龙江都有分布，白僵菌能寄生于 200 多种昆虫和螨类。白僵菌菌丝体直径为 1.5～2μm，具隔膜和分枝，表面色泽具白色至不同程度的乳色，或略带橙黄色或红色，偶有绿色。分生孢子梗单生或分枝，小枝梗最后形成产孢细胞，后端为球形或瓶形。孢子生于产孢细胞的顶端，孢子直径约为 2～2.5μm。目前已知白僵菌有两种，即常见的白僵菌和卵孢白僵菌。

白僵菌的分生孢子在 5～30℃之间均可发芽，18～28℃（平均 25℃），相对湿度 90%以上，pH4.4 的情况下萌发率最高。在饱和湿度条件下极易生长杂菌。菌丝在 13～36℃间均能生长，生长适温为 21～30℃，相对湿度为 98%以上，pH 为 4.5。在 30℃，相对湿度为 70%以下，pH 为 6 的情况下，最适于分生孢子的产生。

白僵菌在培养基上可保存 1～2 年。在干燥条件下甚至可存活 5 年。在虫体上可维持 6

个月。在直射阳光下曝晒，则很快失去活力。

(2) 白僵菌的生产　白僵菌的土法生产通常采用三级固体发酵。第一级培养，即斜面培养；第二级培养是用三角瓶或罐头瓶培养，以麦麸等为培养基，高压灭菌、接种斜面菌种，在25～28℃下培养7～10d即可长出白色粉状孢子，供三级培养基接种用；第三级培养也要严格控制杂菌的污染。近来研究出用无菌锯木覆盖法曲盘式开放培养白僵菌的方法，通气性好，菌丝生长旺盛，可缩短培养时期，还能使培养料保持一定的温湿度，使白僵菌生长有一个良好的环境条件，培养的菌剂质量高，孢子多。有些地方还采用了通风发酵培养法、塑料袋培养法、泥罐培法等。此外，也可采用液体深层发酵工业生产，下面介绍土法生产。工艺流程如下：

引进菌株→斜面培养→二级固体→三级固体扩大培养→干燥→粉碎过筛→成品包装

① 斜面菌种培养　用马铃薯培养基进行接种培养，在25～28℃下培养3～5d，即得布满绒粉状白色孢子的斜面菌种。若出现菌丝生长慢，孢子不匀或不长孢子，或菌苔变薄等，都是退化现象，需另行分离或变换培养基复壮。

② 二级菌剂培养　二级菌剂培养包括液体菌剂和固体菌剂。液体菌剂接种效果比固体菌剂好，但培养液体菌剂要有振荡或无菌通气设备。

③ 液体培养基　用1∶1淘米水加1%的糖，装瓶消毒后接种。在24～26℃下振荡培养72h，菌液黏稠、镜检没杂菌污染即可使用。

④ 固体菌剂配方　碎大米95%，谷壳5%，料∶水=1∶0.7，混匀，装进500mL玻瓶，每瓶装50g，牛皮纸或报纸封口，0.1～0.15MPa灭菌1h，趁热摇散，移入接种室放冷。每支试管种接5～6个玻瓶，摇匀，24～28℃培养，24h出现菌丝白点，若不均匀可再摇一次。72h后菌丝茂盛，翻瓶，5～7d后，白色孢子布满全瓶，呈白粉状，并分泌透明无色水珠。若水珠混浊，则是细菌污染，不能使用。

⑤ 三级扩大培养

a. 培养料配方　米碎50%，统糠45%，谷壳5%，料水比为1∶(0.7～0.8)。

b. 培养-塑料袋及浅盘法　料水混匀后，每袋装湿料500g，常压消毒4h，装袋时不可挤压过紧。灭菌后冷却至室温，每袋倒入20mL菌液，充分混匀。22～25℃培养1～2d后，倒出置于干净浅盘或竹筛上，28℃培养至整块料呈白粉状，45℃烘干。

c. 竹匾法　消毒锅可用蒸笼式的，或泥砖式的。最简便的方法是利用旧汽油桶做成连环灶。竹匾以桶内径为直径，高8cm，每桶大约放7～8个。料拌匀后松松装入竹匾，厚约5～6cm，即可置桶内消毒，桶口铁锅盖上，并压适当重物，常压灭菌2～2.5h。灭菌后可在竹匾里进行接种，倒入液体菌剂或接入质量良好的玻瓶菌剂，按培养料的5%～10%接种液体菌剂，玻瓶菌剂为2%，充分拌匀，上面覆盖一层灭菌纱布或报纸，28℃培养至整块料呈白粉状，45℃烘干。

d. 通风发酵池法　在洁净无风的房子里按需要建一个通风发酵池装置，使用前先用0.5%的新洁尔灭液或1%的新鲜漂白粉液喷雾消毒，也可用清水冲洗后趁湿撒上一层生石灰粉。培养料充分拌匀后装进布袋，每袋5kg，常压灭菌2～2.5h，冷却后倒入发酵池，接入液体菌剂，接种量为5%～10%，拌匀后摊在池子里，高10～15cm。上面覆盖灭菌报纸或纱布，28℃培养至整块料呈白粉状，45℃烘干。

(3) 白僵菌的致病机理　白僵菌的杀虫作用主要是通过孢子接触到虫体后，遇到适宜的温度和湿度就能萌发，形成菌丝。菌丝可穿透虫体体壁伸入体内，进行繁殖。白僵菌对虫体的致病作用，一方面由菌丝生长的机制作用引起，另一方面菌丝在虫体内繁殖的同时产生草酸钙结晶和白僵素，此类代谢产物能引起虫体中毒变硬。也有人认为，白僵菌孢子萌发后生长并分泌几丁质酶和蛋白质毒素（接触毒素），这种酶和毒素能溶蚀昆虫体壁。

虫体感染白僵菌初期并无特殊病症，后期体表多处产生油斑状湿润性病斑，幼虫此病斑无色。虫体在产生病斑后表现食欲不振，行动迟缓。幼虫感染后一般3～7d死亡，成虫稍晚些。死虫体变僵硬，体表长满白僵菌菌丝，虫体变成白茸毛状的白僵虫。白僵虫上的菌丝还可产生孢子，其他虫体接触后也能感染发病致死，有传播病原效能。白僵菌的杀虫作用属于触杀类型，但是害虫吃了附有白僵菌的食物也可经胃中毒而引起发病，这是内侵染途径。

(4) 白僵菌的应用

① 白僵菌的防治效果　白僵菌制剂具有触杀性能，防治范围广谱，残效期长，扩散力强等特点。

国内的许多试验研究表明，利用白僵菌防治玉米螟、大豆食心虫、松毛虫、茶毛虫、卷叶蛾、叶蝉、甘薯象甲效果较好。目前我国各地开展的生物防治中白僵菌占相当重要地位。特别南方13省利用白僵菌防治松毛虫已获完全成功，松毛虫致病死亡率在80%～95%，广东、湖南、江西、福建、河北、吉林、贵州等省已大面积推广应用。

玉米心叶期和玉米螟卵孵化高峰期用白僵菌10倍的颗粒粉，每株2g，每克含菌孢子100亿，对春玉米第一代玉米螟的防效为70%左右，对夏玉米的第二代玉米螟防效为60%左右，比单用化学农药好。若混入少量化学农药（如0.25%辛硫磷）效果可达80%～90%。用白僵菌防治玉米螟不仅在田间残效期长，而且在越冬期仍有36%～55%的幼虫被寄生，使其在下一年不能化蛹或羽化。这样连年使用，可大大降低口虫密度。

② 施用方法　白僵菌制剂使用有喷液、喷粉、拌土、土壤处理、涂茎、颗粒剂、灌心叶等。

a. 喷菌液法　先将菌剂用30℃左右的温水浸泡2～3h后，按菌粉含量用水稀释至每毫升含1亿孢子的浓度，直接喷在植物枝叶上。

b. 喷菌粉法　用菌粉直接喷洒或掺入3%敌百虫配成菌药合剂。为使喷施均匀，可用填充剂稀释，但要求每克菌粉中含孢子量达到1亿。在防治松毛虫时，喷粉或喷雾的方式有带状喷粉、喷雾，块状喷粉、喷雾，全面喷粉、喷雾，或在一定范围内设若干喷菌点，高浓度集中放菌，制造发病传染中心。

吉林省在防治越冬代玉米螟时，用白僵菌粉封玉米茬垛（玉米茬堆垛时，分层喷上白僵菌粉，每平方米用药量为0.075kg），越冬代玉米螟死亡率可达86.1%。

c. 颗粒剂法　用炉渣颗粒剂在玉米抽雄前（即喇叭口期）撒于玉米心叶中，其效果相当于目前用化学农药的防效且无任何毒副作用。

对大豆食心虫，可在秋季幼虫脱荚前在豆田撒施白僵菌粉，1/15公顷（每亩）用5kg浓度为1∶10的菌细土，可将准备越冬的幼虫大部分消灭。连续防治二年，能大大减少大豆食心虫的危害。

d. 放活虫法　在松林间将4龄以上的幼虫采回，用每毫升5亿孢子的菌液将虫体喷湿，然后放回林间，让活虫自由爬行而将白僵菌孢子扩散。每点释放带菌虫400～500条。此法在松林中应用，效果良好。

③ 注意事项

a. 养蚕区不宜使用；

b. 贮存在阴凉干燥处；

c. 人体接触过多，有时会产生过敏性反应，出现低烧、皮肤刺痒等，使用时注意皮肤的防护；

d. 不能与化学杀菌剂混用。

3. 绿僵菌制剂的生产

绿僵菌是寄生于多种害虫中的一类真菌。它通过体表或取食作用进入害虫体内，在害虫体内不断繁殖，并通过消耗营养、机械穿透、产生毒素，不断在害虫种群中传播，使害虫致死。绿僵菌也是一种广谱杀虫真菌，其致病作用是靠分泌的腐败毒素 A、腐败毒素 B 使昆虫中毒而死。

(1) 绿僵菌的生产　绿僵菌的生产方式与白僵菌相似，但要求的培养温度、湿度较严格。其生产工艺详见本项目任务三。

(2) 绿僵菌的致病机理　绿僵菌的病理过程与白僵病相似，但分生孢子的发芽及发育均较白僵菌缓慢。当绿僵菌菌丝浸入寄主体腔后，生长繁殖迅速，并随血液淋巴循环侵入各器官组织，直至整个体腔充满菌丝和菌丝体。在绿僵菌生长繁殖的同时，分泌的绿僵素类毒素，使初期聚集于菌丝及菌丝体周围的吞噬细胞失去吞噬作用，致使菌丝体大量繁殖。侵入脂肪体细胞的营养菌丝吸收脂肪体细胞营养物质，使之结构破坏、崩解，故血液出现混浊。毒素是主要影响因素，使组织细胞因失液而严重脱水导致死亡。

(3) 绿僵菌的应用　利用绿僵菌防治害虫的方法很多，它可进行大面积田间撒布，也可拌种或混入肥料内，或制成颗粒剂施用防治害虫。在绿僵菌剂中加入少量化学农药，有增效作用。

① 防治松毛虫　为了充分发挥绿僵菌的最大杀虫效果，应根据绿僵菌生物学特性和虫情消长规律掌握好以下几点。

a. 放菌季节和天气　根据绿僵菌在 24～28℃、相对湿度 80%以上的条件下发育良好的特点，其喷菌季节可选择春季防治越冬代幼虫，即主攻越冬代、控制一二代为好。尤其在放菌后遇上连续 7～10d 的阴雨天气，杀虫效果更为明显。天气对喷菌效果有很大的影响，一般阴雨后初晴空气湿度大时比晴天喷菌好，早晚比中午好，风力 1～2 级比 3 级以上大风好。因此要抓住有利时间放菌，可提高杀虫效果。

b. 喷菌方式和用量　由于绿僵菌有重复感染、扩散蔓延的特点，最大限度地发挥绿僵菌的这些特点，可降低防治成本，因此，在使用方法上首先要准确掌握松毛虫发生地，并根据虫口密度大小，分别采取全面喷菌、带状喷菌或点状喷菌的方式，即可起到控制虫害的作用。为了提高杀虫效率，可适当混合低浓度的化学农药，以降低松毛虫的抵抗力，并使孢子均匀分布水中，提高杀虫效果。除此之外还可采用放沽虫法和虫嗜扩散法。

(a) 放活虫法　在林间采集 4 龄以上幼虫，带回室内，用 5 亿个孢子/mL 的菌液将虫体喷湿，然后放回林间，让活虫自由爬行扩散，每释放点放虫 400～500 条，此法扩散效果好。

(b) 虫嗜扩散法　放菌以后，将绿僵菌感染的死虫捡回，撒在未感染的林地上风口处，或将虫尸研烂，用水稀释 100 倍喷雾等方法杀虫。

c. 放菌地区的选择　根据绿僵菌治病条件，一般在山脚、山腰和山谷地，植被较厚、郁闭度大、林间湿度大的林地致病率高，反之则差。

d. 选好喷菌地点　喷菌点选择是否恰当，对绿僵菌的扩散感染力有很大关系。喷菌点应选在山上小盘地或山腰凹处，郁闭度大、植被厚的地方好，以利扩散感染。

② 防治玉米螟　使用方法主要是采用颗粒剂。颗粒剂的制法是将每克含绿僵菌孢子 100

亿个的菌粉加20倍煤炭渣（或草木灰等）作填充剂，加适量水即制成5亿个孢子/g的颗粒剂。根据虫情调查，在玉米螟孵化高峰期后，玉米植株出现排列状花叶之前第一次用药；在心叶末期，个别植株出现雄穗时第二次用药，共2次。用药时将绿僵菌颗粒剂撒在玉米的喇叭口及其周围的叶腋中，每亩用药量不少于0.5kg纯菌粉。也可以用1∶100倍的绿僵菌浇灌玉米心，每亩用药液60～80kg。在配制绿僵菌颗粒剂时，加进少量化学农药，能提高杀虫效果。

③ 防治叶蝉和稻气虱　使用方法如下。

a. 采取撒粉法　根据产品孢子含量不同，每亩用0.25～0.5kg加15kg干糠头灰（或草木灰）或25kg干黄泥（过筛细粉）拌匀。以傍晚撒施为好。

b. 喷雾或泼浇　要求菌液配成含孢子量1亿～2亿个/mL，按水量加入0.15%～0.2%的洗衣粉，制成悬浮液。产品、洗衣粉、水三者必须同时加入浸泡。产品浸泡时间15min～1h为宜，浸泡后搅匀过滤即可喷雾。每亩必须喷足60kg以上菌液，如粗喷或泼浇应再酌情加水稀释。利用绿僵菌可防治早稻和晚稻的黑尾叶蝉，一般在施菌7d后虫密度下降80%～90%，同时能兼治稻螟蛉、稻纵卷叶螟、稻孢虫等多种水稻害虫。

注意事项：绿僵菌对稻叶蝉、稻飞虱等致死速度比化学农药慢，要6～9d后才开始大量死亡。故防治稻叶蝉、稻飞虱时，应坚持以防治为主的原则，不宜在害虫暴发危害时匆忙施菌。阴天、小雨天适时施菌，晴天要在下午4时进行。施菌3d内保持田间有水，以提高田间湿度。水稻苗期（未封行前）以喷雾为好，气候适宜撒粉亦可。封行后密度高，宜用粗喷或泼浇等法。秧田期宜在傍晚喷雾为好。

④ 防治大豆食心虫　使用方法：在大豆食心虫脱皮入土化蛹前，向地面喷布绿僵菌粉。每亩用0.5～0.75kg（每克含孢子100亿个）。大豆食心虫脱皮在地面爬行、虫体黏附绿僵菌孢子后，在土壤中感染而死亡，一般防治效果为70%～80%。

⑤ 防治花生田中的蛴螬　使用方法：可采用菌土和菌肥使用方式。菌土就是用绿僵菌制剂2kg（1g含孢量23亿～28亿个）拌湿细土50kg，中耕时均匀撒入土中。菌肥是用2kg菌剂和100kg有机肥混合拌匀，中耕穴施于田间，然后埋土。豆田每亩用菌剂3kg，以菌土或菌肥在中耕期使用。

4. 庆丰霉素制剂的生产

庆丰霉素是新农用抗生素。与春雷霉素相比，它具有利用原料广、生长快、产量高、不易污染、不用油、后处理较易等优点。它除了对稻瘟病和小麦白粉病防效较好外，还对水稻小球菌核病、白叶枯病有一定疗效。近年来又发现它对茶蚜、豆蚜、花生蚜等害虫也有效果，是一个很有发展前途的病虫兼用抗生素。庆丰霉素生产工艺简单，成功率高，一般微生物厂都可生产。

(1) 庆丰链霉菌生物学特性　庆丰链霉菌孢子丝呈窄螺旋形，孢子半圆或瓜子形，表面带刺，能广泛利用碳源，以饼粉、鱼粉、蚕蛹粉等为氮源；对水质要求严格，在含有过多矿物质硬水配制的培养基上发育不良；最适温度为28～30℃，最适pH为6.0左右，好气。在不同的琼脂培养基上有不同的表现，在黄豆饼粉、葡萄糖斜面上，生长快，呈深灰色，菌苔背面淡黄色，分泌淡黄色素进入培养基内。在黄豆饼粉、葡萄糖平皿上分离时，菌落有五种形态，菌落中间隆起，边缘光滑，无皱纹，有的呈同心圆的轮纹，孢子灰色，有时有白色边缘；菌落呈梅花瓣形，有的呈同心轮纹，孢子灰色；菌落中间隆起，边缘细碎，无皱褶，隆起部分呈白色；菌落呈馒头状，深灰色；菌落呈馒头状，白色。一般以前两种菌落为正常类型。后三种类型为变异形，产量较低。

(2) 生产工艺

① 生产流程

斜面菌种→米饭孢子→固体发酵→干燥、粉碎、包装→成品

② 斜面菌种生产　培养基：黄豆饼粉 10g，淀粉 10g，NaCl 0.3g，$MgSO_4$ 0.05g，$CaCO_3$ 0.2g，K_2HPO_4 0.1g，蔗糖 10g，琼脂 20g，水 1000mL，pH 7.5。如果水质硬度过大，应先煮沸沉淀后才能使用（下同），否则发酵不良。

接种后置 28～30℃培养 1d，斜面即出现白色气生菌丝，3d 后逐渐变鼠灰，最后变深灰，孢子浓密均匀，即可使用。由于菌种易退化，所以要妥善保藏。

③ 米饭种子培养　大米：水＝1：0.7，若能加入 1%的蔗糖效果更好，浸渍 2h，蒸熟后加入 10%的稻壳，5%的草木灰，混合后装入细口瓶，每瓶 50g，0.15MPa 灭菌 1h，接种后置 28℃培养 5d 左右，培养料产生大量深灰色孢子，分泌大量微黄露珠，如果露珠混浊则是细菌污染，不能使用。

④ 固体发酵　庆丰链霉菌的培养料广，很多农副产品都可用来生产庆丰霉素。用秕谷粉、统糠为原料生产庆丰霉素，成本低，原料丰富，操作容易。配方：秕谷粉（或统糠或麦麸）65%，砻底米碎 35%，草木灰 2.5%，加入 1%的糖效果更好。料：水＝1：(0.7～0.8)，用石灰调 pH 为 7.5～8.0。发酵容器可用广口瓶、塑料袋、细口瓶三种。每瓶装至 3/5 为度，擦干净瓶口，包扎上牛皮纸即可灭菌。若用塑料袋做发酵容器，每袋装湿料 300g。筒口用牛皮纸包扎，0.15MPa 灭菌 1h，趁热摇散，立即置无菌室在紫外线灯下放冷，至不烫手时即可接种，用接种匙铲取 1～2 匙迅速接入，每瓶米饭种子可接 50 瓶，接种后立即摇匀，送入保温室培养。28～30℃培养 7d 后翻瓶、袋，继续培养 14d，料布满深灰色孢子，气味霉香，分泌清晰微黄水珠于瓶底，用手打瓶时，可见瓶中形成浓密深灰色孢子雾，若粘连发臭则培养失败。

⑤ 产品后处理　用广口瓶或塑料袋生产的庆丰霉素产品，可直接倒出干燥。用细口瓶生产的庆丰霉素，由于口小不易倒出，可注入一些水，直接冲在网筛上，不经压榨即摊在水泥地板上晒干，从网孔流出的液体可反复注入瓶中使用，至液体呈浓稠状，即可浓缩成药液使用。也可用 80～100℃温度烘干。干燥后的产品，粉碎过 80～100 目筛，装入塑料袋密封。药液可加入工业废酸调 pH 为 3.0，封罐贮藏。

⑥ 产品质量简易检查　一般采用管碟法测定产品效价，现介绍简单方法：取几束繁茂的稻禾，将待测产品搅拌浸渍 4h 后取滤液稀释成 1：50、1：70、1：100、1：150 等浓度，喷至接上稻瘟菌液的稻禾，同时做 2～3 束不喷药的稻禾作对照，置 28℃，5～7d，检查效果，以防效 80%～90%为合格品，并以此计算庆丰霉素产品最大稀释倍数。也可先寄一点样品到科研单位检验，然后以此样品为标准，若该样品效价为 10000 单位/g，则以 1：250 的药液为标准液（因庆丰霉素防治水稻苗茎瘟最低有效浓度为 40×10^{-6}g/mL，如果待测产品 1：100 稀释液喷上稻束后药效与标准液近似，则待测产品效价约为 $10000\div250\times100=4000$ 单位/g）。

(3) 庆丰霉素生产中应注意的几个问题

① 选用优良菌种　菌种传代次数不宜过多，一般不超过 3 代（沙土管移出为第一代，斜面再移植一次为第二代）。生产菌种一定要新鲜，最好生产一批应用一批。用斜面菌种接种时，不能使用接种铲，而应该蘸取孢子接种，否则易发生退化。

② 准确配制培养基　配方不要随意改动，特别注意水的质量。斜面灭菌后若出现冷凝

水过多，要置温箱干燥后才能用。另一方面，切忌把菌种置接种室里用化学药剂消毒。

③ 及时装料　在20℃以上时，配料拌匀后要立即蒸熟装瓶灭菌，若放置2h以上即开始生异味，杂菌将影响庆丰菌种的生长。在灭菌过程中，要做到既熟透又易弄松散。

④ 合理控温　在整个发酵过程中，必须注意品温和培养温度。一开始品温急剧上升，一般为细菌污染，可立即倒出用清水洗净后晒干，依然可作配料使用。庆丰霉素发酵时失水快，每个保温橱要放置一盆清水保持湿度，并及时添加蒸发掉的水分。发酵收获期也要灵活掌握，一般以发酵产品气味和状态进行判断，过早过迟收获，都会降低效价。

⑤ 保持环境清洁　每星期清扫一次，并用2%的来苏尔喷雾消毒，有利于防止污染。

(4) 庆丰霉素的应用　庆丰霉素防治水稻稻瘟病的原理，是该抗生素能影响稻瘟菌的发育，使其生长畸形而丧失致病能力。

庆丰霉素可与酸性农药、激素合用，但不要和碱性农药合用。同时要加少量洗衣粉作黏着剂以增强药效。使用粉剂时一般要先浸渍1～2h，1/15公顷（每亩）用水量为50～75kg，喷雾要均匀（表5-1）。如果和井冈霉素混合用，能大大提高防治纹枯病和稻瘟病的效果。因庆丰霉素对纹枯病也有一定效果，两种抗生素同时对小球菌核病也有效，所以在纹枯病、稻瘟病老病区，提倡两素合用。

表5-1　庆丰霉素使用方法

<table>
<tr><th>作物</th><th colspan="2">使用方法</th><th>浓度/(g/mL)</th><th>防治对象</th><th>效果</th></tr>
<tr><td rowspan="5">水稻</td><td colspan="2">浸种24h</td><td>100×10^{-6}</td><td>小苗、茎瘟</td><td>95%～100%</td></tr>
<tr><td colspan="2">浸种根24h</td><td>100×10^{-6}</td><td>叶、苗、茎瘟</td><td>95%～100%</td></tr>
<tr><td colspan="2">苗期、生长期喷施</td><td>$(40\sim60)\times10^{-6}$</td><td>叶、苗、茎瘟</td><td>80%左右</td></tr>
<tr><td rowspan="2">喷施</td><td>破口期一次</td><td>$(60\sim80)\times10^{-6}$</td><td>穗颈瘟</td><td rowspan="2">70%～80%</td></tr>
<tr><td>7d后再一次</td><td>$(60\sim80)\times10^{-6}$</td><td>穗颈瘟</td></tr>
<tr><td>小麦</td><td colspan="2">喷施</td><td>40×10^{-6}</td><td>白粉病</td><td>90%以上</td></tr>
<tr><td>花生、豆类</td><td colspan="2">喷施</td><td>$(80\sim100)\times10^{-6}$</td><td>蚜虫</td><td>80%～90%</td></tr>
<tr><td>茶</td><td colspan="2">喷施</td><td>100×10^{-6}</td><td>蚜虫</td><td>90%以上</td></tr>
</table>

知识链接

伟大的发现产生于意外的失误

亚历山大·弗莱明是英国的细菌学家。1928年，47岁的弗莱明在英国圣玛丽学院担任细菌学讲师。由于金黄色葡萄球菌是一种分布广、对人类健康威胁最大的病原菌，如伤口化脓就是它在作怪，因此，弗莱明当时还兼作这种病菌的研究工作。

弗莱明在几十个细菌培养皿中接种上金黄色葡萄球菌，进行人工培养，待金黄色葡萄球菌大量繁殖后，再通过实验观察各种药剂对金黄色葡萄球菌的作用效果，从中寻找杀灭该菌最理想的药物。时间一天天地过去了，一次又一次地培养、试验，但却未收到满意的结果。

1928年秋天的一个早晨，弗莱明像平常一样准时来到实验室。他偶然发现，有一只细菌培养皿中的培养基意外地发霉了，长出一团青绿色的“霉花”，这就是细菌研究工作中常说的染菌，细菌学家最讨厌这种情况。然而细心的弗莱明没有恼火，反而将这只培养皿放在显微镜下观察，奇迹出现了：在“霉花”的四周葡萄球菌死光了。

弗莱明和助手一起小心翼翼地培养繁殖这种霉菌，再把培养液加以过滤，滴到葡萄球菌中去。几个小时后，葡萄球菌果然死光了。

后来，弗莱明又把霉菌培养滤液加10倍甚至100倍水稀释，杀菌效果仍然很好。接着他又着手在动物身上做试验，充分证明它不仅杀菌能力强而且无毒性。

弗莱明把青霉菌分泌出来的有强大杀菌能力的物质，叫做“青霉素”。但是由于青霉素性质不稳定，无法将液体培养基中的青霉素提取出来，因而无法在临床实践中运用。

第二次世界大战的来临，促使人们去关心以往各种有关抗菌药物。1938年，英国牛津大学病理学家弗洛里和德国生物化学家钱恩从期刊资料中找到了有关青霉素的文献。1939年他们得到了英国和美国有关组织和基金会的支持。经过一年多的努力，弗洛里和钱恩终于提纯了青霉素的结晶。

1940年，青霉素时入临床试验阶段，经过对五位受试者的临床观察，证明青霉素具有较好的效果。1943年青霉素药物完成了商业化生产并且正式进入临床治疗。青霉素对猩红热、梅毒、白喉、脑膜炎、淋病等疾病都有明显的治疗效果。20世纪80年代以后，青霉素类的抗生素已有数十种之多，并且在临床实践中得到广泛的应用，挽救了成千上万人的生命。

关于青霉素的一个相关报道：

据英国媒体2003年9月7日报道，英国科学家日前通过一项最新研究披露了一个惊人的秘密：1944年7月希特勒在一次暗杀行动中受了重伤，生命垂危，但是，同盟国研制的青霉素却在无意中帮了希特勒的大忙，让他起死回生，否则，二战的历史有可能会就此改写。

长期以来，历史学家们一直都认为，希特勒是因为使用了德国或捷克制造的青霉素进行了紧急抢救而幸存。

英国一位著名的微生物学家韦恩莱特博士日前指出，他通过大量研究发现了一个惊人的秘密：希特勒使用的灵丹妙药青霉素并非是由德国或捷克生产制造的，而是同盟国研制的高级青霉素。据报道，青霉素是1928年由英国科学家发明的，但长期以来，世界各国一直都不能生产高纯度的青霉素。后来，英国把如何制造高级青霉素的技术秘密转让给了美国，但是，美国制药商们把这类高级青霉素卖给了诸如西班牙和阿根廷之类的中立国家。几乎可以肯定，有一小部分青霉素从这些国家流落到医生的手中，其中包括希特勒的私人医生。

【来源于《科技日报》】

5.“鲁保一号”除草剂的生产

（1）“鲁保一号”菌种的生物学特性　“鲁保一号”是一种真菌除草剂，其菌种属于半知菌亚门黑盘孢目、毛盘孢菌属炭疽菌，能使亚性寄生杂草菟丝子感染炭疽病死亡。1963年山东省农业科学院植物保护研究所首次从大豆的寄生杂草菟丝子上分离获得。

①“鲁保一号”菌种形态　在马铃薯培养基上形成菌丝体和分生孢子，其菌丝有隔，分生孢子着生在分生孢子梗上或生于孢子盘中丛生小梗上，孢子呈纺锤形或椭圆形，无色，单生成熟小梗分离，堆聚到小梗末端侧旁，呈头状，孢子大小为（10.6～31.6）μm×（2.9～

5.6)μm。在马铃薯琼脂平板上培养2d菌落呈放射状，橘红色黏团，4～5d后菌丝产生黑色分生孢子盘。

②“鲁保一号”菌种的生活条件　该菌种对营养要求不严，能利用葡萄糖、蔗糖、淀粉、豆饼、花生饼和硫酸铵等为碳源、氮源，适量的磷、钾、镁、锌等元素有助于生长。其适宜生长温度25～28℃，32℃以上或20℃以下生长缓慢；50℃下10min死亡，孢子能耐低温，0℃时能保存一年以上，孢子发芽需要一定水分，要求相对湿度达95%～100%，同时还要求良好的通气和pH为6.0～6.5的条件。

(2)“鲁保一号”菌剂的土法生产

① 工艺流程

斜面菌种→二级种子扩大培养（液体或固体）→三级固体发酵→干燥→成品

② 操作步骤

a. 斜面菌种

配方一：马铃薯、蔗糖、琼脂培养基、pH7.0。

配方二：马铃薯、蔗糖、菟丝子种子10%培养基、pH7.0。

以上配方任选一种，装入试管，于0.12MPa，灭菌30min，经无菌检查后接种，培养在25～28℃恒温箱内2～4d，斜面长满橙黄色至橘红色孢子，检查无杂菌即可备用。

b. 二级种子扩大培养

(a) 液体种子培养　培养基配方：花生（或黄豆）饼粉3%，淀粉3%，玉米浆2%，硫酸铵1%，碳酸钙0.4%，水98%。

先将花生饼粉（或黄豆饼粉）、玉米浆放入锅中加水煮沸再加入其余养料，溶化后装三角瓶（装量约1/5），高压灭菌（0.15MPa）1h接种（斜面菌种加无菌水10mL），每支斜面菌种悬液可接三角瓶5～6瓶，放在摇床上，25～28℃下，振荡培养2～3d，培养液呈橘红色，含菌量为每毫升3亿～6亿，即可作三级固体发酵使用。

(b) 固体种子培养　培养基配方：麦麸80%，豆饼粉10%，玉米面6%～8%，硫酸铵1%，氢氧化钠0.5%。

以上原料拌匀后加水，加水量为干料的0.8～1倍，装罐头瓶，装量约1/3，瓶口用纱布垫（中间夹棉花），纱布外用牛皮纸包扎，压力为0.15MPa灭菌1h，灭菌后趁热摇动瓶中料数次，使料松散，冷却至30℃左右接种（将斜面菌种加入10mL无菌水制成菌悬液），用无菌玻璃棒将原料拌匀，置25～28℃恒温下培养4～6d（每天摇动一次）待长满橙黄色的孢子时抽样检查，每克含孢子数在5亿以上，且无杂菌者为合格。

(c) 三级固体发酵

培养基（任选一种）

配方一：麦麸80%，豆饼粉5%，玉米面5%，谷壳10%。

配方二：麦麸90%，甘薯面5%，玉米面5%。

配方三：细米糠40%，麦麸40%，玉米面10%，甘薯面10%。

将原料混匀加水至手捏成团，触之即散为宜，装入布袋，放入高压锅压力为0.15MPa灭菌1h，灭菌后冷却至30℃左右，在无菌室接种，将布袋灭菌料分别倒至曲盘中（经灭菌的），用无菌竹片铺平，接种量按固体、液体菌种分别计算，若用固体菌种，接种量按原料干重的5%～10%，若用液体菌种，接种量为20%～30%，拌匀后将料摊平，厚度为2～3cm，盖上无菌报纸（塑料薄膜）在温室培养。

培养管理

温度：培养室的温度要控制在25℃为好，使料温保持25～27℃为宜。

水分：接种2d后应在曲盘表面喷无菌水（或冷开水），每天2～3次，若盖塑料薄膜还要抖水，温度超过28℃，开窗通风降温，减少水分。

扣盘：当料温超过27℃，每天应扣盘2次，有利于曲料疏松，提高通气性。

防止污染；出现料面有霉菌污染，立即排除，用酒精棉球擦拭长过杂菌的地方。

干燥保存：产品风干（含水量10%）后，存于阴凉干燥处。

(d) 菌剂质量检查

产品的质量检查主要测定产品的含菌量和孢子发芽率。常用血球板计数法测定含菌量，稀释平板法测定孢子发芽率。将接种平板放在28℃下培养8～12h，揭开皿盖在低倍显微镜下检测，算出发芽和不发芽的孢子数，移动目镜视野测3～5点。

$$\text{孢子发芽率}=\frac{\text{发芽孢子数}}{\text{发芽孢子数}+\text{不发芽孢子数}}\times 100\%$$

$$\text{每克产品中活孢子数}=\text{每克产品含孢子数}\times\text{孢子发芽率}$$

每克土法产品应含孢子数10亿以上。20亿～40亿为优良成品。

(3)“鲁保一号”的应用

① 使用方法　一般采用菌液喷洒法。使用前，先将菌剂装在双层纱布袋里，加清水搓洗几遍，使菌剂中孢子洗下，然后加水稀释，每毫升稀释菌液含（2～3）千万活孢子，进行喷洒。菌剂的加水倍数，应由每克菌剂的孢子数和发芽率决定。即：

$$\text{加水倍数}=\text{每克菌剂活孢子数}\div\text{使用浓度}$$

② 使用效果　菌剂使用效果不仅与菌剂质量有关，同时也受菌液浓度、使用时间、田间湿度等因素影响。早晨、傍晚及田间湿度大时使用。有利于孢子和菌丝的侵染。菟丝子幼小时，抵抗力弱，采1毫升1.5万～2.4万活孢子的菌液，就能收到良好的防治效果。

③ 注意事项　菌液随配随用，不宜见光曝晒；勿与石硫合剂、波尔多液等杀菌化学农药混合使用；凡装过化学药物的喷雾器，必须严格清洗后方能盛装“鲁保一号”菌剂使用。

6. 病毒杀虫剂的生产

用于生物防治的病毒主要是杆状病毒。由于它从未在脊椎动物或植物中发现，因此被公认为对人类、非目标生物和环境十分安全的。目前应用的病毒杀虫剂主要是核型多角体病毒（*Nuclear polyhedrosis viruses*，NPV），其病毒颗粒由于被包裹在包涵体内因而十分稳定。

(1) 病毒杀虫剂作用机理和特性　敏感昆虫的幼虫取食饵料后，饵料上的NPV进入昆虫肠道，包涵体在肠道的碱性环境（pH为9.0～10.5）中溶解，在昆虫肠道内释放出病毒颗粒。病毒颗粒侵染敏感昆虫的肠细胞，然后扩散到其他组织。受侵染幼虫死亡后，向环境释放出大量的包涵体，进而侵染更多的幼虫，从而达到杀灭有害昆虫的目的。

病毒杀虫剂具有寄主特异性强，有利于环境保护；安全性高，对人和非目标生物安全等优点。但它也具有不适用于防治复杂的害虫群体；施药时间要求较为严格；贮存条件要求较高等缺点。

(2) 病毒杀虫剂的生产　昆虫病毒具有严格的活细胞内寄生特性，只能在寄主细胞内或昆虫细胞株上增殖。因此，昆虫病毒制剂的生产需要大量活的寄主昆虫或其细胞组织培养物，并在其体内或组织内接种昆虫病毒，进行昆虫病毒的增殖，获得大量的NPV。病毒杀虫剂的生产过程如下。

① 病毒的分离与提纯　取典型的患病致死的虫体于研钵中，加少量蒸馏水研磨，用4层纱布过滤，滤液即为病毒悬液。将病毒悬液置于离心管中，3500r/min、离心30min，倾去上清液，沉淀用少量蒸馏水悬浮，然后400r/min离心5min，将上清液倒入另一离心管中，3500r/min离心30min，倾去上清液，沉淀用蒸馏水悬浮后再离心，如此反复4次，即可得到较纯的乳白色病毒体（NPV）。

② 病毒的增殖　病毒增殖的目的是获得大量的NPV，包括获得大量健壮的昆虫活体或大量增殖的细胞株和接种病毒产生大量的NPV两个阶段。病毒的增殖有两种方法：活体增殖法和离体增殖法。

a. 活体增殖法　在活的寄主昆虫体内生产病毒是目前主要的生产方法。获得染病寄主的方法有两种。

鉴定目标群体大量存在的地理环境，并在这一群体内引入病毒接种体，再收集被侵染的昆虫虫体。

寄主昆虫的实验室培养法。昆虫食料可选用其喜食的菜叶或人工配制的饲料，如棉铃虫饲料（饲养200～250头的量）：黄豆粉50g、小麦粉40g、玉米粉65g、红薯粉10g、琼脂15g、酵母粉10g、乳酶生2g、维生素C 5g、甲醛（36%）1.4mL、对羟基苯甲酸乙酯2g、白醋（6°）20mL、水800mL。在饲料或菜叶上喷洒病毒悬液，分装饲养瓶，在瓶内放入幼虫，置26℃养虫室饲养，使其取食感染。感染的幼虫到第3天开始死亡，第6～9天死亡高峰。

b. 离体增殖法　由于用活体寄主昆虫生产病毒杀虫剂存在许多不定因素，因此，研究人员对组织培养系统内产生病毒和病毒制品的可行性也进行了广泛的研究。在细胞培养基上病毒生长有许多优于活体培养的优点：可大量生产；过程可实现自动化；能采用细胞培养技术；能够严格监测和控制营养及环境条件的变化。不过，尽管离体生产具有这些优点，但病毒的离体生产技术至今还未得到广泛使用，主要原因是在成本上尚无法与已经广泛使用的活体生产技术竞争。

③ 多角体病毒悬液的制备与提纯　收集致病死虫或细胞株，用组织捣碎机捣碎，加适量清水，用200目筛过滤，滤液经提纯方法提纯后即得较纯的多角体病毒（NPV）。用水稀释可配成一定浓度的NPV液。

④ 制剂的生产　传统化学杀虫剂制剂有液剂、乳油、可湿性粉剂、粉剂、颗粒剂和饵剂等，而病毒杀虫剂使用最多的是可湿性粉剂、粉剂或饵剂，因为这类制剂能使昆虫致病病毒粒子包裹在天然蛋白基质内。可湿性粉剂由浸渍病毒的惰性载体组成，使用时加水搅拌成悬浮液。粉剂是由惰性干载体稀释病毒组成的，一般是洒施。饵剂一般含有害虫喜食的饲料。制剂应没有腐蚀性，不堵塞药械，能均匀地分布在作物上，并在普通条件下保持其最高活性。

在田间条件下，阳光是使杆状病毒浸染力丧失的主要因素，这可能是阳光中紫外线的强度和波长的作用。为此，杆状病毒制剂中应加入防止因接触日光使病毒失活的助剂。活性炭具有延长病毒活性的作用，药液的pH和配制用水中的氯元素对病毒的侵染力也都有影响。

(3) 利用遗传工程技术改进病毒杀虫剂　重组DNA技术对杀虫用杆状病毒的改造，主要集中在以下几个方面：扩大寄主范围；加快毒杀速度；提高病毒在作物表面对紫外线钝化作用的耐性等。目前遗传工程的主要注意力集中在引入可编码具有杀虫作用的神经毒素、肽、激素或酶的NPV病毒基因，或删除能延长被侵染幼虫的生命基因。到目前为止，已将编码保幼激素酯化酶、昆虫利尿激素和几种 B. t 毒素的基因引入苜蓿银纹夜蛾 NPV 中。结果表明，工程病毒能够相当快地杀死或麻痹昆虫。经遗传工程改造过的苜蓿银纹夜蛾 NPV 已经在英国使用，是基因工程病毒对害虫进行环境防治的首例。但这种改进能否降低成本目前尚属疑问。

(4) 病毒制剂的应用　病毒感染的专一性很强，交叉感染的现象很少，因此应用时必须考虑杀虫对象应是原来的虫种。由于病毒感染的几乎都是幼虫，而幼龄幼虫比老龄幼虫往往更敏感，所以应掌握虫情，适时用药。

昆虫从感染病毒到发病这一段时间称为潜伏期，潜伏期的长短与温度和感染病毒的数量有一定关系。一般说来，在 25℃，感染病毒的数量大，发病快。

此外，昆虫病毒的致病与理化诱发因子有一定关系。有些国家在室内通过低温等物理因素处理或用化学药品添食诱发病，并且利用卵蛋白或墨水等作为病毒保护或增效剂，都取得了一定的成效。

在俄罗斯，病毒制剂主要用于林业害虫的防治，如利用 Virin-ENSh 防治舞毒蛾和利用 Virin-Diprion 防治松柏锯角叶蜂已达到实用规模。在巴西，仅大豆夜蛾 NPV 的防治面积就超过 30 万公顷。危地马拉共和国生产的苜蓿银纹夜蛾 NPV 用于防治棉花上的各种夜蛾十分有效。

我国对病毒制剂的开发也十分重视，产品主要用于防治农业害虫。已经试验过的品种有斜纹夜蚁、黏虫、棉铃虫、桑毛虫和茶毛虫的 NPV。此外，小菜粉蝶已在全国大部分省市使用过，面积达到 $1.6\times10^{2}hm^{2}$。

三、我国对微生物农药的登记要求

1. 定义和范围

微生物农药是生物农药的一类，包括由细菌、真菌、病毒和原生动物或基因修饰的微生物等自然产生的防治病、虫、草、鼠等有害生物的制剂。

2. 田间试验

(1) 田间试验申请表

(2) 摘要资料　提供包括下列内容的摘要资料。

① 生物特性　名称、分类、剂型、含量等。

② 毒理学　急性经口毒性、致病性。

③ 药效　作用机理、作用谱、室内活性测试测定（LD_{50}、LC_{50}、EC_{50}或 EC_{90}等）及申请田间试验的试验作物、防治对象、施药方法及注意事项；对混配制剂要求说明混配目的，提交配方筛选报告。

④ 境内外研究、登记情况。

3. 临时登记

(1) 原药临时登记

① 临时登记申请表。

② 产品摘要资料　包括产品特性、毒理学、环境生态、境外登记情况等资料的简述。

③ 产品特性及标准资料

a. 产品标准及编制说明　内容包括：通用名称（生物学名）、分类名称和品系，微生物的自然存在形式，生产流程（简述），鉴定试验程序和标准（如形态学、生物化学或血清学），其他成分含量，测定方法，包装、运输和贮存注意事项。

b. 质量检验报告　包括有效成分的生物学鉴定报告和产品中所含的杂菌等杂质情况的说明。

④ 毒理学资料　应确认微生物农药的有效成分不是人或其他哺乳动物的已知病原体，制剂不含有作为污染物或突变子存在的病原体。提供以下基本毒理学资料：急性经口毒性，急性经皮毒性，急性吸入毒性，眼睛刺激试验或侵染性，致敏性，致病性。

如发现有毒性问题或感染症状，可要求提供原药其他试验资料，如亚慢性毒性，灵长类动物致病、致突变性等。

⑤ 环境生态资料　在环境中的繁衍能力及对非靶标生物的影响（具体对象根据农业品种而定）。

⑥ 标签、说明书（样张）同新农药。

⑦ 其他资料。

(2) 制剂临时登记

① 临时登记申请表。

② 产品摘要资料　包括产品特性、毒理学、药效、残留、环境生态、境外登记情况等资料的简述。

③ 产品特性及标准。

a. 产品标准及编制说明　内容包括：产品名称和剂型，有效成分含量，其他成分的种类和含量（如紫外线保护剂、保水剂等），项目控制指标，产品稳定性及温度，贮存条件对产品生物活性的影响，测定方法，包装、运输和贮存注意事项等。

b. 质量检验报告　产品中所含的杂菌等情况的说明。

④ 毒理学资料

a. 急性经口毒性；

b. 急性经皮毒性；

c. 急性吸入毒性，

d. 眼睛刺激性；

e. 皮肤刺激性；

f. 致敏性；

g. 致病性。

⑤ 药效资料

a. 室内活性测定报告　在实验室测定的生物活性结果报告（LD_{50}、LC_{50}、EC_{50}或EC_{90}作用谱等），对混配制剂还应说明混配目的，提供配方筛选报告。

b. 室外药效报告　杀虫剂（包括杀螨剂、杀软体动物剂）、杀菌剂（包括杀线虫剂）提供在中国 4 个以上自然条件或耕作制度不同的省级行政地区、2 年以上的田间小区药效试验报告；但仓储用农药、保鲜用农药和用于食用菌的农药，可提供在中国 2 个以上自然条件和耕作制度不同的省级行政地区、1 年以上的药效试验报告。除草剂、植物生长调节剂提供在中国 5 个以上自然条件或耕作制度不同的省级行政地区、2 年以上的田间小区药效试验报告。

局部地区种植的作物（包括特种蔬菜、中草药材和特殊用途的经济作物及局部地区栽培的作物等），如亚麻、甜菜、油葵、人参、橡胶、荔枝树、龙眼树、香蕉树、芒果树等及某些特种花卉等可提供3地2年或2地2年的田间小区药效试验报告。

c. 其他资料　在其他国家或地区已有的药效试验结果或综合查询报告；对天敌的影响；作用方式和作用机制；抗性研究，产品特点和使用注意事项等。

⑥ 环境生态资料　在环境中的繁衍能力及对非靶标生物的影响（具体对象根据农业品种而定）。

⑦ 标签、说明书（样张）同新农药。

⑧ 其他资料。

4. 正式登记

(1) 原药正式登记

① 正式登记申请表。

② 产品概括摘要资料　包括产品化学特性、毒理学、境外登记情况等资料简述。

③ 产品特性及标准资料　除临时登记时所要求的产品特性资料外，还应提供以下资料。

a. 2年常温贮存稳定性试验报告；

b. 产品质量报告和有效成分含量分析方法的试验报告。

④ 毒理学资料　如果发现有特殊问题，可根据具体情况要求补充必要的资料。

⑤ 规范的标签、说明书同新农药。

(2) 制剂正式登记

① 正式登记申请表。

② 产品概况摘要资料　包括产品化学、毒理学、药效、残留、境外登记情况等资料简述。

③ 产品特性及标准资料　除临时登记时所要求的产品特性资料外，还应提供以下资料。

a. 2年常温贮存稳定性试验报告（临时登记已经提供的，可不再提供）。

b. 产品质量报告和有效成分含量分析方法的试验报告。

④ 毒理学资料　在临时登记资料要求的基础上，如果发现有特殊问题，可根据只体情况要求补充必要的资料。

⑤ 药效　提供临时登记期间的使用情况综合报告，内容包括：产品推广面积、主要推广地区、使用技术、使用效果、抗性发展、作物安全性及对非靶标生物的影响等方面的综合评价。

⑥ 残留资料　视农药特性和使用方法，提供在中国2个以上自然条件或耕作制度不同的省级行政地区、2年以上的田间小区药效试验报告；但仓储用农药、保鲜用农药和用于食用菌上的农药，可提供在中国2个以上自然条件或耕作制度不同的省级行政地区、1年以上的残留试验报告。临时登记已经提供的，可不再提供。

⑦ 环境生态资料　在使用地菌种存活期、种群数量和对其他生物影响的调查报告。

⑧ 规范的标签、说明书与新农药规范管理相同。

四、我国对微生物农药的规范管理

1. 我国微生物农药登记现状

微生物农药主要包括：细菌、真菌和病毒等，主要有杀虫、杀菌和除草等功能。微生物农药主要用于大田、林业和卫生等方面。目前在我国已有近30种微生物有效成分取得登记（见表5-2）。

表 5-2 在我国已取得登记的微生物农药有效成分名单

农药种类	数量	有效成分种类
细菌	10	苏云金芽孢杆菌(库斯塔克亚种、以色列亚种)、球形芽孢杆菌、枯草芽孢杆菌、蜡质芽孢杆菌、地衣芽孢杆菌、假单胞杆菌、荧光假单胞杆菌、类产碱假单胞杆菌、多黏类芽孢杆菌、放射土壤杆菌
真菌	6	金龟子绿僵菌、球孢白僵菌、木霉菌、淡紫拟青霉、耳霉菌、厚孢轮枝菌
病毒	13	①核型多角体病毒:茶尺蠖核型多角体病毒、甜菜夜蛾核型多角体病毒、苜蓿银纹夜蛾核型多角体病毒、斜纹夜蛾核型多角体病毒、油桐尺蠖核型多角体病毒、草原毛虫核型多角体病毒、黏虫核型多角体病毒 ②质型多角体病毒:棉铃虫核型多角体病毒、松毛虫质型多角体病毒 ③颗粒体病毒:菜青虫颗粒体病毒、黏虫颗粒体病毒、螳螂浓核病毒、小菜蛾颗粒体病毒

目前我国已取得 29 个品种的微生物农药登记（占已登记有效成分品种 4.7%），产品 327 个（占已登记的 1.6%），其中细菌有 10 个品种，270 个产品；真菌有 6 个品种，22 个产品；病毒有 13 个品种，35 个产品。我国微生物农药产品的主要剂型有：母药、可湿性粉剂、悬浮剂、油悬浮剂、微粒剂、饵剂、水分散粒剂、悬乳剂、微囊悬浮剂、粉剂、颗粒剂、种衣剂等。

其中，在农业上使用的微生物农药品种有：苏云金芽孢杆菌、枯草芽孢杆菌、蜡质芽孢杆菌、地衣芽孢杆菌、荧光假单胞杆菌、类产碱假单胞杆菌；金龟子绿僵菌、球孢白僵菌、木霉菌、淡紫拟青霉、耳霉菌、厚孢轮枝菌；茶尺蠖核型多角体病毒、甜菜夜蛾核型多角体病毒、苜蓿银纹夜蛾核型多角体病毒、斜纹夜蛾核型多角体病毒、油桐尺蠖核型多角体病毒、棉铃虫核型多角体病毒、菜青虫颗粒体病毒、黏虫颗粒体病毒等。

在林业上使用的微生物农药品种有：苏云金芽孢杆菌、松毛虫质型多角体病毒、球孢白僵菌、绿僵菌（没有登记的为美国白蛾病毒、茶尺蠖病毒、舞毒蛾病毒、杨扇舟蛾病毒、蜀柏毒蛾病毒）等。

在卫生上使用的微生物农药品种有苏云金芽孢杆菌（以色列亚种）、球形芽孢杆菌、金龟子绿僵菌等。

目前，我国微生物农药施用面积仅占病虫害防治总面积的 10%～15%，其销售额超过 60 亿元，其中苏云金芽孢杆菌占市场份额的 2%，棉铃虫核型多角体病毒占 0.2%。据有关专家预测，今后 10 年内，生物农药可能将取代 20%以上的化学农药。

2. 我国微生物农药的规范管理

2007 年底我国农业部连续颁布了 6 项有关农药规范管理的新规定。新规定对微生物农药的主要要求如下。

(1) 限定农药产品的有效成分含量范围　新的农药登记资料规定中列出了农药制剂有效成分含量的允许波动范围（表 5-3）。但由于微生物农药产品具有特殊性，其有效成分含量的单位、测定方法及精确度均不同于化学农药，因此其含量的允许波动范围也应特殊规定。

表 5-3 农药产品中有效成分含量范围要求

标明含量 X[%或 g/100mL,(20±2)℃]	允许波动范围
$X \leqslant 2.5$	±15%X(对乳油、悬浮剂、可溶液剂等均匀制剂)
	±25%X(对颗粒剂、水分散粒剂等非均匀制剂)

续表

标明含量 X[%或 g/100mL,(20±2)℃]	允许波动范围
$2.5<X\leqslant10$	±10%X
$10<X\leqslant25$	±6%X
$25<X\leqslant50$	±5%X
$X>50$	±2.5%X 或 2.5g/100mL

（2）增加了环境、药效、毒性和残留资料，提高了农药登记安全性评价要求

① 强化微生物农药登记　根据国际惯例，对微生物农药可申请减免部分资料。由于它是生物活体，要求提供有关使用后风险性评价资料；并针对其特点，强化菌种鉴定和微生物在环境中的繁衍能力，及在环境中释放变异情况及其风险性。微生物母药可减免环境行为资料，可申请减免部分环境资料。

② 药效资料方面　对新微生物农药品种和新防治对象要求提供室内活性测定报告，并进一步细化，尽可能考虑特殊情况。

③ 环境影响资料方面　相对于化学农药，根据微生物农药的特性、剂型、使用范围和使用方式等特点的不同，通常可以申请减免部分环境生物的影响试验报告。如果试验表明微生物农药对环境生物具有高毒或致病性，还需要对该种微生物在环境中的繁衍能力进行试验。

④ 毒理学资料方面　微生物母药的致病性要求提供经口、吸入致病性、注射致病性（细菌和病毒进行静脉注射试验，真菌或原生动物进行腹腔注射试验）的报告；如果发现微生物农药产生毒素、出现明显的感染症状或者持久存在等迹象，可视情况补充试验资料，如亚慢性毒性、致突变性、生殖毒性、慢性毒性、致癌性、免疫缺陷、灵长类动物致病性等；根据农药的特性或用途的不同，可适当减免部分制剂的环境试验报告。但当试验表明原药对环境生物为高毒或其有致病性的，需对此种微生物在环境中的繁衍能力进行试验，在正式登记时提交在环境中释放变异情况及其风险性说明。明确应进行急性吸入的产品及登记要求，即符合下列条件之一，产品需提供急性吸入毒性试验资料：气体或者液化气体；发烟制剂或者熏蒸制剂，用雾化设备施药的制剂；蒸汽释放制剂；气雾剂；含有直径$<50\mu m$的粒子占相当大比例（按质量计$>1\%$）制剂；用飞机施药可能产生吸入接触的制剂；含有活性成分的蒸汽压$>1\times10^{-2}$Pa，并可能用于仓库或者温室等密闭空间的制剂；根据使用方式，能产生直径$<50\mu m$粒子或小滴占相当大比例（按质量计$>1\%$）的制剂。

⑤ 残留试验资料方面　微生物农药具有特殊性，通常为了使其在田间发挥较好的防治效果需要其在作物上、土壤等环境条件中具有较高的生存定植能力，对于没有危害的微生物农药可以申请残留试验资料减免，否则需根据微生物农药特性和使用方法，按照评审委员会意见，提供在我国进行的 2 年以上的残留试验报告。

（3）规范相同农药产品认定和登记

① 质量无明显差异的相同微生物农药母药　在产品技术指标相同或优于被认定产品的情况下，对比其相关杂质、非相关杂质的组成是否相同，含量在所规定的范围内，在杂质组成不完全符合要求的情况下，可通过提交相关毒理学资料和环境毒理学资料说明两者是等同的。对相同试验项目，毒理学试验结果相比在 2 倍范围内、环境毒理试验结果相比在 5 倍范围内，将认定两者试验结果为等同的。

② 相同微生物农药制剂　在产品技术指标相同或优于被认定产品的情况下，对比助剂

种类是否相同，含量是否在允许波动范围内。在助剂组成不完全符合要求情况下，如认定产品中不新增易对人畜、环境危害较大的助剂、不包含尚未在我国登记备案的新助剂，且产品中严格控制含量的助剂，种类相同、含量偏差不大于允许偏差范围，可通过提交产品毒理学、环境毒理学资料说明两者是等同的。对相同试验项目，毒理学试验结果相比2倍范围内、环境毒理学试验结果相比在5倍范围内，将认定两者试验结果为等同。

(4) 强化行政许可的监督机制　强化验证试验，由提供的质检报告改为质量检测和分析方法的验证报告，要求对方法可行性进行评价。

(5) 其他　新的农药登记资料规定中更加强化知识产权保护，建立了登记产品的退出机制。另外，产品扩大使用范围、改变使用方法或变更使用剂量，不改变产品的登记有效期。已取得正式登记的产品申请扩大使用范围、改变使用方法或变更使用剂量，应按正式登记资料规定申请。电子资料要求：申请表、产品摘要资料和产品安全数据单（MSDS）应提供电子文本。登记资料应提供2份，且内容应当完全一致，至少有一份应是原件。复印件资料的产品化学、毒理学、药效、残留、环境影响、包装和标签等资料应分别与申请表、产品摘要资料分册装订。

3. 微生物农药产品的标准化

目前国内外的微生物类农药产品工业化生产不多，其产品的质量标准也就相对较少，我国在微生物农药标准化方面已完成的工作如下。

(1) 细菌微生物农药　在国际上FAO/WHO公布了5种细菌（母药、可湿性粉剂、水分散粒剂、可分散片剂、悬浮剂）标准编写规范；我国已制订了3个产品的国家标准（苏云金芽孢杆菌原粉GB/T 19567.1—2004、苏云金芽孢杆菌悬浮剂GB/T 19567.2—2004、苏云金芽孢杆菌可湿性粉剂GB/T 19567.3—2004）。

(2) 真菌微生物农药　我国制订了5个产品编写规范的国家标准（真菌农药母药产品标准编写规范GB/T 21459.1—2008、真菌农药粉剂产品标准编写规范GB/T 21459.2—2008、真菌农药可湿性粉剂产品标准编写规范GB/T 21459.3—2008、真菌农药油悬浮剂产品标准编写规范GB/T 21459.4—2008、真菌农药饵剂产品标准编写规范GB/T 21459.5—2008），该标准已于2008年8月1日实施。这是我国首次制定微生物真菌的基础性国家农药标准，具有一定探索性和规范性。它对微生物农药领域的各种产品质量起到积极的推动作用，促进微生物农药的发展。

标准中规定真菌类农药术语，制定产品标准的鉴定技术和检测方法的规范性编写要求，是比较完整、科学的系列基础标准。标准的实施将统一和规范真菌农药产品质量管理，有助于推动真菌农药的产业化，促进其生产、经营、使用、管理和科研的发展，有助于我国真菌农药行业与国际接轨，促进对外交流和国际贸易，有助于促进我国真菌农药走进国际市场。

(3) 病毒微生物农药　我国正在制订3个产品的农业行业标准（棉铃虫核型多角体病毒可湿性粉剂、小菜蛾颗粒体病毒可湿性粉剂、苜蓿银纹夜蛾核型多角体病毒悬浮剂），首次将采用先进的DNA-PCR和限制性内切酶法进行定性检测，定量采用显微计数和生物测定两种方法结合，相互验证，解决鉴别活病毒还是失活病毒技术难题。

(4) 抗性分析　抗性的治理是通过降低靶标病原菌对风险中的杀菌剂的暴露获得的。对葡萄霜霉病病原菌而言，可以通过减少每季的用药次数来降低抗性风险；由于葡萄霜霉病对Qols的抗性不稳定，交替用药也应该可以有效降低抗性风险。这些措施与FRAC对Qols杀菌剂提出的使用指南相一致，即为了降低 Qols 杀菌剂的抗性风险，FRAC 建议混配和交替用药。

知识链接

细菌能灭蚊子吗?

夏季天气炎热，蚊虫的叮咬，让人无法安睡，而且还可能造成皮肤感染，传染虐病、丝虫病、脑炎等疾病。据研究报道，蚊子活动的最低温度为10℃，每年5～10月为蚊子的活动和孳生期。蚊子肆虐，各种蚊香和灭蚊器应运而生。不管蚊香如何更新换代，也不论是电灭蚊器还是液体型灭蚊器，其散发的有效成分大都是除虫菊酯，它能麻醉蚊子的中枢神经并置蚊子于死地，但是这种化学灭蚊法，蚊子容易产生抗药性，长此以往灭蚊效果越来越差，而且化学灭蚊还污染环境，蚊香明火的安全性也差。

经科学家们多年潜心研究，终于在生物灭蚊技术上取得了重大成果。我国科学家从大量土壤样品和死虫样本中分离筛选出对蚊子幼虫有高毒杀力的12株细菌。据测定，将毒性最强的细菌制成灭蚊粉剂，对蚊子的幼虫灭杀效果可达70%以上。最高可达100%，且药效持久，少污染。将这种灭蚊粉剂配制成百分之一至百分之四的低浓度溶液喷洒，就可以将蚊子的幼虫（蚊子的幼虫称孑孓，身体细长，深褐色，在水中上下垂直游动）消灭在孳生地。

使用的灭蚊细菌目前主要是苏云金芽孢杆菌以色列亚种（Bti）和球形芽孢杆菌（Bs）。与 Bti 相比，Bs 杀蚊谱较窄，其中对库蚊属幼虫的毒性最强，在污水中的药效维持时间较长，特别适用于污水中滋生的库蚊属幼虫的控制。但 Bs 制剂较 Bti 制剂易产生抗性，对 Bs 产生抗性的蚊幼虫对 Bti 却仍然表现出高度敏感性。因此，可以利用这一点，联合使用两种制剂，产生协同作用，扩大杀蚊谱，延长药物维持时间，提高杀灭疗效，并预防或延缓蚊幼虫对 Bs 产生抗性。

典型任务

任务一 苏云金芽孢杆菌制剂的实验室简易生产

一、任务目标

1. 掌握制备苏云金芽孢杆菌种子的方法，能生产苏云金芽孢杆菌菌剂。
2. 掌握测定发酵产品中苏云金芽孢杆菌的活芽孢数的方法。

二、任务说明

苏云金芽孢杆菌是一种革兰阳性细菌，属好气性蜡状芽孢杆菌群，用于防治直翅目、鞘翅目、双翅目、膜翅目，特别是鳞翅目的多种害虫。苏云金芽孢杆菌制剂是目前世界上产量最大、应用最广的微生物杀虫剂，因此学会苏云金芽孢杆菌制剂的发酵生产意义重大。

三、任务准备

1. 材料与试剂

苏云金芽孢杆菌菌种，牛肉膏，蛋白胨，NaCl，琼脂，麦麸，玉米粉，豆饼粉，棉花等。

2. 仪器与用具

高压蒸汽灭菌锅，恒温培养箱，摇床，三角瓶，超净工作台，培养皿，移液管，酒精灯等。

四、任务实施

1. 制备培养基

(1) 制备牛肉膏蛋白胨斜面培养基，分装到试管中，高压 0.105MPa，121℃灭菌 25min。

(2) 制备牛肉膏蛋白胨液体培养基，分装到试管中，500mL 三角瓶每瓶装 100mL，高压 0.105MPa，121℃灭菌 25min。

(3) 固体培养基配方：麦麸 95%、玉米粉 3%、豆饼粉 2%，加水至含水量 60%，分装至 500mL 三角瓶中，厚 1.5～2cm，用双层报纸封口或塞上棉花塞，高压 0.137MPa，灭菌 1～2h。

2. 菌种活化

将保藏的苏云金芽孢杆菌接种到牛肉膏蛋白胨斜面培养基上，于 28℃培养 14～16h。

3. 摇瓶培养

用接种环取一环活化的菌种接入液体培养基中于摇床 250r/min，30℃培养 12～15h。

4. 固体培养

按 10%接种量接入液体菌种于 30℃培养 2～3d。

5. 菌数测定

采用稀释平板法测定发酵产品中活芽孢数。

五、任务提示

1. 在对固体培养基进行灭菌时一定要注意灭菌时间和灭菌温度，确保灭菌彻底。
2. 菌种活化时要注意无菌操作。
3. 菌数测定时操作要规范，以免影响测定结果。

六、任务思考

记录各级菌种的培养温度和培养时间，报告发酵产品中活芽孢数。

任务二　苏云金芽孢杆菌感染菜青虫

一、任务目标

1. 基本掌握苏云金芽孢杆菌感染菜青虫的方法。

2. 掌握死亡率的计算方法。

二、任务说明

苏云金芽孢杆菌杀虫的主要有效成分由伴孢晶体和芽孢组成。当昆虫吞食以后，伴孢晶体在肠道碱性条件下溶解成原毒素，然后在蛋白酶的作用下降解成具有毒性的多肽，与中肠上皮细胞膜上的特异性受体结合，并在细胞膜上产生孔洞，导致中肠的碱性内含物流入血体腔，使 pH 升高、渗透压改变，而导致昆虫死亡。苏云金芽孢杆菌的营养体和芽孢可以通过伴孢晶体毒素损伤的部位进入昆虫血体腔，并在其中繁殖，引起昆虫得败血症死亡。因此，苏云金芽孢杆菌是一种“胃毒剂”。本试验通过感染菜青虫，观察其致病过程和死亡率。

三、任务准备

1. 供试昆虫

菜青虫 3～4 龄健壮幼虫。

2. 供试菌株

苏云金芽孢杆菌库斯塔克亚种血清型 3ab，待测苏云金芽孢杆菌。

3. 器材与药品

养虫瓶，平板，小镊子，脱脂棉，试管，无菌水，剪刀，接种环，玻璃珠，100mL 三角瓶，新鲜包叶菜，1%吐温。

四、任务实施

1. 菌悬液的制备

取培养好的苏云金芽孢杆菌斜面，加 9mL 无菌水，用接种环刮下菌苔，倒入装有玻璃珠的三角瓶中，摇匀，再加 1%吐温 1mL，然后倒入平板中。另取一平板，加 9mL 无菌水，1mL1%的吐温，做空白对照。

2. 感染

取 4cm×5cm 大小的较嫩包菜叶 35 片，分别置于装有菌悬液和空白对照的养虫瓶中，每瓶 10 头菜青虫。在瓶中央再放一小团吸水脱脂棉，以保持湿润。将养虫瓶置 28℃下饲养，在 48h 内观察死亡、濒于死亡、感病和正常昆虫的变化，并通过下列计算，掌握其死亡率的变化。

当对照无死亡时，按下列公式计算死亡率：

死亡率＝死亡虫数/供试虫数×100%

如果对照死虫在 20%以下，则按下式计算校正死亡率：

校正死亡率＝(处理死亡率－对照死亡率)/(1－对照死亡率)×100%

五、任务提示

感染菜青虫的苏云金芽孢杆菌应选择培养稳定期的后期，因为这一时期产生大量的芽孢和伴孢晶体。

六、任务思考

1. 简述本试验的操作步骤，记录死虫数和死虫的症状，并计算死亡率。

2. 苏云金芽孢杆菌的杀虫机理是什么？据你所知，能感染菜青虫的还有哪些微生物杀虫剂？

任务三 金龟子绿僵菌的固体发酵生产

一、任务目标

1. 了解金龟子绿僵菌固体发酵工艺。

2. 掌握金龟子绿僵菌固体发酵控制技术以及相关检测技术。

二、任务说明

金龟子绿僵菌属于半知菌亚门绿僵菌属，是一种昆虫内寄生菌，它最初由 Metchnikoff 从奥地利金龟子死虫体上分离得到，能寄生 8 个目 30 个科共约 200 多种昆虫、螨类及线虫。金龟子绿僵菌在 PDA 或察氏培养基上菌落呈绒毛状至棉絮状，最初为白色，产孢时呈橄榄绿色。金龟子绿僵菌具有寄主范围广，杀虫效果好，后效期长，对人、畜、农作物等无毒，菌剂易生产等优点，具有广泛的应用前景。

三、任务准备

1. 菌种

金龟子绿僵菌。

2. 主要试剂及用品

麸皮，马铃薯，玉米粉，葡萄糖，琼脂，KH_2PO_4，$MgSO_4\cdot 7H_2O$，维生素 B_1，无水 $CuSO_4$，吐温 80，香柏油等。

3. 培养基

（1）马铃薯琼脂（PDA）培养基

（2）固体种子与发酵培养基　按质量比（麸皮∶玉米粉∶营养液＝4∶1∶5）将麸皮、玉米粉和营养液混合，营养液的配比为：$CuSO_4$ 0.25mg/L，$MgSO_4\cdot 7H_2O$ 0.6g/L，KH_2PO_4 1.0g/L，121℃蒸汽灭菌 30min。

4. 主要仪器及设备

电子天平、超净工作台、普通显微镜、LEICA DC 300 数码成像显微镜、血球计数板、灭菌锅、恒温培养箱、干燥箱、恒重干燥器、恒温摇床、三角瓶、烧杯、浅盘、培养皿、玻璃棒等。

四、任务实施

1. 菌种的分离纯化

采用稀释分离法和平板划线分离法，其流程如下：样品→菌悬液→稀释→涂布平板→培

养→挑取菌落→平板划线→培养→挑取菌落→斜面

（1）稀释分离法　在超净工作台上，称取菌种样品 1.0g，加入装有 100mL 无菌生理盐水、玻璃珠的三角烧瓶中，振荡 30min 使菌体分散均匀，制成菌悬液。以 10^{-5}、10^{-6}、10^{-7}、10^{-8}、10^{-9}、10^{-10}不同稀释度对菌悬液进行稀释，并吸取不同稀释度的菌悬液各 0.1mL 涂布于马铃薯琼脂（PDA）培养基平板上，置于 27℃培养 3d 左右，直至金龟子绿僵菌菌落长出。

（2）平板划线分离法　在超净工作台上，用接种针挑取金龟子绿僵菌单个菌落接入马铃薯琼脂（PDA）培养基平板上，划线分离，置于 27℃培养 3d 左右，最后挑取金龟子绿僵菌的单个菌落。

2. 金龟子绿僵菌培养方法

金龟子绿僵菌生产流程如下：

斜面菌种→孢子悬液→固体培养基培养种子→固体培养基发酵

（1）斜面菌种的培养与保藏　菌株接入斜面（PDA）培养基上，25～27℃培养 3～5d，置于 4℃冰箱保藏，每隔 3 个月左右优选移接一次。

（2）孢子悬液的制备　PDA 斜面菌种在 27℃培养 3～5d 左右，长出大量橄榄绿色孢子。在无菌操作条件下，用已经灭菌 0.05%吐温 80 洗出斜面试管内的孢子，转移到无菌三角瓶（装有玻璃珠）中，于 120r/min 振荡 2h，孢子分散后用纱布过滤除去菌丝，所得孢子液调整分生孢子浓度至 10^5～10^6 个孢子/mL。

（3）固体培养基培养种子　配制 50g 固体培养基，放入 500mL 三角瓶中，覆盖 8 层纱布，121℃蒸汽灭菌 30min。冷却后，接入 5mL 孢子悬液，置于培养箱恒温 27℃培养 3d，培养过程中根据培养基水分蒸发情况适当补加无菌水，以便维持培养基的正常湿度。

（4）固体培养基发酵　配制 5kg 固体培养基，分装于若干个布袋内，121℃蒸汽灭菌 30min，趁热将固体培养基倒入经灭菌的浅盘，疏松铺平，培养基厚度为 5～8mm，置于空间洁净的培养室。培养基冷却后，按 1%的接种量在固体培养基上均匀撒接成熟的固体种子，培养温度和相对湿度分别控制为 26～27℃和 60%，进行恒温恒湿培养 3～4d。

3. 分析检测方法

（1）金龟子绿僵菌菌落、菌体形态的研究方法

① 菌落的观察　定时观察 PDA 平板培养的金龟子绿僵菌菌落大小、形态和颜色等特征。

② 菌体形态的观察　在发酵 12h、18h、24h、30h、36h、48h、60h、72h，取少许金龟子绿僵菌固体发酵培养基，用 0.05%吐温 80 配制成悬浮液；在载玻片上滴加一滴悬浮液，覆盖上盖玻片，置于显微镜下观察。

（2）孢子含量的测定方法　各级培养过程以及培养结束，需检测培养物的孢子含量。准确称取质量为 m（0.5～1.5g）的发酵试样，放入盛有少许 0.05%吐温 80 的 100mL 烧杯中，用玻璃棒搅拌使菌丝分散，菌悬液用单层纱布过滤，滤布上的菌丝需充分洗涤，将孢子完全洗出，收集滤液，装入带有玻璃珠的三角瓶，置于 120r/min 振荡 2h，最后定容至适当体积 V，适当稀释 D 倍，用血球计数板计数，记为 N。孢子含量的计算如下式：

$$S=\frac{NDV}{m}$$

式中　S——孢子含量，个/g；

N——血球计数板计数值，个/mL；

D——孢子悬液稀释倍数，无因次；

V——孢子悬液的体积，mL；

m——试样的质量，g。

（3）培养基（物）含水量的测定方法　准确称取试样于已干燥至恒重的培养皿中，置于105℃干燥箱烘干至恒重，然后放入干燥器中冷却，称量培养基（物）的干重。每个试样重复测定3次，取其平均值。含水量计算公式如下：

$$w=\frac{m_0-m}{m_0}\times 100\%$$

式中　m_0——试样干燥前的质量，g；

m——试样干燥后的质量，g。

五、任务提示

1. 在作平板稀释时要涂布均匀，使菌体充分分散开，容易长出单菌落。
2. 划线分离时，注意接种环不要把培养基划破。
3. 无菌操作过程要规范。

六、任务思考

1. 设计表格记录菌种分离纯化过程的步骤、控制参数以及观察结果。
2. 设计表格记录菌落大小、形态、颜色等特征以及菌丝萌发、产孢子过程的观察结果。
3. 设计表格记录金龟子绿僵菌各级培养的步骤、控制参数以及检测结果，并分析本次实训中影响产孢量大小的因素。

【案例一】

某生物农药企业在生产一批苏云金芽孢杆菌杀虫剂时，采用的是液体发酵方法，发酵初期一切正常，发酵中后期时抽样检查时发现菌数骤减，请你根据所学的知识分析其原因及解决办法。

【解析】

从发酵后期发现菌数骤减可以看出可能是感染了噬菌体，应作一个噬菌体的检查，可以采取快速检查方法，取不同时间需检查的发酵液，用比色计、650nm的滤光片测OD值，定为OD_{650}；然后于3500r/min离心20min，取上清液用比色计、420nm的滤光片检测OD值，测定值为OD_{420}。如果$OD_{650}\approx OD_{420}$，认为种子液或发酵液正常；如果$OD_{650}\ll OD_{420}$，说明污染噬菌体。如果确认是污染了噬菌体要检查发酵罐及其附属设备，找到污染源。

根据多年来的生产实践经验，无论采用哪一种方法对感染噬菌体的发酵罐次进行“挽救”，最终都要彻底杀灭噬菌体。有时，在不彻底灭菌的情况下，希望通过补充营养液或补种来“挽救”感染噬菌体的发酵罐次，不但“挽救”结果不理想，反而导致噬菌体扩散，造成更大的损失。因此，对于感染噬菌体的发酵罐次，首先原罐升温彻底杀灭噬菌体，然后再根据染菌原因分析、染菌时间、生产计划等决定具体的处理方法。

【案例二】

某农民自家种植的菜花地里感染了菜青虫，他听说苏云金芽孢杆菌制剂可以杀死菜青虫，并且对人和家畜没有毒性，因此他到农资商店买了苏云金芽孢杆菌制剂，回家就把菌剂喷施到菜地里了，结果过了几天菜青虫不但没杀死，还大量繁殖了起来。请你根据所学的知识分析其原因及解决的办法。

【解析】

这位农民从商店里买了菌剂就直接喷施蔬菜上了，可见他没有按要求正确使用苏云金芽孢杆菌制剂，菌剂没起作用可能的原因有以下几个方面。

第一，喷施时温度低，苏云金芽孢杆菌制剂的适宜温度在25℃以上，温度过低完全失去杀虫作用；在25～35℃时使用，其防治效果比10～15℃时高出1～2倍，温度低于20℃时最好不使用。

第二，环境干燥，环境湿度越大，其防效发挥越好。

第三，阳光照射强烈，阳光中紫外线对苏云金芽孢杆菌的芽孢有破坏作用。

第四，喷完后下大雨，因为雨水会把药液冲走，降低防效。

正确的使用方法：应在温度高于20℃早晚有露水时的晴天傍晚或阴雨天喷施粉剂，但是下大雨天千万不要喷施，如能在苏云金芽孢杆菌中加入粗精蜜、玉米糖浆或洗衣粉，其防效更佳。

项目六

微生物肥料生产技术

【学习目标】

⊙ 了解微生物肥料的种类及应用前景；

⊙ 了解微生物肥料的行业标准；

⊙ 能识别根瘤菌、磷细菌、固氮菌、钾细菌、光合细菌、5406 抗生菌的菌体形态特征；

⊙ 基本掌握微生物肥料的作用及特点；

⊙ 基本掌握根瘤菌肥料、磷细菌肥料、固氮菌肥料等生物菌肥的使用方法及注意事项；

⊙ 掌握根瘤菌肥料、磷细菌肥料、固氮菌肥料、钾细菌肥料、光合细菌肥料、抗生菌肥料及复合菌肥的生产工艺；

⊙ 掌握微生物肥料中的有效活菌数和杂菌含量的测定方法。

知识讲解

一、微生物肥料概述

微生物肥料是指一类含有活微生物的特定制剂，应用于农业生产中，能够获得特定的肥料效应。可将微生物肥料分为两类，一类是通过其中所含微生物的生命活动，增加了植物营养元素的供应量，导致植物营养状况的改善，进而产量增加，代表品种是菌肥；另一类是广义的微生物肥料，其制品虽然也是通过其中所含的微生物生命活动作用使作物增产，但它不仅仅限于提高植物营养元素的供应水平，还包括了它们所产生的次生代谢物质，如激素类物质对植物的刺激作用，促进植物对营养元素的吸收利用，或者能够拮抗某些病原微生物的致病作用，减轻病虫害而使作物产量增加。随着在现代农业中大力倡导绿色农业（无公害农业）、生态农业，微生物肥料将会在未来农业生产中扮演重要角色。

1. 微生物肥料的种类

（1）按微生物肥料的功效划分　一类是通过其中所含微生物的生命活动，增加植物营养元素的供应量，包括土壤和生产环境中植物营养元素的供应总量和植物营养元素的供应量，通过植物营养状况的改善，导致产量增加。如根瘤菌肥即属于这一类。

另一类虽然也是通过其中所含的特定的微生物生命活动而导致作物增产，但是其中微生物生命活动的关键作用不仅限于提高植物的营养元素供应水平，还包括了它们所产生的植物生长刺激素对植物的刺激作用，促进植物对营养元素的吸收作用，或者是拮抗某些病原微生物的致病作用，减轻作物病虫害而导致产量的增加。如促进生长的植物根际促生细菌 PGPR

(*Plant Growth Promoting Rhizobacteria*)。

(2) 按微生物种类划分 可分为细菌肥料(如根瘤菌、固氮菌、磷细菌、钾细菌、光合细菌)、放线菌肥料(如抗生菌类)、真菌类肥料(如菌根真菌类)等。

(3) 根据作用机理划分 可分为根瘤菌肥料、固氮菌类肥料、解磷菌类肥料、解钾菌类肥料等。

(4) 按肥料的组成划分 可分为单一的微生物肥料和复合(或复混)微生物肥料。复合微生物肥料可以是多种微生物类群的复合,也有是微生物类群与有机物(畜禽粪便、草炭、褐煤等)、无机物(化肥、微量元素)等多种添加剂的复合制品。

2. 微生物肥料的作用

微生物肥料的作用主要与营养元素的来源和有效性,或作物吸收营养、水分和抗病(虫)等因素有关,概括起来有以下几方面。

(1) 提高土壤肥力 这是微生物肥料的主要作用之一。例如各种自生、联合或共生的固氮微生物肥料,可以增加土壤中的氮素来源;多种溶磷、解钾的微生物,如一些芽孢杆菌、假单胞菌,可以将土壤中难溶的磷、钾分解出来,转变为作物能吸收利用的磷、钾化合物,使作物应用环境中的营养元素供应增加;一些微生物肥料的应用,增加了土壤中的有机质含量,从而增加了土壤的肥力。

(2) 制造和协助农作物吸收营养 微生物肥料中最重要的品种之一是根瘤菌肥料(接种剂),肥料中的根瘤菌可以浸染豆科植物根部,在根上形成根瘤,生活在根瘤里的根瘤菌类菌体利用豆科植物宿主提供的能量将空气中的氮转化为氨,进而转化成谷氨酸和谷氨酰胺类等植物能吸收利用的优质氮素,供给豆科植物一生中氮素的主要需求(一般为50%~60%左右)。与化学氮肥相比具有无可比拟的优越性,化学氮肥是外源性氮素,施入土壤后,由于环境和微生物的作用,其中很大部分通过以氮气形态从土壤的植物体系中挥发,以 N_2O 的形态脱氮,以硝态氮的形式由土壤中流失,长期过多地施用化学氮肥,引起了土壤养分平衡的失调,而且利用率不高,一般认为仅30%左右,有的品种如碳酸氢铵的利用率为14%~16%。化学氮肥利用率不高,一方面造成了经济损失,使投入的能量难以回收;另一方面也给环境带来了不良影响,地表水、地下水的硝酸盐积累,海洋、湖泊的富营养化,大气污染等,均与此有关。而根瘤菌在根瘤中固定的氮素通过长期进化形成的氨,经同化系统几乎全部为豆科植物所吸收利用,既无利用率不高又无环境污染问题,大有研究和开发应用的前景。

除此以外,微生物肥料中的一些菌种还可以分泌一些激素、维生素等,如固氮菌等能够产生多种维生素类物质(生长素、环己六醇、泛酸、吡哆醇、硫胺素等),以刺激作物生长,使作物生长健壮,营养状况改善。

(3) 增强植物抗病(虫)和抗旱能力 近20多年来对有益微生物研究得比较多的是一类叫做植物根际促生细菌,简称PGPR,包括了好多科的多种细菌,由于这个类群的作用是多种多样,在国内外的生产中也开始应用,有些表现出广阔的应用前景,受到许多国家的重视。

(4) 减少化肥的施用量和提高作物品质 使用微生物肥料后可以减少化肥的施用量。国外的许多研究者在根瘤菌的应用研究中,常常在田间试验设立减氮素化肥的对照,用以说明使用根瘤菌以后由于固氮而相当减少氮素化肥施用量的多少,不同的菌株施用后,减少氮肥用量不同,表明了菌株之间在固氮效率上的不同。除了根瘤菌肥以外,其他的微生物肥料在施用后也有减少化肥使用的效果。在同样有效的产量构成情况下，减少化肥的使用不仅有经济上的意义，而且有生态学方面的价值，对环境也有益处。

应用微生物肥料还有一些间接的好处，第一，可以节约能源，降低生产成本，与化学肥料相比，在生产时所消耗的能源要少得多。第二，微生物肥料不仅用量少，而且由于它本身的无毒无害等特点，没有环境污染的问题。

3. 微生物肥料的特点

(1) 含有一定数量的具有特定肥效功能的活菌；

(2) 能维持地力，改善土壤结构；

(3) 不污染环境，对人、畜和植物无毒害；

(4) 肥效缓慢、持久；

(5) 施用量小，成本低廉；

(6) 有些微生物肥料种类对作物具有选择性；

(7) 施用效果常常受土壤环境条件影响；

(8) 肥料中的微生物对化学药物和射线敏感，不能与农药混合或同时施用，不能长时间暴露于日光下照射。

4. 微生物肥料的应用前景

(1) 施用广泛、市场容量大　适宜施用微生物肥料的作物种类和地区很多，各种豆科作物、粮食作物、经济作物、蔬菜瓜果等，都可以应用微生物肥料提高产量、改善品质。据不完全统计，我国目前微生物肥料年产量在10×10^4～40×10^4t，与同期化肥（约1.2×10^5t）相比，微不足道。以豆科作物来说，我国仅大豆种植面积每年约为$1000\times10^4hm^2$，花生约$330\times10^4hm^2$，而实际应用微生物肥料接种的大豆面积仅1%左右，花生就更少了，何况还有其他的大面积豆科绿肥、牧草都极少应用，可见微生物肥料的市场容量是相当大的。

(2) 生产成本低、应用效果好　化肥生产成本的提高，价格上涨幅度过快，令广大农民难以接受，且效果差，污染环境。微生物肥料以生物固氮为例，它可以持续不断供应氮素营养，并且能够减少环境污染和温室效应，污染少，成本低。

我国化肥年产量和每公顷用量均达世界第一，长期大量施用化肥，使单位化肥量的增产量下降。据估计，每年滥用化肥1.0×10^6t，约5亿元。因此有效合理施用化肥，提高化肥利用率已成为一个重要课题。由于化肥生产成本的提高，价格上涨幅度过快，已令广大农民难以接受，增加有机肥、微生物肥料的施用不再是权宜之计，而是降低农民投入，提高产品品质，减少环境污染，取得较大的经济、社会和生态效益的一项有效措施。

(3) 生产无公害绿色食品、减少环境污染的要求　无公害绿色食品对当今的农业提出了更高的要求。人们对农产品的数量和质量也提出了更高的要求。随着国内外积极发展绿色农业（生态农业），生产安全、无公害的绿色食品成为一个发展趋势，这就为开发生产高效优质的微生物肥料提供一个极好的发展机遇。并且由于化肥用量的逐年加大，土壤物理性质恶化，土壤质量下降，地下水污染等问题日益突出；此外，城市、农村对废弃物消纳的压力越来越大，要求无害化、肥料化，在这些方面，无污染的微生物肥料的综合作用更显示出它的应用优势和良好的发展前景。

(4) 微生物肥料本身的发展为其扩大应用奠定了基础　目前在筛选优良菌种、改进工艺和生产设备等方面，为生产优质的微生物肥料创造了条件，而且分子生物学技术的渗透使遗传构建、基因重组新菌种成为可能。近年来兴起的植物根际促生细菌（PGPR）的研究和开发，更使微生物肥料的应用前景大为增加。它们单独使用，与微生物肥料某些种类联合使用，以及基因重组有可能生产出多功能的微生物肥料产品。由此可见微生物肥料的广大市场前景和应用前景是不容置疑的。

二、我国微生物肥料应用中存在的问题

1. 理论研究还有欠缺

微生物肥料带来的增产效益，推动了它在农业生产上的应用，但此领域中理论机制的研究滞后。微生物肥料增产原因分析方面有一些报道，如株高、株数、分蘖、粒数、千（百）粒重等；微生物适合的接种剂量，土著群体的多寡与接种必要性的关系。但涉及微生物本身作用的实质，施用后在土壤和植物根部的定居、存活、数量消长、与土壤中同类或异类的生存竞争、拮抗作用、影响微生物肥料发挥作用的制约因素等方面的研究很少，深度远远不够。

2. 微生物肥料复合剂型的不合理应用

当前市场上出现的“高效复合微生物肥料”有的产品中加入大量的营养元素，效果由大量营养元素表现。有的简单地认为微生物的复合就是混合菌种的发酵，或是简单发酵后的混合、组合，甚至无科学依据地组合、拼合。微生物的联合应用应该使复合菌群或复混的其他物质相互之间发挥互惠、协同、共生、加强、同位作用，排除相互拮抗，相互抑制的负效应，才能真正发挥微生物复合剂型对作物增产的作用。

3. 过于夸大微生物肥料的作用

微生物肥料在农业生产、改善土壤生态环境等方面起到不可忽视的作用。但是它不能完全替代化学肥料或有机肥料，只能一定程度上起到提高肥效减少营养流失的辅助补充作用。另外，微生物肥料的增产效果尚取决于一些特定的条件，如高效的菌种、严格的生产条件、科学的应用方法、适宜的环境等。微生物肥料在不同的条件下所产生的效果大有区别，任意夸大其应用范围的观点是错误的。

三、几种常见微生物肥料的生产及应用

1. 根瘤菌肥料的生产及应用

根瘤菌肥料是一种推广最早，效果显著的高效菌肥，可使豆科植物增产并提高土壤中的氮素含量。根瘤菌与豆科植物的共生固氮效果是举世公认的。我国目前生产的根瘤菌肥料使用的菌种有花生根瘤菌，大豆根瘤菌，华癸根瘤菌，苕子、蚕豆、豌豆根瘤菌等。此外，还有一些针对不同豆科植物生产的根瘤菌剂品种，如三叶草根瘤菌肥、百脉根根瘤菌肥、胡枝子根瘤菌肥、绿豆根瘤菌肥等。有关根瘤菌的资源研究进展很快，将会有更多的菌种出现在制品中。

根瘤菌剂主要有粉状（系草炭、蛭石或其他载体）、液体、种衣剂 3 种剂型及少数冻干菌。复合菌种中有用同一根瘤菌的不同菌株复合的，也有用根瘤菌与其他微生物，如假单胞菌、粪产碱菌等合用以增强其结瘤性能。

(1) 根瘤菌的生物学特征

① 根瘤菌的形态特征　根瘤菌是短杆状细菌，因生活环境和发育阶段的不同，在形态

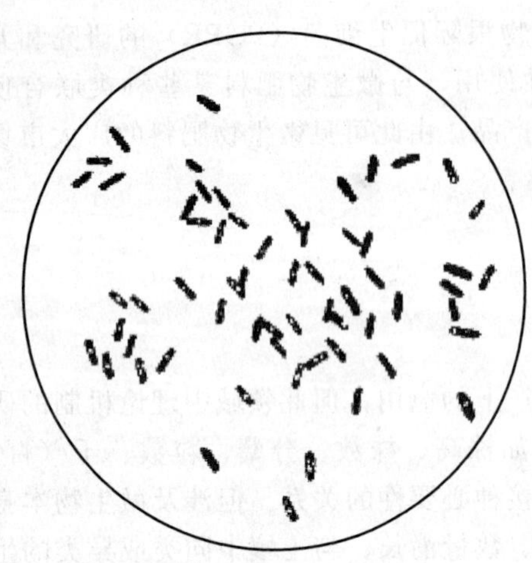
图 6-1　根瘤菌的个体形态

上有显著的变化。根瘤菌在固体培养基上和土壤中呈杆状，端生或周生鞭毛，能运动，革兰染色阴性，无芽孢，培养较久，菌体粗大，染色不均，如图 6-1 所示。根瘤菌侵入豆科植物的根部之后，为短小杆状，无鞭毛。随着根瘤的增大，菌体停止分裂，逐渐延长变大，形成一端膨大的棒状或分叉变形，这种变形的菌体称为类菌体。不同根瘤菌的类菌体形状不相同。例如，苜蓿根瘤菌的类菌体一端稍膨大呈棍棒状；大豆根瘤菌的类菌体呈细长稍弯的杆状，偶尔一端膨大或分叉；紫云英根瘤菌的类菌体则一端膨大呈茄子状；豌豆根瘤菌的类菌体分叉呈"Y"、"T"、"X"等形状。根瘤菌腐败后，类菌体散入土壤中，崩解成小球状菌体，最后又发育成有鞭毛的短杆状菌，进行分裂繁殖。

② 根瘤菌的培养性状　在固体培养基表面，菌落呈圆形，边缘整齐。有的菌落无色半透明（如豌豆、紫云英的根瘤菌），有的乳白色、黏稠（如花生、大豆的根瘤菌）。菌体不易被刚果红和结晶紫染色，在培养基上很容易与其他菌落区别开。在液体培养基中，菌液混浊，菌体稍有沉淀，不形成菌膜。培养时间过久，则在液面四周有胶黏状物质。

③ 生长速度　根据在人工培养基上生长的速度，根瘤菌各个种之间可分为快生、慢生两种类型。快生型（如苜蓿、三叶草等根瘤菌）接种后 2d 即可见菌落，4～5d 内菌落达到最大，菌落胶黏物质多，较稀薄。慢生型（如大豆、花生、豌豆等根瘤菌）接种 3～4d 才有菌落出现，7～10d 菌落达到最大，菌落胶黏物质少，较稠厚。不论是快生型或慢生型根瘤菌，若生长速度变快，则菌株的结瘤性往往不好，是菌种退化的表现。

④ 根瘤菌的生理习性

a. 碳素营养　快生型根瘤菌的碳素营养以单糖、双糖和多元醇为宜，其中又以葡萄糖、蔗糖和甘露醇为最好。慢生型根瘤菌的碳素营养以乳糖、阿拉伯糖最好。

b. 氮素营养　快生型和慢生型根瘤菌均以可溶性有机氮化合物（如多肽、氨基酸）为氮源，也能利用铵盐和硝酸盐。

c. 矿物元素　快生型和慢生型根瘤菌均需要磷、硫、钾、钙、镁等矿物元素，微量元素铁、钼、硼、钴和锰有促进根瘤菌生长的作用。

d. 维生素　维生素对根瘤菌的发育影响较大，特别是 B 族维生素可使根瘤菌的生长速度加快几倍到几十倍。配制培养基时，添加酵母浸汁或豆芽汁，除提供了有机氮化物外，还提供了维生素类物质。当根瘤菌与豆科植物共生时，除氮素营养外，其他的营养物质全由共生的豆科植物供应。

e. 根瘤菌的培养特性　根瘤菌为好气菌，最适生长温度为 25～28℃，最适 pH 为 6.5～7.5。培养过程产酸，因此培养基加入碳酸钙中和。

⑤ 根瘤菌的专一性　各种根瘤菌都与各自相应的豆科植物建立共生关系，形成根瘤，表现了根瘤菌的专一性，见表 6-1。例如，豌豆根瘤菌只能在豌豆、蚕豆的根部形成根瘤，大豆根瘤菌只能在黑豆、黄豆、青豆的根部形成根瘤，豇豆根瘤菌只能在豇豆、花生、绿豆、赤豆、羽豆和刀豆的根部形成根瘤。只有了解不同根瘤菌的专一性，才能在生产上有针对性地使用。

表 6-1 根瘤菌-豆科植物互接种族

互接种族	结瘤的根瘤菌	共生的豆科植物寄主
苜蓿族	苜蓿根瘤菌	紫花苜蓿、黄花苜蓿、草木樨等
三叶草族	三叶草根瘤菌	白三叶草、红三叶草等
豌豆和野豌豆族	豌豆根瘤菌	各种豌豆、蚕豆、箭舌豌豆、苕子等
菜豆族	菜豆根瘤菌	四季豆、扁豆等
羽扇豆族	羽扇豆根瘤菌	各种羽扇豆
大豆族	慢生型大豆根瘤菌	各种大豆、野大豆等
	中华根瘤菌	
豇豆族	豇豆根瘤菌	豇豆、绿豆、赤豆、花生、木豆
紫云英族	华癸根瘤菌	紫云英

(2) 根瘤菌肥的生产　根瘤菌肥生产工艺流程如图 6-2 所示。

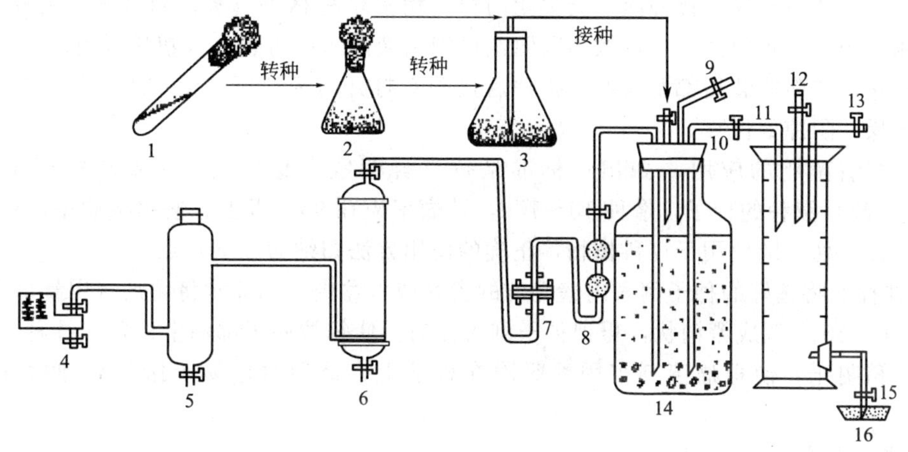

图 6-2　根瘤菌肥生产工艺流程

1—母种；2——级种子振荡培养；3—二级种子振荡培养；4—空压机；5—贮气罐；6—总过滤器；7—二级过滤器，无菌超细纤维；8—三级过滤器（无菌脱脂棉）；9—出气管；10—菌液出口；11—菌液进口；12—进气口；13—出气阀；14—菌液发酵；15—菌液出口；16—拌种，成品

① 菌种的制作

a. 斜面培养基配制　以豆芽汁培养基为例，称 0.5kg 黄豆芽，洗净放入锅里加水 1kg，煮沸 20～30min，过滤即得豆芽汁。另将 18g 琼脂加水 0.5kg 煮溶、过滤，两者混合后加糖，最后加碳酸钙，补水至 1000mL，调 pH6.8～7.2，121℃灭菌 25min。

b. 接种和培养　斜面冷却后即可接种，在接种箱内接种，接种后于 28℃培养 2～4d，菌苔长满即取出放冰箱保存。斜面菌种传代太多，培养温度太高，斜面上有些地方呈白色花絮状，不是污染杂菌。

② 扩大培养

a. 固体扩大培养　用克氏瓶等制成斜面，用斜面菌种或液体种子接种，培养时间按菌苔生长丰满而定，菌苔长满后用无菌水洗下倒入消毒的吸附剂中保存或暂时贮放在阴凉处（保存时间不宜太长），用时取出，用水洗出菌种直接拌种。

b. 液体扩大培养　培养基配方同菌种斜面配方，不加琼脂，加食油数滴消泡。液体扩大培养可根据设备条件用三角瓶摇床等通气培养或发酵罐深层发酵等。

三角瓶等振荡培养时装液体培养基量为容量的1/3，一般用500mL三角瓶，装150mL培养基，接种量一环，28℃旋转式摇床（230r/min）振荡培养2～3d，每毫升菌液含菌数可达几十亿至100亿，有些菌种生长更快。

c. 发酵罐培养　按配方称料投入发酵罐。培养基、罐体、管道等用蒸汽灭菌，温度121℃，30min，待罐温降至28～32℃接种，接种量为2%～3%，培养时保持罐温28～30℃，罐压控制在0.6kgf/cm^2，通气量一般为0.8～1.1VVM，搅拌速度为360r/min，培养2d即可。

(3) 吸附剂的准备和接种　吸附剂一般用草炭，因为它含有丰富的有机质，保水力强，疏松不黏结成块，通气良好，是一种理想的培养基（用草炭做吸附剂不再加其他营养成分）。没有草炭就用疏松肥土代替。将草炭晒干、打碎、过筛，除去石头、杂草等。调pH至中性或微碱性（pH6.8～7.6，用石灰或过磷酸钙调节），装瓶（装量为2/3～3/4）消毒，1.5kgf/cm^2（1kgf/cm^2=98kPa）压力，126℃保压2～3h，消毒后放接种室冷却。

接种室要通风干燥，接种前一天关闭门窗，用福尔马林等熏蒸，同时再开紫外灯照射。装瓶吸附剂用加压喷射法接种，散装吸附剂可把菌液倒入后再装袋（塑料袋用福尔马林熏）。接种要迅速，装瓶或装袋都要封严。接种后接种室打开门窗通风，使室内空气清洁、干燥。成品放干燥、阴凉处保存。

(4) 根瘤菌肥的应用　如出厂标准是每克含菌数1亿以上，则要求第四个稀释度（10^{-5}菌悬液）浸种的种子，播种10～15d，结瘤率应在95%以上。使用根瘤菌肥应严格掌握其专一性，切勿随便用于豆科植物，正确的使用方法归纳为以下几点。

① 拌种　将选好的种子倒入内壁光洁的瓷盆或木盆内，用凉水将菌剂（用量每亩100～250g）250～500g调成糨糊状，再把种子倒入拌匀，使每粒种子都沾上菌剂。拌种后在阴凉处摊开，稍阴干，使根瘤菌剂牢固地吸附在种子上，播种时也易于撒开立即播种，随即覆土。

② 注意事项

a. 一种根瘤菌剂只能用于相应的豆科植物。

b. 根瘤菌剂是用来拌种的，不能撒施做基肥或追肥。

c. 根瘤菌剂不能在太阳光直射或高温条件下存放，应常温保藏。

d. 根瘤菌剂拌种时的种子不要在晴天中午播种，宜在傍晚和阴天撒播，拌种后稍阴干就应播种。

e. 使用时即可打开密封的盖子，最好一次用完，一次用不完应马上盖好，最迟2～3d内用完。

f. 拌种时不要与农药、过磷酸钙一起拌（会杀死根瘤菌），可与钙镁磷肥一起拌，但应先拌菌、后拌钙镁磷肥。

g. 稻田水要放干，晒1～2d再播种，旱田要在下雨前后条播，盖一薄层土。

h. 根瘤菌生长要求比较湿润和疏松的土壤，含水量在20%～30%为宜。存放不能超过半年，不要用隔年生产的根瘤菌剂。

i. 以磷增氮，在有效磷含量低的土壤中施用磷肥。使用适量磷肥可提高根瘤菌的结瘤率，对根瘤菌拌种的增产有良好的效果，增强固氮效能，从而也增加了土壤中的含氮量。

j. 为提高根瘤菌剂的固氮效果，可用含0.1%稀土化合物吸附根瘤菌，这种稀土菌剂中的根瘤菌的存活率和对寄主作物的浸染结瘤能力较强，其增产效果高于一般的根瘤菌剂。

k. 应注意土壤的pH。当土壤的pH在5.2时，施入的根瘤菌剂将有65%死亡，因此对于酸性土壤，在作物种子和根瘤菌剂拌和后，再与泥浆、钙镁磷肥或者石灰等物质拌和，形成丸衣，以利根瘤菌在土壤中存活。

在初开垦的土地上使用根瘤菌后，豆科植物的增产效果明显。如新开垦的土地种植花生，若不使用花生根瘤菌肥，则花生结果率低。根据试验，无论是连年或轮作豆科植物的土壤，还是已经施用过根瘤菌的土壤，经常使用高效根瘤菌制剂是非常必要的。例如，在栽种过紫云英、花生、大豆的老区通过使用高效菌肥拌种，产量可以继续提高。

2. 磷细菌肥料的生产及应用

磷细菌肥料是一类促使土壤中不能被作物利用的有机态或无机态磷化物转化为有效磷，从而改善作物的磷素营养，促使作物增产的菌肥。据计算，一般每公顷农田耕作层中磷的总贮存量可达数千千克，其中大部分为不溶性的无机磷矿物和动植物体中的有机磷，作物不能吸收利用，只有极少量的可溶性磷酸盐才可被利用。因此，土壤中的有效磷满足不了作物的需要，致使许多地区土壤中存在着不同程度的缺磷现象。河北、山东、江苏等省为了加速土壤中磷矿物的溶解和有机磷的分解，解决作物的缺磷问题，在不同类型的土壤和多种作物（稻、麦、玉米、高粱、大豆等）中应用了有机磷菌肥或无机磷菌肥，作物普遍表现出根系发达，粗壮，分蘖增多，苗高株壮，叶色较绿，并有增产效果。

（1）磷细菌的主要类群　磷细菌是可将不溶性磷化物转化为有效磷的某些腐生性细菌的总称。按其对磷的转化作用又分为两类：一类是通过细菌产生的酸使不溶性磷矿物溶解为可溶性的磷酸盐，称为无机磷细菌，如氧化硫硫杆菌；另一类是通过某些细菌，如巨大芽孢杆菌和蜡状芽孢杆菌等产生的一类酸性物质，如乳酸、柠檬酸和植物酶类物质，使土壤中难溶性磷素和磷酸铁、磷酸铝以及有机磷酸盐矿化，形成作物能够吸收利用的可溶性磷，供作物吸收利用，称为有机磷细菌。

（2）磷细菌肥料的生产　磷细菌要求有机质丰富、中性或微酸性、水分充足和通气良好的土壤条件。固体法生产时，最适温度为30～37℃，大堆培养时不应超过45℃。若偏酸性可用石灰或碳酸钙调至中性或偏碱。各级扩大培养应保证通气良好，装料量为容积的1/3～1/2，加水量不宜过多，液体培养应进行振荡或通气搅拌，生产流程如图6-3。

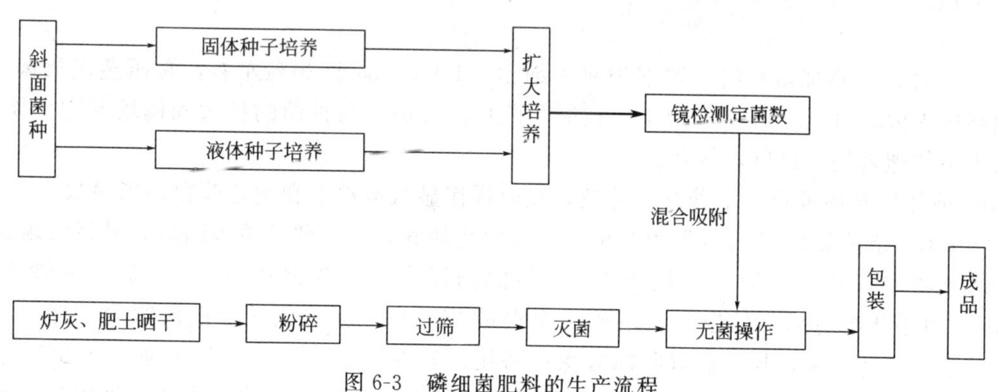

图6-3　磷细菌肥料的生产流程

① 菌种和培养特征　普通无机磷细菌在马铃薯培养基上菌苔白色，生长旺盛，边缘整齐，表面光滑。巨大芽孢杆菌在马铃薯培养基上菌苔颜色由灰白色变浅黄色，渐变褐色。

② 固体培养基　斜面菌种培养基为：20%马铃薯培养基；10%马铃薯+10%麸皮培养基；10%麸皮+1%葡萄糖培养基；10%棉子饼培养基；5%棉子饼+4%玉米面培养基。

培养基的制作方法同常规方法。按无菌操作在接种箱内分别接种无机磷细菌和有机磷细菌，30～32℃培养24～48h，取出放低温处保存备用。

③ 种子培养

a. 固体培养　取麸皮20%，肥土70%，木屑10%，加水至手握能出水但不滴下来为宜。用石灰或碱调pH至8.5，装广口瓶，装量为容量的1/2～2/3。用8层纱布或2层纱布加1层棉花作瓶塞，再包上牛皮纸，121℃灭菌40min。在接种箱或无菌室分别接种无机磷细菌和有机磷细菌。菌种斜面制成菌悬浮液，一支斜面可接1～3瓶。接种后，30～33℃培养48h即可做种子用。

b. 液体培养　培养基配方可采用斜面培养基配方中的一种，不加琼脂。配好后装入三角瓶或其他小口瓶中，装量为瓶子的1/5～1/4，以纱布包瓶口，或用棉塞塞瓶口，再包牛皮纸，121℃灭菌30min。取出，冷却后分别接种无机磷细菌和有机磷细菌，30～35℃振荡培养2～3d，可继续扩大培养。

④ 液体培养　取10%马铃薯切碎，5%棉子饼磨碎，装入纱布袋中，加0.5%碳酸钙和足量水，调pH值至8.5～9后，放入灭菌锅中。121℃ 1kgf/cm^{2}下灭菌50min。通过管子将灭过菌的液体培养基压入已消毒的培养坛中，每坛装40～50kg，冷却到40℃以下时，便可直接接种无机磷细菌和有机磷细菌。30～35℃通气培养2～3d。

a. 培养基

配方一：肥土75%～80%，谷糠、木屑10%～15%，麸皮10%；

配方二：棉子饼15%，肥土45%，炉灰45%，麸皮10%；

配方三：肥土80%，麸皮10%，木屑10%。

以上三种培养基的加水量都是约40%，拌匀，石灰或碱面调pH至8.5装入布袋，121℃ 1kgf/cm^{2}灭菌1h取出，放入无菌室。生产时可任选一种培养基。

b. 培养　将培养用的盆、塑料袋用清水洗净，用5%的来苏尔药液洗涤，放入无菌室，灭过菌的培养基一齐用硫磺或甲醛12h。按无菌操作要求分别接种无机磷细菌和有机磷细菌。每个大盆装料5kg，接种二级种子1～2瓶，拌匀后盖上灭菌的塑料布，用绳扎起来。30～33℃培养2d。培养12h料温接近室温，24h料温可超过室温3～5℃，48h又接近室温，即可出料。

⑤ 吸附

a. 固体培养物加填充料　取细炉灰∶细土＝1∶1，加水20%左右，常压蒸汽灭菌3h，或用高压灭菌，料温降到30℃以下，按需要菌数混合加入两种菌的扩大固体培养物，拌匀，装入灭菌的塑料袋，封口，保存。

b. 液体培养物吸附　培养好的菌液，经取样作显微镜检查和测定菌数，当菌数达2.0×10^9个/mL，杂菌数在15%以下为合格，即可停止培养，混合两种磷细菌后，进行吸附。炉灰和肥土粉碎过筛，按炉灰与肥土2∶1的比例混合，用铁锅炒至150℃后，再炒15～20min，以杀死吸附剂中的杂菌。按成品含水量25%～30%计算，加菌液吸附、拌匀、称重、装入灭菌塑料袋，封口后置阴凉处保存备用。若在冬季生产，产品可在30～35℃培养室中堆放2～3d，使细菌继续增殖，提高产品的含菌数。如在生产施用季节，吸附剂可不灭菌，吸附后即可施用。

(3) 磷细菌肥料的应用

① 使用方法

a. 拌种或浸种　把菌肥加水调成浆（500kg种子用菌肥0.25kg，加水2kg），拌入种子，稍晾干后即播种。也可用原菌液直接浸种 12h，阴干后播种。

b. 蘸根 把菌肥与圈肥和少量草木灰混匀，加水调成泥浆，作物移栽时用于蘸根。

c. 基肥 做基肥使用时，每公顷用菌肥 22.5～75kg，混入有机肥料中施用。

d. 追肥 宜在作物开花前施于作物根部（菌肥使用量少于基肥量），施后避免阳光暴晒，注意保持土壤湿润。

② 提高磷细菌肥效的几项措施

a. 无机磷细菌菌肥和有机磷细菌菌肥混合使用 提高土壤中无效磷的总转化率，采用无机磷细菌菌肥和有机磷细菌菌肥混合拌制，肥效更好。另外，由于磷细菌要求土壤中的有机质丰富，水分充足，通气良好，使磷细菌进入土壤后能继续大量繁殖，因此在使用磷细菌肥料的同时，还必须配合使用堆肥或厩肥等有机肥料。

b. 磷细菌肥和固氮菌肥混合使用 细菌在土壤中为固氮菌提供了有效磷，有利于固氮菌的生长发育和固氮作用。同时由于固氮菌在土壤中增加了氮，故又能促进磷细菌的生长，两者互为有利。这样两种菌肥的联合作用提高了单一使用的效果。若和纤维素菌混合接种于堆肥中，纤维素分解菌的作用可促进堆肥中纤维素物质的分解，为磷细菌的生长繁殖提供了营养物质，两菌协同作用的结果是加速了堆肥的肥效。

c. 早施磷细菌肥料 试验证实，拌种的增产效果比追肥高，而在小麦扬花期追肥施用的增产效果大大低于入冬前或小麦返青时施用的增产效果。其次，土壤含水量在 15%～23%时，有利于磷细菌的生长和活动。

磷细菌肥料与 5406 抗生菌肥或与矿质磷肥配合施用，效果更好。但不宜与杀菌剂及化学氮肥同时混合使用。

3. 固氮菌肥料的生产及应用

(1) 固氮菌的主要类群及培养特性

① 固氮菌的主要类群 这类制品使用的菌种是除了根瘤菌以外的固氮菌，有自生固氮菌和联合固氮菌两类。主要是自生固氮菌中的圆褐固氮菌、黄褐固氮菌、棕色固氮菌、贝氏固氮菌、巴西固氮螺菌、肺炎克氏杆菌、阴沟肠杆菌、产气肠杆菌、粪产碱杆菌等。这些菌的共同特点就是通过它们的活动能把空气中不能被作物利用的 80%氮气转化成作物能吸收的氮素养料。有的还能生成植物生长刺激物质，刺激植物生长和发育。在这些固氮菌中的某些种可能是病原微生物，在分离、鉴定和筛选时应进行无害鉴定。

② 固氮菌的培养特性 在显微镜下，自生固氮菌的形态是粗短杆状（如图 6-4 所示），两端钝圆，长 4～6μm，常具有荚膜。这些杆菌，常常是 2 个联结在一起，形成“8”字状。联合固氮菌如玉米刚螺菌，在显微镜下菌体是革兰染色阴性，趋向螺旋弯曲的杆菌，靠单根极生鞭毛运动，细胞内含有较高光折射率的油滴。

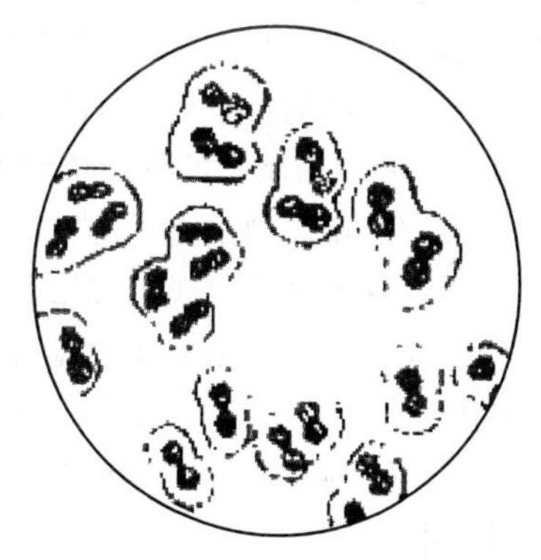

图 6-4 联合固氮菌形态

近年来的研究表明，固氮菌的纯培养制品比当地土生土长的固氮菌群效果差，这是由于固氮菌的生长发育与植物根系分泌物关系较大，又跟当地土壤有机质和 pH 有关系。土生土长的固氮菌群对当地环境有较强的适应性，又跟当地土壤微生物区系关系密切。只要把这些固氮菌群富集培养后施入土壤里，它就能较快地繁殖，大大增加土壤中的有益固氮菌数目，增产效果也较大。所以固氮菌肥的生产以培养当地固氮菌群较实用。

(2) 固氮菌肥的生产　固氮菌肥生产流程如图 6-5 所示。

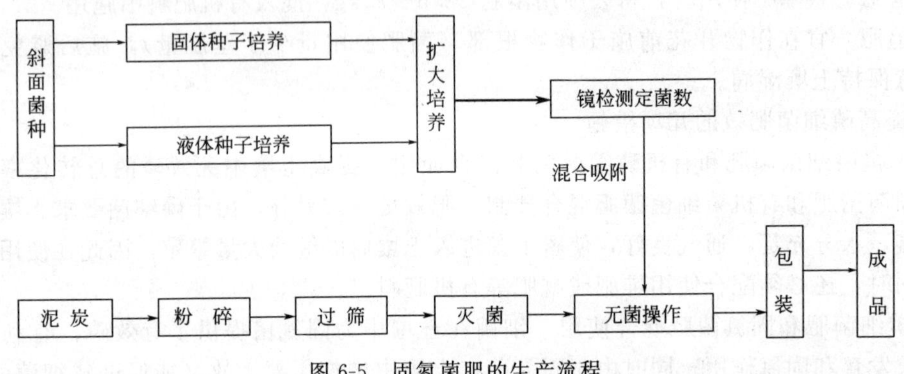

图 6-5　固氮菌肥的生产流程

① 种子培养　自生固氮菌菌种利用阿氏无氮培养基进行斜面培养，固氮螺菌用 Dobereiner 半固体无氮培养基为 K_2HPO_4 0.1g、KH_2PO_4 0.4g、$MgSO_4 \cdot 7H_2O$ 0.2g、NaCl 0.1g、$CaCl_2$ 0.2g、$FeCl_3$ 0.1g、Na_2MoO_4 0.002g、无氮琼脂 3g、琥珀酸钠（或苹果酸钠）5g、蒸馏水 1000mL、溴麝香草酚蓝（B. T. B）5mL，115℃灭菌 30min 后制成斜面培养基，进行斜面培养。

② 液体培养　培养基配方可采用斜面培养基配方中的一种，不加琼脂，配好后装入三角瓶或其他小口瓶中，装量为瓶子的 1/5～1/4，以纱布包瓶口，或用棉塞塞瓶口，再包牛皮纸，121℃灭菌 30min 后取出，冷却后分别接种自生固氮菌或联合固氮菌，30～35℃振荡培养 3～5d，然后再接种到发酵罐进行扩大培养。

将培养好的液体，经取样作显微镜检查和测定菌数，当菌数达 2.0×10^9 个/mL，杂菌数在 15%以下为合格，可进行吸附。按菌液与吸附剂 4∶1 的比例，将菌液混入已灭菌的吸附剂中拌匀。按成品含水量 25%～30%称重，装入灭菌塑料袋，封口后置阴凉保存备用。若在冬季生产，产品可在 30～35℃培养室中堆放 2～3d，使细菌继续增殖，提高产品的含菌数。如在生产施用季节，吸附剂可不灭菌，吸附后即可施用。

③ 固体培养　把经摇床培养的固氮菌的液体收集起来，用温水稀释、搅拌均匀，以 1kg 的量加入 100kg 已准备好的事先放在室内的吸附剂中（富含腐殖质的菜园土壤或非酸性的泥炭）。搅拌均匀，添加水，使湿度达到最大持水量的 50%，而后放在木盆内，或堆成大堆，并置于温暖的屋子几天，以增进固氮菌的繁殖。添加糖类、酒精及磷肥可以加速固氮菌细胞的繁殖。在 1g 固氮菌剂中应该有不少于 5×10^7 个固氮菌的细胞。在 $1hm^2$ 地上应用 3～6kg 固氮菌剂，也就是 1.5×10^{11} 亿～3×10^{11} 亿个固氮菌的细胞。

(3) 固氮菌肥料的施用方法及注意事项

① 固氮菌肥料的施用方法

a. 一般较简单的施用方法是拌种，将固氮菌剂加少量清水与种子拌匀后即可施用。

b. 为了使固氮菌能很好地在根附近定居下来，可使用以下方法：棉花、玉米、小麦等大田作物，可先将 1/15 公顷（每亩）用的菌剂与过磷酸钙 15～25g，草木灰 50g 左右，水 1.5～2.5kg 与 10～20kg 细碎干土或筛过的圈粪及堆肥拌匀，成为潮湿的小土团，与种子沟施到土中。

c. 马铃薯、甘薯等作物，可将菌剂掺入耕作土壤，均匀地撒在薯块上或薯苗旁，或将菌剂加清水少许，搅匀蘸薯苗根用。

d. 在水稻上使用，可在插秧时，将菌剂掺水蘸秧根用。蔬菜和烟草等秧畦每百株应用50～100g 菌剂拌种施用。定植移苗时，可以用小土团法，把菌剂施于苗根部附近。

e. 用作追肥时，可用小土团法，把菌剂与粪肥、饼肥混合施于植株附近，但不能与大量化学肥料直接混合。可先用粪肥混合后施于土中，然后再施化学肥料。

② 施用固氮菌肥料的注意事项

a. 固氮菌肥料同大多数微生物肥料一样，其肥效主要决定于其中所含的活菌数。因此，使用固氮菌肥料时，不论何种施用方法，均必须防止一切对微生物生活不利的条件。阳光中含有能杀菌的紫外线，在使用过程中，必需尽量避免阳光直射。过分的干燥也会导致固氮菌的死亡，使用过程中应保持湿润。拌种后，应将种子用湿布盖上，播种后尽快覆土。

b. 杀菌剂和某些杀虫剂以及化学肥料对细菌有毒杀作用，使用固氮菌肥料时，应避免杀虫剂、杀菌剂和浓度高的化学肥料混合使用。

c. 联合固氮菌不但对不同作物有选择性，对同一作物的不同品种也有一定的选择性。施用联合固氮菌肥料时，应选择与品种匹配良好的菌肥。

d. 固氮菌只有当环境中有丰富的碳水化合物而缺少化合态氮时，才能进行旺盛的固氮作用。当土壤中的C/N 为（70～40）∶1 时，固氮作用受到抑制，可见土壤中适宜的C/N 是使固氮菌发展成优势种和进行固氮作用最重要的条件。因此固氮菌肥料最好与有机肥料配合施用，如果土壤中含有很丰富的氮素养料，施用固氮菌肥，就不能很好地发挥固氮菌的固氮作用。

e. 固氮菌需要磷、钾、钙、镁、铁、硫等元素，特别是磷、钾、钙。要充分发挥固氮菌肥的作用，应该与磷、钾肥料和石灰结合施用。在酸性土壤中施用石灰，一方面可以供给固氮菌的钙质养料，另一方面还可以调节土壤的酸碱度，使之更适合于固氮菌的生长和发挥固氮作用，因为大多数固氮菌适宜在中性及微碱性土壤中发育。这样可以同时满足固氮菌和作物的要求。

f. 固氮菌对湿度要求较高，以在田间持水量的60%～70%生长最好。固氮菌是中温性微生物，最适宜在25～30℃生活，温度过低会抑制固氮菌的生长和固氮作用，温度过高，不仅不能固氮，反而会使固氮菌死亡。固氮菌是好气的，良好的土壤通气状况是固氮菌发育的条件。因此，深厚、疏松、湿润的耕作层土壤是发挥固氮菌肥良好效果的重要条件。

g. 注意保存，不要把菌剂放于过冷或过热的地方，也不能使菌肥重复冻化。一般保存于低温（0～10℃）、干燥、清洁、避光的地方。保存时间不宜过长（3～6个月），以免引起有效细菌的死亡。

4. 钾细菌肥料的生产及应用

（1）钾细菌的主要类群及其作用　钾细菌肥料又称生物钾肥、硅酸盐菌剂，是由人工选育的高效硅酸盐细菌经过工业发酵而成的一种生物肥料。其主要有效成分是活的硅酸盐细菌。目前已知芽孢杆菌属中的一些种如胶质芽孢杆菌和环状芽孢杆菌等。该菌具有分解正长石、磷灰石，并释放磷、钾矿物中磷、钾元素的作用。生物钾肥的施用，缓解了我国钾肥供求矛盾，改善了土壤大面积缺钾状况，促进农业增产，提高了农产品品质。硅酸盐细菌在其生命活动过程中，产生多种生物活性物质，据报道钾细菌发酵液经生物和高压液相色谱仪测定证明，如HM8841 硅酸盐细菌培养液中含有大量的赤霉素（GA_3）和细胞分裂素类物质，这些物质可以刺激植物生长发育，同时还可产生抗生素物质，增强植株的抗寒、抗旱、抵御病虫害、防早衰、防倒伏的作用，硅酸盐细菌死亡后的菌体物质及其降解物有营养作用。

(2) 钾细菌肥料的生产

① 种子培养 菌种利用无氮培养基进行斜面培养。培养基为 K_2HPO_4 0.5g、$MgSO_4 \cdot 7H_2O$ 0.2g、$MgCl_2$ 0.2g、$CaCO_3$ 1.0g、酵母膏 0.4g、琼脂 20.0g、蒸馏水 1000mL、115℃灭菌 30min 后斜面接种培养。

② 液体培养 培养基配方可采用斜面培养基配方，不加琼脂，配好后装入三角瓶或其他小口瓶中，装量为瓶子的 1/5～1/4，以纱布包瓶口，或用棉塞塞瓶口，再包牛皮纸，$1kgf/cm^2$ 灭菌 30min 后取出，冷却后接种钾细菌，30～35℃振荡培养 3～5d，然后再接种到发酵罐进行扩大培养，将培养好的液体经取样作显微镜检查和测定菌数，当菌数达 2.0×10^9 个/mL，杂菌数在 15%以下为合格，可进行吸附，吸附方法同以上几种产品。

③ 固体培养 把经摇床培养的钾细菌的液体收集起来，用温水稀释、搅拌均匀，以 1kg 的量加入 100kg 已准备好的事先放在室内的吸附剂中（富含腐殖质的菜园土壤或非酸性的泥炭）。搅拌均匀，添加上水，使湿度达到最大持水量的 50%，而后放在木盆内，或堆成大堆，并置于温暖的屋子几天，以增进钾细菌的繁殖。在 1g 钾细菌剂中应该有不少于 5×10^7 个钾细菌的细胞。在 $1hm^2$ 土壤中应用 3～6kg 钾细菌剂，也就是 1.5×10^{11}～3×10^{11} 个钾细菌的细胞。

(3) 钾细菌肥料应用

① 施用方法 钾细菌肥料的施用应根据不同农作物生长发育特点和种植栽培特点而采用不同施用技术。一般土壤速效钾含量应低于 100mg/kg，并含有一定的有机质、碱解氮和速效磷等，较瘠薄的沙地效果较好。

保水、保肥力较差的土壤，不利于菌剂发挥作用。钾细菌肥料充分发挥作用需要一定的水分。在无灌溉条件的旱地、岗坡、丘陵地土壤，遇干旱少雨年份，钾细菌肥料中活的硅酸盐细菌不能正常生存，施用钾细菌肥料一般采用局部接种，即施用的菌体细胞在种子或作物根系周围发挥作用。如拌种、蘸根、穴施等都是局部接种的施用技术。但也有的采用基施的方法进行分散接种。总而言之，该技术简便易行，容易掌握，具体介绍如下。

a. 基施 按每公顷菌剂用量与有机肥（或潮细土）225kg 左右拌均匀，并撒于田面，随即整地或耘田覆盖。

b. 拌种 棉花、花生、玉米、小麦、水稻等作物均可采用拌种方法，菌剂用量 7.5～$12kg/hm^2$。具体方法：7.5kg 菌剂加水 4L 化开，加入种子拌种（在室内或棚内），使每粒种子沾上菌剂，稍加阴干即可播种（种子拌菌后稍有膨大，播种时应适当加大下播口，保证足够的播种量）。

c. 穴施 甘薯、烤烟、西瓜、番茄、草莓、茄子、辣椒等，移栽或插秧前穴施钾细菌肥料。菌剂用量为：15～$30kg/hm^2$，混合细肥土 200～300kg，施于穴中与土壤混匀，然后移栽幼苗或插秧。

d. 蘸根 甘薯、水稻等作物移栽（或抽秧）时蘸秧根施用。即用 7.5kg 菌剂加水 200～300kg 化开并混匀后，蘸秧根移栽或插秧。

e. 沟施 果树施用钾细菌肥料，一般在秋末（10 月下旬至 11 月上旬）或早春（2 月下旬至 3 月上旬）根据树冠大小，距树身 1.5～2.5m 处，环树挖沟（深、宽各 15cm），用菌剂 20～30kg 混细肥土 300kg，把混匀后的菌剂施于沟内然后覆土即可。

f. 种肥 芝麻、油菜、甜菜等作物，其种子较少，可把菌剂与种子混合后同时播种。

g. 追肥 有的作物也可将钾细菌肥料用作追肥施用。主要方法是菌剂用量 15～30kg

kg/hm^2，加水 750～1500kg 混匀后，进行蘸根，如西瓜、茄子、黄瓜、青椒、番茄等蔬菜作物，也有显著的增产效果。

② 钾细菌肥料施用注意事项

a. 钾细菌肥料（生物钾肥）可与杀虫剂、杀真菌病害农药（但不能与杀细菌农药接触）同时配合施用（先拌农药、阴干后拌菌剂），然后播种。菌剂可与多菌灵、百菌清、种衣剂、粉锈宁等配合施。

b. 钾细菌肥料一般不能与过酸或过碱物质混用，过酸或过碱的土壤也会影响硅酸盐细菌的生命活动，pH 以 5～8 的范围为宜。

c. 拌好菌剂的种子应晾干而不能晒干，在贮、运、用过程中应避免阳光直射。施用时当天拌种、当天播完、及时覆土。

d. 当必须补充苗期钾素而施用化学肥料时，应分开施用。研究表明：与 K_2SO_4 同时使用时，存在明显的拮抗作用，呈显著的负效应。

e. 硅酸盐细菌的生长繁殖同样需要养分，有机质贫乏的土壤不利其生命活动，有机质低于 0.6%的土壤，最好采用菌剂伴有机肥混合施用。

5. 光合细菌肥料的生产及应用

（1）光合细菌的主要类群　光合细菌是一类能将光能转化成微生物代谢活动能量的原核微生物，是地球上最早的光合生物，广泛分布在海洋、江河、湖泊、沼泽、池塘、活性污泥及水稻、水葫芦、小麦等根际土壤中。光合细菌具有固氮、为植物根系分泌氨基酸和核酸、消除有害物质、提高作物抗病性、改善土壤肥力、提高作物产量和品质等作用。

光合细菌的种类较多，包括蓝细菌、紫细菌、绿细菌和盐细菌。与生产应用关系密切的主要是红螺菌科中的一些属、种。如红假单胞菌属中的荚膜红假单胞菌、球性红假单胞菌、沼泽红假单胞菌、嗜硫红假单胞菌、胶状红环菌、绿色红假单胞菌。红螺菌属中的深红红螺菌、黄褐红螺菌、盐场红螺菌。

光合细菌能在光照条件下进行光合作用生长，也能在厌氧条件下发酵，在微好氧条件下进行好氧生长。我国的光合细菌制剂在农业上应用于农作物的喷施、秧苗蘸根，许多地方都得到了较好的应用效果；在畜牧业上应用于饲料添加剂，用于畜禽粪便的除臭和有机废物的治理上均有较好的应用前景。由于光合细菌应用历史比较短，有关产品的质量、标准以及进一步提高应用效果等方面都是比较薄弱的环节，有待进一步加强。

（2）光合细菌菌剂的作用

① 固氮作用　大多数光合细菌具有固氮能力，能提高土壤氮水平，有利于作物根系发育，提高作物产量。

② 提高土壤肥力　光合细菌通过其代谢活动有效提高了土壤中的某些有机质成分、硫化物和氨态氮。促进土壤物质转化，改善土壤结构，提高了土壤肥力。

③ 降解农药　光合细菌能够消除有害物质，促进污染物的转化，同时促进有益微生物的增殖。

④ 产生生理活性物质　光合细菌产生的脯氨酸、尿嘧啶、胞嘧啶、维生素等生理活性物质都被作物直接吸收，有助于改善作物营养，激活植物细胞，提高光合能力。

⑤ 增强作物抗病防病能力　光合细菌含有抗细菌、病毒的物质，这些物质可以钝化病原体的致病能力，抑制病原体生长。同时光合细菌的活动促进了放线菌等有益微生物繁殖，抑制丝状真菌等有害菌群生长，从而有效抑制某些植物病害的发生和蔓延。

(3) 光合细菌肥料的生产

① 培养基的制备　有些培养基的成分不能和某些成分在同一溶液中进行高压灭菌，而另一些成分又不能用高压灭菌，还有一些成分在氧存在下分解或形成抑制性物质。因此，有时在培养基的配制方法上，要分别对待。特别是使用贮存原液的方法较为简便。

a. 紫硫细菌、绿硫细菌培养基　NH_4Cl 300mg，K_2HPO_4 300mg，$CaCl_2 \cdot 2H_2O$ 200mg，$MgCl_2 \cdot 6H_2O$ 200mg，KCl 200mg；蒸馏水 1000mL，pH 6.8～7.5，高压蒸汽灭菌（121℃，30min）。

b. 紫色非硫细菌的培养基　NH_4Cl 300mg，NaCl 400mg，$CaCl_2 \cdot 2H_2O$ 0.5mg，KH_2PO_4 300mg，蒸馏水 1000mL，pH6.8～7.3，高压蒸汽灭菌（121℃，30min）。

② 试管及二级小型广口瓶接种　光合细菌生长培养基需先经高压灭菌，然后在无菌条件下，按培养基量的1%～2%接种。接种后在厌氧条件下（在某些环境条件和培养条件下，如红螺菌属的若干种可兼性好氧，并且能够在有氧情况下进行培养），适宜的温度、pH、光照培养。

a. 温度　光合细菌生长的温度范围较宽，一般为 10～30℃，最佳温度为 25～28℃。光合细菌能耐较高的温度，置于 40～42℃恒温箱中培养仍能生长。当温度降至 10℃以下，生长缓慢。5℃以下，基本停止生长。当 0℃左右，并置于黑暗条件下，7～15d 菌体大部分沉降死亡。在室外培养时，冬季温度降至 10℃以下，接种后转色较慢，10～15d 略见菌液变深。由于冬季气温不易提高，光照弱，培养和保存菌种较其他季节困难。

b. pH　光合细菌生长的 pH 值范围较宽，一般是微酸性到中性，pH 为 6.6～7.5，在培养过程中，需定时测定培养液 pH 的变化。在光合细菌生长期间各种培养基 pH 的变化和 H_2S 的含量对于许多种紫色细菌的生长繁殖是很重要的。光合细菌能够生长的 pH 范围和对于各种菌种和菌种的最佳 pH，不仅取决于 H_2S 的含量（不应超过 150～200mg/L）和硫酸盐氧化而产生的硫酸，而且还取决于培养基中其他有机物和无机化合物的存在及其浓度、CO_2 的同化或释放。

c. 光照　光合细菌常存在于只有少量太阳辐射光的自然环境中。虽然光的存在是光合细菌生长的必要条件，但就其对光的需要而论，在自然环境中的细菌并不能任意挑选光照，红色细胞进行光合作用所吸收的光谱波长为 800～900nm，一般用电灯泡发光，以满足其对光照的要求。所用灯泡为日光灯，光强度一般为 500～2000lx。

③ 三级大瓶与四级塑料桶扩大培养　培养基原液可用蒸馏水或冷开水进行稀释。室外培养时，温度高的夏季及温度适宜的春末、秋季，扩大培养液可用井水、自来水或冷开水，如用自来水需先放置一昼夜或更长时间。冬季温度低，需用冷开水稀释，以防井水或河水中青苔孢子污染。三级、四级的接种量随季节气温不同而异，一般为 10%～20%，接种后 3～5d 内如发现菌液显色极慢，或菌体已发生下沉现象，说明其活性减弱，需及时选用活力强的菌液重新接种。

温度较低时，则可将玻璃瓶或塑料桶等培养容器置于玻璃温室或塑料大棚中，能同样具备适宜的光照与温度条件。玻璃温室在晴天时，自然光照度平均为 8700～19000lx，阴雨天则为 570～2100lx，均能适合光合细菌生长繁殖过程中对光照的要求。

④ 保种　春秋季气温适宜，容易培养与保种，夏季虽然气温偏高，但光合细菌能耐较高温度，易培养成功和保好菌种，只是因菌体生长旺盛，相隔一定时间后，需加入新的培养液，以促进繁殖。冬季保种则较困难，主要是气温降至 10℃以下时，菌体生长缓慢常在瓶口或桶口壁上生长青苔，这时可采用以下措施：a. 经常检查，一旦发现青苔立即除尽；

b. 加大接种量；c. 以日光灯加红外灯加温；d. 用冷开水或消毒水稀释。

生长于液体培养基中的紫硫细菌常常每隔10～14d转接一次（特别是无机培养基）。若菌种保存在低温和不直接曝光的室内或冻干，菌种可在琼脂斜面上保藏较长时间。

(4) 光合细菌的应用技术

① 粮食作物

a. 浸种　每公顷用原液7.5kg加水3倍浸泡5h后晾干下种。

b. 叶面喷施　每公顷每次用原液7.5kg，第一次加水35倍、第二次加水40倍左右、第三次加水40～50倍，如有病虫害发生，视损害程度，原液加29倍的水喷打或直接用原液涂抹病害区。

② 棉花

a. 浸种　每公顷用原液7.5kg加水5倍浸种。

b. 叶面喷施　苗出土后第三片叶时，开始喷打第一次，此时喷施是抗病虫害的，浓度比为1∶(25～30)；吐条后开始喷施第二次，浓度比为1∶(30～35)；整枝时喷施第三次，可适当加一些助壮素。

③ 蔬菜

a. 浸种　每公顷用原液7.5kg加水5倍浸种。

b. 叶面喷施　幼苗喷施一次，每公顷用原液7.5kg加水35～40倍；生长期开始喷第二次，每隔半月一次。

c. 防治病虫害　视病害程度，原液0.35kg加水29倍，或直接用原液涂抹病害区。

④ 果树　视树冠大小，用原液加水30倍，在开完花坐果后和果实膨大期，每隔20d左右喷1次，后2次加水40倍。

⑤ 花卉　可用30倍的稀释液灌根或用50倍的稀释液叶面喷施。

6. 抗生菌肥——5406抗生菌肥料的生产及应用

抗生菌肥料是一种能分泌抗菌物质和刺激素的放线菌接种于饼粉和土（1∶10）的混合物中发酵而成的。它具有成本低，肥效高，抗病害，促生长，堆制方法简易，用料就地取材，水田旱田都能用，对作物无害等优点。使用菌种通常都是放线菌，如细黄链霉菌。我国应用多年的5406即属此类，出现了以原菌种生产作物生长调节剂产品的势头。这里以5406抗生菌肥为例做介绍。

(1) 5406抗生菌的生物学特征　5406抗生菌是1953年从陕西省泾阳老苜蓿的根中分离出来的一种放线菌，属于弗氏放线菌属的细黄放线菌。在固体培养基上，菌落呈圆形、隆起，初期表面光滑，浅黄稍带绿色，成长后表面粉末状，白色带粉红，背面黄褐色。

(2) 5406抗生菌肥料的作用

① 抗病驱虫　室内试验证明，5406抗生菌可产生不同的抗生素，这些抗生素对30多种植物的病原菌有抑制作用。田间试验也证明，5406抗生菌肥能防止水稻烂秧，减轻棉花苗期根腐病、地瓜黑斑病、小麦锈病、水稻稻瘟病等的危害程度。

② 刺激作物生长　5406抗生菌能分泌抗生素，刺激作物细胞分裂和纵横生长，打破马铃薯的休眠，促进各种种子生根发芽和幼苗的茎叶生长，增加小麦、水稻的分蘖，使多种作物提前成熟。

③ 增加土壤中有效养分的含量　5406菌肥要掺饼土培养。除饼土本身含有一定量的氮、磷、钾和其他营养成分外，还能通过5406抗生菌的生命活动产生有机酸，将根际土壤

部分难溶的磷转变为有效磷。据全国15种土壤施用5406菌肥情况统计，有效磷增加最高可达215%，最少的增加11%，平均增加56.6%，有效氮最高增加15倍，最少增加75%。

④ 5406抗生菌肥料的增产效果　据全国各地田间试验推广统计的资料表明，施用5406抗生菌肥料，均获大幅度的增产效果。湖南常德在晚稻上施用比对照增产38.9%，油菜上施用增产61.7%。四川什邡将5406抗生菌肥料用于小麦栽培中，增产21.5%，北京通州区在棉花上的试验增产75.5%，黑龙江肇东的试验结果玉米增产7.6%，甘蓝增产33.9%。

(3) 5406抗生菌肥的生产

① 一级菌种制备

a. 饼土管的制作　取黄豆饼粉5%，玉米粉5%，肥土90%，将料混合拌匀，用手提喷雾器加水，做成大小如小米粒的饼土丸，分装试管1/4处，经121℃高压灭菌1h，取出晾干，于32℃培养2d，未污染的可以使用。

b. 斜面菌种的制作　马铃薯20%，葡萄糖5%，硫酸镁0.04%，磷酸氢二钾0.04%，蛋白胨0.1%，pH7.2～7.4，分装于经烘箱160℃灭菌的试管中，塞上棉塞，放在铁丝筐内捆扎好，上面用2层油纸包扎好，121℃灭菌30min。取出后摆成斜面，于32℃温箱中培养2～4d，菌苔表面孢子生长丰满，呈银灰色，并有露珠，即可取出备用。

② 二级菌种摇瓶培养

a. 培养基配方

配方一：麸皮5%，玉米粉1%，食盐0.25%，硫酸镁0.025%，碳酸钙0.25%～0.5%。

配方二：淀粉2%，葡萄糖1%，花生饼粉2%，蛋白胨0.4%，硫酸铵0.25%，硫酸镁0.025%，磷酸氢二钾0.02%。

b. 制作　用5%氢氧化钠调pH7.5～8.0，先将培养基配好，开始用少量水调成糨糊状后，加足水放在不锈钢锅内煮开，装入1000mL三角瓶中，每瓶装200mL，用二层纱布中间包一层棉花包扎好瓶口。经121℃高压灭菌30min，取出降温到40℃不烫手为止，接上菌种置摇床上振荡培养。从孢子萌发到菌丝形成的开始阶段，菌龄大约16～24h。在这个发育过程中受营养、pH的影响。在此阶段接入种子罐、发酵罐内，在正常情况下菌丝生长良好。放罐后观察，菌液黏稠，有微量泡沫，呈微红色，有冰片香味。

③ 三级种子罐培养

a. 培养基配方

配方一：麸皮5%，玉米粉1%，硫酸镁0.025%，食盐0.25%，碳酸钙0.5%。

配方二：花生饼粉3%，葡萄糖1%，硫酸铵0.25%，甘薯粉2%，玉米粉1%，蛋白胨0.1%，碳酸钙0.5%。种子罐以120℃，实罐蒸汽灭菌30min，接种量0.5%～1%。

b. 培养条件　罐温(32±0.5)℃，通气量1∶0.5（体积比）连续搅拌，经常注意各阀门是否严密，否则使蒸汽水进入罐内造成染菌。放罐指标，镜检菌丝量多，菌丝体开始生长阶段，菌液黏稠有泡沫呈微红色。

④ 发酵罐培养　培养基和发酵罐消毒灭菌，培养条件均以种子罐相同。放罐指标：镜检菌丝量多，菌丝体粗壮，菌丝体生长至成熟阶段，菌液黏稠有泡沫，呈微红色，一般培养36h即可放罐。

⑤ 固体吸附

a. 一般固体吸附剂　稻谷、糠、甘薯粉、麸皮、肥土、炉灰、黄豆饼粉。现将几种不同吸附剂配方介绍如下。

配方一：稻谷皮90%，甘薯粉10%。

配方二：麸皮 10%，炉灰 30%，肥土 60%。

配方三：黄豆饼粉 10%，肥土 60%，炉灰 20%，麸皮 10%。

b. 培养条件 以上 4 种吸附剂稻谷皮、甘薯粉、黄豆饼粉、麸皮经 121℃蒸汽灭菌 1h，肥土、炉灰在烘炉上经 160℃灭菌 1h 后取出，放在培养室内（经甲醛和硫黄熏蒸灭菌），待料降温到 40℃左右接种。由于各吸附剂吸水量不同，故接种量第一种为料的 100%，第二种为料的 40%，第三种为料的 40%。接种放入通风池内培养后，含菌量可达 $130\times10^8\sim200\times10^8$ 个/g。

c. 5406 抗生菌粉烘干工艺 根据 5406 抗生菌生物学特征，在它的致死温度以下来设计，烘干温度以 40～50℃为宜。经过培养 4～5d，菌粉装入烘干池 17～33cm，烘干过程翻动数次，烘干时间 12～24h。

(4) 5406 抗生菌肥的使用技术

① 基肥 一般每公顷土壤施用 2250～3750kg，在播前将菌肥粉碎沟施或穴施，此法对棉花、玉米有明显的增产效果，若施后遇干旱，应浇水灌溉。

② 追肥 做追肥时应尽早结合中耕施用，每公顷用量 1500～2250kg。菌肥浸出液也可做根外追肥。菌种粉与水按 1∶(150～180) 的比例，或菌肥与水按 1∶4 的比例混合，静止 12h 后过滤，每公顷喷 750～1050kg 滤液。麦、稻应在扬花前喷穗，玉米应喷雌穗的红须，这样可促进籽粒的饱满。

③ 浸种（根）、拌种或蘸根 0.5kg 5406 抗生菌肥加 3～5kg 水，取其浸出液作浸种、浸根用。拌种时，先用水喷湿种子，然后再拌上菌肥。做浸种（根）、拌种或蘸根的菌肥应优先选择质量高的成品。如果菌肥发臭、发霉或含杂菌过多，则易引起烂种、烂根。质量差的菌肥只能作基肥用。

④ 注意事项 5406 抗生菌肥不能与赛力散、西力生、硫黄、硫酸铜、硫酸亚铁等杀菌剂混合施用；不能与硫酸铬、硝酸锌等混合使用；不宜使用污染、变质或存放过久（超过有效期）的菌剂。

7. 复合微生物肥料的生产及应用

微生物肥料的生产应用过程中，为了提高施用效果，从实用角度出发，将两种或两种以上的微生物（复合）或一种微生物与其他营养物质复配（复混）而成。虽然此类产品在生长中出现的历史不长，但种类较多。

复合微生物肥料集有机肥、化学肥料和微生物肥料的优点于一体，具有许多不同于其他肥料的特点：克服了过去有机肥费工费时的缺点，施用十分方便；克服了单纯化学肥料造成的土壤理化性质退化和农产品质量下降的缺点，可以增加土壤有机质，改良土壤结构，提高土壤肥力，改进农产品质量；均衡地供应作物生长所需的速效氮、磷、钾及多种微量元素，强化土壤微生物区系，持久地发挥作用，具有显著的增产效果，并能提高作物的抗逆性；价格合理，具有一定的市场竞争力。

(1) 复合微生物菌肥的种类

① 两种以上生物菌复合 可以是同一个微生物菌种，如同大豆根瘤菌，但为不同的菌系分别发酵，吸附时混合，用于使用不同大豆基因型的地区，或用于不大明确使用豆科作物品种的地区，应用后利于菌系-品种的不同组合。

也可以是不同的微生物菌种，如解磷微生物和解钾微生物分别发酵，吸附时混合，以增强其接种效果。应用的前提是所采用的两种或两种以上的微生物之间无拮抗作用，而且必须分别发酵，然后混合。总的活菌数和复合的微生物均应保证一定的数量。

目前尚未有复合（复混）种类愈多，效果愈好的报道，而且缺乏复合（复混）后作用机制和增强效果的研究。菌加菌的复合微生物肥料，系由 2 种或 2 种以上微生物复合而成，其目的是为了充分发挥各自的作用而组合的。国外较成功的例证是将假单胞菌加入到根瘤菌肥料的载体内，结果是增加了占瘤率，有人将其称为“第二代接种剂”。此类产品在我国尚不成熟，主要的原因是研究不足。国外某种产品号称含有细菌、真菌、放线菌在内的 80 种微生物，如 EM，但至今没有见到 80 种同时存在的论据。

② 菌与各种营养元素或添加物、增效剂的复合　采用的复配方式为生物菌加大量元素；生物菌加一定量的微量元素；生物菌加一定量的稀土元素；生物菌加一定量的植物生长激素。复配的营养物质除了化学肥料之类以外，常见的还有用畜禽粪便、生活垃圾、河湖污泥作为主要基质的。无论是哪一种方式，必须考虑到复配的物质量，复配后制剂的 pH 和盐浓度对微生物有无抑制作用或复配物本身就可能抑制微生物的存活。

（2）复合微生物菌肥的生产

① 复合菌肥生产工艺流程

单一菌种培养→复合菌剂→加有机物或无机肥→复合肥

② 菌种的生产

a. 5406 磷细菌培养基　马铃薯 200g，KCl 0.3g，NaCl 0.3g，$MgSO_4$ 0.3g，$CaCO_3$ 5g，葡萄糖 20g，石花菜 30g，水 1000mL，pH7.5。

b. 固氮菌、钾细菌培养基　$MgSO_4$ 0.2g，NaCl 0.2g，$CaCO_3$ 5g，过磷酸钙 1g，白陶土（或白垩土）1g，葡萄糖 10g，$FeSO_4$ 微量，石花菜 30g，水 1000mL，pH7.5。

上述培养基配置灭菌后，进行单项菌种接种，在 28～32℃温度下培养 2～7d，即得菌种。

无机磷细菌经培养 24h，透明无色，逐渐长出乳白色油脂状浓厚菌苔，培养基不变色。

有机磷细菌培养 24h，生成浅黄棕色菌苔，颜色鲜艳，以后逐渐变成暗黄棕色，分泌黄棕色素进入培养基内。

棕色固氮菌（注意：不能用圆褐固氮菌，因 5406 对它稍有抑制作用），培养 24h，菌苔开始变为乳白色，以后变棕褐色。

钾细菌培养 24h，菌苔黏稠透明无色，以后菌苔加厚富有弹性，最后菌体自溶成水渍状。

各种菌种都要新鲜健壮，老弱菌种不能使用。

③ 复合菌剂生产　培养基：米糠（或麦麸或豆饼粉）20%，统糠 10%，肥土 64%，再加上总量 5%的草木灰和 1%的过磷酸钙，用石灰调 pH 为 7.5，混匀后调湿度为 30%左右，即达到手握成团。触之不太易散，但又不黏手的程度。

配料拌匀后，在气温 20℃以上时，切忌放置 3h 以上，否则易变质。配料发出一种怪味，这是杂菌分泌的一种毒液所致。装瓶可装到 3/4 处，1.5kgf/cm^2 灭菌 1.5h，置无菌室放冷至不烫手时进行接种。一般制作 2 种复合菌剂。

一种是磷细菌（看当地需要选择有机磷细菌或无机磷细菌，或者两者都用）＋固氮菌剂；一种是 5406＋钾细菌剂。把两种菌种用无菌水按 1∶10 稀释，同时接入，摇匀，28～32℃培养 2～5d，即得复合菌剂。

5406＋钾细菌剂接种后 24h，瓶壁分泌大量水珠，此时钾细菌发育旺盛。几天后，5406 粉红色孢子盖满土粒，全瓶粉白呈橙红色。此时观察玻璃瓶壁上的土粒，可见土粒被 5406 粉红色孢子布满，而土粒周围却可看到透明黏稠的钾细菌菌苔。这时若取一点样品接入钾细菌斜面培养基，通过培养可看到颗粒周围生成大量钾细菌弹性菌苔，同时 5406 抗生菌也旺盛生长。通过平皿活菌计数，含 5406 抗生菌 10^{11}个/g 以上，钾细菌 5×10^{9} 个/g 以上。

磷细菌+固氮菌复合菌剂培养 24h 后摇动 1 次，继续培养 1d，瓶壁分泌大量水珠，瓶壁土粒周围长出乳白色或浅绿色菌苔，料疏松，无味或微酸味，绝无霉馊味、臭味和腥味。平皿法计数，磷细菌 3×10^{10}个/g 以上，固氮菌 5×10^{10}个/g 左右。

这两种复合菌剂制成后，最好立即使用，菌种越新鲜效果越好，若需贮藏，则于 45℃左右装进灭菌塑料袋密封，贮期超过 3 个月的菌剂，应用前要作平皿活菌数测定，同时接种量必须适当增加。

④ 复合菌肥的制作　可分为拌种剂生产和菌肥生产两种。

a. 拌种剂配方　米糠 10%，肥土 90%，再加总量 1%的过磷酸钙和 5%的草木灰，pH7.5。也可将菌液：泥炭按 1：4 吸附。

b. 复合菌肥配方　很多农副产品都可以来生产复合菌肥。如：红萍（晒至半干，也可用各种绿肥粉代替）10kg，肥土 39kg，米糠 1kg；豆秸（豆荚）粉 10kg，肥土 40kg；玉米芯粉（高粱壳粉）7.5kg，肥土 42kg，米糠 0.5kg；米糠 5kg，肥土 45kg。

以上各配方都要加上总量 1%过磷酸钙和 5%草木灰，同时用石灰调酸碱度，pH7.5～8.0，米糠和统糠可以用豆饼粉和麦麸代替。

料混匀后喷入 1/1000 的高锰酸钾水，将湿度调到 30%，然后常压灭菌 4h 或 1.5kgf/cm^2 高压灭菌 1.5h。

如果制造拌种剂，使用瓦罐或大玻璃杯，则把料装进瓦罐或大玻璃杯里进行消毒。若生产菌肥，为了充分利用设备和节约燃料，可用容量 5kg 的小布袋装料消毒。条件简陋时，可用 2 个旧汽油桶做成连环灶，每次可装 60 个布袋，每天日夜倒班能生产 2700kg 菌肥。

配料消毒时，可把一块大塑料布放进去一同消毒，消毒后把塑料布摊在用高锰酸钾水擦洗过的接种池上进行接种，每 50kg 配料接入两种复合菌剂各 1～2 瓶拌匀。做拌种剂用的即装入瓦罐或盆钵培养，上面盖一层 15cm 的灭菌草木灰。

制作菌肥时，并把拌匀的配料摊在撒上一层石灰粉的水泥地板上，料厚 20～35cm，上覆消毒草木灰或刚从炉灰中掏出的草木灰 3cm，控制料温不要高于 34℃，培养 3～5d，不要翻动。即得优质菌肥。

复合菌肥的生产也可按鸡粪 45～60kg，风化煤、少量无机肥等 30～45kg，固体的复合菌种 10kg，充分搅拌混合成生物有机复合肥。

(3) 复合菌肥的使用方法　高效复合微生物肥料的施用方法与化肥相似，做追肥、基肥均可，适合于多种类型的土壤，在多种大田作物（小麦、玉米、水稻、甘薯、棉花等）、多种果树（苹果树、桃树等）、各类蔬菜及花卉上施用，具有显著的增产增收、改进农产品品质的作用。

① 水稻　水稻施用复合菌肥，最经济有效的方法是 7.5～22.5kg/hm^2 复合菌剂进行拌种催芽，能使芽壮根细，减少烂秧，增加分蘖和穗数，增产 5%～7%。若能配合基肥或追肥使用，则效果更好。一般施上等品 225～375kg/hm^2，施用时先与少量土杂肥拌和，然后把田水放干，施后耙田或耘田，这样能增产 10%～15%。

② 小麦、玉米　以每公顷 75kg 菌剂拌种，种子浸湿尽量拌匀，再以 225～750kg 复合菌肥拌土杂肥作基肥，效果明显。

③ 甘薯　最好以 225～750kg/hm^2，复合菌肥拌土杂肥做基肥施用。用作追肥，必须穴施覆土灌水才能见效。

④ 花生　以 375kg/hm^2 复合菌剂拌土杂肥做种肥或其肥使用，不要拌种，因为它对花生稍有抑制发芽的现象。

⑤ 蔬菜　移栽时做基肥，或追肥穴施，25g/棵，施后淋水。

⑥ 胡椒　1 年生小椒 1.5～2.5kg/棵，3 年生大椒 5～15kg/棵，拌入猪粪或在绿肥开沟施用时撒下，效果明显。

知识链接

食用菌栽培废料（菌糠）与生物有机肥料

利用锯木屑、甘蔗渣、棉子壳以及稻草、玉米芯等多种农业秸秆及酒糟、醋糟等原料进行食用菌代料栽培，收获子实体后的培养基剩余物称菌糠，俗称食用菌栽培废料、菌渣或余料；是食用菌菌丝残体及经食用菌酶解后结构发生质变的粗纤维等成分的复合物。目前，我国年产菌糠总量约 900 万吨。这些废料依然含有大量食用菌可再利用的有机物，为了实现生物资源的高效利用，减少环境污染，将其制成生物有机肥是发展循环经济的一条好途径。

菌糠是制备有机肥料很好的原料，日本人早就誉为“超级堆肥”。由于秸秆等农副产品所含的难溶性纤维素、半纤维素、木质素等大部分已被菌丝体分解成简单的可溶性物质，因而可以有效地提高被农作物吸收利用的养分。据测定，养菇后的废弃培养料有机质含量高达 30%以上，是秸秆直接还田的 3 倍，含氮量 1.5%～1.8%，高于鲜鸡粪。将菌糠通过微生物发酵技术，加工成一种新型多功能生物有机肥，不仅具有明显的经济效应，还具有明显的生态和环保效应。菌糠有机肥施入土壤后，还可以进一步改善土壤的理化性质，增加土壤有机质含量，促进土壤腐殖质和团粒基团的形成与转化，提高土壤保水性能和土壤肥力，促进农作物抗腐能力和增产。同时可以减少化肥的过量使用引起许多负效应，如土质污染、环境污染等。

典型任务

任务一　根瘤菌肥料的生产

一、任务目标

1. 基本掌握根瘤菌菌剂的制作方法；
2. 掌握根瘤菌发酵工艺流程。

二、任务说明

根瘤菌菌剂是通过大量繁殖优良根瘤菌而制成的微生物制剂，应用于农牧业已有 100 多年历史，是应用最早、研究最深、应用最广的一种高效菌肥。根瘤菌为好气菌，在固体培养基上和土壤中呈杆状，端生或周生鞭毛，能运动，革兰染色阴性，无芽孢，培养较久，菌体粗大，染色不均。根瘤菌与豆科植物的共生固氮效果是举世公认的，目前我国生产的根瘤菌菌剂使用的菌种主要有花生根瘤菌、大豆根瘤菌、华癸根瘤菌、苕子根瘤菌、豌豆根瘤菌等。

三、任务准备

1. 菌种

根瘤菌。

2. 主要试剂

甘露醇，K_2HPO_4，$MgSO_4 \cdot 7H_2O$，酵母粉，NaCl，琼脂，牛肉膏等。

3. 培养基

YEM 培养基，牛肉汁培养基。

4. 主要仪器及设备

电子天平，超净工作台，显微镜，血球计数板，灭菌锅，恒温培养箱，干燥箱，恒温摇床，三角瓶，烧杯，培养皿，玻璃棒，小型发酵罐及其附属设备等。

四、任务实施

1. 斜面种子菌活化

菌种常在低温下保藏，处于生理代谢不活跃期。因此，使用前应进行活化。方法是：取低温保存的菌种，接种于 YEM 斜面培养基上，28℃培养至菌苔丰厚，即可使用。种子菌活化后，应立即使用。

2. 菌种纯度检查

菌种纯度是保证菌肥质量的关键，在生产用种前，一定要严格检查菌种纯度。可用两种方法同时进行。一种方法是进行革兰染色，根瘤菌应是 G^- 的小杆菌，有时呈环节状，但无芽孢；第二种方法是挑取菌种一环，接种于牛肉汁培养基中，28～30℃培养 16～24h，若培养液变混浊，说明菌种不纯，需进行纯化至无杂菌存在。

3. 菌种的扩大培养

将活化的纯菌种从斜面试管转入三角瓶中，培养基为 YEM 液体，液体量为三角瓶体积的 1/4。置 28℃恒温摇床培养至对数生长期。检查纯度，如符合要求再进一步进行种子菌扩大培养。种子菌扩大培养可用三角瓶，也可用小型种子罐，依其生产量和设备条件而定。用种量的标准为：接种后培养液的含菌数每毫升不少于 5000 万个。

4. 菌液发酵

将种子菌按一定比例接种于盛有灭菌的 YEM 液体培养基的三角瓶或发酵罐中，通入经多级过滤的无菌空气进行通气培养。培养室温度控制在 28℃±1℃。培养好的发酵液内每毫升含菌数应达到 30 亿个。无杂菌污染。

5. 菌剂制作

为了保证活菌数和便于运输，根瘤菌肥料常采用固体菌剂，即将发酵好的菌液吸附在质地疏松、无毒副作用的有机或有机-无机载体上。常用的吸附剂有泥炭、蛭石或泥炭（80%）+烟囱灰（20%）。这里仅介绍泥炭菌剂的制作方法。

（1）吸附剂准备　将泥炭风干磨细，过60～80目筛，按下列配方配制吸附剂。

泥炭100kg；过磷酸钙50g；蔗糖200g；0.5%硼酸10mL；0.5%钼酸钠10mL；含水量20%；充分拌匀后，用塑料袋分装，每袋500g，密封后在0.15MPa下灭菌2h。

（2）拌菌　根据每克成品中含活菌数2亿以上和含水量35%～40%的指标，用注射器将一定量的菌液注入装有灭菌的吸附剂塑料袋中，用胶带密封注射处，避免污染与失水。要求尽量拌匀。

五、任务提示

1. 保证种子菌无杂菌。
2. 培养基及器皿灭菌要彻底。
3. 空气过滤系统要定期灭菌。
4. 接种应在酒精灯火焰范围内操作。

六、任务思考

1. 怎么进行菌种的纯度检查？
2. 根瘤菌剂制作方法有哪些？

任务二　光合细菌肥料的生产

一、任务目标

掌握光合细菌菌剂的制作方法。

二、任务说明

光合细菌是一类能将光能转化成微生物代谢活动能量的原核微生物，具有固氮作用、提高土壤肥力、降解农药、产生生理活性物质、增强作物抗病防病能力等作用；它是地球上最早的光合生物，广泛分布在海洋、江河、湖泊、沼泽、池塘、活性污泥及水稻、水葫芦、小麦等根际土壤中。

三、任务准备

1. 材料与试剂

光合细菌菌种，乙酸钠，碳酸氢钠，氯化铵，氯化钠，磷酸氢二钾，氯化镁，蛋白胨，酵母膏，乙酸，红糖，可溶性淀粉，大豆粉，硫酸镁，硫酸亚铁，氯化钙，琼脂。

2. 仪器与用具

高压蒸汽灭菌器、光照培养箱、恒温摇床、三角瓶、超净工作台、塑料桶、机械搅拌器。

3. 培养基

（1）斜面培养基　乙酸钠2g、碳酸氢钠1g、氯化铵1g、氯化钠1g、磷酸氢二钾0.5g、氯化镁 0.2g、蛋白胨 1g、酵母膏 0.3g、琼脂 18g、蒸馏水 1L、pH7～8。高压蒸汽 0.105MPa 灭菌 15min，然后摆成斜面。

(2) 液体培养基 按斜面培养基配方制作液体培养基，分装入 1000mL 三角瓶，每瓶 200mL，高压蒸汽 121℃灭菌 15min。

(3) 培养基母液 红糖 5g、可溶性淀粉 5g、大豆粉 5g、酵母膏 5g、磷酸二氢钾 1g、硫酸镁 0.5g、硫酸亚铁 0.01g、氯化钙 0.01g、水 1000mL，高压蒸汽 121℃灭菌 15min。

四、任务实施

1. 斜面培养

将光合细菌接种到斜面培养基上，于 30℃，光照 1000～2000lx，培养 4～7d。

2. 三角瓶培养

将斜面菌种接种到三角瓶液体培养基中，于 28～32℃，光照 1000～2000lx 下培养。当菌液呈深红色，瓶底有大量红色沉淀时停止培养。

3. 扩大培养

用水将培养基母液稀释至 200 倍，分装到塑料桶中，接入三角瓶液体菌种，接种量为 10%～20%。

4. 条件控制

(1) 温度 培养液温度控制在 30～38℃。

(2) 通气 采用机械搅拌器或使用小水泵使水缓慢循环运转，保持菌体悬浮，通气量 1.0～1.5L/(L·h)。

(3) 光照 白天可利用太阳光培养，晚上则需要人工光源培养。光照强度应控制在 2000～5000lx。

(4) pH 光合细菌迅速繁殖会使菌液 pH 上升，当 pH 超过 8.0 用乙酸及时调整菌液 pH。

五、任务提示

1. 菌种扩大培养时，每进行一步都要作无杂菌检查。
2. 培养设备应消毒彻底，以免培养过程中杂菌污染。
3. 配制培养基时不要忘记调 pH。

六、任务思考

记录培养期间的温度和光合细菌的生长情况。

任务三 微生物肥料有效活菌数和杂菌含量测定

一、任务目标

学习平板计数法规范操作技术；掌握微生物肥料有效活菌数和杂菌含量测定。

二、任务说明

平板计数法是检测微生物菌肥有效活菌数和杂菌含量的有效方法。

三、任务准备

1. 试剂和溶液　无菌水，蒸馏水，选择培养基，刚果红染液（0.5%）。

2. 仪器　显微镜 1000×，摇床，旋转式 200r/min，恒温培养箱，恒温烘干箱，灭菌锅，扭力天平（分度值 0.01g），玻璃仪器（灭菌的 9cm 平皿，10mL、5mL、1mL 吸管，锥形瓶，玻璃刮刀）。

四、任务实施

1. 测定步骤

（1）采样应不少于 500g，从中称取 10～20g（精确 0.01g），加入带玻璃珠的 100～200mL 的无菌水中（液体菌剂取 10～20mL，加入 90～180mL 的无菌水中），静置 20min 后在旋转式摇床上 200r/min，充分振荡 30min，即成母液的菌悬液。

（2）用无菌吸管吸取 5mL 上述母液的菌悬液加入 45mL 无菌水中，混成 1∶10 稀释的菌悬液，这样依次稀释，分别得到 1∶(1×10^2)，1∶(1×10^3) 和 1∶(1×10^4)，1∶(1×10^5) 等浓度。

（3）用 1mL 无菌吸管分别吸取不同稀释度菌悬液 0.1mL，加至直径为 9cm 平皿的琼脂培养基表面，用无菌玻璃刮刀将菌悬液均匀地涂于琼脂表面。或取 1mL 不同稀释度菌悬液加入培养皿内，与琼脂培养基混匀。每个样品取 3 个连续适宜稀释度，每一稀释度重复 3 次，同时加无菌水的空白对照，培养 2～5d，每个稀释度取 5～10 个菌落的菌体，涂片染色，显微镜观察识别后计数菌落。

2. 计算

统计计算出同一稀释度三个平皿上菌落的平均数。

根据式(6-1) 和式(6-2) 计算：

$$菌剂含菌数=菌落平均数\times稀释倍数\times(母液菌悬液的体积/菌剂体积) \quad (6\text{-}1)$$

$$杂菌率=杂菌数/(有效菌数+杂菌数)\times100\% \quad (6\text{-}2)$$

根据菌落特征判定，分别计算出制品中的特定微生物及杂菌数率。固体（包括颗粒）菌剂含菌数以亿个/g 表示，液体菌剂含菌数以亿个/mL 表示。

3. 菌落计数

（1）以平板上出现 30～300 个菌落数的稀释度平板为计数标准。

（2）当只有一个稀释度，其平均菌落数在 30～300 之间时，则以该平均菌落数乘以其稀释倍数（见表 6-2 例次 1）。

（3）若有两个稀释度，其平均菌落数均在 30～300 之间，应按两者菌落总数之比值来决定。若其比例小于 2 应计数两者的平均数，若大于 2 则计数其中稀释较小的菌落总数（见表 6-2 例次 2 及例次 3）。

（4）若三个稀释度的平均菌落数均大于 300，则应按稀释度最高的平均菌落数乘以稀释倍数（见表 6-2 例次 4）。

（5）若三个稀释度的平均菌落数均小于30，则应按稀释度最低的平均菌落数乘以稀释倍数（见表6-2例次5）。

（6）若三个稀释度的平均菌落数均不在30～300之间，则以最接近300或30的平均菌落数乘以稀释倍数（见表6-2）。

表6-2 计算菌落总数方法的示例

例次	不同稀释度的平均菌落数			两个稀释度菌落数之比	菌落总数/[(个/mL)或(个/g)]
	10^{-5}	10^{-6}	10^{-7}		
1	1431	159	22	—	1.6×10^5
2	2760	235	31	1.3	2.7×10^5
3	2676	136	34	2.5	1.4×10^5
4	无法计数	1142	312	—	3.1×10^5
5	28	12	5	—	2.8×10^5
6	无法计数	303	18	—	3.0×10^5

五、任务提示

1. 用吸管吸取菌悬液时每个稀释度必须更换无菌吸管。
2. 用玻璃刮刀涂菌时一定要涂布均匀，并且不要把培养基划破。

六、任务思考

1. 根据实训结果，记录所检测的微生物菌肥有效活菌数和杂菌含量。
2. 进行微生物有效活菌数和杂菌的含量测定时应注意哪些问题？怎样提高检测的准确性？

【案例一】

某检测机构在对市场上销售的一种钾细菌肥料进行检验时，发现有效活菌数偏低，请你根据所学的知识分析其原因。

【解析】

如果此种钾细菌肥料在保质期内，原因一可能是此种菌肥在发酵生产过程中有效活菌数没达到2.0×10^9个/mL就用吸附剂进行吸附。原因二可能是吸附剂加入得过多，致使成品菌肥的有效活菌数降低。原因三可能是钾细菌大量的死亡，致使有效活菌数降低。

如果此种钾肥超过保质期，有效活菌数降低就是正常现象。

【案例二】

某农民在种植花生时把大豆根瘤菌作为基肥使用，结果到了花生收获季节，花生一点也没增产，拔出植株，发现花生根部结瘤稀少。请你根据所学的知识分析其原因。

【解析】

造成没增产的原因：一是该农民在种植花生时施用大豆根瘤菌肥，是不对的，因为一种根瘤菌剂只能用于相应的豆科植物；二是施用方法不正确，该农民把根瘤菌剂作为基肥使用是不对的，根瘤菌剂只有拌种才能在作物根系上结瘤，发挥固氮作用。

项目七

微生物饲料生产技术

【学习目标】

⊙ 了解微生物在饲料行业中的应用领域，知道微生物饲料的种类、应用价值及前景；
⊙ 了解单细胞蛋白饲料的含义、种类；
⊙ 了解单细胞蛋白饲料的生产工艺；
⊙ 了解青贮秸秆饲料的发酵原理，学会青贮秸秆饲料的制作方法；
⊙ 掌握秸秆微贮饲料生产中微生物处理秸秆的原理，熟练掌握秸秆微贮饲料的生产过程。

知识讲解

以石油、秸秆、有机废物等为原料，通过发酵工程制取微生物及其代谢产物、转化物作饲料及饲料添加剂，正广泛应用于畜牧业生产中。开发利用微生物饲料的前景广阔，对缓解我国饲料原料紧张局面，推动饲料工业和畜牧业的发展，具有深远的意义。

微生物饲料主要包括单细胞蛋白饲料、发酵饲料及藻类饲料等。通过微生物发酵生产的饲料添加剂包括饲用抗生素添加剂、饲用酶制剂、有机酸和活菌制剂等。

一、单细胞蛋白（SCP）饲料生产技术

单细胞蛋白指用酵母或细菌等单细胞微生物生产的蛋白质含量高的菌体。不论是全部细胞物质还是分离出的细胞蛋白都称为SCP，可作为人或动物的蛋白质补充剂。在当今世界蛋白质资源严重不足的情况下，发展SCP饲料的生产越来越受到各国的重视。

1. 单细胞蛋白饲料的生产特点

（1）原料丰富　生产单细胞蛋白可利用工农业生产的废弃物与下脚料、石油化工副产品等作为原料。如秸秆、废水、废糖蜜、粪便、马铃薯粉、纸浆等可再生资源，也可利用甲烷、石油及甲醇等。

（2）工业化生产　与有关工业产品配套生产，不与粮食和牧草争地，不受季节和气候条件的限制。同时，因单细胞生物的培养过程是生物学过程，所用菌种均安全无毒，不会引起环境污染。

（3）生产周期快、效率高　在适宜条件下，细菌0.5～1h增殖一倍，酵母1～3h增殖一倍。在良好培养条件下，接种100kg酵母菌种，1d之后可得2500kg干酵母，增长达25倍。

（4）营养丰富　蛋白质含量高达40%～80%，比大豆高10%～20%，比肉、鱼、奶酪

高20%以上。氨基酸种类齐全，含有8种人体必需的氨基酸；还含有丰富的碳水化合物、脂类、维生素、矿物质及其他的生物活性物质。

2. 生产单细胞蛋白的微生物种类

用来生产单细胞蛋白的微生物种类很多，包括细菌、放线菌、酵母菌、霉菌，此外也可选择藻类等，每一类微生物各有优缺点，但必须符合以下条件：能够很好地同化基质碳源和无机氮源；无毒性和致病性；繁殖速度快、蛋白含量高；菌种性状稳定，不易发生变异等。目前已工业化生产的单细胞蛋白几乎都是酵母菌。

3. 生产单细胞蛋白的原料

生产单细胞蛋白的原料种类很多，大体分为以下几类。

(1) 工业废液类　包括造纸废液、酒精废液、味精废液、淀粉废液、生产柠檬酸废液、糖蜜废液、木材水解废液、豆制品废液等。

(2) 工农业糟渣类　包括白酒糟、啤酒糟、果酒渣、醋糟、酱油糟、豆渣、粉渣、玉米淀粉渣、药渣、甜菜渣、甘蔗渣、果渣、饴糖渣等。

(3) 化工产品类　包括石油、石蜡、柴油、天然气、正烷烃、甲醇、乙醇、乙酸等。

(4) 其他　农作物秸秆、粃壳、饼粕类、畜禽粪便、有机垃圾、风化煤等也可作为原料生产单细胞蛋白。

4. 常用的单细胞蛋白饲料

(1) 饲料酵母　将酵母繁殖在适当的工农业副产品上而制成的一种饲料，称为饲料酵母。根据原料及生产干燥的方法不同，饲料酵母可分为以下几种，基本干酵母、活性干酵母、照射酵母、蒸馏干酵母、纸浆废液酵母、啤酒酵母等。

饲料酵母的粗蛋白含量较高，一般为40%～50%，生物学价值介于动物蛋白与植物蛋白之间，赖氨酸含量高，精氨酸含量低，蛋氨酸为主要的限制性氨基酸。B族维生素含量丰富，维生素B_1、维生素B_2、烟酸、胆碱、核黄素、泛酸和叶酸的含量均高，含有多种矿物质及未知生长因子。

饲料酵母主要用作猪、鸡饲粮蛋白质和维生素的补充，以改善氨基酸的组成，补充B族维生素，提高饲粮的利用效率。但饲料酵母具有苦味，适口性差，在饲料配比中一般不超过5%。

(2) 石油酵母　利用微生物以石油为碳源进行微生物蛋白质生产，经干燥而制成的菌体蛋白称为石油蛋白，也称烃蛋白。由于目前生产上广泛利用酵母菌来制造石油蛋白，故亦称为石油蛋白酵母，简称石油酵母。实际上，能利用石油的微生物种类很多，据现在所知包括有细菌、放线菌、酵母菌等30个属左右的微生物。它们几乎能利用所有的石油成分，或将其同化成菌体或某些产物，或将其氧化形成醇、醛、酸等物质。

石油酵母粗蛋白质含量一般在50%～60%，比其他酵母高约10%～20%。其氨基酸组成与其他酵母相似，赖氨酸含量较高，同鱼粉接近，而蛋氨酸含量很低。粗脂肪含量可达10%以上，且利用率高。含铁比鱼粉高，而维生素B_{12}和碘则较少。其消化率同鱼粉、大豆饼粕类似。

石油酵母可作为各类畜禽的蛋白质来源。对肉猪、繁殖母猪、肉鸡、蛋鸡、犊牛及羔羊的营养价值与大豆饼粕相似，可部分取代鱼粉，但饲用时应注意补充蛋氨酸及维生素B_{12}。但由于石油酵母有苦味，适口性差，对猪、鸡应限制在10%以下，雏鸡、乳猪饲料中避免使用。

5. 单细胞蛋白饲料的生产

(1) 亚硫酸纸浆废液生产饲料酵母工艺　亚硫酸法纸浆生产过程中排出的废水中含有2%～4%可发酵糖类，1%～2%的挥发性有机酸及4%～5%的木素磺酸。可发酵性糖类包括戊糖和己糖，可供酵母和假丝酵母生长繁殖利用。但首先必须除去SO_2、亚硫酸盐、糠醛等杂质。

① 向亚硫酸纸浆废液中通入蒸汽进行曝气处理，以除掉亚硫酸。

② 将除掉大部分亚硫酸的纸浆废液通过石灰槽，使残留的亚硫酸除尽。

③ 将处理后的废液输入到发酵罐中，添加氮源及磷酸钾等无机盐。接入假丝酵母等菌种，接种量为10%，在30℃条件下通气，进行连续培养。

④ 流加新鲜培养基的速度为每小时加入罐内总液体量的25%。

由亚硫酸纸浆废液生产饲料酵母，是由6～10个发酵罐组成的连续装置，各罐的微生物所处的生长期不同，最后一罐流出产品。

(2) 石油酵母生产及石油脱蜡　原油经分馏后所浮的粗柴油，该油中因含有蜡而凝固点很高，使用和运输都不方便。由于微生物可利用烃类为碳源，吸收柴油中的蜡，而且使柴油的凝固点下降30～40℃，同时可以获得大量含有蛋白质与维生素的菌体，称为石油蛋白，可作饲料。

① 培养液(g/L)　含蜡烃15，硫铵3.0，KH_2PO_4 1.0，Na_2HPO_4 2.0，KCl 0.2，$MgSO_4$ 0.2，微量盐溶液（含Zn^{2+}、Mn^{2+}、Fe^{2+}、Cu^{2+}、Co^{2+}盐）1mL/L。

② 工艺流程　培养液连续送入培养槽，使菌体繁殖，并与轻油和水形成乳浆，然后连续排出。培养条件28～32℃，pH为4～6。在培养过程中注意分散轻油，分散均匀度越高，菌体繁殖越旺盛。排出的乳浆中含菌体质量为0.8%～3.0%，加入表面活性剂，使乳化破坏。用特殊的离心机进行离心分离，分出的酵母浆用连续离心机水洗浓缩后，干燥。再将干酵母用溶剂处理，除去附着于酵母的油分，同时抽出菌体中的脂肪，即为石油酵母。另一方面将油水乳化物离心分离，回收得到脱蜡轻油。

(3) 马铃薯渣发酵生产单细胞蛋白饲料　我国是马铃薯生产大国，在其加工过程中产生大量的副产品——薯渣。马铃薯鲜渣或干渣均可直接作饲料，但蛋白质含量低，粗纤维含量高，适口性差，饲料品质低。以马铃薯渣生产单细胞蛋白质饲料可以变废为宝，开辟饲料新资源，避免废渣对环境污染。固体发酵生产方法如下。

① 菌种的扩大培养　采用PDA培养基，将酿酒酵母接入斜面试管，30℃条件下进行活化，培养36～48h；将活化的斜面菌种接入三角瓶液体PDA培养基中，30℃条件下培养36h；接入种子罐中培养24h备用。（或者称取一定量的活性干酵母，加入50倍质量的无菌3%葡萄糖水溶液，在39℃下活化15min，然后在32℃下培养1～2h，即可得到活化后的酵母溶液。）

② 原料处理　马铃薯渣直接添加营养成分配制成固体培养基。马铃薯渣与麸皮质量比为9∶1。按总量加入尿素1.5%、硫酸铵1.5%、KH_2PO_4 1%、$MgSO_4$ 0.05%。

③ 工艺流程　培养基配制好后，灭菌、冷却，按10%接种量接种活化后的酿酒酵母，混合均匀，28℃下培养72h。

马铃薯渣发酵生产的单细胞蛋白，其蛋白质含量高达20%以上，且生产成本低，作为蛋白质含量较高的饲料已被养殖户接受。

 知识链接

明天我们吃什么？

一些全球著名的科学家2010年8月16日发布报告称，全球总人口预计在2050年将达到90亿，如果想在不破坏环境的情况下确保人类获得足够的食物，寻找新的食源无疑是解决人类食物短缺的重要途径，而微生物以其蛋白质含量高、生长繁殖快的特点，日益为人们所重视，人们已经在探索微生物新食源方面做了许多有益的尝试。

一头体重500kg的牛，每天只能合成0.5kg的蛋白质。而500kg的微生物，只要条件适宜，在24h内能够生产1250kg的蛋白质，比利用动物生产快2000多倍，比植物也要快500多倍；微生物菌体不仅蛋白质含量高，而且氨基酸种类齐全，人体必需的氨基酸比例高；此外微生物菌体中还含有各种维生素和矿质元素，如酵母菌富含B族维生素等。这些都是人体不可缺少的营养。另外，微生物对营养物质的要求不高，有些还是自养微生物，它们可以利用许多废物作为生产原料，如淀粉厂和豆制品厂的废水、棉质壳、玉米芯、作物秸秆等工农业废弃物以及工厂排放的废气等。被利用生产蛋白质的微生物大多是单细胞的，因此把微生物蛋白质称为单细胞蛋白（SCP）。

利用微生物生产单细胞蛋白，生产原料廉价、易得；可以在工厂的发酵车间进行生产，生产效率高，大大节约土地；生产不受气候影响。

用于生产单细胞蛋白的微生物主要有小球藻，栅列藻等蓝藻和霉菌、酵母菌等真菌以及氢细菌、光合细菌等。

虽然利用微生物生产单细菌蛋白还有一些安全性问题有待解决，并且作为一种食物，人们在习惯上也有一个逐渐接受和适应的过程，但是单细胞蛋白仍然日益得到人们的青睐。目前，单细胞蛋白已被广泛用于制作食品加工中的蛋白质添加剂和饲料。

说不定将来有一天，味道鲜美、营养丰富的人造菌体食品会走进千家万户。餐桌上摆着的是螺旋藻、假丝酵母、白地霉等微生物摇身变成的人造肉、人造鱼、人造馒头呢！

二、发酵饲料生产技术

发酵饲料是指在人工控制条件下，微生物通过自身的代谢活动，将植物性、动物性和矿物性物质中的抗营养因子分解或转化，产生更易被牲畜采食消化、吸收的养分更高且无毒害作用的饲料原料。通过发酵处理的饲料不仅改善饲料营养吸收水平，降解饲料原料中可能存在的毒素，还能起到促进生长，维持动物体内微生态平衡、增强机体免疫力、防病治病的作用。目前市场上用于饲料发酵的益生菌种类主要是乳酸菌、芽孢杆菌、酵母菌和霉菌。

发酵饲料按照水分含量的多少可分为液体发酵饲料和固体发酵饲料。液体发酵饲料国外使用较多，普遍采用饲料中天然存在的乳酸菌、酵母菌发酵；而国内普遍使用微生物发酵剂菌种，采用固体发酵饲料技术。除了大规模工业批量生产的全价发酵饲料、浓缩发酵饲料等固体发酵饲料以外，秸秆发酵饲料也越来越受到我国政府和农民的重视。我国年产秸秆约9亿吨，用作饲料不足10%，部分机械还田，另外一部分焚烧，对自然环境产生极大的破坏。利用秸秆发酵生产饲料，制作简便，成本低廉，一年四季均可生产，就地收取，就地制作，就地使用，市场潜力巨大。秸秆发酵饲料主要包括秸秆微贮饲料和青贮饲料两大类。

1. 秸秆微贮饲料生产

秸秆微贮就是把农作物干秸秆和无毒干草等加入高效秸秆活杆菌，放入一定的密封容器（如水泥池、土窖、缸、塑料袋等）中，经一定的发酵过程，使其变成带有酸香气味、适口性好、利用率高、耐贮的粗饲料。加工成的饲料叫微贮饲料。

（1）微贮饲料的特点

① 制作季节长，容易推广　微贮饲料用的原料是干秸秆和干草等，室外气温 10～40℃都可以加工制作，南方一年四季均可以制作，北方大部分地区春、夏、秋三季均可以进行；而且制作技术简单，容易掌握，易于推广。

② 制作成本低、效益高　处理 1t 干秸秆，只需要一袋秸秆微贮活干菌（3g），价格为 10 元左右。1t 干秸秆氨化需要尿素 30～50kg（1900 元/t）。因此等量秸秆微贮的成本仅为氨化成本的 15%～20%。而且饲喂试验表明在同等饲养条件下，秸秆微贮饲料对牛、羊增重，产奶的作用效果优于或相当于氨化饲料。

③ 适口性好、采食量高　干秸秆经微生物发酵处理后，变得膨松、柔软，而且酸香可口，明显刺激家畜的食欲。与干秸秆相比，牛、羊对秸秆微贮饲料的采食速度可提高 40% 左右，采食量可增加 20%～40%。

④ 消化率提高　由于在干秸秆微贮过程中有益活菌的发酵作用，增加了秸秆的柔软度和膨松度，使瘤胃微生物充分与纤维素、半纤维素、木质素接触；由于发酵作用，干秸秆中部分木质素、纤维素等物质已降解为各种糖类，加之微生物在发酵过程中所产生的酶和代谢活性物质的作用，提高了牛、羊瘤胃微生物区系纤维素酶和解脂酶活性，提高了秸秆的消化率。

（2）微贮设施　微贮可用水泥池、土窖，也可用塑料袋及大型窖。

① 水泥池微贮　用水泥、黄沙、砖为原料在地下砌成的长方形池子，最好砌成两个相同大小的，以便交替使用。这种池子的优点是不易进水进气，密封性好，经久耐用，成功率高。

② 土窖微贮　根据用量挖长方形窖，在窖底部和周围铺一层塑料膜，用时将喷有菌液的秸秆切短放入池内、压实，上部盖塑料膜后覆土密封。建窖时应选择地势高、土质硬、向阳干燥、排水容易、地下水位低、离畜舍较近、取用方便的地方。

水泥池和土窖的大小应根据需要量设计建设，深度以 2m 为宜。圆形窖一般直径 2m，深 3m。长方形窖一般长宽 1.5m，深 2m，长根据需要而定。

③ 塑料袋微贮　将秸秆切短，均匀喷洒菌液，放入塑料袋内，压实排空，扎紧塑料袋，然后可堆放土窖内；也可堆放在不易被人、畜、鼠等损坏的地方。

④ 大型窖微贮　窖宽约 5m，以履带式拖拉机在压实过程中易操作为准，长度可根据具体微贮秸秆量来确定，深 2～3m。适合规模较大的奶牛场。

（3）秸秆微贮生产工艺　秸秆微贮具体生产工艺如下：

建窖→菌剂复活→配制菌液→秸秆铡切→装窖压实→封窖→发酵→开窖饲喂

（4）开窖与饲喂　在气温较高的季节封窖 21d，气温较低季节封窖 30d，即可完成微贮发酵（−10℃不可搞微贮）。开长方形窖时应从窖的背阴面开始，先去掉上边覆盖的部分土层，然后揭开薄膜，从上至下垂直逐段取用。每次取完后，立即用塑料薄膜将窖口封严，尽量避免与空气接触，以防变质。圆形窖采取“大揭盖”开窖法，每天根据喂量取料一层。制作优良的干玉米秸、稻麦秸呈金黄色，具有酒香或果香味，手感质地松散，柔软湿润。如呈褐色，有腐臭或发霉味，手感发黏，或结块或干燥粗硬，则可判定为质量差，不能饲喂。

开始饲喂时，需训练牲畜采食，先将少量微贮饲料混合在其他饲草中喂饲，逐渐增加微贮给量，经7d左右训练达到标准喂量。一般牛每日喂量15～20kg，羊1～3kg。微贮饲料在制作时加入了食盐，在饲喂时要减少食盐的用量。微贮饲料取后不需晾晒，可当天取当天用。在饲喂前最好再用高湿度茎秆揉碎机进行揉搓，使其成细碎丝状物，以便进一步提高牲畜的消化率。

2. 秸秆青贮饲料生产

青贮饲料是将新鲜的农作物秸秆切碎后，在密闭缺氧的条件下，通过厌氧微生物的发酵作用，调制成的一种气味酸香、柔软多汁、适口性好、营养丰富、耐贮藏的青绿饲料。

附着在植物原料上的微生物，包括乳酸菌、肠道杆菌、丁酸菌、酵母菌、霉菌等。青贮的过程是微生物发酵的过程，主要是利用原料上所附生的各类乳酸菌等微生物的生命活动，通过厌氧发酵（主要是乳酸发酵），将青贮原料中的碳水化合物（主要是糖类）转变成有机酸（主要为乳酸），抑制腐败菌和丁酸菌等有害细菌的生长，又因为厌氧环境抑制了霉菌的活动，因此使青贮料得以保存。

（1）青贮过程　根据微生物的活动特点把青贮过程分为预备发酵期、酸化成熟期和完成保存期。

① 预备发酵期　通常青贮后两天左右就结束。当再贮原料装填和压紧在青贮窖（或其他设施）内之后，由于料间空气或多或少的存在，随着在原料上的好氧菌和兼性厌氧菌旺盛生长（包括各种腐败菌、酵母菌、肠道菌、霉菌等），另外还有存活的植物细胞继续呼吸，青贮窖中遗留的少量氧气很快被耗尽，形成厌氧环境，同时产生二氧化碳、部分醇类、有机酸等，使饲料变酸，这种环境不利于丁酸菌和腐败菌、霉菌等有害菌的生长，而有利于乳酸菌（主要是乳链球菌）的生长繁殖；乳酸菌旺盛生长不断产酸，当环境pH下降到5以下时，绝大部分微生物的活动被抑制。

② 酸化成熟期　这个时期起主导作用的微生物主要是一些乳酸杆菌，乳酸杆菌大量繁殖，乳酸进一步积累，pH不断下降，使饲料进一步酸化成熟，使得剩余的其他细菌全部被抑制，无芽孢的细菌逐渐死亡，有芽孢的细菌则以芽孢形式存活下来。青贮料进入完成保存期。

③ 完成保存期　当乳酸菌产生的乳酸积累至一定程度时，反过来对乳酸菌的生长繁殖产生抑制，并开始死亡。当乳酸积累达到1.5%～2.0%时，其pH约为4.0～4.2时，青贮料在厌氧和酸性环境中成熟，可长时间保存而不腐败。

（2）青贮饲料的特性

① 可以最大限度地保持青绿饲料的营养物质　一般青绿饲料在成熟和晒干之后，营养价值降低30%～50%，但在青贮过程中，由于密封厌氧，物质的氧化分解作用微弱，养分损失仅为3%～10%，使绝大部分养分被保存来，特别是在保存蛋白质和维生素（胡萝卜素）方面要远远优于其他保存方法。

② 适口性好，消化率高　青贮饲料含水量可达70%，鲜嫩多汁。同时在青贮过程中由于微生物发酵作用，产生大量乳酸和芳香物质，更增强了其适口性和消化率。此外，青贮饲料对提高家畜日粮内其他饲料的消化性也有良好作用。

③ 可调剂青饲料供应的不平衡　由于青饲料生长期短，老化快，受季节影响较大，很难做到一年四季均衡供应。而青贮饲料一旦制成便可长期保存，保存年限可达2～3年或更

长，因而可以弥补青饲料利用的时差之缺，做到营养物质的全年均衡供应。

④ 可净化饲料、保护环境　青贮能杀死青饲料中的病菌、虫卵，破坏杂草种子的再生能力，从而减少对畜、禽和农作物的危害。

(3) 青贮设施　青贮场地应选择地势高燥，土质坚硬，地下水位低，易排水、不积水，靠近畜舍，远离水源，远离圈厕和垃圾堆，防止污染。

① 青贮塔　青贮塔（图 7-1）一般为圆筒形，直径 3～6m，高 10～15m。可青贮水分含量 40%～80%的青贮料，装填原料时，较干的原料在下面。青贮塔由于取料出口小，深度大，青贮原料自重压实程度大，空气含量少，贮存质量好。但造价高，仅大型牧场采用。

图 7-1　青贮塔

② 青贮窖　青贮窖分地下式、半地下式和地上式三种，圆形或方形，直径或宽 2～3m，深 2.5～3.5m。通常用砖和水泥做材料，窖底预留排水口。一般根据地下水位高低、当地习惯及操作方便决定采用哪一种。但窖底必须高出地下水位 0.5m 以上，以防止水渗入窖内。青贮窖结构简单，成本低，易推广。

③ 塑料袋　青贮塑料袋只能用双幅聚乙烯塑料袋薄膜制成，严禁用装化肥和农药的塑料袋，也不能用聚苯乙烯等有毒的塑料袋。塑料袋优点：投资少，操作简便；贮藏地点灵活。农村普遍推广塑料袋青贮。

(4) 青贮生产工艺　秸秆青贮具体生产工艺如下：

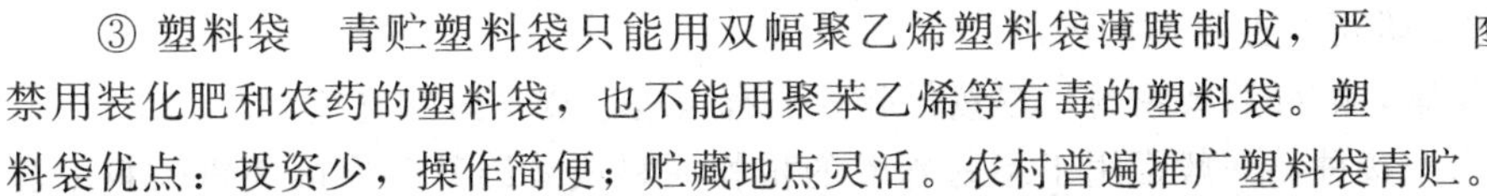

原料收割→切碎→加入添加剂→装填、压实→密封、贮存→发酵→开窖饲喂

① 收割　原料要适时收割，饲料生产中以获得最多营养物质为目的。收割过早，原料含水多，可消化营养物质少；收割过晚，纤维素含量增加，适口性差，消化率降低。

a. 玉米秸的采收　全株玉米秸青贮，一般在玉米籽乳熟期采收。收果穗后的玉米秸，一般在玉米棒子蜡熟至 70%完熟时，叶片尚未枯黄或玉米茎基部 1～2 片叶开始枯黄时立即采摘玉米棒，采摘玉米棒的当日，最迟次日将玉米茎秆采收制作青贮。

b. 牧草的采收　豆科牧草一般在现蕾至开花始期刈割青贮；禾本科牧草一般在孕穗至刚抽穗时刈割青贮；马铃薯茎叶和甘薯藤等一般在收薯前 1～2d 或霜前收割青贮。幼嫩牧草或杂草收割后可晾晒 3～4h（南方）或 1～2h（北方）后青贮，或与玉米秸等混贮。

② 切碎　为了便于装袋和贮藏，原料必须切碎。玉米秸等青贮前必须切成 1～2cm 长，青贮时才能压实。牧草和藤蔓柔软，易压实，切至 3～5cm 长。

③ 加入添加剂　为使原料快速发酵，原料切碎后立即加入添加剂。可添加 2%～3%的糖、甲酸（每吨青贮原料加入 3～4kg 含量为 85%的甲酸）、淀粉酶和纤维素酶、尿素、硫酸铵、氯化铵等。

④ 装填贮存　旧窖窖底和四周必须清理干净，一般每立方米可青贮原料 500kg。装窖前，底部铺 10～15cm 厚的秸秆、软草或秕糠，以防底部潮湿并可吸收上部流下的液汁。窖四壁铺塑料薄膜，以防漏水透气，原料随切随装，装一层压紧一层，小窖可由人踩，大窖可用链轨拖拉机压实，以排除空气。一般每装填 50cm 左右碾压一次，尤其要注意青贮窖的边缘部分压紧，压得实与不实是制作青贮的关键。当窖边原料与窖口相平，窖的中间高出窖沿 60～100cm 时，即可封窖。封顶时先铺一层 30～50cm 厚的短秸秆或软草，再加一层塑料薄膜，然后覆土 50cm 左右、拍实。四周距窖 1m 处挖排水沟，防止雨水流入。封窖后要注意观察，当原料下沉，窖顶和边缘出现裂缝时，及时覆湿土压实，防止漏气漏水。

⑤ 开窖与饲喂　封窖后 1～1.5 个月就可开窖，长形窖可从窖的一端开，边使用边将上

边的盖土去掉。圆形窖从上向下取用。每次取后用塑料膜等盖压。良好的青贮饲料是深绿色或褐绿色，有酸香酒味。由于青贮饲料有轻泻作用，所以喂饲量要由少逐渐增多。发霉腐烂的青贮饲料不能饲喂。当天取的青贮饲料应当天吃完，否则易变质变味，发生霉菌污染。

⑥ 塑料袋青贮　原料要切成1cm左右，将青贮原料装入专用塑料袋，边装边踩实压紧，将袋内空气排出，直至装填至距袋口30cm左右时，抽气、扎紧袋口。一个月左右即可饲喂。

（5）饲料青贮的注意事项

制作出优良的青贮料的主要环节是提供乳酸菌能够旺盛生长繁殖的条件，使他们迅速进行乳酸发酵而产生大量乳酸，并在厌氧条件下长期保存。依据这个原则，青贮过程中应注意以下问题。

① 选用清洁的未被污染的原料，不带泥土，不进污水，以免带入杂菌，乳酸菌和酵母菌容易占据优势，乳酸发酵先行，乳酸积累，产生抑制杂菌发展的作用，保证青贮饲料制作成功。

② 在配料时必须采用或搭配一些幼嫩多汁的原料，其中含有足够的可发酵性糖类，或加入适量的食盐以促进可溶性物质的渗出。

③ 贮放时要压紧，贮好后要密封，尽量排除青贮窖（塔、袋）内的空气。

④ 青贮料的人工接种，一般常用于不易青贮的植物原料或者因某些原因使青贮料中乳酸菌不足的情况下。

三、藻类饲料生产

天然水域繁殖的微型藻类以天然无机物为培养基，阳光、二氧化碳、氨为其热能来源，是水产动物的天然饵料，其蛋白质含量高，氨基酸组成良好，并含有叶绿素及类胡萝卜素等色素，但消化率和适口性稍差。目前已培养供作饲料用的主要有小球藻和螺旋蓝藻。

粗蛋白含量可达60%以上，但消化率低。藻类细胞蛋白由于受消化率和感官性状较差、培养时容易被病原菌污染、生产费用高等因素的制约，它仅能在个别地方生产，还不能大规模推广使用。目前许多国家正在致力开发研究生产中。

四、微生态制剂生产

1. 微生态制剂的含义

微生态制剂是一种活菌制剂，是指用于提高人类、畜禽宿主或植物寄主的健康水平的人工培养菌群（益生菌）及其代谢产物，或促进宿主或寄主体内正常菌群生长的物质制剂之总称。也就是说，一切能促进正常微生物群生长繁殖的及抑制致病菌生长繁殖的制剂都称为“微生态制剂”。由于其具有调节肠道之功效，有助于快速构建肠道微生态平衡，无论在婴儿，老人，还是新生畜禽可以防止和治疗腹泻、便秘。目前微生态制剂已被应用于饲料、农业、医药保健和食品等各领域中。近几年来，家禽家畜养殖业中微生态制剂已经在逐步地取代传统的添加剂。在未来，微生态制剂作为遵循生态环境自然循环法则的无公害制剂，将是添加剂行业的一种发展趋势。

2. 主要菌株

可直接饲用的微生物菌种必须具备以下条件。

（1）不会使人和动物致病，不与病原微生物产生杂交种，必须用本动物或实验动物做急性、亚急性毒性试验、致畸致残等试验，只有安全性好的菌株才能作为生产菌种。

（2）在体内外易于繁殖，体外繁殖速度快。

（3）在低 pH 和胆汁中可能存活，在体内外易于繁殖，并能植入肠黏膜。

（4）在发酵过程中能产生乳酸和过氧化氢等物质。

（5）能合成对大肠杆菌、沙门菌、葡萄球菌、梭状芽孢杆菌等肠道致病菌的抑制物而不影响自己的活性。

（6）最好来自动物自身肠道中，以保证进入肠道后能定植和迅速生长繁殖，利于发挥益生功能。

（7）有利于促进宿主的生长发育及提高抗病能力。

（8）经加工后活菌存活率高，混入饲料后高温下稳定性好。

目前国内外常用的畜禽用的菌株主要是乳酸杆菌类、类芽孢杆菌、酵母菌类、曲霉类。我国农业部第 105 号公告公布的允许使用的饲料添加剂品种目录中，饲料级微生物添加剂有 12 种：干酪乳杆菌、植物乳杆菌、粪链球菌、屎链球菌、乳酸片球菌、枯草芽孢杆菌、纳豆芽孢杆菌、嗜酸乳杆菌、乳链球菌、啤酒酵母、产朊假丝酵母和沼泽红假单孢菌。

3. 生产方法

目前益生菌的生产方法主要有两种：大罐液体发酵法和固体表面发酵法。

（1）大罐液体发酵法　此法适用于工业化生产，便于无菌操作及控制，但投资大。一般生产工艺流程为：

菌种接种培养→种子罐扩大培养→发酵罐培养→发酵结束→加入适量载体→干燥→粉碎→过筛→质量检验→包装成益生菌成品

发酵菌种若为芽孢杆菌类，应检验发酵液，当 85%以上繁殖体转变为芽孢时，停止发酵。

（2）固体表面发酵法　此法产量低，强度大，易受杂菌污染，不适于规模化生产，但投资小。一般生产流程：

菌种活化→菌种扩大培养（固体表面培养法）→发酵培养

发酵培养时，将固体表面培养的菌种与固体培养料混合，在一定温度、湿度条件下培养，最后干燥制成益生菌成品。

任务　秸秆微贮饲料制作

一、任务目标

1. 了解微贮饲料制作的原理，学会制作微贮饲料；
2. 掌握判断微贮饲料质量好坏的标准。

二、任务说明

微贮饲料的发酵过程是利用秸秆发酵活干菌，在厌氧和一定温湿度及营养水平的条件下，进行秸秆难利用成分的降解和物质转化，从而提高秸秆的营养价值。在发酵过程中，首先是曲霉将一部分纤维素、木质素等物质降解为各种易发酵的糖类；其次是酵母和乳酸类细菌将糖类经有机酸转化为乳酸和易挥发性脂肪酸，使贮料 pH 降低至 4.5～5.0，抑制了丁酸菌、腐败菌等有害微生物繁殖，并将饲料中的某些成分进一步合成营养价值较高的物质，如蛋白质、氨基酸、维生素、有机酸、醇等。所以质量好的发酵微贮饲料有酸、甜、香味。

本任务要求学生能将采收的干秸秆成功制成微贮饲料，根据现有微贮设施计算干秸秆及其他物料的用量。

三、任务准备

干秸秆，秸秆发酵活干菌，食盐，铡草机、大缸、喷壶、大盆、塑料布、天平等。

四、任务实施

(1) 清窖　旧窖在使用前，必须把窖底和四周清理干净，最好能在阳光下暴晒 1～3d。

(2) 原料选择　按窖的容积，根据每立方米可贮干秸秆 300kg，计算出窖的贮量。根据用量准备干秸秆，待贮秸秆必须是清洁的，污染、霉变的秸秆不能用于微贮。

(3) 确定秸秆发酵活干菌用量　按秸秆发酵活干菌每袋 3g 可处理干秸秆 1000kg，确定活干菌用量。

(4) 菌种活化　按秸秆发酵活干菌每袋 3g 溶于 200mL 水的比例，将装有活干菌的铝箔剪开，将菌种倒入水中。也可先在水中加白糖 2g，溶解后，再加入活干菌，这样可提高复活率，然后在常温下放置 1～2h 使菌种复活。

(5) 菌液的配制　将复活好的菌剂倒入充分溶解的 1%食盐水中拌匀。一般 1000kg 稻或麦秸加 3g 活干菌、12kg 食盐、1200L 水；1000kg 玉米秸秆加 3g 活干菌、8kg 食盐、800L 水。

(6) 秸秆铡切　用于微贮的秸秆一定要切短，养牛用 3～5cm，养羊用 2～3cm。这样易于压实和提高微贮窖的利用率，并能保证贮料的制作质量。

(7) 装窖压实　将切短的秸秆铺在窖底，厚约 25～30cm，在铺好的秸秆上均匀喷洒菌液，用脚踩实，再铺 25～30cm 的秸秆，再喷洒菌液，踩实，直到高于窖口 40cm，再封窖。如果当天窖没装满，可盖上塑料薄膜，第 2d 揭开塑料薄膜继续装填。

在微贮麦秸和稻秸时，应加秸秆质量 5‰的玉米粉、麸皮或大麦粉，以提高微贮料的质量。加大麦粉或玉米粉、麸皮时，铺一层秸秆撒一层粉，再喷洒一次菌液。

(8) 水分的控制与检查　在喷洒和压实过程中，要随时检查秸秆的含水量是否合适，各处是否均匀一致，特别要注意层与层之间水分的衔接，不要出现夹干层。微贮饲料含水量要求在 60%～65%。

(9) 封窖　当秸秆分层压实到高出窖口 40cm 时，再充分压实后，补喷菌液，表面均匀撒食盐粉，食盐的用量为 $250g/m^2$，其目的是确保微贮饲料表面不发生霉坏变质，然后盖上塑料薄膜，塑料膜上面铺上 20～30cm 厚的秸秆，覆土 50cm，密封。

(10) 开窖检查　封窖约 20d（夏季 10d）后即完成发酵过程，开窖后，首先要做质量检查，优质的微贮饲料色泽金黄，有醇厚的果酸香味，手感松散、柔软、湿润；如呈褐色，有腐臭或发霉味，手感发黏，或结块或干燥粗硬，则可判定为质量差，不能饲喂。

五、任务提示

1. 复活好的菌剂一定要当天用完，不可隔夜使用。

2. 含水量的检查方法是：抓取秸秆试样，用双手扭拧，若有水往下滴，其含水量约为

80%以上；若无水滴、松开后看到手上水分很明显，约为60%左右；若手上有水分（反光），约为50%～55%；感到手上潮湿，约为40%～45%；不潮湿则在40%以下。

3. 秸秆微贮后，窖池内贮料会慢慢下沉，应及时加土使之高出地面，并在周围挖好排水沟，以防雨水渗入。

4. 微贮窖上面最好搭防雨（雪）棚，以防雨（雪）进入窖内造成微贮变质。

六、任务思考

1. 质量检查：描述本组所制作微贮饲料的手感、色泽、气味。

2. 优质秸秆微贮饲料具有醇香味和果香气味，并具有弱酸味，请你分析微贮饲料有强酸味的原因是什么？

3. 开窖后，若微贮饲料有腐臭味是什么原因造成的？

案例解析

【案例】

2010年10月20日，辽宁某奶牛场地上青贮窖用刚刚收获的青绿的甘薯藤制作了一批青贮饲料，预备用做奶牛的冬季饲料。40d以后，饲养员准备取用青贮的甘薯藤饲喂奶牛，他从一端把窖打开，没闻到熟悉的酸香酒味，仔细观察发现青贮饲料呈褐色，部分腐烂、发霉。请你分析原因，并提出解决办法。

【解析】

青贮饲料腐烂、发霉的原因有两个：一是物料的含水量过大，制作青贮饲料物料含水量要求在50%～70%最好（手握成团，手指间有水印但不滴出为度），甘薯藤和鲜草类原料含水量比较高，一般可达85%，收割后直接青贮，在发酵过程中植株组织中的水分会因细胞破裂而渗出来，造成物料水分含量过高，导致发酵物料容易腐烂、甚至发臭，同时产酸过多，并可能产生亚硝酸盐，造成亚硝酸盐中毒；二是物料压实密封不彻底，制作青贮饲料的过程是严格的厌氧发酵过程，若青贮窖（塔、袋）内的物料因为没有彻底压实密封，至残留空气较多，或漏气，也会导致物料腐烂变质。根据此事件过程分析，该农场青贮甘薯藤腐烂变质的原因是甘薯藤收获后没有人为降低其含水量，导致青贮失败。

为了避免甘薯藤青贮再次发生此类事件，青贮时应注意以下问题：甘薯叶太湿，需要适当晾干（晾晒2～5h），变软后再进行青贮。如遇到长期阴天，或不想用晒的方法，也可掺入20%细米糠或细麦麸等吸水性材料一起发酵，以便发酵过程中青饲料细胞内渗出的水分能够被吸附掉。此外，贮放时物料要压实，贮好后要密封，尽量排除青贮窖（塔、袋）内的空气，保证严格的厌氧环境。

项目八

微生物在食品发酵工程中的应用

【学习目标】

⊙ 了解微生物酿酒的原理；了解发酵酒、蒸馏酒和配制酒的工艺区别；

⊙ 了解大曲酒的酿造工艺，了解大曲中的主要微生物及其作用，基本掌握大曲的生产过程及品质鉴定方法；

⊙ 了解葡萄酒的酿造原理及生产工艺；

⊙ 掌握啤酒的生产工艺；

⊙ 了解酱油生产的工艺过程，掌握酱油曲的制作与扩大培养方法；

⊙ 知道酸乳制作的基本原理，学会发酵酸乳的制作方法，学会对酸乳进行品质评价的方法；

⊙ 了解微生物在传统食品发酵方面的应用，掌握甜米酒的制作方法；

⊙ 掌握泡菜的加工工艺过程及泡菜加工中常出现的质量问题以及防止措施。

知识讲解

微生物在食品工程中的应用历史悠久，人们利用微生物生产白酒、啤酒、葡萄酒等酒精饮料，食醋和酱油等调味品，酸乳和奶酪等发酵乳制品，味精和鸟苷酸等食品鲜味剂，柠檬酸和苹果酸等食品添加剂，单细胞蛋白以及具有增强免疫、延缓衰老、抗辐射、整肠健胃的功能性食品添加剂。自然界中的微生物在食品生产、加工、运输、贮运和销售的每一环节都可能进入到食品中来。因此微生物与食品的生产、安全、风味及营养有着密切的关系。

一、酒精饮料生产

传统的酒一般都是采用谷物、薯类等为原料，利用微生物进行酒精发酵，制成的不同风味的含乙醇饮料。乙醇在酒中的含量用酒精度数来表示。在国际酿酒业中，酒精度数是指20℃时，酒中含乙醇的体积百分比，简称“酒度”。例如48°的酒，表示在20℃时，100mL酒中，含有乙醇48mL。

酒度在20°以下的称低度酒，如葡萄酒、桂花陈酒、香槟酒和低度药酒。酒度22°～40°之间的称为中度酒，如国产的竹叶青、米酒、黄酒等。酒度在40°以上的烈性白酒称高度酒，如国产的茅台、五粮液、汾酒等。

1. 酿酒的原理

酒的酿造过程分为微生物发酵和蒸馏两大部分。

(1) 微生物发酵　微生物主要利用葡萄糖进行发酵作用，果汁中通常含有大量的葡萄糖，可以直接被发酵。谷物中含有大量的淀粉，淀粉进行工艺处理可降解为葡萄糖进行发酵。如果是以谷物为主要原料酿酒，发酵过程由淀粉水解（糖化）和酒精发酵、副产物形成等过程组成。

发酵的主要微生物是酒精酵母（即酒母）和糖化菌。糖化菌的主要作用是将淀粉降解为葡萄糖，即糖化；酵母菌的主要作用是将葡萄糖发酵成酒精，两个过程均伴随着风味物质的产生。

① 糖化　糖化即是淀粉水解过程，指含淀粉的原料经蒸煮糊化后，被糖化菌发酵产生发酵性糖（主要是葡萄糖）及其他成分的过程。由糖化菌制成的糖化曲中含有的起糖化作用的淀粉酶类包括 α-淀粉酶、β-淀粉酶、葡萄糖淀粉酶及脱支酶。

α-淀粉酶从淀粉分子内部切开 α-1,4 糖苷键，但不能水解 α-1,6 糖苷键及靠近 α-1,6 糖苷键的几个 α-1,4 糖苷键。该酶作用于淀粉时，能降低淀粉的黏度，所以又称液化酶。直链淀粉能被 α-淀粉酶水解为葡萄糖和麦芽糖。支链淀粉能被其水解，产物除葡萄糖、麦芽糖外，还有具有 α-1,6 糖苷键的极限糊精和 4 个或更多葡萄糖残基的带 α-1,6 糖苷键的低聚糖。

β-淀粉酶能从淀粉分子的非还原末端逐个切下麦芽糖单位，但不能水解 α-1,6 糖苷键，也不能越过 α-1,6 糖苷键水解 α-1,4 糖苷键，所以该酶水解支链淀粉时留下分子量较大的极限糊精。

葡萄糖淀粉酶能从淀粉的非还原末端逐个切下葡萄糖，它既能水解 α-1,4 糖苷键，又能水解 α-1,6 糖苷键。由于形成的产物几乎都是葡萄糖，因此该酶又称为糖化酶。

脱支酶专一水解 α-1,6 糖苷键。

淀粉在以上几类酶的共同作用下被彻底水解成葡萄糖和麦芽糖。麦芽糖可在麦芽糖酶的作用下进一步分解成葡萄糖。另外，在糖化曲中除含有淀粉酶类外，还含有一些蛋白酶等，后者在糖化过程中能将原料中的蛋白质水解成胨、多肽和氨基酸等。

② 酒精发酵　酒精发酵是指酵母菌在厌氧条件下，将淀粉水解产生的葡萄糖发酵，经一系列化学反应生成酒精、二氧化碳及一些风味物质，并同时产生能量的过程。一般每 100g 的糖分约产生 51g 酒精。

③ 副产物形成　发酵过程中除主要生成乙醇外，还生成少量的其他副产物，其主要生物反应包括：糖及其他物质经微生物作用生成各种有机酸；蛋白质分解生成氨基酸，氨基酸经酵母作用生成多元醇；脂肪分解产生甘油和脂肪酸；醇与酸化学反应生成各种酯类；各种小分子之间又会进行反应产生各种风味物质，增加酒的芳香性。由于不同类型酒，其工艺不同，产生的中间产物及比例也不同，故而产生了种类繁多、风味各异的酒。

(2) 蒸馏　原料经微生物发酵后酒精含量最高只能达到 15%左右，蒸馏是将发酵的酒再提纯或提高酒度。乙醇汽化的温度为 78.3℃，只要将发酵过的原料加热到 78.3℃，乙醇即挥发，气态乙醇冷却后就是液体乙醇。在蒸馏过程中，水分和其他杂质也会掺在乙醇中一起蒸发。随着温度的变化，掺杂的情况也会变化，因而形成成分不同的酒精液体。因此酿酒师通常会根据不同的温度有选择地取酒。

新酿出的酒口感辛辣，并残留二氧化碳刺激味，必须经一段时间的贮存，使辛辣刺激味渐失，风味逐渐趋于醇和，才适于饮用。

2. 酒的分类

按生产工艺酒可以分为发酵酒、蒸馏酒和配制酒。

(1) 发酵酒　也称酿造酒，是用含糖或淀粉的原料，经过糖化、发酵、过滤杀菌后制成的酒，属低度酒。按不同的生产工艺又可分为啤酒、果酒、黄酒三类。

(2) 蒸馏酒　凡以水果、乳类、糖类和谷物为原料，经过酵母菌发酵、蒸馏后，得到的无色透明的液体，再经陈酿和调配制成的酒精含量大于20%的液体，称为蒸馏酒。通常可经过一次二次甚至多次蒸馏，便能取得高质量的酒液。我国传统的白酒（如茅台、五粮液），西方的威士忌，白兰地，古巴的朗姆酒，俄国的伏特加酒，日本的清酒均为蒸馏酒。

(3) 配制酒　配制酒又名再制酒，常用浸泡、混合、勾兑等方法制作。浸泡制法多用于药酒，它是以酿造酒或蒸馏酒（或食用酒精）为酒基，配加植物性药材，动物性药材或花果类等物质，经过调味配制而制成的酒。如中国的人参酒，三蛇酒等。混合法是把蒸馏后的高度数酒液加入果汁，蜜糖，牛奶或其他液体混合制成。勾兑也是一种酿制工艺，通常可以将两种或数种酒兑和在一起，形成一种新的口味，或者得到色、香、味更加完美的酒品。

3. 白酒的酿造

我国传统的白酒酿造法为固态发酵，其工艺非常独特：采用较低的温度，使糖化作用与发酵作用同时进行，有利于酒香味的保存和甜味物质增加；整个生产过程都是敞口操作，空气、水、工具、窖地等各种渠道都能把大量的、多种多样的微生物带到料醅中，它们与酒曲中的有益微生物协同作用，产生大量香味物质，因此固态发酵是多菌种混合发酵；生产过程中采用减少一部分酒糟，增加一部分新料，一般新料与醅的比例为1∶(3～4.5)，连续发酵，多次反复。这种方法称为配醅蓄浆发酵。这种操作方法能使原料中的淀粉利用更为充分，风味物质更丰富。

酒曲是世界上最早的一种复合酶制剂，是我国酿酒技术的重大发明。大曲是我国古老的曲种，我国生产的白酒中，多数名优酒均以大曲酿成。以下主要以大曲白酒生产为例，介绍白酒的生产工艺。

(1) 大曲的生产　大曲酒是以大曲为糖化、发酵、生香剂。大曲是酿酒发酵的动力，是一种富含酿酒所需要的菌系、酶系、物系的复合载体。大曲的原料主要是小麦，也有用小麦、大麦混合，加上一定数量的豌豆。原料经粉碎加水压成砖状的曲坯，依靠自然界带入的各种野生菌，在一定温湿度条件下进行富集和扩大培养，并保藏了酿酒用的各种有益微生物，再经风干、贮藏形成的多菌种混合曲即为大曲。

一般根据制曲过程中对控制曲坯最高温度的不同，大致分为高温曲、中温曲和低温曲。高温曲主要用于制酱香型酒；中温曲用于酿制清香型酒和浓香型酒，某些传统浓香型酒也有采用低温曲的。

制曲原料采用生料，有利于保存原料中所含有的丰富的水解酶类，有利于大曲酒酿制过程中淀粉的糖化作用。原料中含大量淀粉类物质，此外也含有蛋白质、无机盐等其他营养物质，故曲中微生物要以分解淀粉能力强的微生物为主。

① 大曲中的主要微生物及其作用　与酿酒有关的微生物有酵母菌、霉菌和细菌等，它们对酒的质量、产量起到重要的作用。

a. 酵母菌群　主要是酵母属、汉逊酵母属及假丝酵母和其他酵母。它们的作用是酒精发酵，另外，汉逊酵母具有产酯能力，还能产生香味。

b. 霉菌　主要类型有根霉、毛霉、曲霉、红曲霉等，它们主要起糖化作用，有些还有分解蛋白质作用和酒化作用。

c. 细菌　主要有乳酸菌、乙酸菌、芽孢杆菌等。具有分解蛋白质和产酸的能力，有利于酯的形成。它们代谢能产生许多风味物质，对白酒的香型、风格的形成有很大的关系。如乳酸菌代谢产生乳酸，它通过酯化形成乳酸乙酯，赋予白酒独特的香味；乙酸菌能产生乙酸，也是酒中香气的主要成分。

② 高温曲的生产　高温生产均以小麦为原料，其工艺流程如下：

小麦→润料→磨碎→粗麦粉→拌料→踩曲→曲砖→堆积培养→成品曲→出室→贮存

↑

曲母＋水

高温大曲主要用于生产酱香型白酒。制曲温度最高达60℃以上，发酵的白酒常有浓郁酱香，并有利于提高口感，使酒质绵软柔和、协调、细腻，所以浓香型白酒也使用部分高温大曲。具体操作如下。

a. 选料、润料　完全用小麦制的曲，品质最好。要求麦粒干燥，无霉变、无污染。麦粒经除杂后，加水5%～10%，拌匀，润料3～4h。

b. 磨碎　用钢磨粉碎麦粒，至麦皮呈薄片，麦心呈粗粉和细粉状，两者比例为1∶1。

c. 拌料　将曲母、麦粉及水按一定比例混合，配成曲料。加水量一般为麦粉量的37%～40%。水量大，曲砖容易被压制过紧，微生物不易长透，且曲砖升温快，容易引起腐败细菌繁殖。水量小，曲砖不易黏合，而且失水也快，不利于微生物生长繁殖。

配料时加入曲母是生产高温曲与生产中温曲的不同之处。曲母应选用隔年陈曲，用量为麦粉量的4%～8%。夏季拌料时，曲母用量可减少。

d. 踩曲　就是使用踩曲机将拌好的曲料压制成砖块。踩曲的季节以春末夏初到中秋节前后这段时间为宜。因为此时气温、湿度适宜，且空气中酵母菌和霉菌的数量较多。

e. 曲的堆积培养　过程可分为4个步骤，即堆曲、盖草及洒水、翻曲、拆曲。

(a) 堆曲：将压制好的曲砖放置1～2h使表面干燥、曲砖略变硬时移入曲室培养。曲室地面铺上稻草，堆曲时将曲砖三横三竖相间排列，曲砖间距2cm，行距2cm，空间用干稻草填充。每行共堆4～5层，层与层之间用一层7cm厚的稻草隔开。每层曲砖的横竖排列应与下层错开，以便于空气在曲砖间流通。最后留出2行空地，作以后翻曲时堆放曲砖用。在门窗直对处悬挂草席，防止风直接吹到曲砖而引起水分蒸发过快。

(b) 盖草及洒水：曲砖堆好后即用乱稻草盖上，起保温作用。在培养过程中，不时在草层上喷水，水量以水不流入草下的曲砖为适度。

(c) 翻曲：喷水后，关闭门窗，任微生物在曲砖上生长繁殖。曲砖温度开始逐渐升高，当曲砖堆内温度达60℃左右时，曲砖表面可看到霉菌斑点，此时进行第1次翻曲。再过1周左右进行第2次翻曲。翻曲的目的是调节曲砖的温湿度，使每块曲砖均匀成熟。翻曲时把曲砖间和地面的湿草取出，更换干草。

生产上要求曲砖内部黄色曲居多。翻曲过早，产生白色曲多；翻曲过迟，黑色曲占多数。这是由于曲砖温度过低或过高造成的。

(d) 拆曲：在第2次翻曲后15d左右，稍开门窗进行换气。夏季再过25d，冬季再过35d后曲砖大部分已干燥，品温接近室温，此时，可将曲砖搬出曲室。

成品曲呈黄、白、黑3种颜色，以红心的金黄色曲为上乘曲。

f. 成品曲的贮存　拆曲后的成品曲应贮存3～4个月后才可使用。在贮存期间，曲砖中的产酸细菌因环境干燥而停止繁殖甚至死亡，所以使用陈曲酿酒，酒醅的pH不会太低。另外，陈曲的酶活力较低，酵母数也较少，酿酒时间虽相对延长，但酒的质量较好。

③ 中温曲生产工艺　中温曲采用小麦、豌豆为原料，工艺流程如下：

小麦60%、豌豆40%→混合→粉碎→拌料→踩曲→曲砖→入曲室培养→成品曲→贮

存→陈曲

a. 原料粉碎　将干燥无霉变的小麦和豌豆按比例称量后混合，粉碎，过 20 目筛。要求过筛的细粉与通不过筛的粗粉的比例，夏季 30∶70，冬季为 20∶80。

b. 拌料、踩曲　将粗细粉料与一定量水拌和，用踩曲机将曲料压制成砖形，每块曲砖质量为 3.3～3.5kg，曲砖含水量为 36%～38%。

c. 曲的培养　曲砖入室排列、长霉、晾霉、起潮火、大火阶段、后火阶段、养曲、出室。

(a) 入室排列：曲室温度在 15～20℃时，将曲室地面铺上稻壳，按三横三竖方式排列曲砖，曲砖间距离为 2～3cm，行距为 3～4cm。每层曲砖之间用苇秆隔开，共堆放 3 层。曲砖要排成“品”字形，便于散热。入室的曲砖稍干后用草席或麻袋遮盖保温。夏季为防止水分蒸发过快，可在遮盖物上洒些水，注意水不能漏到曲砖上。关闭曲室门窗，任微生物在曲砖上生长繁殖。

(b) 长霉：长霉又叫生衣，入室约经过 1d 后，在曲砖表面出现白色霉菌菌丝斑点。当品温达到 38～39℃时，曲砖表面可看到根霉菌丝，拟内孢霉的粉状霉点和酵母的针点状菌落。若曲砖表面霉菌尚未长好，可揭开部分遮盖物散热，同时调整湿度，延长培养时间，让霉菌充分生长。

(c) 晾霉：室温达 38～39℃，长霉良好时，打开门窗，排湿降温。然后揭去上层遮盖物，并将侧立的砖块放倒，再拉开曲砖间距离，降低曲砖水分和温度，保证曲砖表面菌丛不致过厚。晾霉太迟，菌丛厚，曲砖内部水分不易挥发；如晾霉早，曲砖内部的微生物繁殖不充分，造成曲砖硬结。晾霉期 2～3d，每天翻曲 1 次。

(d) 起潮火：晾霉完毕，曲砖表面干燥，不粘手时，即关闭曲室门窗，任微生物继续生长繁殖。待品温升到 36～38℃时进行翻曲，翻曲时抽去苇秆，曲砖排列形状由“品”字形改成“人”字形。以后每 1～2d 翻曲 1 次，曲室门窗两启两关，经过几天后，品温可达 45～46℃。在此阶段，必须每天翻曲 1 次。

(e) 大火阶段：室温上升至 44～46℃时，维持 7～8d，每天翻曲 1 次。

(f) 后火阶段：经过大火阶段过后，大约 50%～70%的曲成熟，品温逐渐下降至 32℃左右，维持此温度 3～5d，使微生物在曲砖内繁殖充分。

(g) 养曲：经后火阶段后，将品温维持在 32℃左右，经 3～5d 养曲，使曲砖内部剩余水分蒸发。

(h) 出室：待曲砖基本干燥即可出室使用或贮存。

④ 曲的品质鉴定　大曲的曲质对出酒率和酒质有很大的影响，但对大曲的品质，目前尚无一个理想的理化检验方法和标准，主要靠感官鉴定来判断。

a. 香味　将曲折断后，应具有特殊的曲香味，无酸臭味和其他异杂味。

b. 外表颜色　曲的外表应有灰白色的斑点或菌丝，不应光滑无衣或成絮状的灰黑色菌丛。光滑无衣，是曲料拌和时加水不足或在踩曲场上放置过久，入房后水分散失太快，在未生衣前，曲坯表面已经干涸，不利于微生物生长繁殖所致；絮状的灰黑色菌丛，是曲坯靠拢，水分不易蒸发和水分过多，翻曲又不及时造成的。

c. 曲皮　曲皮越薄越好，入室后升温过猛、水分蒸发太快，或踩好后的曲块在室外搁置过久，表面水分蒸发过多，曲粉过粗，不能保持表面必需的水分，不利于微生物正常生长繁殖，都会导致曲皮过厚。

d. 断面颜色　曲的横断面要有菌丝生长，且全为白色，不应有其他颜色掺杂在内。

(2) 大曲酒的生产　大曲酒的酿造分为清渣和续渣两种方法，汾香型酒（清香型酒）大多采用清渣法生产，而泸香型酒（浓香型酒）和茅香型酒（酱香型酒）则采用续渣法生产。根据生产中原料蒸煮和酒醅蒸馏时的配料不同，又可分为清蒸清渣、清蒸续渣、混蒸续渣等工艺，这些工艺方法的选用，则要根据自己所生产产品的香型和风格来决定。

清蒸清渣的特点是突出“清”字，一清到底。在操作上要求做到渣子清，醅子清，渣子和醅子要严格分开，不能混杂。工艺上采取原料、辅料清蒸，清渣发酵，清渣蒸馏。要求清洁卫生严格，始终贯彻一个“清”字。著名的汾酒就是采用典型的清蒸清烧二遍清工艺生产的。

清蒸续渣要求原料的蒸煮和酒醅的蒸馏分开进行，然后混合进行发酵。这种方法既保留了清香型白酒酒味清香纯正的质量特色，又保持了续渣发酵酒香浓郁、口味醇厚的优点。

混蒸续渣是将发酵成熟的酒醅，与粉碎的新料按比例混合，然后在甑桶内同时进行蒸粮蒸酒，这一操作又叫“混蒸混烧”。出甑后，经冷却、加曲，混渣发酵，如此反复进行。大部分浓香型曲酒采用该种方法生产。混蒸续渣法可以把各种粮谷原料所含的香味物质，如酯类或酚类、香兰素等，在混蒸过程中挥发进入成品酒中，对酒起到增香的作用，这种香气称为粮香，如高粱就有特殊的高粱香。另外在混蒸时，酒醅含有的酸分和水分，加速了原料的糊化。蒸酒时由于混入新料，可减少填充料的用量，有利于提高酒质。采用混蒸续渣法生产，投入的原料能经过三次以上的发酵，才成为丢糟，所以原料利用率比较高。

① 浓香型大曲酒的生产工艺（续渣法）　浓香型大曲酒，也称为泸香型大曲酒，是大曲酒中产量最大的酒种。我国名酒中大多数是浓香型，如四川省及江苏省出产众多的中国名酒都属于这类。其生产工艺如下：

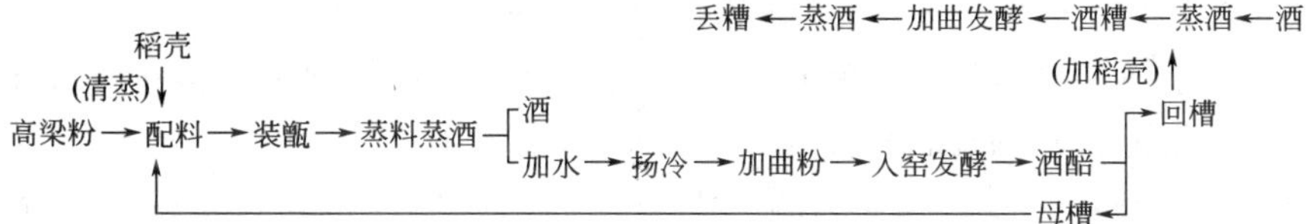

a. 原料处理　主要原料为高粱、稻壳、高温曲和水。要求高粱磨碎后不能通过 20 目筛孔的粗粒与能通过筛孔的细粒比为 28∶72；稻壳不经任何预处理；大曲用钢磨磨成曲粉。

b. 出窖配料　发酵完毕就出窖，对粮糟（大渣、小渣）和回糟分别处理。粮糟在加入高粱粉和辅料装甑后，经蒸料蒸酒加曲粉再继续发酵。而回糟却不加新料，在蒸酒后再经一次发酵就丢糟。由回糟得到的丢糟酒因酒质较差需单独装坛。

人工培窖需要收集黄水，因窖底的粮糟比上部的含水多，所以在起窖时留出窖下部的 3 甑粮糟进行“滴窖降水”操作，即将粮糟移到窖底部较高的一端，让粮糟中黄水滴出，滴窖时间至少在 12h 以上，然后舀出黄水。黄水是酒醅中渗漏出来的黄色淋浆水，含酒精约 4.5%、乙酸、腐殖质、酵母菌体自溶物及己酸菌等，并含有白酒香味的前体物，因此是人工培窖的好材料。舀出的黄水，可用来蒸出黄水酒。

配料蒸酒的配料比为：每甑母糟（成熟酒醅）500kg，加入高粱粉 120～130kg，稻壳用量为 25～38kg。冬季用量多，夏季用量少。母糟用量大，一方面是为了让酒醅中残余淀粉继续被利用，另一方面是为了调节入窖淀粉的浓度和粮糟的酸度，更主要的是增加母糟发酵轮次，使母糟与窖泥接触机会增加，产生更多的香味物质。配料时加入稻壳可使酒醅疏松，保持一定的间隙，为发酵和蒸馏创造较好的环境。另外，稻壳的加入还起到稀释淀粉浓度、吸收酒精、保持住浆水的作用。

c. 装甑　先在甑桶底部的竹篦上预先撒 1kg 稻壳，然后将高粱粉、曲糟和经清蒸处理过的稻壳拌匀，装甑。

d. 蒸料蒸酒　添加的新料也被蒸熟；发酵完毕后的酒醅含有的酒精，以及一些挥发性和非挥发性物质，必须采用蒸馏的方法将其中的酒精和其他挥发性成分蒸出。

蒸酒的关键是掌握好蒸汽压、温度和流酒速度。酒醅和新料混合后装甑桶时，粮糟必须疏松，堆料时要求桶中间低四周高，加热蒸汽要缓慢；流酒的温度为35℃左右，流酒速度一般控制在3～4kg/min，流酒15～20min。收集流酒前，先接取酒头0.5kg。酒头中除含沸点比酒精低的乙酸乙酯、乙醛、甲醇等外，还有大量高级醇，高级醇含量高，酒的口味就差，但经长期贮存后高级醇会变成香味物质。酒头主要用来勾兑酒。酒尾中因含多量高级脂肪酸酯类而香味强烈，但酒味涩，用它来勾兑液态法制造的白酒，可提高白酒香味。酒厂常将酒尾冲淡至酒精含量20%后均匀洒到酒醅上，再将酒醅发酵，使白酒香味更浓。

蒸酒时，蒸汽压力必须均匀，否则会影响蒸馏效果。

e. 出甑加水撒曲　蒸酒蒸料完毕，进行出甑加水撒曲。向粮糟中加入80℃以上热水，水量为每100kg高粱粉加水70～80kg。加水后，将粮糟放在窖上摊冷，当料温夏天降到比气温低2～3℃，冬天降到13℃左右，加入大曲粉。粮糟的大曲粉用量为高粱粉用量的19%～21%，回糟的大曲粉用量为高粱粉用量的9%～11%。用曲量要准确，用量过大，发酵过程中升温太快，会造成酒味带苦；用曲量太小，会导致发酵不彻底。

f. 入窖发酵　加水、加曲后将发酵材料入窖，每装完2甑材料踩窖一次，目的是将发酵材料空隙中的大部分空气排除，抑制好气性细菌繁殖，使之形成缓慢的正常发酵。但要注意不能把材料踩得过紧，否则会影响发酵结果。材料入窖后，即用踩柔的黄泥将窖顶封没，开始发酵。发酵过程中定时检查窖温，冬季还需采取保温措施。

发酵的正常进行是通过严格控制发酵材料的淀粉浓度、温度、水分和酸度来保证的。最重要的控制条件是发酵材料的淀粉浓度高低，一般夏季为14%～16%，冬季为16%～17%。如果淀粉浓度过高，会导致发酵升温过猛，酸的生成量多，造成酸败；淀粉浓度过低，造成发酵不良，白酒缺乏香味。入窖发酵材料水分，夏季为57%～58%，冬季为53%～54%。若水分含量过高，会使糖化和发酵速度过快及升温迅速，导致白酒质量和产量下降；水分过少，导致发酵不充分，结果出酒率低。入窖发酵材料的酸度，夏季pH应控制在2以下，冬季pH为1.4～1.8。酸度过高，造成酵母细胞死亡；酸度过低，对糖化和发酵都不利。入窖发酵材料的温度冬季为18～20℃，夏季为16～18℃。温度过高会使发酵升温太快以及酸的生成量多，导致白酒质量和产量都受影响；温度过低，造成发酵速度慢，出酒率低。

g. 勾兑贮存　新蒸馏出来的白酒有刺激味和辛辣味，不宜饮用。新酒必须经过半年以上时间的贮存，在贮存过程中白酒内部由于发生氧化和酯化反应，不断生成香味物质；酒精分子与水分发生缔合，白酒的刺激味和辛辣味就大为减少。贮存的过程称为老熟。在贮存前，要用特制调味酒对一般白酒进行调味。

② 清香型白酒的生产工艺（清渣法）　汾酒是清香型白酒的典型代表，其生产特点是：采用传统的"清蒸清烧两次清"，"地缸、固态分离发酵法"的生产技术。高粱和辅料拌曲放入陶瓷缸，缸埋土中，发酵28d，取出蒸馏。蒸馏后的醅不再配入新料，只加曲进行第二次发酵，仍发酵28d，糟不打回而直接丢糟。大曲为中温曲，两次蒸馏得酒，经勾兑而成汾酒。由此可见，原料和酒酪都是单独蒸，酒醅不再加入新料，与前述续渣法工艺有显著不同。其生产工艺如下：

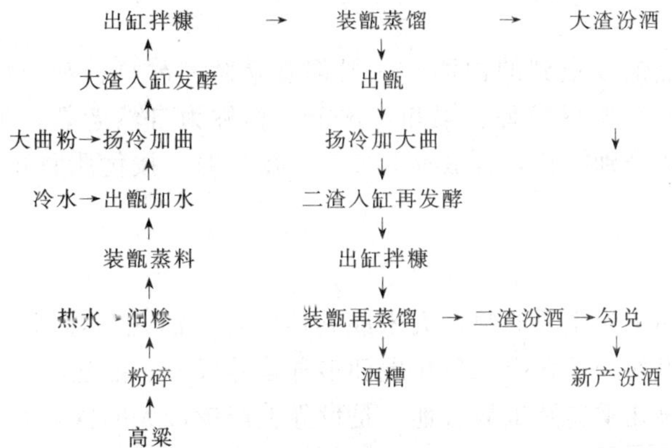

a. 原料处理　主要原料为高粱、中温大曲和水。高粱粉碎后一粒成 4～8 瓣，细粉不得超过 20%。粉碎后的高粱又称为红糁。第 1 次发酵用的大曲，颗粒大小在绿豆和豌豆之间；第 2 次发酵用的大曲，其大小在小米和绿豆之间。夏季使用大颗粒曲，以防止发酵过快；冬季适用小颗粒曲，使发酵加快。

b. 润料　在蒸料前要高温润糁，即用约 80℃的热水对高粱粉进行润料。水的用量为高粱粉质量的 60%左右。热水和高粱粉拌匀后堆料 18～20h，微生物活动会使料（品）温不断上升到 50℃左右，堆料期间有时还需补加水以防止料面干燥。为保证蒸料彻底，所有物料的淀粉颗粒内部都必须被水浸润，所以堆料过程中需翻料 2～3 次。润料后的质量要求是：润透、不淋浆、无干糁、无异味、无疙瘩、手搓成面。

c. 蒸料　第一个目的是使原料淀粉颗粒受热破裂，淀粉糊化；第二个目的是灭菌。使用的工具为甑桶。操作时先将底锅水煮沸，再将 500kg 湿润高粱均匀撒入甑桶，待蒸汽均匀润滋到高粱粉后，再泼入 26%～30%的 60℃热水，蒸 80min 左右。初期，品温 98～99℃，出甑时可达 105℃。蒸煮后红糁要达到无白心、熟而不黏手，无异味。

d. 加水、扬冷（晾渣）　蒸料结束，立即取出糊化后的红糁，辅料另外处理。堆成长方形，泼入占原料质量 28%～30%的冷水翻拌，水温是 18～20℃。再进行通风晾渣，要求冬季降到 20～30℃，夏季降到室温。

e. 加曲　扬冷后，加入用量为投料高粱粉质量的 9%～11%大曲粉。曲粉和高粱粉充分拌匀后就装缸发酵。

f. 入缸发酵　将发酵材料装入陶瓷缸，再用清蒸过的小米壳封口，上盖石板，将缸埋入土中，缸口与地面齐平。汾酒的这种发酵方法与一般大曲酒入窖发酵不同。

汾酒生产的发酵特点是中温、长周期发酵。整个发酵过程经前、中、后三个时期，历时 21～28d。前期约 6～7d，温度缓慢地升到 30℃左右，淀粉含量下降，酒精开始形成；中期约 10d 左右，维持温度在 30℃左右，酒精大量形成，80%的酒在此间形成；后期约 11d 左右，糖化作用微弱，酒精发酵停止，温度缓慢下降，酸度增加快，是生香的过程。

g. 出缸蒸馏　发酵结束立即出缸。在成熟酒醅中加入清蒸过的 3：1 的稻壳和小米壳的混合物，翻拌均匀后装甑蒸馏。蒸馏时，前期气小，后期气大。蒸酒收到的酒头，可回缸发酵。当流酒的酒度低于 30°时为酒尾，在下次蒸馏时加入甑桶重新蒸馏。收集到的流酒用于勾兑。

h. 入缸再发酵　蒸酒后的母糟还含有大量未被利用的淀粉，为提高淀粉利用率，蒸酒后的酒醅再进行一次发酵，称二渣发酵。周期与操作同大渣发酵，也是从加水、扬冷、加曲，直到蒸酒结束。二渣酒糟可直接丢弃或用作饲料。收集到的流酒为二渣汾酒，可用于勾兑。

i. 贮存勾兑　蒸馏收集到的白酒，一般都有暴辣、冲鼻、刺激性大等缺点，经过一段时间的贮存后，酒液会变得醇香、柔和，这个过程称为自然老熟，也称贮存或陈酿。存放时，两次蒸馏的酒要分别贮存，存放期为 3 年。出厂时，按优质酒和合格酒进行勾兑，最后品评质量。

4. 啤酒的酿造

啤酒是以大麦和水为主要原料，大米或其他谷物、酒花为辅料，经制备麦芽汁、糖化、酵母发酵等工序制得的一种含有二氧化碳和多种营养成分、能起泡、低酒精度的饮料酒。目前啤酒的生产和销售几乎遍及世界各地，是世界上产销最大的饮料酒。

啤酒可以按不同的方式分类，按所用酵母不同分为上面发酵啤酒和下面发酵啤酒；按啤酒是否杀菌分为熟啤酒、生啤酒和鲜啤酒；按啤酒色泽分为淡色啤酒、浓色啤酒和黑啤酒；按原麦汁浓度高低分为高浓度啤酒、中浓度啤酒和低浓度啤酒；按酒精含量多少分为正常酒精浓度啤酒、低醇啤酒和无醇啤酒；按啤酒中是否含酵母分为过滤啤酒和含酵母啤酒。

啤酒的生产过程分为麦芽制造、麦汁制备、啤酒发酵、啤酒过滤和包装等几个工序，具体工艺流程：

原料（大麦）→ 浸渍 → 发芽 → 干燥 → 除根 → 麦芽 → 粉碎 → 糖化（← 糖化用水）→ 麦汁过滤（← 洗槽用水）→ 麦汁煮沸（← 酒花）→ 麦汁冷却（← 充氧）→ 发酵（← 酵母）→ 啤酒过滤 → 灌装 → 杀菌 → 压盖 → 贴标签 → 装箱

（1）啤酒酿造的原料　啤酒酿造的最初原料主要是大麦，其次是辅料。我国生产啤酒的辅料主要是大米，另外还需要啤酒花和大量的水，但习惯上往往不把水称作原料。

① 大麦　用于啤酒酿造的大麦品种很多，一般按籽粒形态分为二棱大麦、四棱大麦和六棱大麦，二棱大麦沿穗轴只有对称的两行籽粒，籽粒大而整齐、谷皮较薄、淀粉含量高、浸出物收率高、蛋白质含量适当、发芽均匀，是酿造啤酒的最好原料。四棱大麦和六棱大麦蛋白质含量较高、淀粉含量相对低，可作为补充原料使用。

② 大米　在啤酒酿造过程中，可根据地区的资源和价格，适当添加富含淀粉的谷类(大麦、大米、玉米等)、糖类或糖浆作为麦芽的辅助原料，在有利于啤酒质量，不影响酿造的前提下，应尽量多采用辅料，以提高麦芽汁收得率，降低原料成本，提高啤酒发酵度，改进啤酒泡沫性能，改善啤酒的风味和色泽等。我国盛产大米，所以大米一直是我国啤酒酿造广泛采用的一种辅料。用大米作辅料，酿造的啤酒色泽浅，口味爽净，泡沫细腻，酒花香味突出，稳定性好。

③ 啤酒花（简称酒花）　又称为蛇麻，本草纲目上称为蛇麻花，是一种多年生草本植物，雌雄异株，酿造所用均为雌花。酒花的作用主要是赋予啤酒爽口的苦味和酒花香味，促进麦汁和啤酒澄清。

④ 水　按照用途不同可将啤酒厂用水分为酿造用水、稀释用水、冷却用水、洗涤用水和洗刷用水等，其中酿造用水是啤酒酿造中非常重要，也是使用最多的原料。啤酒酿造用水又分糖化用水和洗槽用水，这两部分水直接参与啤酒的工艺反应，也是麦汁和啤酒的主要成分。在制造麦汁和发酵过程中，水质直接影响许多物理变化、酶反应、生物化学和生物学变化。所以酿造用水的水质状况对整个啤酒的酿造过程都有重要影响。啤酒厂用水除要符合我

国生活饮用水标准外，有些用水还需要进行处理。如酿造用水，需要去硬度和进行酸度改良；酵母洗涤用水需要除菌，否则会造成醪液污染；稀释用水除了去硬度和杀菌外，还要除氧和充二氧化碳。

（2）麦芽制造　啤酒的初始原料大麦，必须经过一系列的加工过程制成麦芽才能用于啤酒酿造，这一过程称为制麦，具体工艺如下：

大麦→清洗、分级→浸麦→发芽→绿麦芽干燥→干燥麦芽除根→成品麦芽

大麦吸收一定的水分后，在适当的条件下发芽，产生一系列的酶，原料中的大分子物质（淀粉、蛋白质）在相应酶的作用下溶解并分解，最后通过干燥会产生啤酒所必需的色、香、味等成分。除根后的麦芽温度降至室温，袋装或立仓贮藏。经过一段时间的“回潮”，颗粒吸收环境中的水分，降低了皮壳的松脆性，酶活性也有所回升，有利于粉碎和糖化。

（3）麦汁制备　麦芽是啤酒酿造的主要原料，也是糖化剂，麦芽中含有丰富的酶系，胚乳结构也变得疏松，易受酶的作用。麦汁制备就是将麦芽中的固体内含物变成溶解状态，经固液分离后得到清亮的液体——麦芽汁，整个过程包括麦芽粉碎、糖化、麦汁过滤、麦汁煮沸浓缩、酒花添加和冷却等步骤。

（4）啤酒酵母的扩大培养　常用的啤酒酵母菌株如德国的萨土酵母、道脱蒙酵母，丹麦的卡尔斯伯酵母，荷兰的Rasse547酵母以及国内的青岛啤酒酵母、沈啤2号酵母、沈啤1号酵母、首啤酵母U酵母（Rasse U）、E酵母（Rasse E）、776号酵母（Rasse 776）等。

不同的啤酒酵母菌株在形态和生理特性方面的差异，形成了啤酒酿造技术和风味上的差异。

酵母从试管菌种到发酵罐，要逐级扩大培养，达到一定数量后，供生产使用。啤酒酵母的扩大培养过程分实验室扩大培养和生产现场扩大培养两个阶段。由斜面试管到卡氏罐培养为实验室扩大培养阶段，汉生罐以后为生产现场扩大培养阶段。

① 实验室扩大培养

固体试管→液体试管→三角瓶→卡氏罐→酵母菌三级种

② 生产扩大培养　实验室扩大培养至卡氏罐后，酵母进入现场扩大培养阶段，

扩大培养程序：

卡氏罐（图8-1）→汉生罐培养→扩大培养罐→酵母繁殖槽→主发酵池（罐）

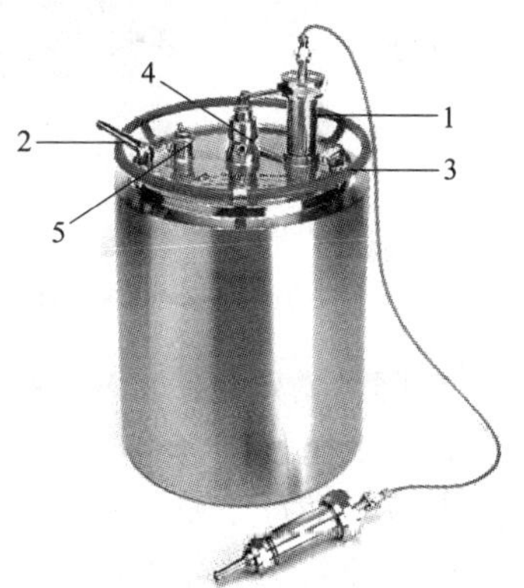

图8-1　卡氏罐结构

1—空气过滤器；2—紧箍把；3—绝缘手柄；4—取样阀；5—带橡胶膜的接种头

（5）啤酒发酵

① 发酵机理

冷却的麦汁添加酵母后，便开始发酵。初始酵母在充氧的条件下，以麦汁中的氨基酸为主要氮源，以可以发酵糖类为主要碳源，进行有氧呼吸，从中获得能量生长。此后便在缺氧条件下进行酒精发酵，产生乙醇和二氧化碳，以及大量的副产物，如高级醇类、醛类、酸类、酯类、连二酮和硫化物等，并释放出热量。

麦芽汁{糖、氨基酸、维生素、矿物质、微量元素}→酵母细胞{有氧→氨基酸、水、能量；无氧→乙醇、二氧化碳、其他副产物}

②发酵方法　传统的啤酒发酵工艺分上面发酵和下面发酵两大类型。两者由于所采用的酵母菌种不同，其发酵工艺和设备也均不相同，制出的啤酒风味也不同。一般来说，下面发酵啤酒的发酵过程分为主发酵和后发酵两个阶段，生产时间较长；上面发酵啤酒的发酵过程大都只有主发酵，不采用后发酵，只进行一些后处理便可过滤包装，生产时间相对较短。我国和多数国家采用的都是下面发酵，只有部分英、美啤酒厂采用上面发酵。下面简单介绍下面发酵法。

下面发酵法又分传统下面发酵和现代露天锥形罐发酵，传统下面发酵分两步进行，亦称两步法，第一步主发酵是在敞口的发酵池中，第二步后发酵（后熟和贮存）是在卧式罐中。现代露天锥形罐发酵将主发酵和后熟两步都在一个罐中进行，所以又称一罐法。

a. 传统的下面发酵法

(a) 主发酵　又称前发酵，是发酵的主要阶段，也是酵母活性期，在这一时期，麦汁中的可发酵性糖绝大部分发酵，酵母的一些主要代谢产物也是在此期内产生。传统的12%麦汁开放式主发酵工艺过程包括酵母繁殖期、起泡期、高泡期（图8-2）、落泡期和泡盖形成期。

图8-2　青岛啤酒厂的主发酵池（高泡期）

• 酵母繁殖期：将6～8℃的冷麦汁泵入酵母添加槽，加入0.5%～0.6%泥状酵母，一般要求细胞浓度为（8～12）×10^6个/mL，通入无菌空气，使酵母在麦汁中分散均匀并尽快繁殖。酵母繁殖8～16h后，液面出现二氧化碳小气泡，逐渐形成白色、乳状泡沫。当酵母接种后20h左右即可进行倒池，即将增殖后的发酵麦汁泵入主发酵池中，以便分离酵母繁殖槽底部沉淀的冷凝物和酵母死细胞。如果添加酵母16h后尚未起泡，可能的原因是室温或麦汁接种温度太低；酵母添加量不足；酵母衰老；麦汁通风量不足或含氮物不足等。

• 起泡期：倒池后，麦汁中的溶解氧已基本为酵母消耗，开始进入厌气发酵。倒池4～5h后，液面出现更多的泡沫，由四周渐渐拥向中间，洁白细腻，泡沫厚而紧密，如菜花状。有二氧化碳小气泡上涌，吹开泡沫有强烈的刺激性CO_2气味逸出，并且带出一些析出物。这一阶段每天升温0.5～0.8℃，降糖0.3～0.5°Bé，约维持1～2d，逐渐转入高泡期。保持其自然升温。

• 高泡期：厌氧发酵2～3d后，泡沫增高，形成卷曲状隆起，高达25～30cm，因酒花树脂和蛋白质-单宁复合物从酒液中析出，泡沫逐渐变为棕黄色。此时为发酵旺盛期，产生的热量较多，发酵液品温可达最高温度（7.5～13℃）。应适当开启发酵槽内冷却管人工降温，使品温不超过工艺规定的最高温度，并维持此温 2d 左右。但是不能太剧烈，以免酵母过早沉淀，影响发酵作用。高泡期每天降糖约 1.5°Bé。

• 落泡期：发酵 5d 以后，酵母发酵力逐渐减弱，二氧化碳气泡减少，泡沫回缩，酒液中析出物增多，泡沫由棕黄色变为棕褐色。落泡期每天降糖 0.5～0.8°Bé，此时，应根据降糖情况配合降温，一般每天降 0.5～0.9℃，使主发酵完毕时温度和浓度符合规定要求。

• 泡盖形成期：发酵 7～8d 后，泡沫回缩，形成一层褐色苦味的泡盖，覆于液面，厚度为 2～4cm，是由泡沫、多酚类氧化物、酒花树脂、酵母死细胞等杂质组成的。撇去析出物，主发酵最后 1d，液面呈静止状，应大幅度降温，使酵母大量凝集沉淀发酵池底部。此时发酵已进入末期，可发酵性糖已大部分降解，每天仅降糖 0.2～0.4°Bé。发酵液中仅保留适当酵母浓度，然后送入贮酒罐，进行后发酵。

(b) 后发酵　后发酵作用是去掉嫩啤酒具有的“生酒味”，使啤酒成熟；使残糖（麦芽糖、麦芽三糖）继续发酵，饱和 CO_2，增加啤酒特有的风味；在后发酵时，由于温度较低，一些原来颗粒很小的蛋白质发生凝聚，得以逐步沉淀；酵母和其他物质也逐步沉淀下来，从而促进酒液的澄清。

后发酵的工艺过程包括下酒、封缸升压和贮酒。

下酒是指将主发酵完毕的嫩啤酒经输酒导管送入事先杀菌的贮酒桶内。具体要求是：贮酒槽的上部应留出 10～15cm 的空隙；嫩啤酒中酵母细胞数应达到 $(5\sim10)\times10^6$/mL；满槽时间前后不超过 3d。下酒满槽后，敞口发酵 2～3d，以排除啤酒中的生酒味，然后进行封缸升压，使 CO_2 气压逐步升高。后发酵产生的 CO_2，部分溶解于酒内达到饱和，多余的则会慢慢逸出。贮酒温度一般采用先高后低的方式，前期维持 3℃，后期逐步降至－1～1℃。贮酒时间（即酒龄）应根据啤酒的品种和贮藏条件而定。酒龄较长时，可较为完全地分离胶体沉淀，因而稳定性好；但酒龄过长，会导致酒淡而无味，且易引起杂菌感染。原麦汁浓度为 12%的普通浅色啤酒，酒龄一般为 15～40d；而麦汁浓度为 12%～14%的出口啤酒，酒龄为 75～120d；麦汁浓度为 16%～18%的出口黑啤酒，酒龄为 75～150d。

b. 现代露天锥形罐发酵法　锥形罐的结构为密闭罐，底部锥形，锥角 60°～75°，容量从 500～5000L 不等。该罐在发酵中，对酵母排放回收，CO_2 的洗涤、回收，发酵控制，清洗灭菌等工艺操作均可采用自动控制方式。该罐既可作为发酵罐，也可作贮酒制罐。主发酵和贮酒可在同一罐内完成，也可分罐完成，所以在工艺上有一罐发酵法和二罐发酵法。

下面介绍一罐法的操作要点：一罐法指主发酵和后发酵在同一罐内进行。贮酒中仅能利用 80%的罐容积。由于对流所分离的物质不能及时排除，再次溶解造成啤酒口味比二罐法的酒液粗糙，酒花的后苦味重。

(a) 低温发酵法　将 5～8℃的冷麦汁经硅藻过滤后，分批在 24h 内装入锥形罐中，开始几打加入少量酵母并小通风，最后一批麦汁进罐时加入全部酵母，并正常通风至麦汁的溶解氧浓度为 4～5mg/L。进料结束后的品温为 7℃左右。发酵 1d 后可排放 1 次沉淀物，再自然升温至 9℃，保持 3～4d，待外观发酵度达 60%左右时任其自然升温至 12℃，罐压升至 0.08～0.09MPa，当发酵液浓度下降至 3.7%左右时，使罐压升至 0.1～0.12MPa，保持3～4d，排除收集酵母，并在该温度和罐压下维持 10～14d 进行后发酵，期间排除酵母 2～3 次，并进行 CO_2 洗涤，最后往罐中充 CO_2 至饱和。

(b) 高温发酵法　冷麦汁经硅藻土过滤后升温至 11℃，添加 0.6%～0.8%酵母泥，混匀后送入罐中。在11℃下增殖酵母36h，接着升温至12℃并保持2d，再自然升温至14℃，升罐压至0.12MPa，保持4d。待双乙酰含量低于0.1mg/L时，逐渐将酒温降至0℃，排放酵母，并在此温度和0.12MPa罐压下保持5d，最后向罐中充CO_2至饱和。

5. 果酒的酿造

含有一定糖分和水分的果实，经过破碎、压榨取汁、发酵或者浸泡等工艺精心调制而成的各种低度饮料酒都可称为果酒。我国习惯上对所有果酒都以其果实原料名称来命名，如葡萄酒、苹果酒、山楂酒、梨酒、猕猴桃酒等。葡萄酒是果酒类中最大宗的品种，属于国际性饮料酒，其产量在世界饮料酒中仅次于啤酒，居第二位，因其酒精度低，营养、医疗和经济价值高，是世界各国主要发展的饮料酒品种。

根据国际葡萄与葡萄酒组织规定，葡萄酒只能是破碎或未破碎的新鲜葡萄果实或葡萄汁经完全或部分酒精发酵后获得的饮料，其酒精度不能低于8.5%（V/V）。葡萄酒的种类繁多，分类方法也不尽相同。以颜色不同分为白葡萄酒、红葡萄酒和桃红葡萄酒。含糖量低于4g/L的葡萄酒称为干葡萄酒，含糖量在4～12g/L的葡萄酒称为半干葡萄酒，含糖量在12～45g/L的葡萄酒称为半甜葡萄酒，含糖量大于50g/L的葡萄酒称为甜葡萄酒。此外还有膜下葡萄酒、起泡葡萄酒、加气葡萄酒、加强葡萄酒等类型。

（1）葡萄酒酿造中的微生物　在葡萄酒酿造过程中，在微生物的作用下，发生一系列的生物化学变化。参与葡萄酒酿造的微生物种类很多，有些是有益的，有些是有害的，主要有酵母菌、乳酸菌以及引起葡萄酒败坏的细菌。

参与葡萄酒发酵的酵母菌主要有尖端酵母、星形球拟酵母、葡萄酒酵母、卵形酵母、裂殖酵母等。在酒精发酵过程中，不同的酵母菌在不同的阶段产生作用（表8-1），发酵的初发和一部分糖的转化，靠尖端酵母和星形球拟酵母的活动，这两种酵母保证了葡萄酒酒精发酵的初发及前期的顺利进行。随着发酵过程的推移，葡萄酒酵母开始占据优势，由于它的活动和酒精的产生，尖端酵母和星形酵母的数量大幅度下降，作用也随之减弱。葡萄酒酵母由于它产酒精能力强，其优势一直保持到发酵结束。随着糖分的降低，葡萄酒酵母占的比例下降，卵形酵母的优势逐渐增强，它保证酒精发酵的顺利完成。

表8-1　葡萄酒发酵不同时期酵母的种类组成

菌　种	发酵前期	发酵中期	结束
尖端酵母	36.1%	0	0
星形球拟酵母	23.4%	1.0%	0
葡萄酒酵母	31.4%	87.5%	50.3%
卵形酵母	0.5%	2.4%	28.1%

参与葡萄酒发酵的乳酸菌包括同型乳酸发酵球菌类、异型乳酸发酵球菌类、同型乳酸发酵杆菌类、异型乳酸发酵杆菌类。它们的主要作用是进行苹果酸-乳酸发酵。

（2）葡萄酒酿造原理

① 酒精发酵　酒精发酵是在大量酶的参与下，经一系列非常复杂的生化反应，最终将糖转化为酒精，同时产生甘油、高级醇、乙酸、乳酸及琥珀酸、乙醛、丙酸、乙酸酐、2,3-二羟基丁酸、乙醇酸、香豆酸、3-羟基丁酮等副产物。甘油使葡萄酒具有甜味和圆润感；高级醇是构成葡萄酒酒香的主要物质；乙酸是葡萄酒挥发酸的主要成分，葡萄酒中含量过高，就会具有酸味；乳酸在葡萄酒中的含量一般低于1g/L；其他副产物含量少，却是呈味

物质，给葡萄酒带来一定的风味。

② 苹果酸-乳酸发酵 苹果酸是葡萄酒中一种主要的固定酸，给葡萄酒提供一定的酸度。很早以前葡萄酒酿造者就曾观察到葡萄酒的减酸现象，但巴斯德第一个注意到这一现象是由于新酒贮存时某些乳酸菌的生长，将其中的苹果酸转化为乳酸的结果。到了 1914 年，瑞士的两位葡萄酒工作者 Muller-Thurgau 和 Osterwalder 才将这一现象定名为苹果酸-乳酸发酵。苹果酸-乳酸发酵是在乳酸菌的作用下，将苹果酸分解成乳酸和二氧化碳，实际上是由二羧酸生成 羧酸，从而达到降酸的目的。在这一反应中，1g 苹果酸只能生成 0.67g 乳酸，还释放出 0.33g 二氧化碳。这种降酸作用在某些葡萄酒产区是允许的，在某些产区则不需要。近代的酿酒科学已经探明苹果酸-乳酸发酵与葡萄酒的品质关系如下。

a. 降酸作用 苹果酸-乳酸发酵在所有生产葡萄酒的地区都发生。在气候寒冷的地区，葡萄酒的酸度太高，就可利用这一发酵进行降酸。

b. 影响葡萄酒的细菌性稳定 为葡萄酒提供细菌性稳定是苹果酸-乳酸发酵的最重要特性。装瓶前的葡萄酒进行适当的后发酵，使苹果酸-乳酸发酵在葡萄酒中进行得很完全，可以使酒在装瓶后在瓶内不会发生二次细菌发酵。当然如果抑制了苹果酸-乳酸发酵，而在工艺的各个环节都很注意，装瓶后酒也不会发生细菌发酵。

c. 对葡萄酒风味的影响 这一影响由于发酵产生的代谢产物对风味的作用，而并非是由于酸度的改变。苹果酸-乳酸发酵的主要副产物是 3-羟基丁酮，它转化为 2,3-丁二醇增加葡萄酒的醇厚感。另外 3-羟基丁酮赋予葡萄酒良好的风味，在某些地区红葡萄酒中少量的 3-羟基丁酮是需要的。经过苹果酸-乳酸发酵的葡萄酒，酸度降低，果香、酒香明显提高，特别是酒香，滋味柔和协调，润口，口味佳，酒体肥硕。

(3) 葡萄酒酿造的基本工艺 不同类型的葡萄酒，其酿造工艺也有所差异：对于白葡萄酒，压榨是在发酵前进行，而对于红葡萄酒，压榨在发酵之后进行。也就是说，白葡萄酒是由葡萄汁发酵而成，它不存在葡萄汁和皮渣之间的物质交换；而对于红葡萄酒，发酵基质中除葡萄汁外，还富含果皮、种子、部分或全部果肉的固体物质，其中含有单宁、色素、芳香物质、含氮物质以及矿物质等，这些物质或多或少地溶解于葡萄汁和葡萄酒中。所以，在红葡萄酒的发酵过程中，酒精作用和固体物质的浸渍作用同时存在，经过酒精作用将糖转化为酒精，经固体物质的浸渍作用将其中的单宁、色素等物质溶解于葡萄酒中。而在白葡萄酒的发酵过程中则不存在浸渍作用。

虽然不同类型葡萄酒的酿造工艺有差别，但仍存在着一些相同的环节，包括：原料的机械处理，二氧化硫处理，酵母的添加以及酒精发酵的管理和控制等。

① 原料的机械处理

a. 破碎 为利于葡萄果汁流出，将葡萄浆果压破的过程。破碎可用破碎机单独进行，也可用破碎-除梗机与除梗同时进行。在进行小型生产试验时，也可用人工破碎。在破碎过程中，应尽量避免撕碎果皮、压破种子和碾碎果梗，以降低葡萄汁中的悬浮物（杂质）的含量；在酿造白葡萄酒时，还要避免果汁与皮渣接触时间过长。

b. 除梗 是将果梗与葡萄浆果分开并除去。除梗一般在破碎后进行，且常常与破碎在同一破碎-除梗机中进行。如果生产优质、柔和的葡萄酒，应全部除梗。否则可以除梗 10%～30%。

c. 压榨 压榨就是将存在于皮渣中的果汁或葡萄酒通过机械压力而压出来，使皮渣部分变干。在对原料进行预处理后，应尽快压榨。在生产红葡萄酒时，压榨处理的是发酵后的皮渣。在生产白葡萄酒时，压榨的是轻微沥干的新鲜葡萄。为了增加出汁率，在压榨时一般采用多次压榨，即当第一次压榨后，将残渣疏松，再作第二次压榨。压榨过程应较为缓慢，压力逐渐增大，以尽量避免压出果皮、果梗和种子本身的构成物质。

② 二氧化硫处理　所谓二氧化硫处理就是在发酵基质中或葡萄酒中加入二氧化硫，以保证发酵能顺利进行或有利于葡萄酒的贮藏。在发酵基质中二氧化硫具有选择、澄清、抗氧化、增酸、溶解等作用。SO_2可以防止白葡萄酒的氧化、变色；葡萄酒氧化破败病；由乙醛引起的氧化味（走味）；葡萄酒病害的发生和发展。如果生产的葡萄酒将用于蒸馏白兰地，则不对原料进行SO_2处理。

③ 酵母的添加　添加酵母就是将人工选择的活性强的酵母菌系加入到发酵基质中，使其在基质中繁殖，引起酒精发酵。

如果葡萄发酵基质进行适量（不达到杀菌浓度）的SO_2处理，即使不添加酵母，酒精发酵也会或快或慢地自然触发，添加活性强的酵母可以迅速触发酒精发酵，并使其正常进行和结束。这样获得的葡萄酒由于发酵完全，无残糖或其含量较低，酒度稍高，易于贮藏。对于变质的葡萄原料的酒精发酵和残糖含量过高的葡萄酒的再发酵，添加酵母就尤为重要。

在葡萄酒的生产中，对发酵基质进行3～4h的SO_2处理后，利用倒罐的机会加入葡萄酒酒母。要求葡萄酒母的活性达到最大，且加入的酵母应为葡萄酒酵母或当地的自然酵母，以保证酒母的添加取得良好的效果，促进发酵的触发。

对于发酵停止，残糖含量较高的葡萄酒，应加入抗酒精能力强的巴杨酵母，可再次触发酒精发酵，将残糖转化为酒精。葡萄酒酒母的添加应分几次进行。首先，在酒母中加入与酒母同体积的待再发酵葡萄酒；发酵开始后，再加入与后者同体积的待处理葡萄酒；待发酵的酒达到待处理量的一半时，再将正在发酵的葡萄汁与剩余部分混合。

葡萄酒酵母的扩大培养过程如下：

酵母纯培养斜面→液体试管培养（1/4管葡萄汁）$\xrightarrow[28\sim30℃]{1\sim2d}$三角瓶培养（浅层葡萄汁）$\xrightarrow[28\sim30℃]{1\sim2d}$

10L大玻璃瓶培养$\xrightarrow[20℃\ 4\sim5d]{\text{接入2\%三角瓶菌种}}$酒母罐培养$\xrightarrow[\text{加}SO_2\ 100\sim125mg/L\text{，通适量无菌空气}]{\text{接入2\%大玻璃瓶菌种，}4\sim5d}$盛葡萄汁的发酵桶中

④ 发酵　从葡萄浆进行发酵池直到主发酵结束新的葡萄酒出池为止，这一工序称为发酵。

发酵阶段的物理与化学变化如下。在发酵过程中，由于酵母的作用，葡萄浆中的糖分大部分转变为酒精和二氧化碳及少量发酵副产物；由于二氧化碳排出越来越旺盛，使发酵液出现沸腾现象，同时发酵液的温度迅速升高；红葡萄酒由于果皮上的色素及其他成分逐渐溶解在发酵液中，颜色变浓；在发酵池的表面，形成一个酒盖。

发酵过程中主要进行温度控制，一旦温度高于30%时，可用各种方式进行降温。

a. 直接降温　将葡萄酒通入蛇形管中，用喷淋的方式进行冷却。如果发酵容器为金属容器，也可直接对发酵容器进行喷淋冷却，也可利用冷水进行冷却，将换热器置于发酵容器内（“帽”以下），对发酵汁冷却。如果进行罐外冷却，则可采用板式换热器或双管换热器，冷水和发酵汁的流动方向相反。这样可以将发酵汁的温度降至低于冷却水2～3℃的水平上。若发酵容器为不锈钢发酵罐，可用喷淋冷却，也可用冷水通入全部或部分为两层的罐壁的夹层中进行冷却。

b. 间接降温　主要是通过推迟发酵来控制温度，如高浓度SO_2处理（0.30g/L）、加入酒精以及对葡萄汁进行离心处理等。但这些方式较难掌握，使用不当会带来严重后果。

c. 直接升温　在一些地区或较冷的时段，葡萄原料的品温只有10～12℃左右，酵母菌

的活动受到抑制。因此，必须进行升温处理才能使酒精发酵触发。

在上述设备中通入热水；将小部分发酵基质加热（应低于80℃）后再倒入发酵罐内，使罐内发酵基质达到17～18℃，以利于酵母菌的活动，这种方法可将发酵环境的温度提高，同理还可提高色素的溶解度。

在发酵的适当时期进行倒罐，就是将发酵罐底部的葡萄汁泵送至发酵罐上部。根据倒罐的目的不同，倒罐可以是开放式的，也可以是封闭式的。倒罐的作用有：使发酵基质混合均匀；压帽，防止皮渣干燥，促进液相和固相之间的物质交换；使发酵基质通风，提供氧，有利于酵母菌的活动并可避免 SO_2 还原为 H_2S。

一般情况下，在发酵过程中进行3～4次倒罐。第一次为封闭式倒罐，在 SO_2 处理后马上进行，倒罐量可为1/5，以利于发酵基质混合充分；第二次为开放式倒罐，在添加酵母时进行，倒罐量可为1/20；在发酵顺利触发以后，为使酵母菌均匀地分布在整个发酵罐，需再进行一次开放式倒罐，倒罐量可为1/5；最后，可根据发酵的进展情况，进行一次倒罐。例如，如果发酵进行缓慢，可进行一次开放式倒罐，以加速发酵。

二、酱油酿造

酱油是一种常用的咸味调味品，是以豆粕或豆饼等植物蛋白质为主要原料，辅以小麦或麸皮等淀粉质原料，经蒸煮、微生物发酵酿制而成的一种调味品。我国是酱油酿造的发源地，我国生产的酿造酱油每100mL中含可溶性蛋白质、多肽、氨基酸达7.5～10g，含糖分2g以上，此外，还含有较丰富的维生素、磷脂、有机酸以及钙、磷、铁等无机盐。酱油中含有多种调味成分，有酱油的特殊香气、食盐的咸味、氨基酸钠盐的鲜味、糖及其他醇甜物质的甜味、有机酸的酸味、酪氨酸等爽适的苦味，有天然的红褐色色素，可谓咸、酸、鲜、甜、苦五味调和，色香具备的调味佳品。

1. 酱油酿造的主要原料

酿造酱油所需要的原料有蛋白质原料、淀粉质原料、食盐、水及一些辅助原料。

(1) 蛋白质原料　豆粕、豆饼、花生饼、葵花子饼、蚕豆、豌豆、黑豆、菜子饼、棉子饼、绿豆和蚕豆浆水干（制作条粉后的干物质）、芝麻饼等均可作为酿造酱油的蛋白质原料。

蛋白质原料是酱油生产的主要原料，对酱油色、香、味、体的形成至关重要。

(2) 淀粉质原料　传统的淀粉质原料以面粉和小麦为主，现多改用麸皮，或因地制宜选用其他各种代用原料。如米糠及米糠饼、碎米、玉米、甘薯及甘薯渣、大麦、小米等。

(3) 食盐　作为酿造酱油的主要原料之一，起到调味的作用，使酱油具有适当的咸味，并与氨基酸共同给予鲜味；在发酵过程中及成品中有防止腐败的作用。

(4) 水　酱油酿造中水的用量极大，凡可以作为饮用的水都可以应用。一般自来水、井水或清洁的江、河、湖水等均可。

2. 酱油酿造中的主要菌种

(1) 菌种的选择　酱油生产曲霉菌种应具备下列条件：①不产生黄曲霉毒素及其他有毒成分；②酶系丰富，酶活力高，特别是蛋白酶及糖化酶活力高；③生长繁殖快，适应性广，对杂菌抵抗力强；④酿成的酱油风味品质好、产率高；⑤菌种性能稳定。

(2) 常用微生物　酱油具有独特的风味，其风味来源是在酿造的过程中，由微生物引起的一系列生化反应而产生的。酱油酿造过程中，米曲霉和酱油曲霉对原料发酵成熟的快慢、成品颜色和深浅以及味道的鲜美程度有直接关系。酵母菌和乳酸菌对酱油风味有直接影响。

① 米曲霉　是曲霉的一种，菌丛一般为黄绿色，成熟后变为黄褐色或绿褐色。最适培养温度为30℃，最适pH为6.0。米曲霉有复杂的酶系，主要产生蛋白酶，可分解原料中的蛋白质；淀粉酶可分解原料中的淀粉生成糊精和葡萄糖；谷氨酰胺酶使大豆蛋白质游离出的谷氨酰胺直接分解成谷氨酸，增加酱油的鲜味。米曲霉还可分泌果胶酶、半纤维素酶和酯酶等。米曲霉系的强弱，决定着原料的利用率、酱醅发酵成熟的时间及成品的味道和色泽。常用的米曲霉菌株有沪酿3.042（As3.951）、UE336（适用于固体培养）、UE328（适用于液体培养）、渝3.811等。

② 酱油曲霉　与米曲霉相比，其碱性蛋白酶的活力较强，在分类上属于米曲霉系。

③ 酵母菌　从酱醪中分离出的酵母有7个属23个种，大多属于鲁氏酵母和球拟酵母。最适培养温度为30℃，最适pH为4.5～5.6。在酱油的酿造过程中，与酒精发酵作用、酸类发酵作用及酯化作用等有直接或间接的关系，对酱油的生产影响很大。

④ 乳酸菌　和酱油发酵关系密切的乳酸菌主要有嗜盐片球菌、酱油四联球菌、植质乳杆菌。这些乳酸菌的耐乳酸能力不强，因此不会因产生过多的乳酸使酱醅pH过低而造成酱醅质量变坏。因为乳酸本身具有特殊的香味、且对酱油具有调味和增香作用，还可以与乙醇生成一种重要的香气成分——乳酸乙酯，因此适量的乳酸是构成酱油风味的重要因素之一。一般乳酸在酱油中的含量为1.5mg/mL。

3. 酱油酿造的基本原理

酱油是以蛋白质原料和淀粉质原料为主料经微生物发酵酿制成的一种调味品。最重要的工序是制曲，即培养米曲霉在原料上生长繁殖，使之分泌各种酶系，其中最重要的是蛋白酶和淀粉酶，这些酶在发酵时酶解原料中的蛋白质、淀粉等物质，产生相应的各种产物；在制曲发酵的过程中，从空气中落入的酵母菌和乳酸菌也相继作用，从而使原料分解产生多种高级醇、酯、醛、酚及有机酸、谷氨酸等有机物进入到酱油中，形成酱油特有的香味与鲜味；而且经食品的褐变反应（美拉德反应和酶褐变反应）生成酱油特有的色素。最后酿造成的酱油是一种色、香、味、体俱全，营养丰富的调味品。

4. 酱油的生产工艺

目前，国内酱油的生产普遍采用的是固态低盐发酵法，此法酿造的酱油质量稳定、风味较好、操作管理简便、发酵周期短。

制曲是酿造酱油最关键的环节，成曲的质量好坏对酱油产量、品质起决定性作用。要制好成曲，一是要制出优良的种曲，二是要做好原料的选择、配比及处理工作，三是制曲时要做好科学管理。

(1) 种曲制备　种曲是成曲的曲种，通过对曲菌进行纯培养而获得的含有大量孢子的曲种。要求孢子多、发芽快且发芽率高，而且纯度高。将种曲接种于制成曲的原料上，以得到大量的优质成曲。种曲的质量直接影响到酱油曲的质量、酱醅杂菌含量、发酵速度、蛋白质和淀粉水解程度等，所以种曲制造非常严格。

① 制备种曲基本操作程序

原菌种 → 试管斜面菌种培养 → 三角瓶菌种扩大培养
↓
麸皮、面粉、水 → 混合 → 蒸料 → 过筛 → 摊冷 → 接种 → 装匾或装盘
↓
种曲 ← 揭去纱布（或草帘）← 第二次翻曲 ← 第一次翻曲及加水

② 试管斜面菌种的制备　以沪酿3.042米曲霉为例。在无菌条件下，取一环原菌种孢

子于斜面培养基上，置于30℃下培养3d，等长满孢子后取出备用。新培养出的斜面菌种若不使用，则置于4℃冰箱保藏。斜面培养基配方为：豆汁100mL，可溶性淀粉2.0g，$(NH_4)_2SO_4$ 0.05g，$MgSO_4 \cdot 7H_2O$ 0.05g，KH_2PO_4 0.1g，琼脂1.8～2.0g，pH 6.0。

豆汁的制备方法：豆粕（或豆饼）加5倍水，文火煮沸1h，边煮边搅拌，然后用四层纱布过滤。每100g豆饼可制成5°Bé豆汁100mL。

③ 三角瓶菌种扩大培养　在无菌条件下，接种斜面菌种1～2环，摇匀，于28～30℃，保温培养18～20h后，当菌丝布满培养基时，进行第一次摇瓶，使菌块松散，再培养5～6h后，进行第二次摇瓶，继续培养至菌丝充分生长，形成结饼状，约42h后可将三角瓶倒置（扣瓶），使底部培养料能充分接触空气，促进米曲霉菌丝充分生长。扣瓶后再经约24h，总计约3d后，曲料上长满黄绿色孢子即成熟。成熟后及时使用，若需要保存，可于4℃冰箱保存，但不能超过10d。

三角瓶培养曲料配方及处理：麸皮80g，面粉20g，水80～90mL；或麸皮85g，豆粕粉15g，水95mL。原料混匀后，分装于灭菌的250mL三角瓶中，每瓶装料15g，厚度小于1cm，0.1MPa灭菌30min。出锅后趁热摇散、备用。

④ 种曲的制作　将已长好的三角瓶菌种接入种曲原料中，用种量为总料的0.5%～1.0%，接种后翻拌均匀，装入曲盒（或匾），品温不低于25℃，料层厚度约1～1.5cm。28～30℃、湿度90%，培养16h左右，当品温升至38℃，曲料上出现白色菌丝、有曲香味产生，并有结块时，进行第一次翻曲。翻曲时将曲块搓碎、摊平，使曲料松散，再盖上曲盘。室温继续保持在28～30℃，翻曲后4～6h，当品温上升到36℃时，再进行第二次翻曲。每翻毕一盘，盘上加盖灭菌草帘（潮湿）1张。此后的管理以品温为主，即品温控制在36℃左右。培养50h左右揭去草帘，继续培养1d作为后熟，使孢子繁殖良好，全部达到黄绿色，种曲即成。种曲必须具有曲特有的曲香，无酸味、氨气等不良气味，孢子数要求每克50亿以上，孢子发芽率90%以上。种曲外观呈块状，内部疏松，手触即散。

种曲曲料配方及处理：麸皮80kg、面粉（干薯粉）20kg，水约70kg；或麸皮85kg、豆饼（豆粕）15kg，水约90kg。将原料拌和后，加水充分拌匀，稍堆焖，即可移入蒸料锅中常压蒸煮1h，焖30min；出锅后过筛，移入拌和台上摊开，适当翻动使之冷却至40℃即可接种，熟料水分含量为50%～54%。

(2) 成曲制备　成曲是酱醅发酵的物质基础。制成曲的目的就是创造适宜米曲霉生长条件，促使米曲霉在原料上充分发育繁殖，分泌出多种酿制酱油需要的活力强的酶。如蛋白酶、淀粉酶、氧化酶、脂肪酶、纤维素酶、果胶酶等，正是这些复杂的酶系影响原料的利用率，而且也影响淋油效果和酱油质量。

① 成曲制备工艺　酱油生产中制曲多采用纯种制曲。下面以豆饼和麸皮为原料，说明制曲的工艺。

豆饼与麸皮混合→润水→蒸料→冷却→接种→通风培养→成曲

（润水←热水；接种←种曲）

豆粕与麸皮的常用比例：7∶3、6∶4、8∶2。

② 原料的粉碎　豆饼要经过粉碎，使其有适当的粒度，便于润水和蒸煮。原料粉碎粒度适当，颗粒大小以2～3mm，尽量均匀，粉末量不超过20%（原料质量计）。如果颗粒过大，不易吸足水分，不易蒸熟，影响原料利用率。但粉碎过细，润水时易结块，制曲时透气性不好，反而影响米曲霉的生长和酶的生成，发酵时酱醅发黏，不利于浸出和

淋油。

③ 原料润水　所谓"润水"就是原料中加入适量需要的水分，使原料均匀而充分吸收。润水的目的在于使原料均匀地吸收一定水分后膨胀、松软，以利蒸煮时蛋白质达到适度变性、淀粉充分糊化，溶出米曲霉生长所需的营养成分，也为米曲霉生长提供所需的水分。润水方式有三种：即人工翻拌润水；螺旋输送机润水；旋转式蒸煮锅润水。现在多用旋转式蒸煮锅直接加水润水。原料加水量以接种前熟料水分为标准，一般冬季为47%～48%，春秋季为48%～49%，夏季49%～51%。实际工作中加水量多少要考虑多种因素，如原料含水量、原料性质、原料配比、季节气温、蒸料方法、制曲方法、曲室保温、通风条件等。

④ 蒸料　蒸料的目的一是使原料蛋白质达到适度变性，成为酶易作用状态；二是使原料淀粉充分糊化，以利糖化；三是借蒸煮热杀灭附着在原料上的微生物，减少制品的污染。蒸煮既不能不蒸熟又不能过度变性。要求达到：一熟、二软、三疏松、四不粘手、五不夹心、六有熟料固有的色泽和香气。目前国内常用的蒸料方法有两种，即常压蒸煮和加压蒸煮。常压蒸煮多用于城镇的小工厂，大型企业则采用加压蒸煮。国内多采用的是旋转式加压蒸煮锅蒸料。实践证明，在原料水分一定的条件下，蒸煮压力越高，蛋白质变性所需要的时间越短。但大豆蛋白质若过度变性反而不易被酶分解，导致原料蛋白质利用率明显降低。如果原料中有残留未变性的蛋白质，则很难被米曲霉的蛋白酶分解而一直残留到最后的成品中，若将此酱油稀释加热，就会产生混浊和沉淀，在生产上这种混浊和沉淀物称为N性物质，这种现象为酱油的N性。

⑤ 成曲的接种和培养　原料经过蒸煮后要迅速冷却，并把结块打碎，冷却到38～40℃就可接种。种曲的用量为投料量的0.3%～0.5%。把种曲与事先经干蒸灭菌过的一定量麸皮拌匀，再掺入熟料中，以保证种曲均匀分散在曲料中。接种过程中应尽量减少杂菌落入，接种后的曲料应立即转入曲室或通风池培养。

接种后的曲料移入曲室中的曲池（也称曲箱、曲槽）内，进行通风制曲。曲料入池时料层厚薄要均匀，一般25～30cm为宜，疏松平整，四角边缘铺严，防止跑风。曲料入池后，分上、中、下多点插入温度计，将品温调至28～30℃，使温度缓慢上升，待品温升至34～35℃时开始通风，品温降至33℃左右。如此反复，至接种11～12h后，菌丝大量繁殖，品温上升迅速，曲料有结块时，进行第一次翻曲，翻曲要透，要翻细、拍碎，翻完后将曲料摊平，曲料要疏松以利通风，池壁地面打扫干净。自此以后保证连续通风培养，品温维持33℃之间，继续培养4～6h，根据品温上升情况，进行第二次翻曲。翻曲后继续通风培养，品温维持在30～32℃之间。米曲霉生长旺盛会造成曲料水分蒸发过快，曲料发生紧缩出现裂纹，此时可采取第三次翻曲或铲纹的方法消除裂纹。培养至24～30h，蛋白酶的积蓄达到最高点，即出曲。

⑥ 成品质量标准　成品曲手感疏松柔软，有弹性；内部长满白色菌丝，内外均密生嫩黄绿色孢子，无黑色、褐色或灰色夹心，没有杂色；有曲香气，品尝微甜，无异味；北方地区要求含水量为26%～28%，南方地区为32%～34%。蛋白酶活力约1000μg/g（干基）以上，淀粉酶活力约为2000μg/g干曲。细菌数每克干基不超过50亿个。

(3) 发酵　酱油发酵是先将成曲拌入盐水制成酱醅，然后再装入池、桶或缸内，利用微生物分泌的酶，将酱醅中的物料分解，形成酱油的色、香、味、体的成分。

① 发酵的工艺过程　发酵的方法很多，这里介绍国内普遍采用的固态低盐发酵法。发酵的工艺流程如下：

食盐→溶解→盐水
↓
成曲→粉碎→拌和入池→保温发酵（酱醅前期）→降温发酵（酱醅后期）→成熟酱醅
↑
酵母菌，乳酸菌 → 分别逐级扩大培养→混合培养

② 食盐水的配制 固态低盐发酵拌曲用的盐水浓度规定为12～13°Bé。盐水用量约为制曲原料的150%，酱醅含水分约为57%。一般来说每100kg水加盐1.5kg即为1°Bé。盐水波美度通常以20℃时为准，实际测得的波美度根据以下公式进行换算。

当盐水温度高于20℃时：$B \approx A + 0.05(t - 20)$

当盐水温度低于20℃时：$B \approx A - 0.05(20 - t)$

式中 B——标准温度时食盐水的波美度；

A——测得食盐水的波美度；

t——测量时食盐水的实际温度，℃。

制醅盐水用量计算公式：

$$\text{盐水量} = \frac{\text{曲重} \times (\text{酱醅要求水分\%} - \text{曲的水分\%})}{(1 - \text{氯化钠\%}) - \text{酱醅要求水分\%}}$$

③ 成曲破碎 一般要求成曲破碎成2mm左右的颗粒。这些操作有利于水分迅速均匀地渗入曲内，有利于酶促反应，有利于可溶性有效成分的释放。

④ 制醅入池 将破碎成曲拌入适量预先加热至50～55℃的盐水，制成不流动状态的混合物，这个过程称为制酱醅。酱醅水分达到48%～51%，品温不低于42℃，入池发酵。铺在池底10cm厚左右的酱醅应略干，使之保持疏松，避免过分潮湿发黏，不利后期淋油。当铺到10cm以上后，可逐渐增加盐水量，让成曲面层充分吸收盐水。等盐水全部渗入料内后，盖上食品级聚乙烯薄膜，四周以食盐封边或醅面封盐，盐层厚3～5cm，发酵池上加盖木板保温。

⑤ 发酵管理 固态低盐发酵作用可分为前期保温发酵和后期降温发酵。前期主要是原料中的蛋白质和淀粉在蛋白酶和淀粉酶的作用下水解成氨基酸和糖分。成品拌和盐水入池后，应把品温控制在40～45℃之间，这一温度为酶作用的最适温度，在此条件下一般需要10d左右，原料水解方能基本完成。如果品温低于40℃则要及时采取保温措施。入池后第二天，需浇淋1次，以后每隔4d左右再浇1次，一般前期保温发酵阶段可再浇淋2～3次。浇淋就是把渗流在发酵池假底下的酱汁液用人工或泵抽取回浇于酱醅面层，使之均匀地再通过酱醅下渗，以增加酶的接触机会，促进蛋白质和淀粉的分解。后期降温发酵阶段主要是形成酱油的色、香、味、体等物质。此时可利用浇淋法将制备的酵母菌和乳酸菌培养液浇淋于酱醅表面，也可以利用自然界的酵母菌和乳酸菌。在固态酱醅上补加适量的浓盐水，让其均匀分布于酱醅内，使酱醪的含盐量由8%左右提高到15%左右，并把品温迅速降至30～32℃。于第二天、第三天再分别浇淋一次，即能使品温一致，又能增加空气供给，同时使菌体分布均匀。浇淋时不得直接冲击酱醪，以免破坏滤层而影响淋油。在此阶段耐盐酵母菌和乳酸菌协同进行酒精发酵、乳酸发酵和后熟作用，逐渐产生酱油的香气，直至酱醪成熟。后期降温发酵时间一般约需15～20d。整个发酵过程需要1个月左右。

成熟的酱醪应该呈紫红色，有酱油的芳香和甜香味，而不能有烟味、苦味、酸味、氨臭味及其他不良气味。发酵结束后，经浸出得到生酱油，淋出的生酱油还需要经过加热及配制等工序才能成为各级酱油成品。

三、酸乳生产

以新鲜牛乳为原料，经过巴氏消毒后添加乳酸菌发酵，得到的一种牛乳制品称为酸乳。按形态不同，可将酸乳分为凝固型、搅拌型和饮料型三种；按产品是否含有活乳酸菌，酸乳又可分为活菌型和杀菌型两个种类。

1. 酸乳的保健作用

鲜牛乳中的乳糖、蛋白质经乳酸菌发酵，其中20%左右被水解成为小的分子（如半乳糖和乳酸、小的肽链和氨基酸等）；鲜牛乳中脂肪含量一般是3%～5%，经乳酸发酵后，发生解离或酯键受到破坏。这些变化使酸乳更易被消化和吸收。鲜乳中钙含量丰富，经发酵后，钙等矿物质都不发生变化，但发酵后产生的乳酸，可有效地提高钙、磷在人体中的利用率，所以酸乳中的钙、磷更容易被人体吸收。酸乳除保留了鲜牛乳的全部营养成分外，在发酵过程中乳酸菌还可以产生人体营养所必需的多种维生素，如维生素 B_1、维生素 B_2、维生素 B_6、维生素 B_{12} 等。

乳酸菌产生的乳糖酶能降解牛乳中的乳糖，因此乳糖不耐症患者饮用酸乳，就不会出现饮用牛乳时发生的腹胀、气多、腹泻、肠道痉挛等乳糖不耐症状。

嗜酸乳杆菌和双歧杆菌不受胃液和胆汁的影响，可进入肠道，在肠道内存留较长时间。这两种乳酸菌以及在这些乳酸菌影响下生长起来的肠道中的其他乳酸菌，可产生嗜酸乳菌素等抗菌物质，这些物质对大肠杆菌、沙门菌和金黄色葡萄球菌等有害菌有明显的抑菌作用。因此饮用酸乳可以维持肠道内有益菌群的优势，具有整肠作用，同时具备了增强免疫功能、延缓衰老、防病抗癌的作用。进入肠道中的活的乳酸菌能产生乳酸、乙酸等有机酸。这些有机酸有刺激肠道、加强蠕动作用，故可改善便秘。

2. 常用菌种

制作酸乳的菌种应具备产酸缓和、产香性强和后熟性好（即在酸乳保存期间酸度增加较少）的菌株，用这样的菌株发酵，才能生产质量上乘的酸乳制品。

目前我国大规模生产的普通型酸乳均采用嗜热链球菌和保加利亚乳杆菌的混合菌作为酸乳的发酵剂。一些新型的功能性酸乳生产是在上述两种菌的基础上，添加嗜酸乳杆菌或两歧双歧杆菌，也可以同时添加这两种能在肠道中定植的乳酸菌，使酸乳保健作用进一步增强。另外，还可添加明串珠菌，提高酸乳中维生素 B_2 和维生素 B_{12} 的含量，并能增加香味；添加双乙酰乳链球菌，也可为酸乳增添香味。

嗜热链球菌、保加利亚乳杆菌、嗜酸乳杆菌以及双歧杆菌的主要特性见表8-2。

表8-2 生产酸乳常用菌种的特性

特性	嗜热链球菌	保加利亚乳杆菌	嗜酸乳杆菌	双歧杆菌
菌体形态	细胞卵圆形，成对或形成长链	细胞呈细杆状、两端钝圆，单个或成链，频繁传代易变形	细胞呈杆状、两端钝圆，单个或成双或呈短链	细胞形状多样，有棍棒状，勺状、"V"字形、弯曲状、球杆状和"Y"字形等
最适生长温度/℃	40～45	40～43	35～38	37
与 O_2 关系	微需氧菌	微厌氧菌	微厌氧菌	专性厌氧菌
革兰染色	阳性	阳性	阳性	阳性
能发酵的糖	葡萄糖、果糖、蔗糖、乳糖	葡萄糖、果糖、乳糖	葡萄糖、果糖、蔗糖、乳糖等	葡萄糖、果糖、乳糖、半乳糖

续表

特　性	嗜热链球菌	保加利亚乳杆菌	嗜酸乳杆菌	双歧杆菌
分解蛋白质能力	微弱	弱	弱	微弱
对抗生素	极敏感	不如嗜热链球菌敏感	比嗜热链球菌更敏感	敏感

3. 乳品发酵剂的调制

乳品发酵剂是用于乳发酵的特定的微生物培养物。如果发酵剂仅用一株发酵乳糖能力强的乳酸菌制备，称为单一菌种发酵剂；若采用两种或两种以上的乳酸菌制作，称为复合菌种发酵剂。发酵剂的好坏与产品质量优劣有密切关系，因此发酵剂的调制技术，是制作酸乳的关键技术之一。

投入原料乳中，用来制作酸乳的工作发酵剂有两种：一种是从市场上选购的利用冷冻干燥技术制成的颗粒状发酵剂。使用这种发酵剂有以下优点：不必进行菌种的保存和管理；省去了逐级扩大培养过程；减少杂菌污染的机会；嗜热链球菌和保加利亚乳杆菌两者的比例固定，对保持酸乳质量有很大好处。第二种是由原培养物经逐级扩大培养制得的发酵剂。

(1) 颗粒状发酵剂　是利用冷冻干燥技术，将活菌培养液（活菌个数 1×10^{11}/mL）制成干燥颗粒，然后真空分装在铝制的薄袋中保存。这种颗粒状发酵剂可直接用来作为工作发酵剂投入原料乳中使用。

(2) 逐级扩大法生产工作发酵剂　从安瓿管中取出菌种，或将颗粒状乳酸菌发酵剂接种到灭过菌的脱脂乳中，经培养制成母发酵剂，由母发酵剂扩大培养成中间发酵剂。最后，再经扩大培养，制成工作发酵剂。工作发酵剂的数量，取决于原料乳的体积和接种量。

发酵剂最初应用的菌种称为原培养物。原培养物的菌数远不够发酵原料乳所需要的量，需要扩大培养到一定数量，才可用于原料乳的发酵。

发酵剂制作的工艺流程如下：

$$\underset{0.6\text{mL}}{\text{原培养物}}\xrightarrow{1\%}\underset{60\text{mL}}{\text{母发酵剂}}\xrightarrow{1\%\sim2\%}\underset{6\text{L}}{\text{中间发酵剂}}\xrightarrow{2\%\sim3\%}\underset{300\text{L}}{\text{工作发酵剂}}$$

原培养物一般是指试管培养物。母发酵剂是指在三角瓶中培养的种子扩大培养物。中间发酵剂是母发酵剂作为种子液加入到一定体积的灭菌乳中，经恒温培养所得到的种子培养物。为满足工作发酵剂的数量，将中间发酵剂在小型发酵罐中扩大培养后的种子培养物即为工作发酵剂，用来投入牛乳中直接生产酸乳。

无论制作哪一种发酵剂，使用的牛乳或由乳粉配制成的调制乳中不得含有抗生素等阻碍乳酸菌生长的物质，而且理化指标符合要求，对牛乳灭菌要彻底。母发酵剂和工作发酵剂所使用的牛乳，均需经 90～95℃加热灭菌 30～35min。制作中间发酵剂时，牛乳灭菌一般在 115℃，加热 30min。牛乳经加热灭菌处理后，需在 37℃下恒温空白培养 24h，检查后确定无异常变化，再进行接种操作。

4. 凝固型酸乳的生产

乳酸菌在乳中生长繁殖，发酵分解乳糖产生乳酸等有机酸，导致乳的 pH 下降，使乳酪蛋白在其等电点附近发生凝集，把这种乳凝状酸乳称为凝固型酸乳。凝固型酸乳生产的工艺流程如下：

原料鲜乳→净化→标准化→均质→灭菌→冷却→添加工作发酵剂→分装→发酵→冷却→贮藏、后熟→成品

（1）原料鲜乳的质量要求　原料鲜乳中不得有残留抗生素和消毒药，鲜乳送到厂后，必须采样检验，包括色泽观察、嗅味、酒精试验、测定比重，酸度、杂质、残留抗生素的检测等。鲜乳中菌数不能太高，一般要低于 10^4/mL。

（2）净化　利用特别设计的离心机，除去牛乳中的白细胞和其他肉眼可见的异物。

（3）标准化　乳中干物质和脂肪含量应符合要求。总干物质不能低于 11.5%，否则乳凝固不结实，乳清析出过多，一般添加 1%～3%脱脂乳粉，以使原料乳的非脂干物质含量达到要求。脂肪含量一般在 1%～4%，低脂或脱脂会使成品芳香味不足。鲜乳中脂肪含量比较高，为了避免酸乳中有脂肪析出，对其脂肪含量进行调整，以达到所要求的标准。具体做法是：可以在脂肪含量高的牛乳中，加入一定体积的脱脂乳，或通过分离机，从牛乳中分离出稀奶油，然后在得到的脱脂乳中再掺入一定量稀奶油，使调制乳的脂肪含量达到要求。为了缓和酸乳的酸味，改善酸乳的口味加入一定量的蔗糖作为甜味剂，加入量一般为 50～80g/L，不超过 8%。

（4）均质　制作酸乳的原料乳一般都要进行均质处理。均质是指对乳脂肪球进行机械处理，使它们呈较小的脂肪球均匀一致地分散在乳中。经均质处理后，乳脂被充分分散不会发生脂肪上浮现象，且产品的硬度和黏度均有所提高，口感细腻，更易被消化吸收。

（5）灭菌　对均质后的原料乳进行灭菌，方法有两种：一是将乳加热至 90℃，保温 5min，或是在 85℃下保温 30min；二是进行超高温灭菌，在 135℃下保温 2～3s。经灭菌处理后的原料乳，迅速冷却到 43～45℃，待接种。

（6）接种　向 43℃已灭菌的原料乳中加入工作发酵剂，接种量为 3%。如果嗜热链球菌和保加利亚乳杆菌混合发酵，则接种时，通常两种菌的比例为 1∶1，两种菌添加量分别为 1.5%。并于 43℃保温发酵。以保证两种菌在数量上的平衡，保持良好的共生关系，缩短发酵时间，提高生产效率。

（7）分装　酸乳受到振动，乳凝状态易被破坏，因此不能在发酵罐中先发酵然后再进行分装，必须是将含有乳酸菌的牛乳培养基先分装到销售用的塑料或玻璃小容器中，加盖后送入恒温培养室，在小容器中发酵制成酸乳。整个分装操作时间要短，且在无菌室中进行。

（8）发酵　将装有含乳酸菌的牛乳培养基的小容器置于发酵室中发酵。发酵室温度保持在 43℃，一般发酵时间 3～6h，发酵酸乳酸度可达 70～80°T 而引起凝固，即可终止。当发酵结束时，要求球菌与杆菌的比例大致为 1∶1，能达到这种比例的酸乳，其风味就比较好。

（9）冷却　发酵结束，将酸乳从发酵室取出，用冷风迅速将其冷却到 10℃以下，使酸乳中的乳酸菌停止生长，防止酸乳酸度过高而影响口感。

（10）冷藏和后熟　经冷却处理的酸乳，贮藏在 2～5℃，最好是－1～0℃的冷藏室中保存。在低温保存过程中，香味物质逐渐形成，完成后熟作用的酸乳具有较浓的香味。

5. 搅拌型酸乳的生产

搅拌型酸乳是指先在发酵罐中通过乳酸菌的作用，将经过标准化处理的牛乳发酵至乳凝，然后再用搅拌器破乳，使凝乳粒子保持在 0.01～0.04mm 大小的一种酸乳。产品呈半流动状态的粥糊状，易使用吸管吸食。搅拌型酸乳生产的工艺流程如下：

原料鲜乳→净化→标准化→高压均质→灭菌→冷却→添加工作发酵剂→发酵→破乳→冷却→分装→冷藏→成品

原料鲜乳的质量要求、净化、标准化、灭菌、接种方法均与凝固型酸乳的操作方法及要求相同，下面只说明工艺中与凝固型酸乳的不同之处。

(1) 均质　将原料乳预热至55～65℃，然后在6～18MPa压力下将乳均质。这样均质处理既均匀分散脂肪，又能增加搅拌型酸乳的稠度和稳定性。

(2) 发酵　搅拌型酸乳的发酵是在发酵罐中进行的。一般发酵时间3～6h，发酵温度43℃，当发酵pH达到4.7～5.0时，终止发酵。如果终止发酵时的pH在5.3以上，当对这种酸乳进行破乳时，容易引起乳清分离。

(3) 破乳　当发酵结束时，将品温降至38℃，进行搅拌。使凝乳粒子的直径达到0.01～0.04mm。为了提高搅拌型酸乳的稳定性，除了使用均质技术外，有时还在均质处理前向原料乳中添加一定量的稳定剂。

(4) 冷却　破乳后，用泵将酸乳送入冷却器，冷却至10℃以下。

(5) 分装和冷藏　将冷却后的酸乳用灌装机在无菌室内分装到销售用的小容器，5℃下冷藏。

6. 果汁酸乳的生产

果汁酸乳是在凝固型酸乳中添加果汁和稳定剂后，再经均质处理制成的。生产工艺流程如下：

低酸味凝固型酸乳→加入果汁、稳定剂→均质→分装→冷却→冷藏

(1) 低酸味凝固型酸乳的制备　制备低酸味凝固型酸乳的其他操作步骤与一般凝固型酸乳的制法相同。只是果汁（露）的添加会增加酸乳的酸味，因此在接种时，将嗜热链球菌与保加利亚乳杆菌两者的比例改变成10∶1。目的是减少保加利亚乳杆菌产生的乳酸，避免产品酸味过强。

(2) 混合　将酸乳和灭菌后冷却到20℃的果汁（露）按4∶1混合，同时加入适量的稳定剂水溶液，搅拌均匀。

(3) 均质　在10MPa压力下，对上述酸乳进行均质处理。

(4) 分装　将经均质处理过的果汁酸乳灌装到销售用的小容器中，迅速将其冷却到10℃以下。

(5) 冷藏　冷却后的酸乳，置于0～5℃的冷藏室中冷藏。

市场上销售的还有饮料型酸乳、杀菌型酸乳、双歧杆菌酸乳以及冷冻酸乳等，各自的生产方法都各有不同，在这里不作介绍。

7. 酸中乳质量标准（GB2746—1999）

(1) 感官特性　酸中乳感官特性见表8-3。

表8-3　酸中乳感官特性

项　目	纯酸牛乳	调味酸牛乳、果料酸牛乳
色泽	呈均匀一致的乳白色或微黄色	呈均匀一致的乳白色或调味乳、果料应有的色泽
滋味和气味	具有酸牛乳固有的滋味和气味	具有调味酸牛乳或果料酸牛乳应有的滋味和气味
组织状态	组织细腻均匀，允许少量乳清析出；果料酸牛乳有果块或颗粒	

(2) 蛋白质、脂肪、非脂乳固体和酸度　酸中乳蛋白质、脂肪、非脂乳固体和酸度见表8-4。

表 8-4　酸中乳蛋白质、脂肪、非脂乳固体和酸度

项　目	纯酸牛乳			调味酸牛乳、果料酸牛乳		
	全脂	部分脱脂	脱脂	全脂	部分脱脂	脱脂
脂肪/%	≥3.1	≥(1.0～2.0)	≤0.5	≥2.5	≥(0.8～1.6)	≤0.4
蛋白质/%	≥2.9			≥2.3		
非脂乳固体/%	≥8.1			≥6.5		
酸度/°T	≥70.0					

(3) 卫生标准　酸中乳卫生标准见表 8-5。

表 8-5　酸中乳卫生标准

项　目	纯酸牛乳	调味酸牛乳	果料酸牛乳
苯甲酸/(g/kg)	≤0.03		≤0.23
山梨酸/(g/kg)	不得检出		≤0.23
硝酸盐(以 $NaNO_3$ 计)/(g/kg)	≤11.0		
亚硝酸盐(以 $NaNO_2$ 计)/(g/kg)	≤0.2		
黄曲霉毒素 M_1/(g/kg)	≤0.5		
大肠菌群 MPN/100mL	≤90		
致病菌(指肠道致病菌和致病性球菌)	不得检出		

(4) 乳酸菌数　乳酸菌数不得低于 1×10^6 cfu/mL。

(5) 食品添加剂和食品营养强化剂的添加量　食品添加剂和食品营养强化剂的添加量应符合 GB 2760 和 GB 14880 的规定。

任务一　生牛乳消毒

一、任务目标

1. 了解生牛乳中微生物的生长情况；
2. 掌握巴氏消毒法。

二、任务说明

牛乳营养丰富，非常适合微生物活动，因此容易腐败，在适宜的温度条件下采用合适的培养基培养，容易观察并记录一定稀释度的牛乳中的杂菌情况。家庭采用的普通加热煮沸，虽然能杀菌，但会破坏牛乳的营养成分。巴氏消毒法为一种温和的杀菌方法，既可杀死对健康有害的病原菌又可尽量保持鲜乳中的营养成分。具体操作方法：将牛乳加热至 85℃，维持 30min；或加热至 90℃，保温 5min；然后迅速冷却。为检验杀菌效果，将一定稀释度的牛乳在 LB 培养基中于大多微生物适宜生长繁殖的温度（37℃）下培养，24～48h 后观察杂菌情况。通过检测，可了解巴氏消毒的效果。

三、任务准备

1. 样品

生牛乳 1 瓶。

2. 培养基

LB 培养基。

3. 器皿

无菌培养皿，无菌空试管，1mL 无菌吸管，10mL 无菌吸管，无菌水一瓶。

4. 仪器设备

恒温水浴锅，超净工作台。

四、任务实施

1. 生牛乳的杂菌检测

（1）在超净工作台上，摇匀乳样，用无菌水稀释成 10^{-1}、10^{-2}、10^{-3}、10^{-4} 的稀释度。

（2）用无菌吸管由低浓度向高浓度吸取 10^{-4}、10^{-3} 稀释度的乳样各 1mL 分别置于 2 个无菌培养皿内，迅速将熔化并冷却至 45℃的 LB 培养基注入皿内，摇匀待凝，每个浓度做 3 次重复。

（3）于 37℃培养 48h 后计数。

2. 巴氏消毒后牛乳的杂菌检测

（1）在超净工作台上各取 10mL 生牛乳于两支无菌试管内，分别置于 85℃水浴中保温 30min，90℃水浴中保温 5min，然后取出，立即放入冷水中冷却。

（2）冷却后分别将样品稀释成 10^{-1}、10^{-2} 的稀释度。

（3）每个样品分别吸取 10^{-2}、10^{-1} 稀释度的乳样各 1mL 于 2 个无菌培养皿内，然后注入熔化并冷却至 45℃的 LB 培养基，迅速摇匀待凝，做 3 次重复。

（4）37℃培养 48h 后计数。

五、任务提示

1. 巴氏消毒时，一定要等试管内生牛乳的温度到达 85℃或 90℃时才开始计时。

2. 用无菌吸管吸取样品时，如果从低浓度向高浓度移取则不需要更换吸管；否则不同浓度需要使用不同的吸管。

3. 在消毒过程中，要不时摇动试管，保证样品受热均匀。

六、任务思考

1. 将检测结果填入表 8-6 中。

表 8-6 牛乳检测结果

项目	未消毒乳								消毒乳							
	10^{-3}				10^{-4}				10^{-1}				10^{-2}			
	1	2	3	平均	1	2	3	平均	1	2	3	平均	1	2	3	平均
平板菌落数/个																
样品杂菌数/(个/mL)																

2. 生牛乳采用巴氏消毒的意义是什么？

任务二 固定化啤酒酵母发酵生产啤酒

一、任务目标

1. 了解固定化酵母发酵生产啤酒的新型发酵工艺；
2. 学会酵母细胞的固定化技术；
3. 掌握大麦芽和加酒花麦芽汁的制备方法。

二、任务说明

啤酒发酵的原理为酵母接种后，开始在麦汁充氧的条件下，恢复其生理活性，以麦汁中的氨基酸为主要氮源，可发酵的糖为主要碳源，进行呼吸作用，并从中获取能量而进行繁殖，同时产生一系列的代谢副产物，此后便在无氧的条件下进行啤酒发酵，啤酒发酵是一个复杂的生物化学反应过程，其主要变化是糖生成乙醇和二氧化碳。现代啤酒生产多采用露天锥形大罐发酵，生产规模大，自动化程度高。其生产工艺：大麦发芽、干燥、粉碎→加入辅料、糊化、糖化→过滤→煮沸（加酒花）→沉淀→冷却→麦芽汁→发酵→过滤→包装、灭菌→啤酒。

所谓固定化细胞技术是指用物理或化学的手段，将游离细胞定位于限定的空间区域，并使其保持活性和可反复使用的一种新型生物技术。固定化细胞可提高反应器单位体积的生物转化速率，延长发酵细胞的寿命，缩短发酵周期，同时固定化细胞可反复使用，为微生物发酵的连续化和管道化生产提供了可能。固定化酵母发酵生产啤酒，以其可重复使用、生产连续化、生产周期短、后处理简便等优点，成为一种备受关注的发酵生产啤酒新工艺。

包埋法是将细胞用物理方法包埋在各种载体之中，比如将细胞包埋在凝胶等物质内部的微孔中或由各种高分子聚合物制成的小球内。包埋法操作简单，条件温和，对细胞活性影响小，制作的固定化细胞球强度高，是目前研究应用最广泛的方法。本任务要求以海藻酸钠水凝胶为固定化载体，采用比较成熟的包埋法，将啤酒酵母细胞固定化后，发酵生产啤酒。

三、任务准备

1. 微生物菌种

啤酒酵母。

2. 培养基

麦芽汁培养基，麦芽汁琼脂培养基。

3. 主要试剂及原料

3%海藻酸钠，0.2mol/L $CaCl_2$ 溶液，0.025mol/L 碘液，0.85%的 NaCl，乳酸或磷酸，耐高温 α-淀粉酶等。

优质大麦，大米，酒花（或酒花浸膏、颗粒酒花）。

4. 仪器设备

磁力搅拌器，水浴锅，往复式摇床，培养箱，冰箱，糖度计等。

5. 器皿及其他

玻璃容器（或搪瓷盘），250mL 三角烧瓶，烧杯，试管，比色用带孔穴白瓷板，细塑胶管，纱布，滤纸等。

四、任务实施

1. 麦芽汁的制备

（1）大麦芽的制备　称取 100g 大麦，用水漂洗干净，放入玻璃容器或搪瓷盘内，加水浸泡 8～12h，弃去浸泡水；在大麦上盖一块潮湿的双层纱布，放置于 15℃阴暗处发芽，每天淋水 3～4 次。待麦根伸长至约为麦粒长度的 2 倍时，停止发芽，摊开低温烘干成大麦芽，将大麦芽磨碎成麦芽粉，备用。

（2）大米粉水解液的制备　称取大米粉 25g 放入烧杯内，加入 250mL 温水，混合均匀，用乳酸或磷酸调 pH 至 6.5；按 10U/g 大米粉的用量加入耐高温 α-淀粉酶，混匀，置于 50℃水浴保温 10min；然后以约 1℃/min 的速度升温至 95℃，边升温边缓慢搅拌，保持此温度 20min 后迅速加热至沸腾，保持 20min，补水保持原体积；最后迅速降温至 60℃，即成为大米粉水解液，备用。

（3）麦芽汁的制备　取 75g 麦芽粉加入 200mL 水中，混匀，加热至 50℃；用乳酸调 pH 到 4.5，于 50℃水浴中保温 30min；升温至 60℃，加入大米粉水解液，搅拌均匀，保温 30min；继续升温至 65℃，保持 40min，补加水维持原体积；再升温至 75℃，保持约 15～30min（至用碘液检验不呈蓝色为止）；所得糖化液用 4～6 层纱布过滤成麦芽汁；用糖度计测量其糖度。

（4）制备加酒花麦芽汁　取 200mL 麦芽汁煮沸，添加酒花 0.3g（可分 3 次加入，每次 0.1g）；煮沸 70min，补水至糖度约为 10°Bé；趁热用滤纸过滤，滤液即为加酒花麦芽汁，备发酵用。

（5）制备麦芽汁培养基　将麦芽汁稀释到 5～6°Bé，pH 6.0～6.5，制成麦芽汁培养基；向稀释麦芽汁中加入 1.8%～2.0%琼脂，加热熔化，分装于试管，于 121℃灭菌 20min，冷却，制成麦芽汁培养基斜面，备用。

2. 固定化酵母的制备

（1）制备酵母菌悬液　将啤酒酵母接种于麦芽汁培养基斜面上，于 28～30℃培养 24h；取 1 环斜面酵母菌，接种于装有 30mL 麦芽汁的 250mL 三角烧瓶中，置于 100r/min 的往复式摇床上，于 28℃振荡培养 18h，得到酵母菌培养液；将酵母菌培养液于 4000r/min 离心 20min，弃去上清液；向沉淀菌体中加入 10mL 生理盐水，用玻璃棒搅匀，即为酵母菌悬液。

（2）固定化酵母的制备　称取 3g 海藻酸钠置于 100mL 蒸馏水中，水浴加热使其溶解即为 3%海藻酸钠溶液；将海藻酸钠溶液冷却至 30℃，加入 10mL 酵母菌悬液，搅拌均匀；将海藻酸钠酵母混合液装入注射器中，装上大号针头，滴入 300mL 的 0.2mol/L 氯化钙中，搅拌成珠；胶珠用无菌的 0.85%的盐水洗涤两次，即成为固定化酵母细胞，贮存于 4℃冰箱中，备用。

3. 固定化酵母发酵产啤酒

（1）主发酵　取两个 250mL 无菌三角烧瓶，分别加入 40g 固定化酵母胶珠，一瓶加入 200mL 糖度为 10°Bé 的加酒花麦芽汁，另一瓶加入 200mL 糖度为 10°Bé 的无酒花麦芽汁；分别用 10 层无菌纱布封瓶口，置于 14～16℃静止发酵 4d；分别倒出两瓶发酵液，分别移入两个 250mL 无菌三角烧瓶中；装有固定化酵母胶珠的原发酵瓶中，可继续注入加酒花麦芽汁，进行连续多次的发酵。

（2）后发酵　将上述两瓶发酵液，移入 4～6℃冰箱中进行后发酵 3d；再将两瓶发酵液再移入 1～2℃冰箱中继续后发酵（贮酒）3d；将两瓶发酵液分别用滤纸过滤，得清酒液，即为经固定化酵母发酵所产的两种啤酒；品尝发酵试验所得的两种啤酒，注意色、香方面的差异，并与市售纯生啤作比较。

（3）计算外观发酵度

外观发酵度(%)=(原麦汁浓度－外观浓度)/原麦汁浓度×100%

五、任务提示

1. 本任务加热升温的操作次数多，应严格控制实验阶段所要求的温度、时间和所要求的条件，要特别注意防止加热物溢出。

2. 酒花含酒花树脂，是啤酒苦涩的主要来源，酒花油赋予啤酒香味，单宁等多酚物质促使蛋白质凝固，有利于澄清、防腐和啤酒的稳定，但酒花的用量不宜过多。

3. 辅料（如大米粉）的使用可减少麦芽用量，降低蛋白质比例，改善啤酒的风味和色泽，也可降低原料成本，但辅料的用量不宜过多，一般应控制在 20%～30%。

4. 在影响啤酒发酵度的因素中，除酵母菌种外，麦汁的营养和组成是关键因素，故对糖化工艺条件的优化控制十分重要，包括：原料组成、原料粉碎、料水比、糖化 pH、糖化温度等条件的优化与控制。

5. 提高麦汁中可发酵性糖含量的有效途径是外加酶法，从而达到提高发酵度的目的。酶制剂添加量应依麦芽酶活力、酶种类、辅料比、啤酒品种等加以确定，防止过于加大啤酒成本，影响啤酒风味及稳定性。

6. 啤酒酵母菌种的生理特性对发酵度有很大的影响，不同酵母菌种由于其基因差异而有不同发酵特性，故应首选高发酵度的啤酒酵母。

7. 在制作酵母悬液时，一定要使酵母沉淀物与盐水充分混合均匀；在制作固定化酵母时，一定要使酵母悬液与 3%海藻酸钠液充分混匀。将混合液滴加在 20℃氯化钙溶液中，不仅要迅速，而且要摇动氯化钙溶液，避免形成的胶珠粘连。

8. 发酵度是指麦汁中浸出物被酵母消耗部分与原麦汁浸出物总量之比，用百分数表示，百分数越高，发酵度越高。发酵度可分为外观发酵度、真正发酵度和最终发酵度。

9. 在使用海藻酸钙包埋细胞时，应尽可能使培养基中不含有钙螯合剂（如磷酸根），因为钙螯合剂可导致钙的溶解释放而破坏凝胶。

10. 影响啤酒发酵度的主要因素有啤酒酵母菌种特性、糖化工艺条件与控制、外加酶制剂。

六、任务思考

1. 根据你的操作结果回答：每克大麦可制成多少克干麦芽？25g 大米粉和 75g 麦芽粉最终能制成麦芽汁多少毫升？其糖度是多少？制成的固定化酵母有多少克？其大多数胶珠的直径为多少毫米？形状如何？是否有粘连在一起的胶珠？采用固定化酵母发酵产啤酒，得到两种啤酒的量分别是多少毫升？品尝两种啤酒在色、香、味方面有何差异？与市售纯生啤作比较结果如何？为什么？

2. 制备麦芽汁时，糖化的温度和时间对啤酒的产量和质量有何影响？

3. 制备固定化细胞的操作中，重点应掌握哪几个技术环节？

4. 影响啤酒发酵度的因素主要有哪些？

5. 试述如何改进固定化酵母发酵生产啤酒工艺。

6. 啤酒的传统发酵、露天大罐发酵、固定化酵母发酵 3 种生产工艺，主要不同点在哪里？各有哪些优势和不足？

任务三 甜米酒的制作

一、任务目的

1. 了解微生物在传统食品发酵方面的应用；
2. 了解甜米酒的制作原理；
3. 掌握甜米酒的制作方法。

二、任务说明

甜米酒是一种传统而又古老的发酵食品，是各种酒类制作的雏形，又叫酒酿、醪糟、江米酒等，是将江米（糯米）蒸煮使淀粉糊化，拌上甜酒曲（甜酒药）发酵而成的。甜酒曲是糖化菌及酵母制剂，其所含的微生物主要有根霉、毛霉及少量酵母。发酵过程中甜酒曲中的根霉和毛霉将原料中糊化的淀粉糖化，将蛋白质分解成氨基酸，然后少量的酵母又将部分葡萄糖转化为酒精。这样就赋予了甜米酒甜味、酒香味和丰富的营养。但随着发酵时间的延长，酵母菌数目增多，发酵力增强，糖度会下降，酒精含量会提高，故适时结束发酵是保持甜米酒口味的关键。

三、任务准备

1. 菌种

市售甜酒曲。

2. 原料

优质江米。

3. 器材

带蒸笼蒸锅或高压锅，大烧杯或带盖小水桶或者带盖快餐杯，大培养皿或保鲜膜、纱布、培养箱等。

四、任务实施

1. 江米浸泡

称取一定量江米，用水淘洗干净后浸泡12～24h。

2. 蒸饭

泡好的江米沥干水后，倒入铺有两层湿纱布的蒸笼或者高压锅灭菌网篮中，摊开、加热蒸熟，常压蒸约1h，高压0.1MPa蒸15～20min。蒸煮时间长短根据米量多少而定，米多适当延长，米少适当减少。蒸好后要达到熟而不烂，即为甜酒制作的培养基。

3. 淋饭

蒸熟后出锅，立即用清洁冷水冲淋，使温度迅速降至35℃左右，同时使饭粒分离，以利于通气。

4. 落缸搭窝

将淋冷后的米饭沥干水，然后装入干净的烧杯、小桶中（用沸水冲洗）或装入食品袋中，装饭量为容器的1/3～2/3。按产品说明书拌入适量的甜酒曲，中央挖洞，搭成凹形圆窝，饭面上再撒一些酒曲，用培养皿或保鲜膜盖好或扎好袋口。

5. 发酵

置于28℃恒温培养箱培养发酵1～3d即可食用。一般培养24h后即可观察到饭表面出现白色菌丝，经36～48h就可看到窝内出现甜液。

五、任务提示

1. 发酵时间的控制：适时结束发酵，即可达到酒香浓郁、甜醇可口、清澈半透明。延长培养时间便可出现甜味减少、酒味增加现象。
2. 发酵容器也可以用无毒食品袋。
3. 江米的浸泡：冬季可延长浸泡时间，夏季要注意换水。

六、任务思考

1. 记录江米及甜米酒的外观、色、香、味和口感。
2. 江米浸泡的目的是什么？
3. 操作过程中，拌入酒曲后为什么要在饭面上再撒一些酒曲呢？
4. 分析甜米酒制作过程中的微生物发酵过程。

任务四　泡菜的制作

一、任务目的

1. 了解乳酸发酵的条件、产物和作用的微生物；
2. 学会泡菜的制作方法；

3. 掌握发酸泡菜加工中常出现的质量问题以及防止措施。

二、任务说明

微生物在厌氧条件下，分解己糖产生乳酸的作用，称为乳酸发酵。能够引起乳酸发酵的微生物种类很多，其中主要是细菌，能利用可发酵糖产生乳酸的细菌通称为乳酸细菌。常见的乳酸细菌属于链球菌属、乳酸杆菌属、双歧杆菌属和明串珠菌属等。乳酸细菌生成的乳酸和厌氧生活的环境，能够抑制腐败细菌的活动。常在畜牧业上利用乳酸发酵制造青贮饲料，日常生活中利用乳酸发酵腌制泡菜等。另外，食品工业上制造酸乳，发酵工业上生产乳酸都是利用纯种乳酸细菌进行乳酸发酵的实例。乳酸细菌多是兼性厌氧菌，但只在厌氧条件下才进行乳酸发酵，故在筛选乳酸菌或需要进行乳酸发酵的情况下，必须保证提供厌氧条件。

本任务要求利用原料上天然存在的乳酸细菌进行乳酸发酵，制作泡菜，并对制成的泡菜水中的乳酸菌进行镜检，初步判断出所属种类。

三、任务准备

1. 材料

萝卜，黄瓜，大头菜，白糖，食盐，姜，大蒜，小葱，洋葱，料酒等。

2. 试剂

10%H_2SO_4，2%$KMnO_4$，含氨的 $AgNO_3$ 溶液，食盐，革兰染液。

3. 器材

泡菜坛，烧杯，试管，吸管，100mL 量筒，菜板，小刀，pH 试纸，滤纸条（1cm×4cm)，显微镜，天平，台秤等。

四、任务实施

1. 泡菜的制作

(1) 配制 8%食盐水于烧杯中，加热煮沸 10min，把烧杯盖住，冷却。

(2) 将泡菜坛洗净，用开水烫洗消毒，将新鲜的萝卜、黄瓜等洗净，连皮切成长方块(注意不宜太小)，可能的话，在太阳下晒至表面发蔫，然后装入消毒过的泡菜坛内，瓜菜表面可放一些生姜、大蒜、八角等，一方面可抑制杂菌，另一方面也可增加泡菜风味。

(3) 再将已冷却的食盐水注入泡菜坛中使淹没瓜菜，约至坛高的 2/3 处，然后可加入一些料酒抑菌和增加风味。盖上坛盖，在坛口水槽内加水，以隔绝空气，保证厌氧环境。

(4) 置于 30℃条件下发酵，发酵期间注意在坛口水槽内补水，以保证坛内厌氧环境，10d 后检查结果。

2. 乳酸的检验

(1) 打开泡菜坛盖，嗅闻坛中有无酸味。

(2) 用 pH 试纸测定泡菜水的 pH。

(3) 用 10mL 吸管吸取发酵液 10mL，注入空试管中。

(4) 加入 10%H_2SO_4 1mL、再加入 2%$KMnO_4$ 约 1mL，此时乳酸转化为乙醛。

(5) 取滤纸一条，在含氨的 $AgNO_3$ 溶液中浸湿，横搭在试管口上。

(6) 将试管徐徐加热至沸，使乙醛挥发，如管口滤纸变黑，即证明有乳酸生成，上述变化的化学反应式如下：

$$2KMnO_4+3H_2SO_4 \longrightarrow K_2SO_4+2MnSO_4+3H_2O+5[O]$$

$$CH_3CHOHCOOH+[O] \longrightarrow CH_3CHO+CO_2\uparrow+H_2O$$

$$CH_3CHO+2Ag(NH_3)_2OH \longrightarrow CH_3COONH_4+2Ag\downarrow+H_2O+3NH_3\uparrow$$

3. 乳酸细菌的镜检

(1) 取泡菜水一环，在载玻片上制成涂片。

(2) 用革兰染色液经初染、媒染、脱色和复染，制成染色涂片。

(3) 在显微镜下镜检，无芽孢的 G^+ 细长杆菌多半是乳酸杆菌，也可能有链球菌出现。

五、任务提示

1. 泡菜的质量要求：清洁卫生，色泽美观，具有原料的本色，香气浓郁，质地清脆，咸酸适度，微有甜味和鲜味，尚能保持原料原有的风味，含盐量2%～4%，含酸量（以乳酸计）0.4%～0.8%。

2. 泡制是使用盐水进行泡制，一般选用含矿物质较多的井水和泉水配制泡菜水。硬度较大的自来水也可以使用。经处理后的软水不宜用来配制盐水。在配制盐水时酌加少量的钙盐可增强泡菜的脆性。

3. 泡菜坛要预先洗净。装坛时应装满，并淹没在盐水的下面。装好后，液面距坛口6～7cm。盖上坛盖，并在坛口边的槽内加清洁的水以封闭坛口。应注意槽内的水切不可带到坛内，且应经常保持清洁。

4. 坛子应放在温暖的地方进行发酵，10～14d后即可食用，之后移到阴凉处。

5. 泡菜取食时应注意保持清洁卫生，防止油脂等脏污东西混入坛内，否则易使泡菜水腐败发臭。

6. 用过的泡菜液，只要不变质，可继续使用，而且泡制的时间将比第一次缩短。泡菜水的时间越长，菜的风味越浓厚。但是在用陈泡菜水时，应同时加适量的食盐，以保持一定的浓度。一般按每千克菜加50～70g盐的比例，方法是装一层菜撒一层盐。

六、任务思考

1. 记录泡菜制作过程，并对其质量进行评价。

2. 在泡菜制作过程中，影响泡菜质量的因素有哪些？

3. 乳酸菌适宜生长的环境条件是什么？

【案例】

2012年10月，××食品公司以萝卜为原料生产了一批泡菜，发酵至第10d，技术人员发现部分泡菜坛液面出现了白膜，请你分析原因，并提出补救措施。

【解析】

泡菜坛液面出现白膜，又叫长花，主要原因是泡菜坛密封不好，有氧气进入，好氧菌（主要是酵母菌）大量繁殖，漂浮在液面上；另一个可能的原因是筷子或手把油脂带入了泡菜坛中，泡菜坛应严格禁止油脂。如发现液面有白膜，应立即除去，并加入少量烧酒和鲜姜片、大蒜等抑制杂菌生长；同时注意坛口补清洁的水，将坛内装满蔬菜，创造无氧环境。

项目九

微生物在环境治理中的应用

【学习目标】

⊙ 了解废物和废水的基本处理；
⊙ 了解有机污染土壤的生物修复；
⊙ 了解农药残留的微生物降解；
⊙ 了解微生物传感器在环境监测方面的应用；
⊙ 学会水质污染衡量标准的使用；
⊙ 掌握用稀释平板计数法测定水中细菌总数的方法；
⊙ 掌握多管发酵法测定水中大肠菌群的技术。

知识讲解

一、废物和废水的处理

1. 废物和废水的来源

（1）废物的来源　“废物”是一个相对通俗的概念，更正式的叫法是“固体废物”。固体废物通常指人类在生产与生活中产生，生产者在一定时间和地点不再需要而丢弃的固体、半固体或泥状物质。按照《中华人民共和国固体废物污染环境防治法》的规定，固体废物是指在生产建设、日常生活和其他活动中产生的污染环境的固态、半固态废弃物质。其中包括从废气中分离出来的固体颗粒、垃圾、炉渣、废制品、破损器皿、残次品、动物尸体、变质食品、污泥、人畜粪便等。而具有易燃性、爆炸性、易氧化性、毒性、腐蚀性、易传染疾病等危险特性的被列入国家危险废物名录或者根据国家规定的危险废物鉴别标准和鉴别方法认定的固体废物称为危险废物。

固体废物的来源大体上可以分为两类，一类是生产过程中所产生的废物（不包括废气和废水），成为生产废物；另一类是在产品进入市场后在流动过程中或使用消费后产生的固体废物，成为生活废物。在当今的科学技术条件下，随着经济的不断发展，城市化进程的不断加快，工业规模的不断扩大，固体废物的排放量也在与日俱增。以城市生活垃圾年平均增长率为例，美国为5%，欧盟国家为2%～5%，韩国为11%，中国为5%～6%；英国城市垃圾量15年增加了一倍，日本最近10年平均每日垃圾抛弃量增加一倍。表9-1列出了一般废物的产生源及其组成。

（2）废水的来源　废水是指居民活动过程中排出的水及径流雨水的总称。它包括生活污水、工业废水和初雨径流入排水管渠等其他无用水，一般指没有利用或没利用价值的水。

表 9-1 一般废物类的产生源及其组成

分类	来源	主要组成物
矿山废物	矿山选冶厂	废石、尾矿、金属、废木、砖瓦、灰石、水泥、沙石等
工业废物	冶金、交通、机械、金属结构等工业	金属、矿渣、沙石、模型、芯、陶瓷边角料，涂料、管道、绝热和绝缘材料、黏结剂、废木、橡胶、烟尘、各种废旧建筑材料等
	煤炭	矿石、木料、金属、煤矸石等
	食品加工	肉类、谷物、果类、蔬菜、烟草
	橡胶、皮革、塑料等工业	橡胶、皮革、塑料、布、线、纤维、染料、金属等
	造纸、木材、印刷等工业	刨花、锯木、碎木、化学药剂、金属填料、塑料填料、塑料等
	石油化工	化学药剂、金属、塑料、橡胶、陶瓷、沥青、油毡、石棉、涂料等
	电器、仪器仪表等工业	金属、玻璃、木材、橡胶、塑料、化学药剂、研磨料、陶瓷、绝缘材料
	纺织服装业	布头、纤维、橡胶、塑料、金属等
	建筑材料	金属、水泥、黏土、陶瓷、石棉、石膏、砂石、纸、纤维等
	电力工业	炉渣、粉煤灰、烟灰
城市垃圾	居民生活	食物垃圾、纸屑、布料、庭院植物修剪物、金属、玻璃、塑料、陶瓷、燃料、灰渣、碎砖瓦、废器具、粪便、杂品
	商业、机关	管道、碎砌体、沥青及其他建筑材料、废汽车、废电器、废器具，含有易燃易爆、腐蚀性、放射性的废物，以及类似居民生活栏内的各种废物
	市政维护、管理部门	碎砖瓦、树叶、死禽畜、金属锅炉灰渣、污泥、脏土等
农业废物	农林	稻草、秸秆、蔬菜、水果、果树枝条、糠秕、落叶、废塑料、人畜粪便、禽粪、农药
	水产	腥臭死禽畜、腐烂鱼、虾、贝壳、水产加工污水、污泥等
有害废物	核工业、核电站、放射性医疗单位、科研单位	金属、含放射性废渣、粉尘、污泥、器具、劳保用品、建筑材料
	其他有关单位	含有易燃、易爆和有毒性、腐蚀性、反应性、传染性的固体废物

向水体排放或释放污染物的场所、设备和装置等都称为水体污染源。污染源的类型很多，从环境保护角度可将水体污染源分为天然污染源和人为污染源。水体天然污染源是指自然界自行向水体释放有害物质或造成有害影响的场所。如岩石和矿物的风化和水解、火山喷发、水流冲蚀地面等。水体人为污染源是指人类活动形成的污染源，按污染物进入水体的途径，可以分为点源和非点源（或面源）。

在当前的条件下，工业、农业和交通运输业高度发展，人口日益增多并大量集中于城市，水体污染主要是人类的生产和生活活动造成的，因此，人为污染水体是环境保护研究和水污染防治的主要对象。

① 点源　污染物由排水沟、渠、管道进入水体，主要指工业废水和生活污水，其变化规律服从工业生产废水和城镇生活污水的排放规律，即季节性和随机性。

② 工业废水　工业废水是水体最重要的污染源。它量大、面广，含污染物多，成分复杂，在水中不易净化，处理也比较困难。不经处理的水具有下列特性。

a. 悬浮物质含量高，最高可达 3000mg/L。

b. 需氧量高，有机物一般难于降解。对微生物起毒害作用。COD 为 400～10000mg/L，BOD 为 200～5000mg/L。

c. pH 变化幅度大，pH 为 2～13。

d. 温度较高，排入水体可引起热污染。

e. 易燃，常含有低燃点的挥发性液体如汽油、苯、甲醇、酒精、石油等。

f. 多种多样的有害成分：硫化物、氟化物、Hg、Cd、Cr、As 等。

③ 生活污水　生活污水是指居民在日常生活活动中所产生的废水，它包括由厨房、浴

室、厕所等场所排出的污水和污物。其中，99%以上是水，固体物质不到1%，多为无毒的无机盐类（如氯化物、硫酸盐、磷酸和Na、K、Ca、Mg等重碳酸盐）、需氧有机物（如纤维素、淀粉、糖类、脂肪、蛋白质和尿素等）、各种微量金属（如Zn、Cu、Cr、Mn、Ni、Pb等）、病原微生物及各种洗涤剂。城市和人口密集的居住区是生活污水的主要来源。

生活污水的水质成分呈较规律的日变化，其水量则呈较规律的季节变化。不经处理的生活污水一般具有以下性质。

a. 悬浮物质较低，一般为200～500mg/L。资料表明，每人每日所排悬浮固体平均约为30～50g。

b. 属于低浓度有机废水，一般其生化需氧量BOD约为210～600mg/L。资料表明，平均每人每日所排BOD大约为20～35g。

c. 呈弱碱性，一般pH大约为7.2～7.6。

d. 含N、P等营养物质较多。

e. 含有多种微生物，含有大量细菌，包括病原菌。

④ 非点源　水污染非点源，在我国多称为水污染面源。污染物无固定出口，是以较大范围形式通过降水、地面径流的途径进入水体。面源污染主要指农田径流排水，具有面广、分散、难于收集、难于治理的特点。据统计，农业灌溉用水量约占全球总用水量的70%左右。随着农药和化肥的大量使用，农田径流排水已成为天然水体的主要污染来源之一。资料表明，一个饲养1.5万头牲畜的饲养场雨季时流出的污水中，其BOD相当于一个10万人口的城市的排泄量。

施用于农田的农药和化肥除一部分被农作物吸收外，其余都残留在土壤和飘浮于大气中，经过降水的淋洗和冲刷，尤其是农田灌溉的排水，这些残留的农药（杀虫剂、除草剂、植物生长调节剂等）和化肥（N、P等）会随着降水和灌溉排水的径流和渗流汇入地面水和地下水中。有的农药难以降解，在自然界残存相当长的时间，对环境造成严重危害。面源污染的变化规律主要与农作物的分布和管理水平有关。

知识链接

如何正确选择饮用水？

（1）天然水　是直接取自天然水源（地表山泉水），经过一系列处理工艺净化消毒后的水，呈天然弱碱性。它是最符合人体需要的饮用水，应为首选。

（2）矿泉水　是指从地下深处自然涌出或人工开采所得到的未受污染天然地下水，经过过滤，灭菌灌装而成。矿泉水含有一定的矿物质，其中的矿化物多呈离子状态，容易被人体吸收。不同水源的水中矿物质含量也不同，应注意选用。

（3）纯净水　一般以城市自来水为水源，通过多层过滤，可将微生物等有害物质去除，但同时也去除了氟、钾、钙、镁等人体所需的矿物质。长期饮用纯净水，对人体的矿物质营养不利，少选为佳。

（4）人造矿化水　又称矿物质水，通过人工添加矿物质来改善水的矿物质含量。这样的水虽然在纯净水中增加了部分矿物元素，但是添加的矿物质被人体吸收、利用的情况以及对人体健康的作用如何，尚需进一步研究，请慎重选用。

【摘自《水与生命》浙江科学技术出版社】

2. 水质污染的衡量标准

水的用途很广，在生活、工业、农业、渔业和环境（如景观用水）等各个方面都要使用大量的水。世界各国针对不同的用途，对用水的水质建立起相应的物理、化学和生物学的质量标准。保护地面水体免受污染是环境保护的重要任务之一，它直接影响水资源的合理开发和有效利用。这就要求一方面要制定水体的环境质量标准，以便保护水体并合理安全开发水资源，另一方面要制定污水的排放标准，控制污水排放，保护水体。

(1) 地面水坏境质量标准　我国已有的水环境质量标准有：《地表水环境质量标准》(GB 3838—2002)、《渔业水质标准》(GB 11607—89)、《地下水质量标准》(GB/T 14848—2007)、《农业灌溉水质标准》(GB 5084—2005) 等。这些标准详细说明了各类水体中污染物的允许最高含量。

《地表水环境质量标准》按照地表水环境功能分类和保护目标规定了水环境质量应控制的项目及限值，以及水质评价、水质项目的分析方法和标准的实施与监督。该标准适用于我国领域内江河、湖泊、运河、渠道、水库等具有使用功能的地表水水域。根据地面水域使用的目的和保护目标，我国将地表水划分为五类。

① Ⅰ类　主要适用于源头水、国家自然保护区；

② Ⅱ类　主要适用于集中式生活饮用水地表水源地一级保护区、珍稀水生生物栖息地、虾类产卵场、仔稚幼鱼的索饵场等；

③ Ⅲ类　主要适用于集中式生活饮用水地表水源地二级保护区、鱼虾类越冬场、洄游通道、水产养殖区等渔业水域及游泳区；

④ Ⅳ类　主要适用于一般工业用水区及人体非直接接触的娱乐用水区；

⑤ Ⅴ类　主要适用于农业用水区及一般景观要求水域。

对应地表水上述五类水域功能，将地表水环境质量标准基本项目标准值分为五类，不同功能类别分别执行相应类别的标准值。水域功能类别高的标准值严于水域功能类别低的标准值。同一水域兼有多类使用功能的，执行最高功能类别对应的标准值。表 9-2 列出了地表水环境质量标准基本项目的标准限值。

表 9-2　地表水环境质量标准基本项目的标准限值

序号	项　目		标准值/$mg \cdot L^{-1}$				
			Ⅰ类	Ⅱ类	Ⅲ类	Ⅳ类	Ⅴ类
1	水温/℃		人为造成的环境水温变化应限制在：周平均最大温升≤1，周平均最人温降≤2				
2	pH		6～9				
3	溶解氧	≥	饱和率 90%(或 7.5)	6	5	3	2
4	高锰酸盐指数	≤	2	4	6	10	15
5	化学需氧量(COD)	≤	15	15	20	30	40
6	五日生化需氧量(BOD_5)	≤	3	3	34	6	10
7	氨氮(NH_3-N)	≤	0.15	0.5	1.0	1.5	2.0
8	总磷(以 P 计)	≤	0.02	0.1	0.2	0.3	0.4
9	总氮(湖、库，以 N 计)	≤	0.2	0.5	1.0	1.5	2.0
10	铜	≤	0.1	1.0	1.0	1.0	1.0
11	锌	≤	0.05	1.0	1.0	2.0	2.0

续表

序号	项　目		标准值/mg·L^{-1}				
			Ⅰ类	Ⅱ类	Ⅲ类	Ⅳ类	Ⅴ类
12	氟化物(以 F^- 计)	≤	1.0	1.0	1.0	1.5	1.5
13	硒	≤	0.01	0.01	0.01	0.02	0.02
14	砷	≤	0.05	0.05	0.05	0.1	0.1
15	汞	≤	0.00005	0.00005	0.0001	0.001	0.001
16	镉	≤	0.001	0.005	0.005	0.005	0.01
17	铬(六价)	≤	0.01	0.05	0.05	0.05	0.1
18	铅	≤	0.01	0.01	0.05	0.05	0.1
19	氰化物	≤	0.005	0.05	0.2	0.2	0.2
20	挥发酚	≤	0.002	0.002	0.005	0.01	0.1
21	石油为类	≤	0.05	0.05	0.05	0.5	1.0
22	阴离子表面活性剂	≤	0.2	0.2	0.2	0.3	0.3
23	硫化物	≤	0.05	0.1	0.2	0.5	1.0
24	粪大肠菌群(个/L)	≤	200	2000	10000	20000	40000

(2) 污水排放标准　为了控制水体污染，保护江河、湖泊、运河、渠道、水库和海洋等地面水体以及地下水体水质的良好状态，必须严格控制污水排放。我国目前颁布污水排放标准有《污水综合排放标准》(GB 8978—96)、《农用污泥中污染物控制标准》(GB 4284—84) 等。

《污水综合排放标准》适用于排放污水和废水的一切企事业单位，并将排放的污染物按其性质分为两类。

① 第一类污染物　是指能在环境或动植物体内积累，对人体健康产生长远不良影响者，含有此类有害污染物的污水，一律在车间或车间处理设施排出口取样，其最高允许排放浓度必须符合排放标准，且不得用稀释的方法代替必要的处理。该类污染物最高允许排放浓度见表 9-3。

表 9-3　第一类污染物最高允许排放浓度单位

序号	污染物	最高允许排放浓度	序号	污染物	最高允许排放浓度
1	总汞	0.05mg/L	8	总镍	1.0mg/L
2	烷基汞	不得检出	9	苯并[a]芘	0.00003mg/L
3	总镉	0.1mg/L	10	总铍	0.005mg/L
4	总铬	1.5mg/L	11	总银	0.5mg/L
5	六价铬	0.5mg/L	12	总 α 放射线	1Bq/L
6	总砷	0.5mg/L	13	总 β 放射线	10Bq/L
7	总铅	1.0mg/L			

② 第二类污染物　是指长远影响小于第一类的污染物质，这些物质包括石油类、挥发酚、氟化物、硫化物、甲醛、苯胺类、硝基苯类等，同时还有 BOD、COD 等综合性指标。在排污单位排出口取样，其最高允许排入浓度必须符合排放标准的规定。对此类污染物要求较松，可用稀释法。

当废水用于灌溉农田时，应持积极慎重的态度，废水水质应符合《农田灌溉水质标准》；废水排向渔业水体或海洋时，水质应符合《渔业水质标准》及《海水水质标准》。需要指出，我国除实行上述对污水排放的浓度控制外，还要实施污染物排放总量的控制。

3. 废物和废水的处理方法

(1) 固体废弃物的处理方法　城市固体废弃物的处理方法包括填埋法、堆肥法、焚烧法、热解法等，其中填埋法和堆肥法是最基本的微生物处理方法。

① 填埋法　城市垃圾的填埋法处理是我国采用较多的一种处理方法，它具有填埋结果简单、操作方便、施工费用低、还可回收甲烷气体等优点。我国第一座城市垃圾填埋场是杭州市天子岭废物处理总场，1989 年 9 月正式开工，于 1991 年 3 月竣工使用。填埋场采用斜坡作业法，垃圾按单元分层填埋（图 9-1）。

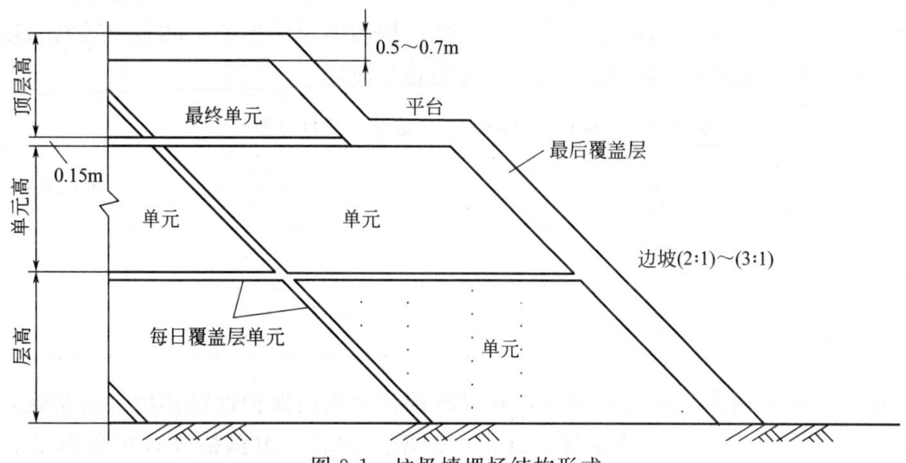

图 9-1　垃圾填埋场结构形式

② 堆肥法　堆肥法是利用自然界的微生物来氧化、分解城市垃圾中的有机废物，达到无害化和资源化，是现代城市垃圾处理利用的一条重要途径。图 9-2 是国内日处理生活垃圾

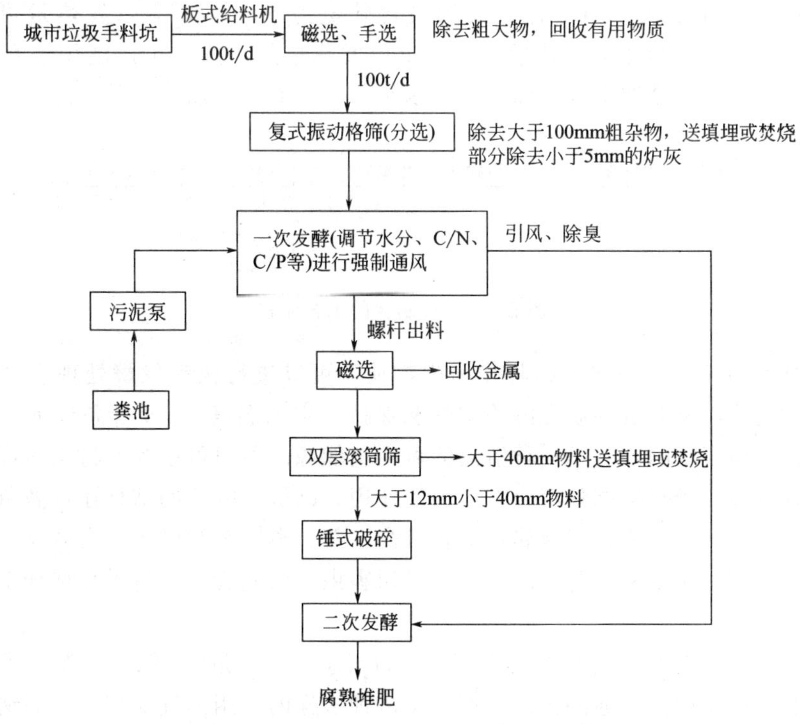

图 9-2　100t/d 的垃圾处理实验厂工艺流程

100t 的实验厂工艺流程图。该工艺采用二次发酵方式。第一次发酵采用机械强制通风，发酵期为 10d，60℃高温保持 5d 以上，堆料达到无害化。然后将第一次发酵堆肥通过机械分选，去除非堆腐物，送去二次发酵仓，进行二次发酵，一般 10d 左右达到腐熟。

③ 秸秆的综合利用　近年来，农业固体废弃物的综合利用同样发展迅速，其中以秸秆的综合利用最具代表性，主要的处理方法有还田利用、制碳、厌氧制沼气等。

a. 秸秆还田利用　秸秆中含有丰富的有机质和氮、磷、钾、钙、镁、硫等肥料养分（表 9-4），是可利用的有机肥料资源。秸秆直接还田作肥料是一种简单易行的方法，对不同地区都可以适用。秸秆还田利用可改善土壤结构，使土壤容重下降，孔隙度增加；同时，秸秆覆盖和翻压对土壤有良好的调温保墒作用，并可抑制杂草的生长，减轻土壤盐碱度；秸秆还田后，不仅可以增加作物的产量，还可提高作物品质。

表 9-4　几种作物秸秆中元素成分（质量分数/%）

种类	N	P	K	Ca	Mg	Mn	Si
水稻	0.60	0.09	1.00	0.14	0.12	0.02	7.99
小麦	0.50	0.03	0.73	0.14	0.02	0.003	3.95
大豆	1.93	0.03	1.55	0.84	0.07	—	—
油菜	0.52	0.03	0.65	0.42	0.05	0.004	0.18

秸秆还田一般采用人工铡碎法和机械粉碎法两种。我国保护性耕作项目的实施有效带动了秸秆机械化还田面积的大幅度增加。其中，河南、河北、山东秸秆直接还田量居全国前三位。

b. 秸秆制炭　秸秆制炭的原理是先将秸秆烘干或晒干，然后粉碎并造粒，再把颗粒放置在制炭设备中，同时隔绝空气或只供给少量空气，并对其进行加热，这时秸秆就会发生热解，并被转化成固体木炭。用秸秆制成的炭含碳量为 50%～85%，发热量可达 20940～32600kJ/kg，其硬度和密度优于普通木炭，单位发热量优于煤，可广泛用于有色金属、合金冶炼及日常生活、食品加工等方面。秸秆制炭的工艺流程如图 9-3 所示。

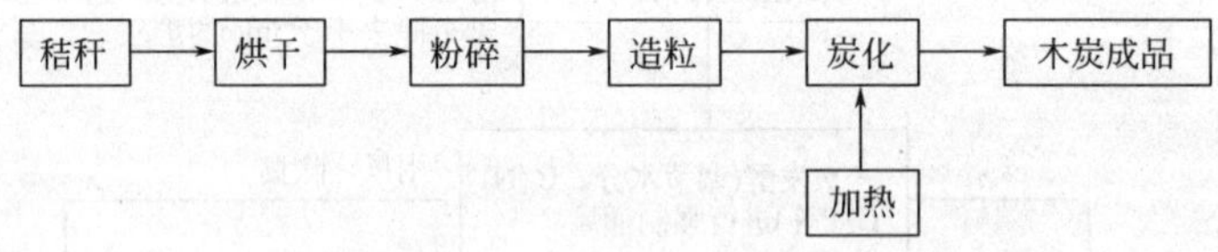

图 9-3　秸秆制炭的工艺流程

c. 秸秆厌氧制沼气　农作物秸秆作为生物质，可以进行厌氧发酵处理生产沼气。沼气是一种可燃性气体，是有机物质在隔绝空气和保持一定的温度、pH 等条件下，经过微生物的发酵分解作用而产生的，它是一种清洁的可再生能源。不但可以为农村生活提供能源，而且对保护森林资源，净化生态环境也有很大的作用。厌氧发酵后的秸秆还可做鱼饵料和牲畜饲料添加剂；产气后的沼渣、沼液腐殖酸含量高，氮、磷、钾和微量元素齐全，是高效的有机肥料；沼液还可用于浸种、防治农作物和果树害虫。研究表明，每千克秸秆干物质可产沼气 0.45m^3。

我国是研究、开发人工制取沼气技术较早的国家之一。近 10 年来，随着我国沼气科学技术的发展和农村家用沼气池的推广，产生了多种多样的户用沼气池型，但归纳起来主要有以下四种基本类型：水压式沼气池、浮罩式沼气池、半塑式沼气池和罐式沼气池（又称铁沼气罐)。

参与沼气发酵的微生物统称为沼气微生物，其中包括不产甲烷菌和产甲烷菌，不产甲烷菌又可分为发酵性细菌和产氢产乙酸细菌。在沼气的发酵过程中，这些微生物按照各自的营养需要，起着不同的物质转化作用。在这些微生物的共同作用下，复杂的有机物首先被降解为丁酸、丙酸、乙酸等低级脂肪酸，最后转化为甲烷和二氧化碳。

成功制取沼气必须满足以下条件：第一，严格密闭的沼气发酵池，沼气微生物都是厌氧微生物，因此密闭的沼气池是保证沼气微生物正常生活产气的必备条件，同时也是贮存沼气的需要；第二，要有充足的发酵原料，作物秸秆、人畜粪便、树叶、杂草、阴沟污泥、垃圾、生活污水以及含有机物质的工业废料等都可以作为沼气的发酵原料；第三，适当的水分，实践证明，沼气池中发酵物质的含水量控制在90%为宜，过多或过少都会影响产气速率；第四，适当的温度，一般认为池中温度在30℃左右产气最好，当池内温度下降到8℃以下时，沼气微生物活动受抑制，产气就很少了，应设法采取保温措施，提高发酵池内的温度；第五，适当的酸碱度，沼气微生物，适合在中性或微碱性的环境中生长繁殖，池中发酵液的pH以7～8为宜，一般在发酵液中，加入0.1%的碳酸钙调节酸碱度。

此外，还可以利用秸秆提取酒精；对畜牧业地区，可利用秸秆生产饲料，其主要方法有氨化技术、青贮技术和生物贮存技术。

(2) 废水的处理方法　废水的处理就是采用多种方法将污水中所含有的污染物质分离出来，或转化为稳定和无害的物质，使污水得到净化，满足我国污水排放标准，从而保护和改善水环境质量。

其中，废水生物处理法是利用微生物的代谢作用，使污水中呈溶解状态和胶体状态的有机污染物转化为稳定的无害物质。

生物处理的主要作用者是微生物，特别是其中的细菌。根据生化反应中 O_2 的需求与否，可把细菌分为好氧菌、兼性厌氧菌和厌氧菌。主要依赖好氧菌和兼性厌氧菌的生化作用来完成处理过程的工艺，称为好氧生物处理法；主要依赖厌氧菌和兼性厌氧菌的生化作用来完成处理过程的工艺，称为厌氧生物处理法。常用的生物处理法有活性污泥法、生物膜法、自然生物处理法等。

① 活性污泥法　向有机污水注入空气进行曝气，持续一段时间以后，污水中即生成一种絮凝体，这种絮凝体（称谓“活性污泥”）主要是由大量繁殖的微生物群体所构成。活性污泥法是使活性污泥在反应器（曝气池）中呈悬浮状态，充分与污水接触，污水中的有机污染物为活性污泥上的微生物所摄取氧化分解，从而使污水得到净化的方法。活性污泥法处理系统，实质上是自然界水体自净的人工模拟，不是简单的模拟，而是经过人工强化的模拟。

活性污泥法于1914年在英国曼彻斯特建成试验厂开创以来，已有80多年的历史。活性污泥法既适用于大流量的污水处理，也适用于小流量的污水处理。运行方式灵活，日常运行费用较低，但管理要求较高。当前，活性污泥法已成为污水特别是有机性污水生物处理技术的主体技术，是应用最为广泛的技术之一。历经几十年的发展与革新，活性污泥处理法的运行方式现已有多种：传统活性污泥法、阶段曝气活性污泥法、延时曝气活性污泥法、吸附-再生法等。

a. 传统活性污泥法　传统活性污泥处理系统主要由曝气池、二次沉淀池、污泥回流系统和曝气及空气扩散系统组成，见图9-4所示。

污水从曝气池的一端进入，同时，从二次沉淀池连续回流的活性污泥，作为接种污泥，也与此同步进入曝气池。此外，从空压机站送来的压缩空气，通过铺设在曝气池底部的空气

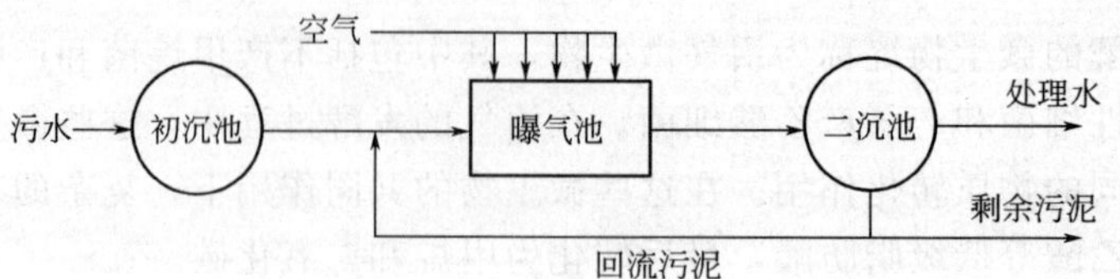

图 9-4 传统活性污泥处理系统的基本流程

扩散装置，以细小气泡的形式进入污水中，其作用除向污水充氧外，还使曝气池内的污水、活性污泥处于剧烈搅动的状态，形成混合液。活性污泥与污水互相混合、充分接触，使活性污泥反应得以正常进行。活性污泥反应进行的结果，污水中有机污染物转化为稳定的无机物质，同时活性污泥本身得以繁衍增长，污水则得以净化处理。

经过活性污泥净化作用后的混合液由曝气池的另一端流出并进入二次沉淀池，在这里进行固液分离，活性污泥通过沉淀与污水分离，澄清后的污水作为处理水排出系统。

b. 吸附-再生法　1950 年代美国得克萨斯州奥斯丁城的污水厂首先采用此工艺。废水先进入吸附池，活性污泥将有机物吸附，再进入二沉池；分离出来的部分污泥进入再生池继续曝气，使其恢复活性，然后再回流到吸附池。

由于再生池仅对回流污泥曝气，故节约了空气，池体积省了，或者说，同样的池子增加了处理能力。

c. 延时曝气法和氧化沟法　延时曝气法属于长时间曝气法，其特点是负荷低、停留时间长、处理效果稳定、出水水质好、剩余污泥量少。

在 1950 年代创造的氧化沟是延时曝气法的一种特殊型式，见图 9-5。它的平面像跑道，沟槽中设置两个曝气刷。曝气刷转动时，推动溶液迅速流动，起到曝气和搅拌两个作用。氧化沟一般不设初沉池，或同时不设二沉池，因而简化了流程，同时耐冲击负荷的能力和降解能力都强。

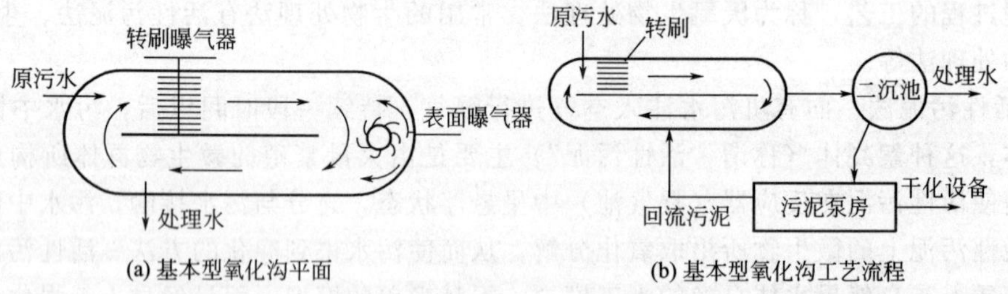

(a) 基本型氧化沟平面　(b) 基本型氧化沟工艺流程

图 9-5 氧化沟平面示意

此外，还有一些工艺具有脱 N 除 P 的功能，如 A/O 工艺、A^2/O 工艺、SBR（MSBR）工艺、VIP 工艺和鲁塞尔氧化沟工艺等。图 9-6 是典型的污水处理 A/O 工艺流程图，它是

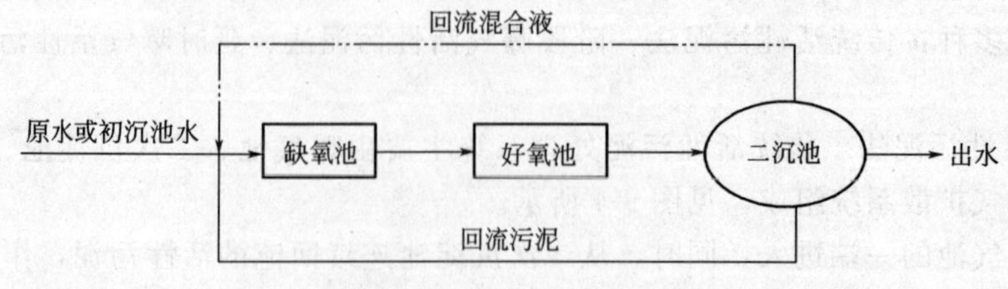

图 9-6 A/O 工艺流程示意

一种有回流的前置反硝化生物脱N系统，其反硝化在缺氧池中进行，硝化在好氧池中进行。图9-7是A^2/O工艺流程图，它是在A/O工艺基础上增设了一个缺氧区，具有同步脱N除P的功能。

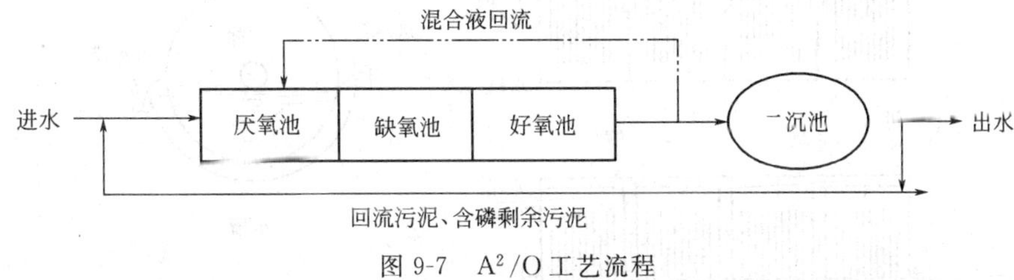

图9-7　A^2/O工艺流程

② 生物膜法　污水的生物膜处理法是使细菌和菌类一类的微生物和原生动物、后生动物一类的微型动物附着在滤料或某些载体上生长繁育，并在其上形成膜状生物污泥——生物膜。污水与生物膜接触，污水中的有机污染物，作为营养物质，为生物膜上的微生物所摄取，污水得到净化，微生物自身也得到繁衍增殖。

污水的生物膜处理法既是古老的，又是发展中的污水生物处理技术。迄今为止，属于生物膜处理法的工艺有生物滤池（普通生物滤池、高负荷生物滤池、塔式生物滤池）、生物转盘、生物接触氧化设备和生物流化床等。生物滤池是早期出现、至今仍在发展中的污水生物处理技术，而后三者则是近20个30年来开发的新工艺。

a. 普通生物滤池　平面一般呈圆形、方形或矩形。由滤料、池壁、布水系统和排水系统组成，见图9-8。污水通过布水器均匀分布在滤料表面，沿覆盖在滤料表面的生长膜流下，依靠生物膜吸附氧化污水中有机物。O_2由通过滤料间隙的气流供给。

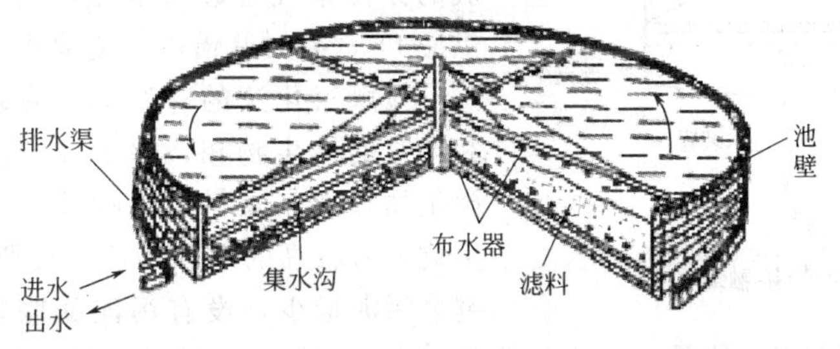

图9-8　普通生物滤池构造

b. 生物转盘　由固定于水平转轴上的若干圆形盘片及废水槽组成，见图9-9。转盘下半部浸没于废水槽内，上半部敞露于空气中，以2～5r/min的速度转动。转盘浸入废水时，盘面的生物膜吸附废水中的有机物，盘面露出废水后吸收空气中的氧。不断循环交替，使废水中有机物得到净化。

生物转盘的特点：运行中动力消耗及费用较低，为普通活性污泥的几分之一。这主要是由于生物转盘不需人工曝气及回流污泥的缘故；运行管理简单，没有污泥膨胀现象，运转设备简单；工作稳定，耐冲击负荷能力强；产生的污泥量少，且易于沉淀、脱水；没有池蝇滋生、恶臭、泡沫、噪声和滤床堵塞等问题；占地面积大，转盘上的生物膜易被冲刷，需要加以保护。

c. 生物接触氧化池　生物接触氧化法是一种介于活性污泥与生物滤池之间的生物膜法。在池中装满各种挂膜介质，全部滤料浸没在废水中，如图9-10。在滤料支承下部设置曝气

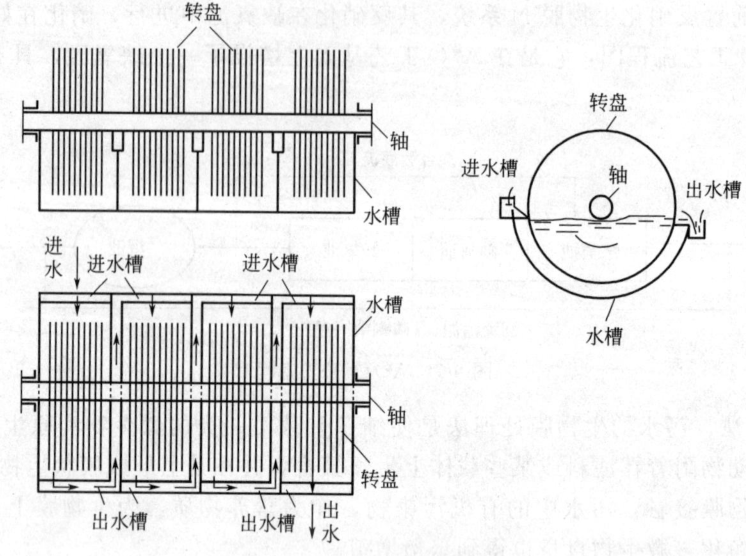

图 9-9　生物转盘构造示意

管，用压缩空气鼓气充氧，废水中的有机物被吸附（接触）于滤料表面的生物膜上，被微生物分解氧化。和其他生物膜一样，该法的生物膜也经历挂膜、生长增厚、脱落等更替过程。一部分生物膜脱落后变成活性污泥，在循环流动过程中，吸附和氧化分解废水中的有机物，多余的脱落生物膜在二次沉淀池中除去。空气通过设在池底的穿孔布气管进入水流，当气泡上升时向废水供应 O_2，有时并借以回流池水。

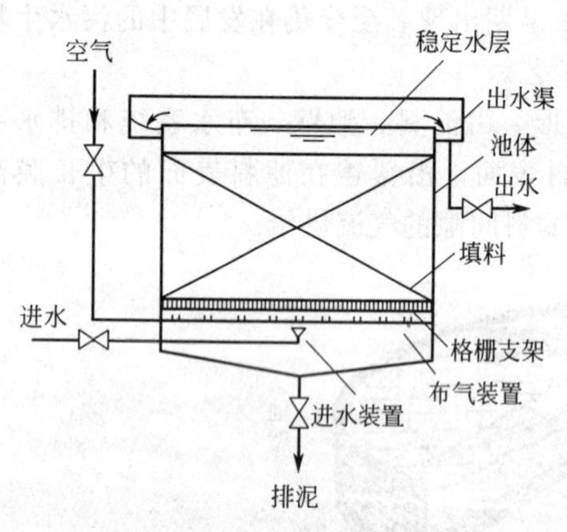

图 9-10　生物接触氧化池

接触氧化法的特征为：有较高的微生物浓度和丰富的微生物相，除了固定滤料表面的固定化微生物外，在滤料之间的孔隙中有悬浮生长的微生物；有较高的氧利用率、较强耐冲击负荷能力；剩余污泥量少，没有污泥膨胀现象，比较容易去除难分解和分解速度慢的物质；缺点是滤料间水流缓慢，接触时间长，水力冲刷力小，生物膜只能自行脱落；剩余污泥往往恶化处理水质；动力费用高。

知识链接

生活垃圾如何分类？

生活垃圾一般可分为四大类：可回收垃圾、厨余垃圾、有害垃圾和其他垃圾。

可回收垃圾包括纸类、金属、塑料、玻璃、织物等，通过综合处理回收利用，可以减少污染，节省资源。如每回收 1t 废纸可造好纸 850kg，节省木材 300kg，比等量生产减少污染 74%；每回收 1t 塑料饮料瓶可获得 0.7t 二级原料；每回收 1t 废钢铁可炼好钢 0.9t，比用矿石冶炼节约成本 47%，减少空气污染 75%，减少 97% 的水污染和固体废物。

厨余垃圾包括剩菜剩饭、骨头、菜根菜叶等食品类废物，经生物技术就地处理堆肥，每吨可生产0.3t有机肥料。

有害垃圾包括废电池、废日光灯管、废水银温度计、过期药品等，这些垃圾需要特殊安全处理。

其他垃圾包括除上述几类垃圾之外的砖瓦陶瓷、渣土、卫生间废纸等难以回收的废弃物，采取卫生填埋可有效减少对地下水、地表水、土壤及空气的污染。

目前常用的垃圾处理方法主要有综合利用、卫生填埋、焚烧和堆肥，综合回收利用是垃圾处理的首选方法。

二、农药残留的微生物降解

农药是人们主动投放于环境中数量大、毒性广的一类化学物质。在过去几十年中，有机氯、有机磷等农药的开发与应用曾为人类在农业、林业防治病虫害，提高农作物产量中起到了不可磨灭的作用。但对那些性质比较稳定、难于分解有毒农药的长期、大量使用，已造成严重的全球性环境污染和生态破坏。近年来，由于人们对环境和生态平衡的日益重视，相继提出了“软农药”和“抑菌剂”等概念，生物农药也引起了人们的广泛兴趣，但就目前的科技水平来看，化学农药在很长的一段时间内还是不可替代的，因此解决环境中存在的农药残留问题已经成为世界各国的研究热点。微生物在其中的作用已引起广泛关注，应用微生物进行生物修复已成为环境修复的一个重要内容。

1. 降解农药微生物的分离、筛选

降解农药微生物的分离、筛选是根据微生物对环境因子的耐受范围具有可塑性，对营养物可利用性比较广泛的特性，在选择性培养基中加入某些特殊碳源为营养物质，使样品中少数能分解利用此类物质的微生物大量繁殖，并将其分离出来的方法。

国内外学者已成功分离出了多种不同农药的降解菌株。Sangodkar，Dickel，Faison 等分离鉴定了降解不同污染物的微生物菌株；王银善等分离到一株黄杆菌 Flavobacterium spP3-2，可降解对硫磷、杀螟松、水胺硫磷、甲基对硫磷，性能稳定；杨小蓉等从经常施用氧乐果的蔬菜地土壤中分离得到一株降解氧乐果的高效菌；方玲采用以有机氯农药作为唯一碳源的 Tonomura 培养基分离筛选后，得到降解 666（BHC）的主要菌株分别属于芽孢菌属、无色杆菌属和假单孢菌属以及降解 DDT 的菌株属于产碱杆菌属和无色杆菌属；刘玉焕等对甲胺磷降解真菌进行了较全面的研究。这些农药降解菌株的分离筛选为解决我国的农药降解问题奠定了一定基础。

2. 降解途径与机理

农药的代谢方式主要有酶促与非酶促方式，而微生物的降解作用主要是通过其分泌酶的代谢来完成，其本质为酶促反应，其中包括：①广谱性酶的偶然性代谢；②由基质结构与农药相似的酶进行的共代谢；③由利用农药作为能源适应酶进行的降解代谢。另外，还有通过 pH 改变、辅酶或化学产物的降解。常见的降解酶类主要有以下几种。

① 水解酶类　磷酸酶、对硫磷水解酶、酯酶、硫基酰胺酶、裂解酶等。

② 氧化还原酶类　过氧化物酶和多酚氧化酶（酪氨酸酶、漆酶）。

目前对于各种杀虫剂的微生物降解途径已比较清楚，其主要的降解途径主要有以下

几种。

① 水解作用（hydrolysis）：在微生物作用下，酯键和酰胺键水解，使得农药脱毒，如马拉硫磷、敌稗等。

② 脱卤作用（dehalogenation）：卤代烃类杀虫剂，在脱卤酶的作用下，其取代基上的卤被 H、羧基等取代，从而失去毒性，如 DDT 降解变为 DDE 即属此类反应。

③ 氧化作用（oxidization）：微生物通过合成氧化酶，使分子氧进入有机分子，尤其是带有芳香环的有机分子中，插入 1 个羟基或形成 1 个环氧化物，如多菌灵和 2,4-D。

④ 硝基还原（nitro reduction）：在微生物的作用下，农药中的—NO_2 转变为 NH_2，如 2,4-二硝基酚，其降解产物为 2-氨基-4-硝基酚和 4-氨基-2-硝基酚；对硫磷转为氨基对硫磷。

⑤ 甲基化（methylation）：有毒酚类加入甲基使其钝化，如五氯酚、四氯酚。

⑥ 去甲基化（demethylation）：含有甲基或其他烃基，与 N、O、S 相连，脱去这些基团转为无毒，如敌草隆的降解即脱去两个 *N*—甲基。

⑦ 去氨基（deamination）：脱氨无毒，如醚草通。

⑧ 轭合作用（conjugation）：生物体内的中间代谢产物与异生素进行合成反应。

通常农药的微生物降解并不是以单一方式进行的，它可以在多种不同酶作用下以不同的方式进行。农药微生物降解途径的明了对于人们对该类问题的深入研究具有重要意义。

3. 固定化微生物技术在农药降解中的应用

细胞固定化是指应用物理或化学的手段将游离的细胞定位于限定的空间区域并使其保持活性，并可反复使用的一种技术。它是 20 世纪 60 年代由生物化学中的固定化酶技术发展出来的生物技术。自 70 年代后期以来，固定化微生物细胞的研究迅速发展。其应用范围很广。其中，应用固定化微生物技术处理、降解污水中的农药，成为 1 个新的研究领域。Yang 等用三乙酸纤维素酯和海藻酸钙的复合物包埋混合好氧菌处理含酚废水，显示了酶活性高、强度好以及操作稳定性好的特点；闫艳春等将抗性库蚊酯酶基因转入大肠杆菌和蓝藻，研究了固定化细胞对有机磷、有机氯和菊酯类农药的降解，取得了较好的研究效果。

三、微生物传感器在环境监测方面的应用

近些年来，工业化进程和新技术开发日新月异，使人类文明发生了翻天覆地的变化。与此同时，自然环境也遭到了极大冲击，污染问题日益严重，引起了世界各地人民的广泛关注，因此对环境污染物进行有效监测意义重大。微生物传感器由于快速、灵敏、响应快，样品用量少等特点非常适用于环境样品的监测。同时更由于体积小，易于实现连续在线监测，成本远低于大型的分析仪器，便于推广普及而得到迅速发展。1975 年 Divies 制成了第一支微生物传感器，由此开辟了生物传感器发展的又一新领域。与最早问世的酶电极相比较，微生物传感器的稳定性较好，使用寿命也较长，且价廉。微生物细胞中的酶因为仍处于它的自然环境中，这就增加了稳定性和活性，还免除了花费昂贵的酶纯化和辅助因素再生的步骤。

1. 生物需氧量（BOD）的监测

BOD 是废水监测中最重要的参数之一，传统的监测方法是采用五日生化法测定，费时、费力且不易实现在线监测。而采用生物传感器测定 BOD 值能将测定时间缩短至 15min，而且重现性大大提高，具有广阔的市场，许多种 BOD 传感器被应用开发。商业上可行的、最早的微生物传感器也是用于监控废水和污水处理厂中的可被生物降解的有机化合物。1977 年 Karube 等开发出能够测定水质的 BOD 微生物传感器，宣告了人类第一台 BOD 微生物传

感器的问世。我国于2002年由国家环境保护总局颁布了水质中污染物生化需氧量测定微生物传感器快速测定法环境保护行业标准，该方法适用于地表水、生活污水和不含对微生物有明显毒害作用的工业废水中BOD的测定。

为了监测低BOD的废水水样（小于5mg/L）例如污水处理厂的二级废水或河水等，Chee使用一种恶臭假单胞菌制成了高灵敏度的BOD传感器。这种从污水处理厂分离筛选得到的细菌能够降解许多难降解有机化合物如腐殖酸、木质素、单宁酸、表面活性剂等河水及污水中的化合物。这种高灵敏度的BOD传感器不久将投入生产，在日本广泛用于河水及污水BOD监测，并有望替代传统的BOD_5监测方法。

2. 环境中污染物的检测

表面活性剂是一种广泛使用的有机化合物，同时也对环境造成了很大的污染。Reshetilov和Taranova研究了假单胞菌和无色菌传感器的敏感性和选择性，这种细菌能够降解表面活性剂引起溶解氧的减少，通过氧电极的变化检测表面活性剂的含量，最低检测限能达到0.25μg/L。

SO_2是形成酸雨酸雾的主要原因，传统的检测方法很复杂。Sasaki将一种氧化亚铁硫杆菌制成微生物电极与电位计、记录仪构建成的微生物传感器，可以监测酸雨中的硫酸盐，并讨论了这种微生物传感器的使用寿命、酸雨中其他离子的影响以及它的应用。王晓辉等从硫铁矿附近酸性土壤中分离筛选出一株专性、自养、好氧的氧化硫硫杆菌，将此菌体夹于两片乙酸纤维素膜之间形成夹层式微生物膜从而制成一种硫化物微生物传感器，建立了测定硫化物的新方法。

3. 在生物毒性测试中的应用

毒性是一项综合的生物学参数，它是衡量样品对活性生物体所产生的影响，不能以化学分析的方法进行测定，而其他的生物测试方法如鱼类试验、浮游动物试验、藻类试验等则较为复杂。微生物传感器法适用天然微生物，这一方法经研究被证实具有快速、简便的特点，同时有很好的灵敏度和可靠性。另外，细菌本身没有危害性。

发光微生物传感器是目前生物毒性测试中研究最多的微生物传感器之一。最常用的生物发光系统是用水体毒性实验的Microtox法评价。早在1995年国家环境保护总局就颁布了水质急性毒性的测定发光细菌法行业标准。该标准规定了测定水环境急性毒性的发光细菌法，适用于工业废水、纳污水体及实验室条件下可溶性化学物质的水质急性毒性监测。

微生物传感器展现出广阔的发展前景，目前的研究热点是：微生物传感器的固定方法还有待改进，固定后的微生物应尽可能保证细胞活性和避免细胞从膜中流失，以保证传感器的使用。同时延长微生物传感器的使用寿命将有助于微生物传感器向实用化、商业化迈进。基因重组微生物传感器能进一步提高微生物传感器的灵敏度，这将是一个重要的研究方向，也必将为微生物传感器增添新的活力。

四、有机污染土壤的生物修复

土壤是生态环境的重要组成部分，对环境质量的变化具有很强的敏感性。随着工农业的发展和城市化进程的扩大，土壤环境日益恶化。农业上化肥农药的广泛使用、工业废水中有毒有害物质侵袭农田、固体废物堆放填埋引起的有毒有害物质的泄漏等，使各种污染物质通过不同途径在土壤中不断积累，土体净化能力日趋饱和，土壤质量明显下降。被污染的土壤不仅对地表水和地下水造成二次污染，而且通过土壤——植物系统使各种污染物经由食物链进入人体，直接危及人体健康。因此，土壤生态环境的保护已引起人们的普遍关注，土壤污染已成为全球化环境问题新的发展点，土壤污染修复技术的研究已成为环保领域的研究热点。

广义的污染土壤生物修复技术是指利用土壤中的各种生物，如植物、动物和微生物，吸收、降解和转化土壤中的污染物，使土壤中的污染物含量降低到可接受的水平或将有毒有害的污染物转化为无害物质的过程。在这一概念下又可将土壤生物修复技术分为植物修复、动物修复和微生物修复三种类型。狭义的污染土壤生物修复指微生物修复技术，即利用土壤微生物将有机污染物作为碳源和能源，将土壤中有害的有机污染物降解为无害的无机物（CO_2和 H_2O）或其他无害物质的过程。

受有机物污染的土壤之所以能够用生物的方法进行修复治理，一是由于在土壤中存在着各种各样的微生物，这些微生物能够适应变化的环境，具有或能产生酶，具备代谢功能，能够降解或转化土壤中难降解的有机化合物；二是由于进入土壤的有机化合物大部分具有可生物降解性，即在微生物作用下有由大分子化合物转化为简单小分子化合物的可能性。

与传统的污染土壤治理技术相比，土壤生物修复技术具有污染降解完全、可就地处理、可处理各种不同种类有机污染物且处理成本较低等优点，在环境科学界已被广泛接受并被认为具有广阔的应用前景，已应用于原油污染海湾、石油污染地及含氯、苯、菲等多种有机污染土壤的生物修复。欧洲和北美一些国家的许多实际处理工程都证明，利用土壤微生物降解有毒有害有机污染物的生物修复技术是治理大面积污染土壤的一种有实际应用价值的方法。

1. 在石油污染土壤治理中的应用

海湾战争期间，科威特有 500 多公顷的土壤受到油田原油泄漏的污染，科研人员采用生物修复方法对其进行治理，取得了良好效果。通过向含油（TPH）2%～40%的土壤中添加氮、磷等微生物营养要素及木屑等添加物，采用土地耕耘、大面积翻地、大面积强制通风等措施，同时对土壤中的水分和氧气进行适当管理，经过为期 15 个月的生物修复工程，该污染土壤中的原油降解率可达 75%～85%，油污染降解效果显著。

国内林力等从被石油污染的包气带土层中，分离出 159 株烃降解细菌和真菌，其中 17 株可以不同程度地分别利用烷烃和芳烃（酚、萘、甲苯和二甲苯）作为其生长的唯一碳源。在最适宜的氮源和磷源的条件下，假单胞细菌 52 在 7d 内可利用石蜡作为碳源，生物量连续增加，3d 内可将初始浓度为 500mg/L 的机油降解 99%。投加选育出的混合菌株进行原油污染的土壤模拟降解实验，25d 内可将油污的矿化作用提高一倍。

2. 在多环芳烃（PAHs）污染土壤治理中的应用

Field 等研究了黑管菌属 BO55 对 PAHs 的降解。对未受污染的沙壤土进行灭菌处理，人为添加浓度为 100mg/kg 的五环苯并［*a*］芘，然后接种在谷物或麻秆片培养了 10d 的白腐菌。结果表明，经过 22d 后，苯并［*a*］芘的降解率可达 80%。

张小凡等在实验室模拟条件下，对被多环芳烃化合物菲污染的土壤进行生物降解研究，其结果表明，转基因工程菌对土壤中菲的生物降解有很好促进效果，在 30d 内约有 50%的菲被降解。

3. 在氯酚类污染土壤治理中的应用

在研究真菌降解氯化木素时，人们发现一些能够分泌木素解聚酶的真菌同样可以降解各种氯酚类化合物，并且具有较高的降解能力。而有关于氯酚类化合物的生物降解的研究主要集中于一氯苯酚、二氯苯酚和五氯苯酚。

Piero M. Armenante 等将白腐菌用于 2-氯苯酚的生物降解实验。他们将菌体分别包埋于硅胶载体和轻木颗粒中进行填床式反应器试验，并和用游离菌体的批式发酵罐试验进行比较，结果表明：处理浓度为 500mg/L 的 2-氯苯酚废水，游离菌体的降解率远远低于固定化细胞。固定化细胞可将 80%～94%的 2-氯苯酚降解成二氧化碳、水和无机氯。

Laine 等在中试规模上研究堆肥工艺修复五氯苯酚（PCP）污染土壤的性能，其规模达到 $13m^3$（7500kg），操作时添加肥料（$1kg/m^3$）、支撑物（稻草），结果发现在低浓度 PCP（10～45mg/kg）时，PCP 去除速率为 0.6mg/(kg・d)；PCP 浓度达到 50～180mg/kg 时，其降解速率为 2.2～4.8mg/(kg・d)。堆肥 6 个月，土壤中 90%以上的 PCP 被降解矿化。

陈勇生等从污染土壤中分离出能够降解酚类化合物的菌株，在此基础上，研究了该菌株对氯酚的降解特性，并采用土柱试验模拟氯酚污染土壤，通过向被污染土壤中加入所筛选的菌株，探索了其对修复氯酚污染土壤的可行性。研究结果表明，D-1 菌株对对氯酚的降解具有共代谢特征，在共生基质条件下，其对对氯酚的降解率为 60%；D-1 菌株加入到对氯酚污染的土壤中以后，可以对土壤中的氯酚进行降解，降解率可达 50%。

4. 在 PCDDs 污染土壤治理中的应用

多氯代二噁英（polychlorinated dibenzo-p-diox-ins，PCDDs）属于全球性污染物，是目前已知的毒性很强的一类三环芳香族有机氯化合物。该类污染物在环境中能持久稳定存在，但其毒性强，有致癌、致畸、致突变等危害。目前，对土壤中的 PCDDs 进行微生物修复是研究 PCDDs 降解的主要方向之一。据报道，土壤中的白腐真菌如显金孢子菌属，能将 PCCDs矿化为 CO_2。

Takade 等报道了利用白腐真菌菌株在稳定的低氮介质中，降解了 10 种 PCDDs 和 PCDFs的混合物（含四至八氯代二噁英），降解率约为 40%（四氯代二噁英）到 76%（六氯代二噁英）。从自然界中分离和选育能降解 PCDDs 的菌种，对降解土壤中的 PCDDs 具有广阔的应用前景。

生物修复技术在降解土壤有机污染物进而对污染土壤进行修复中具有重要意义。利用微生物进行有机污染物的生物降解是一项经济、有效、对环境具有美化效应的新兴技术，近年来得到了越来越广泛的应用，特别是对于残留在土壤中的危险、有毒污染物，如 TNT、石油、农药、甲基汞等有机污染，生物修复技术具有独特的、不可替代的作用。

典型任务

任务一 水中细菌总数的测定

一、任务目标

1. 了解水中细菌总数的测定原理和测定意义；
2. 学会水样的采取方法；
3. 掌握用稀释平板计数法测定水中细菌总数的方法。

二、任务说明

水是微生物广泛分布的天然环境。各种天然水中常含有一定数量的微生物。水中微生物的主要来源有：水中的水生性微生物（如光合藻类）、来自土壤径流、降雨的外来菌群和来自下水道的污染物和人畜的排泄物等。水中的病原菌主要来源于人和动物的传染性排泄物。

水中的细菌总数越多，说明水中有机物的含量就越高，水体被污染的程度越重。水的微生物学的检验，特别是肠道细菌的检验，在保证饮水安全和控制传染病上有着重要意义，同时也是评价水质状况的重要指标。国家饮用水标准规定，饮用水中大肠菌群数每升中不超过3个，细菌总数每毫升不超过100个。

水中细菌的种属繁多，它们对营养和其他生长条件的要求差别很大，不可能找到一种培养基在一种条件下，使水中所有的细菌均能生长繁殖，以一定的培养基平板上生长出来的菌落，计算出来水中的细菌总数实际上是一种近似值。

肠道中的绝大多数腐生性和致病性的细菌，可在牛肉膏蛋白胨培养基上进行生长。因此应用平板菌落计数技术来测定水样中的细菌总数基本上能代表水样中细菌的数量。所谓细菌总数是指1mL或1g检样中所含细菌菌落的总数，所用的方法是稀释平板计数法，由于计算的是平板上形成的菌落（colony-forming unit，cfu）数，故其单位应是cfu/g（mL）。它反映的是检样中活菌的数量。

三、任务准备

1. 培养基

牛肉膏蛋白胨琼脂培养基。

2. 仪器设备

恒温培养箱，高压蒸汽锅，电子天平。

3. 用具材料

灭菌三角瓶，灭菌的具塞三角瓶，灭菌平皿，灭菌吸管，灭菌试管，灭菌的玻璃塞瓶1个，三角烧瓶/烧杯4个，灭菌培养皿9个，无菌1mL吸管6支，无菌10mL吸管2支，试管3支，pH试纸，玻璃棒，记号笔1支，100mL量筒，滴管2支，蒸馏水200mL，无菌生理盐水。

四、任务实施

1. 水样的采集

（1）自来水　先将自来水水龙头用酒精灯火焰灼烧灭菌，再开放水龙头使水流5min，以灭菌三角瓶接取水样以备分析。

（2）池水、河水、湖水等地面水源水　在距岸边5m处，取距水面10～15cm的深层水样，先将灭菌的具塞三角瓶，瓶口向下浸入水中，然后翻转过来，除去玻璃塞，水即流入瓶中，盛满后，将瓶塞盖好，再从水中取出。如果不能在2h内检测的，需放入冰箱中保存。

2. 细菌总数的测定

（1）水样稀释及培养

① 按无菌操作法，将水样做10倍系列稀释。

② 根据对水样污染情况的估计，选择2～3个适宜稀释度（饮用水如自来水、深井水

等，一般选择 1∶1、1∶10 两种浓度；水源水如河水等，比较清洁的可选择 1∶10、1∶100、1∶1000 三种稀释度；污染水选择 1∶100、1∶1000、1∶10000 三种稀释度），吸取 1mL 稀释液于灭菌平皿内，每个稀释度作 3 个重复。

③ 将熔化后温度 45℃的牛肉膏蛋白胨琼脂培养基倒平皿，每皿约 15mL，并趁热转动平皿混合均匀。

④ 待琼脂凝固后，将平皿倒置于 37℃培养箱内培养（24±1）h 后取出，计算平皿内菌落数目，乘以稀释倍数，即得 1mL 水样中所含的细菌菌落总数。

（2）计算方法　作平板计数时，可用肉眼观察，必要时用放大镜检查，以防遗漏。在记下各平板的菌落数后，求出同稀释度的各平板平均菌落数。

（3）计数的报告

① 平板菌落数的选择　选取菌落数在 30～300 之间的平板作为菌落总数测定标准。一个稀释度使用两个重复时，应选取两个平板的平均数。如果一个平板有较大片状菌落生长时，则不宜采用，而应以无片状菌落生长的平板计数作为该稀释度的菌数。若片状菌落不到平板的一半，而其余一半中菌落分布又很均匀，可计算半个平板后乘 2 以代表整个平板的菌落数。

② 稀释度的选择

a. 应选择平均菌落数在 30～300 之间的稀释度，乘以该稀释倍数报告之（表 9-5 例次 1）。

表 9-5　稀释度选择及菌落总数报告方式

例次	不同稀释度的平均菌落数			两个稀释度菌落数之比	菌落总数/(cfu/g 或 cfu/mL)	报告方式(菌落总数)/(cfu/mL 或 cfu/g)	备注
	10^{-1}	10^{-2}	10^{-3}				
1	1365	164	20	—	16400	16000 或 1.6×10^4	两位以后的数字采用四舍六入五单双的原则取舍
2	2760	295	46	1.6	37750	38000 或 3.8×10^4	
3	2890	271	60	2.2	27100	27000 或 2.7×10^4	
4	无法记数	1650	513	—	513000	510000 或 5.1×10^5	
5	27	11	5	—	270	270 或 2.7×10^2	
6	无法记数	305	12	—	30500	31000 或 3.1×10^4	

b. 若有两个稀释度，其生长的菌落数均在 30～300 之间，则视二者之比来决定。若其比值小于 2，应报告其平均数；若比值大于 2，则报告其中较小的数字（表 9-5 例次 2、例次 3）。

c. 若所有稀释度的平均菌落均大于 300，则应按稀释倍数最低的平均菌落数乘以稀释倍数报告之（表 9-5 例次 4）。

d. 若所有稀释度的平均菌落数均小于 30，则应按稀释倍数最低的平均菌落数乘以稀释倍数报告之（表 9-5 例次 5）。

e. 若所有稀释度的平均菌落数均不在 30～300 之间，则以最接近 30 或 300 的平均菌落数乘以该稀释倍数报告之（表 9-5 例次 6）。

③ 细菌总数的报告　细菌的菌落数在 100 以内时，按其实有数报告；大于 100 时，用二位有效数字，在二位有效数字后面的数字，以四舍六入五单双方法修约。为了缩短数字后面的 0 的个数，可用 10 的指数来表示，如表 9-5“报告方式”一栏所示。

五、任务提示

1. 认真配制牛肉膏蛋白胨琼脂培养基。
2. 检测中应合理控制所加的水样量。

3. 操作过程中注意避免污染。

六、任务思考

1. 根据自来水的细菌总数结果，判断是否符合饮用水卫生标准？

2. 你所测定的当地水源水卫生状况如何？有何具体建议？

任务二 水中总大肠菌群的测定

一、任务目标

1. 了解大肠菌群的测定原理和测定意义；
2. 掌握多管发酵法测定水中大肠菌群的技术；
3. 了解水质评价的微生物学卫生标准。

二、任务说明

总大肠菌群是以 *E. coli* 为代表的杆状、无芽孢、需氧或兼性厌氧、革兰阴性，经 37℃、24～48h 培养，发酵乳糖产酸、产 CO_2 可区别于其他肠道菌，易于测定的一类细菌。大肠菌群主要包括埃希菌属、肠杆菌属、克雷伯菌属和柠檬酸杆菌属。这类菌是温血动物肠道中的正常菌群，常随动物的粪便污染水源，一个成年人每天排出的粪便中含有（5～100）× 10^{10} 个这类细菌，并且它们与水中存在的肠道病原菌呈正相关性，而病原菌在水中的浓度很低，测定手续繁琐，工作人员还有被感染传播的危险。因此，总大肠菌群是一个合适的指示菌，能指示出病原菌在水中的存在，其数量大于或等于病原菌的数量，并且比病原菌容易检出，所以检测水的细菌学卫生标准，通常检测总大肠菌群。

总大肠菌群可用多管发酵法或滤膜法检验。多管发酵法的原理是根据大肠菌群能发酵乳糖、产酸、产气，以及具备革兰染色阴性，无芽孢，呈杆状等有关特性，通过三个步骤进行检验求得水样中的总大肠菌群数。试验结果以最可能数（most probable number），简称 MPN 表示。

三、任务准备

1. 仪器设备

（1）高压蒸汽灭菌器。

（2）恒温培养箱，冰箱。

（3）生物显微镜，载玻片。

（4）酒精灯，镍铬丝接种棒。

（5）培养皿（直径 100mm），试管（5mm×150mm），吸管（1mL、5mL、10mL），烧杯（200mL、500mL、2000mL），锥形瓶（500mL、1000mL），采样瓶。

2. 培养基及染色剂

（1）乳糖蛋白胨培养液　将 10g 蛋白胨、3g 牛肉膏、5g 乳糖和 5g 氯化钠加热溶解于 1000mL 蒸馏水中，调节溶液 pH 为 7.2～7.4，再加入 1.6％溴甲酚紫乙醇溶液 1mL，充分混匀，分装于试管中，于121℃高压灭菌器中灭菌15min，贮存于冷暗处备用。

（2）三倍浓缩乳糖蛋白胨培养液　按上述乳糖蛋白胨培养液的制备方法配制。除蒸馏水外，各组分用量增加至3倍。

（3）品红亚硫酸钠培养基

① 贮备培养基的制备　于2000mL烧杯中，先将20～30g琼脂加到900mL蒸馏水中，加热溶解，然后加入3.5g磷酸氢二钾及10g蛋白胨，混匀，使其溶解，再用蒸馏水补充到1000mL，调节溶液pH为7.2～7.4。趁热用脱脂棉或绒布过滤，再加入10g乳糖，混匀，定量分装于250mL或500mL锥形瓶内，置于高压灭菌器中，在121℃灭菌15min，贮存于冷暗处备用。

② 平皿培养基的制备　将上法制备的贮备培养基加热熔化。根据锥形瓶内培养基的容量，用灭菌吸管按比例吸取一定量的5%碱性品红乙醇溶液，置于灭菌试管中；再按比例称取无水亚硫酸钠，置于另一灭菌试管内，加灭菌水少许使其溶解，再置于沸水浴中煮沸10min（灭菌）。用灭菌吸管吸取已灭菌的亚硫酸钠溶液，滴加于碱性品红乙醇溶液内至深红色再褪至淡红色为止（不宜加多）。将此混合液全部加入已熔化的贮备培养基内，并充分混匀（防止产生气泡）。立即将此培养基适量（约15mL）倾入已灭菌的平皿内，待冷却凝固后，置于冰箱内备用，但保存时间不宜超过两周。如培养基已由淡红色变成深红色，则不能再用。

（4）伊红美蓝培养基

① 贮备培养基的制备　于2000mL烧杯中，先将20～30g琼脂加到900mL蒸馏水中，加热溶解。再加入2.0g邻酸二氢钾及10g蛋白胨，混合使之溶解，用蒸馏水补充至1000mL，调节溶液pH为7.2～7.4。趁热用脱脂棉或绒布过滤，再加入10g乳糖，混匀后定量分装于250mL或500mL锥形瓶内，于121℃高压灭菌15min，贮于冷暗处备用。

② 平皿培养基的制备　将上述制备的贮备培养基熔化。根据锥形瓶内培养基的容量，用灭菌吸管按比例分别吸取一定量已灭菌的2%伊红水溶液（0.4g伊红溶于20mL水中）和一定量已灭菌的0.5%美蓝水溶液（0.065g美蓝溶于13mL水中），加入已熔化的贮备培养基内，并充分混匀（防止产生气泡），立即将此培养基适量倾入已灭菌的空平皿内，待冷却凝固后，置于冰箱内备用。

（5）革兰染色剂

① 结晶紫染色液　将20mL结晶紫乙醇饱和溶液（称取4～8g结晶紫溶于100mL 95%乙醇中）和80mL 1%草酸铵溶液混合、过滤。该溶液放置过久会产生沉淀，不能再用。

② 助染剂　将1g碘与2g碘化钾混合后，加入少许蒸馏水，充分振荡，待完全溶解后，用蒸馏水补充至300mL。此溶液两周内有效。当溶液由棕黄色变为淡黄色时应弃去。为易于贮备，可将上述碘与碘化钾溶于30mL蒸馏水中，临用前再加水稀释。

③ 脱色剂　95%乙醇。

④ 复染剂　将0.25g沙黄加到10mL 95%乙醇中，待完全溶解后，加90mL蒸馏水。

四、任务实施

1. 生活饮用水

（1）初发酵试验　在两个装有已灭菌的50mL三倍浓缩乳糖蛋白胨培养液的大试管或烧瓶中（内有倒管），以无菌操作各加入已充分混匀的水样100mL。在10支装有已灭菌的

5mL三倍浓缩乳糖蛋白胨培养液的试管中（内有倒管），以无菌操作加入充分混匀的水样10mL混匀后置于37℃恒温箱内培养24h。

（2）平板分离　上述各发酵管经培养24h后，将产酸、产气及只产酸的发酵管分别接种于伊红美蓝培养基或品红亚硫酸钠培养基上，置于37℃恒温箱内培养24h，挑选符合下列特征的菌落。

① 伊红美蓝培养基上　深紫黑色，具有金属光泽的菌落；紫黑色，不带或略带金属光泽的菌落；淡紫红色，中心色较深的菌落。

② 品红亚硫酸钠培养基上　紫红色，具有金属光泽的菌落；深红色，不带或略带金属光泽的菌落；淡红色，中心色较深的菌落。

（3）镜检　挑选符合上述特征的菌落，取菌落的一小部分进行涂片、革兰染色、镜检。

① 用以培养18～24h的培养物涂片，涂层要薄；

② 将涂片在火焰上加温固定，待冷却后滴加结晶紫溶液，1min后用水洗去；

③ 滴加助色剂，1min后用水洗去；

④ 滴加脱色剂，摇动玻片，直至无紫色脱落为止（约20～30s），用水洗去；

⑤ 滴加复染剂，1min后用水洗去，晾干、镜检，呈紫色者为革兰阳性菌，呈红色者为阴性菌。

（4）复发酵试验　上述涂片镜检的菌落如为革兰阴性无芽孢的杆菌，则挑选该菌落的另一部分接种于装有普通浓度乳糖蛋白胨培养液的试管中（内有倒管），每管可接种分离自同一初发酵管（瓶）的最典型菌落1～3个，然后置于37℃恒温箱中培养24h，有产酸、产气者（不论倒管内气体多少皆作为产气论），即证实有大肠菌群存在。根据证实有大肠菌群存在的阳性管（瓶）数查表9-6，报告每升水样中的大肠菌群数。

表9-6　大肠菌群检数表

10mL水量的阳性管数	100mL水量的阳性瓶数		
	0	1	2
	1L水样中大肠菌群数	1L水样中大肠菌群数	1L水样中大肠菌群数
0	<3	4	11
1	<3	8	18
2	7	13	27
3	11	18	38
4	14	24	52
5	18	30	70
6	22	36	92
7	27	43	120
8	31	51	161
9	36	60	230
10	40	69	>230

注：接种水样总量300mL（100mL 2份，10mL 10份）。

2. 水源水

（1）于各装有5mL三倍浓缩乳糖蛋白胨培养液的5个试管中（内有倒管），分别加入10mL水样；于各装有10mL乳糖蛋白胨培养液的5个试管中（内有倒管），分别加入1mL水样；再于各装有10mL乳糖蛋白胨培养液的5个试管中（内有倒管），分别加入1mL 1∶10稀释的水样。共计15管，三个稀释度。将各管充分混匀，置于37℃恒温箱内培养24h。

（2）平板分离和复发酵试验的检验步骤同“生活饮用水检验方法”。

（3）根据证实总大肠菌群存在的阳性管数，查表 9-7，即求得每 100mL 水样中存在的总大肠菌群数。我国目前系以 1L 为报告单位，故 MPN 值再乘以 10，即位 1L 水样中的总大肠菌群数。

表 9-7 最可能数（MPN）表

出现阳性份数			每 100mL 水样中细菌数的最可能数	95%可信限值		出现阳性份数			每 100mL 水样中细菌数的最可能数	95%可信限值	
10mL 管	1mL 管	0.1mL 管		下限	上限	10mL 管	1mL 管	0.1mL 管		下限	上限
0	0	0	<2			2	0	1	7	1	17
0	0	1	2	<0.5	7	2	1	0	7	1	17
0	1	0	2	<0.5	7	2	1	1	9	2	21
0	2	0	4	<0.5	11	2	2	0	9	2	21
1	0	0	2	<0.5	7	2	3	0	12	3	28
1	0	1	4	<0.5	11	3	0	0	8	1	19
1	1	0	4	<0.5	15	3	0	1	11	2	25
1	1	1	6	<0.5	15	3	1	0	11	2	25
1	2	0	6	<0.5	15	3	1	1	14	4	34
2	0	0	5	<0.5	13	3	2	0	14	4	34
3	2	1	17	5	46	5	2	0	49	17	130
3	3	0	17	5	46	5	2	1	70	23	170
4	0	0	13	3	31	5	2	2	94	28	220
4	0	1	17	5	46	5	3	0	79	25	190
4	1	0	17	5	46	5	3	1	110	31	250
4	1	1	21	7	63	5	3	2	140	37	310
4	1	2	26	9	78	5	3	3	180	44	500
4	2	0	22	7	67	5	4	0	130	35	300
4	2	1	26	9	78	5	4	1	170	43	190
4	3	0	27	9	80	5	4	2	220	57	700
4	3	1	33	11	93	5	4	3	280	90	850
4	4	0	34	12	93	5	4	4	350	120	1000
5	0	0	23	7	70	5	5	0	240	68	750
5	0	1	34	11	89	5	5	1	350	120	1000
5	0	2	43	15	110	5	5	2	540	180	1400
5	1	0	33	11	93	5	5	3	920	300	3200
5	1	1	46	16	120	5	5	4	1600	640	5800
5	1	2	63	21	150	5	5	5	≥2400		

注：接种 5 份 10mL 水样、5 份 1mL 水样、5 份 0.1mL 水样时，不同阳性及阴性情况下 100mL 水样中细菌数的最可能数和 95%可信限值。

3. 地表水和废水

对污染严重的地表水和废水，初发酵试验的接种水样应做 1∶10、1∶100、1∶1000 或更高倍数的稀释，检验步骤同“水源水检验方法”。

如果接种的水样量不是 10mL、1mL 和 0.1mL，而是较低或较高的三个浓度的水样量，也可查表求得 MPN 指数，再经下面公式换算成每 100mL 的 MPN 值：

$$\text{MPN}_{\text{值}} = \text{MPN}_{\text{指数}} \times \frac{10(\text{mL})}{\text{接种量最大的一管}(\text{mL})}$$

我国目前以 1L 为报告单位，MPN 指数再乘 10，即为 1L 水样中的总大肠菌群数。

五、任务提示

1. 认真配制不同类型的培养基。

2. 检测中应合理控制所加的水样量。

3. 在选菌落时认真选择大肠菌群典型菌落。

4. 操作过程中注意避免污染。

六、任务思考

1. 根据水样的大肠菌群数结果，判断是否符合微生物学卫生标准？

2. 在EMB（伊红美蓝）培养基上长出的三种特征菌落，何种为典型大肠杆菌？

3. 检测水中的大肠菌群数有何意义？

【案例】

对某地表水采用多管发酵法进行总大肠菌群的测定。获得如下检测结果：水样接种10mL的5管均为阳性；接种1mL的5管中有2管为阳性；接种1∶10的水样1mL的5管均为阴性。请你分析该水体污染状况。

【解析】

依据检测结果，从最可能数（MPN）表中查检验结果5～2～0，得知MPN指数为49，即100mL水样中的总大肠菌群数为49个，故1L水样中的总大肠菌群数为49×10＝490个。

依据地表水环境质量标准GB 3838—2002判断，该地表水总大肠菌群数满足Ⅱ类水标准。

附 录

附录Ⅰ 常用培养基

1. 牛肉膏蛋白胨培养基（营养肉汤，培养细菌）

牛肉膏 5.0g，
蛋白胨 10.0g，
氯化钠 5.0g，
蒸馏水 1000mL，
pH 7.2～7.4，
121℃灭菌 20min。

若制备固体培养基，可根据温度高低及品牌不同，每升培养基加入 15～20g 左右的琼脂。冬天用量略减，夏天略有增加，以下同。

2. 高氏 1 号培养基（适用于多数放线菌保藏、孢子生长良好）

可溶性淀粉 20.0g，
硝酸钾 1.0g，
氯化钠 0.5g，
磷酸氢二钾 0.5g，
硫酸镁 0.5g，
硫酸亚铁 0.01g，
水 1000mL，
pH 7.2～7.4，
121℃灭菌 20min。

配制时，先用少量冷水将淀粉溶解，在火上加热，边搅拌边加水及其他成分，溶化后，补足水分至 1000mL。

3. 察氏培养基（培养霉菌）

蔗糖 30.0g，
硝酸钠 2.0g，
磷酸氢二钾 1.0g，
氯化钾 0.5g，
硫酸镁 0.5g，
硫酸亚铁 0.01g，
蒸馏水 1000mL，
pH 自然，
121℃灭菌 20min。

4. LB（Luria-Bertani）**培养基**

胰蛋白胨 10.0g，
氯化钠 10.0g，
酵母提取物 5.0g，
蒸馏水 1000mL，
pH 7.4，
121℃灭菌 20min。

含氨苄青霉素 LB 培养基，待 LB 培养基灭菌后冷却至 50℃左右加入抗生素，至终浓度为 80～100mg/L。

5. 大豆酪蛋白琼脂（TSA）培养基［用于洁净室（区）沉降菌的测试］

酪蛋白胰酶消化物 15.0g，　蒸馏水 1000mL，
大豆粉木瓜蛋白酶消化物 5.0g，　pH 7.3±0.2，
氯化钠 5.0g，　121℃灭菌 20min。

6. 马丁（Martin）孟加拉红-链霉素培养基（分离土壤真菌）

葡萄糖 10.0g，　孟加拉红 33.4mg，
蛋白胨 5.0g，　蒸馏水 1000mL，
磷酸二氢钾 1.0g，　pH 自然，
硫酸镁 0.5g，　121℃灭菌 30min。

使用前将上述基础培养基熔化后冷却至 55℃，每 100mL 基础培养基加 10mL 0.03％链霉素稀释液，使每 1mL 培养基中含 30μg 链霉素。

0.03％链霉素配法：在 1g 装链霉素瓶中用无菌注射器注入 5mL 无菌水，溶解后，吸取 0.5mL 链霉素溶液，移入 330mL 无菌蒸馏水中，即得 0.03％链霉素稀释液。

7. 马铃薯葡萄糖培养基（PDA）（培养真菌）

马铃薯（去皮）200g，　水 1000mL，
葡萄糖（或蔗糖）20g，　pH 自然，
琼脂 15～20g，　121℃灭菌 20min。

马铃薯去皮，切成薄片或黄豆大的块煮沸 15～20min，然后用四层纱布过滤，保留滤汁，再加糖及琼脂，溶化后补足水至 1000mL。

8. 麦芽汁培养基（培养酵母菌）

（1）取大麦或小麦若干，用水洗净，浸水 6～12h，置 15℃阴暗处发芽，上盖纱布一块，每日早、中、晚淋水一次，麦根伸长至麦粒的两倍时，即停止发芽，摊开晒干或烘干，贮存备用。

（2）将干麦芽磨碎，一份麦芽加 4 份水，在 65℃水浴锅中糖化 3～4h，糖化程度可用碘滴定。

（3）将糖化液用 4～6 层纱布过滤，滤液如混浊不清，可用鸡蛋白澄清：方法是将一个鸡蛋白加水约 20mL，调匀至生泡沫为止，然后倒在糖化液中搅拌煮沸后再过滤。

（4）将滤液稀释到 5～6°Bé（波美度），pH 约 6.4，加入 2％琼脂即成。

（5）121℃灭菌 20min。

9. 豆芽汁蔗糖（或葡萄糖）培养基（培养酵母菌）

黄豆芽 100.0g，　pH 自然，
蔗糖（或葡萄糖）50.0g，　121℃灭菌 20min。
水 1000mL，

称新鲜豆芽 100g，放入烧杯中，加水 1000mL，煮沸约 30min，用纱布过滤，保留滤液，补足水至原量，再加入蔗糖（或葡萄糖）50g，煮沸熔化，pH 自然。

10. 蔗糖酵母膏培养基（培养根瘤菌）

蔗糖（或甘露醇）10.0g，　氯化钠 0.2g，
酵母膏 4.0g，　0.5％钼酸钠溶液 4mL，
磷酸氢二钾 0.5g，　0.5％硼酸溶液 4mL，
硫酸镁 0.5g，　碳酸钙 5.0g，

水 1000mL，
pH 7.2～7.4，
121℃灭菌 20min。

11. 蛋白胨水培养基

蛋白胨 10.0g，
氯化钠 5.0g，
pH7.6，
水 1000mL，
121℃灭菌 20min。

12. 葡萄糖蛋白胨水培养基

蛋白胨 5.0g，
葡萄糖 5.0g，
磷酸氢二钾 2.0g，
蒸馏水 1000mL，
pH 7.2～7.4，
121℃灭菌 30min。

13. 复红亚硫酸钠培养基（远藤氏培养基）

蛋白胨 10.0g，
乳糖 10.0g，
磷酸氢二钾 3.5g，
无水亚硫酸钠 5.0g，
5%碱性复红乙醇溶液 20mL，
蒸馏水 1000mL，
115℃灭菌 20min。

先将琼脂加入 900mL 蒸馏水中，加热溶解，再加入磷酸氢二钾及蛋白胨，使之溶解，补足蒸馏水至 1000mL，调 pH 至 7.2～7.4，加入乳糖，混合均匀溶解后，115℃灭菌 20min。称取亚硫酸钠置于一无菌空试管中，加入无菌水少许使之溶解，再在水浴中煮沸 10min 后，立即加于 20mL 5%碱性复红乙醇溶液中，直至深红色退成淡粉红色为止。将此亚硫酸钠与碱性复红的混合液全部加至上述已灭菌的并仍保持熔化状态的培养基中，充分混匀，倒平板，保存的最佳温度为 4～8℃，以保持浅粉红色。贮存时间不宜超过 2 周。

14. 伊红美蓝琼脂培养基（EMB 培养基）

蛋白胨水琼脂培养基 100mL，
2%伊红水溶液 2mL，
20%乳糖溶液 2mL，
0.5%美蓝水溶液 1mL。

将已灭菌的蛋白胨水琼脂培养基（pH7.6）加热熔化，冷却至 60℃左右时，再把已灭菌的乳糖溶液、伊红水溶液及美蓝水溶液按上述量以无菌操作加入。摇匀后，立即倒平板。

15. 乳糖蛋白胨培养液（水的细菌学检查）

蛋白胨 10.0g，
牛肉膏 3.0g，
乳糖 5.0g，
氯化钠 5.0g，
1.6%溴甲酚紫乙醇溶液 1mL，
蒸馏水 1000mL，
pH 7.2～7.4，
115℃灭菌 20min。

将蛋白胨、牛肉膏、乳糖及 NaCl 加热溶解于 1000mL 蒸馏水中，调 pH 至 7.2～7.4，加入 1.6%溴甲酚紫乙醇溶液 1mL，充分混匀，分装于有小导管的试管中，灭菌。

16. 半固体肉汤蛋白胨培养基（观察细菌动力）

牛肉膏 3.0g，
蛋白胨 10.0g，
氯化钠 5.0g，
琼脂 4.0g，
蒸馏水 1000mL，
pH 7.2～7.4，
121℃灭菌 20min。

配制时，最好先用脱脂棉过滤，然后再分装于试管中灭菌，这样有利于观察实验结果。

17. 普通营养琼脂培养基

牛肉膏 3.0g，
蛋白胨 10.0g，
氯化钠 5.0g，
蒸馏水 1000mL，
pH 7.2～7.4，
121℃灭菌 20min。

18. 基本培养基

葡萄糖 5.0g，
磷酸氢二钾 4.0g，
磷酸二氢钾 6.0g，
硫酸铵 2.0g，
柠檬酸钠 1.0g，
硫酸镁 0.2g，
蒸馏水 1000mL，
pH 7.0～7.2，
121℃灭菌 20min。

19. 钾细菌培养基

甘露醇（或蔗糖）10.0g，
磷酸氢二钾 0.5g，
硫酸镁 0.2g，
氯化钠 0.2g，
硫酸钙 0.2g，
碳酸钙 1.0g，
蒸馏水 1000mL，
pH 7.4～7.6，
121℃灭菌 30min。

20. 乳糖胆盐培养基

蛋白胨 20.0g，
氯化钠 5.0g，
磷酸二氢钾 4.0g，
磷酸氢二钾 1.3g，
牛胆盐 1.3g，
乳糖 5.0g，
蒸馏水 1000mL，
pH 7.4，
115℃灭菌 30min。

21. 乳酸细菌培养基

蛋白胨 10.0g，
牛肉膏 10.0g，
酵母膏 5.0g，
碳酸钙 2.0g，
葡萄糖 20.0g，
吐温 80 1mL，
乙酸钠 5.0g，
柠檬酸铵 2.0g，
磷酸氢二钾 2.0g，
硫酸镁 0.5g，
硫酸锰 0.5g，
蒸馏水 1000mL，
pH 6.2～6.6，
115℃灭菌 30min。

22. 乙酸铅培养基

蛋白胨 10.0g，
牛肉膏 5.0g，
氯化钠 5.0g，
硫代硫酸钠 0.25g，
5%乙酸铅水溶液 1.0mL，
蒸馏水 1000mL，
121℃灭菌 20min。

23. 钾细菌培养基（培养钾细菌产荚膜）

蔗糖 50.0g，
磷酸氢二钠 0.2g，

硫酸镁 2.0g，
三氯化铁 微量，
蒸馏水 1000mL，
pH7.0～7.2，
115℃灭菌 20min。

24. MRS 培养基（培养乳酸菌）

葡萄糖 20.0g，
牛肉膏 10.0g，
酵母膏 5.0g，
蛋白胨 10.0g，
磷酸氢二钾 2.0g，
硫酸镁 0.58g，
硫酸锰 0.25g，
柠檬酸铵 2.0g，
吐温 80 1mL，
乙酸钠 5.0g，
碳酸钠 5.0g，
蒸馏水 1000mL，
pH 6.2～6.5，
121℃灭菌 20min。

25. YPD 培养基（培养霉菌与酵母菌）

葡萄糖 20.0g，
胰蛋白胨 20.0g，
酵母膏 10.0g，
蒸馏水 1000mL，
pH 5.0～5.5，
115℃灭菌 20min。

26. PSA（放线菌菌种保藏）

可溶性淀粉 10.0g，
酵母膏 2.0g，
蒸馏水 1000mL，
pH 7.0，
121℃灭菌 20min。

27. 高氏Ⅱ号培养基（菌丝生长良好）

葡萄糖 10.0g，
蛋白胨 5.0g，
氯化钠 5.0g，
蒸馏水 1000mL，
pH 7.2～7.4，
121℃灭菌 20min。

28. YEM 培养基

甘露醇 10g，
K_2HPO_4 0.5g，
$MgSO_4 \cdot 7H_2O$ 0.2g，
酵母粉 0.5g，
NaCl 0.5g，
蒸馏水 1000mL，
pH 7.0～7.2，
121℃蒸汽灭菌 20min。

29. 牛肉汁培养基

牛肉膏 3g，
蒸馏水 1000mL，
pH 7.0～7.2，
121℃蒸汽灭菌 30min。

附录Ⅱ 常用染色液的配制

1. 石炭酸复红染液

A 液：3%的碱性复红乙醇溶液；

将 0.3g 碱性复红在研钵中研磨后，逐渐加入 10mL95%乙醇，继续研磨使其溶解，配制成 A 液。

B 液：5%石炭酸溶液；

将 5.0g 石炭酸溶解于 95mL 蒸馏水中，配制成 B 液。

取 A 液 10mL、B 液 90mL，混合即可。一般可将此溶液稀释 5～10 倍使用，但稀释液易变质失效，一次不宜多配。

2. 吕氏美蓝染色液

A 液：美蓝（亚甲基蓝）0.3g、95%酒精 30.0mL；

B 液：氢氧化钾 0.01g、节水 100mL。

分别配制 A 液、B 液，然后混合即可。

3. 草酸铵结晶紫染液

A 液：结晶紫 2.5g、95%乙醇 25mL；

B 液：草酸铵 1.0g、蒸馏水 100mL。

将结晶紫研细后，加入 95%乙醇使之溶解，配成 A 液；将草酸铵溶解于蒸馏水配成 B 液，两液混合即可。

4. 卢戈（Lugol）碘液

碘 1.0g，碘化钾 2.0g，蒸馏水 300mL。

先将碘化钾溶解在少量蒸馏水中，再将碘溶解在碘化钾溶液中，待碘全部溶解后，加入其余的蒸馏水即可。

5. 番红（沙黄）染液

番红 2.5g，95%乙醇 100mL，蒸馏水 100mL。

将番红溶解在 95%的酒精中，然后取 10mL 番红乙醇溶液与 90mL 蒸馏水混合即可。

6. 芽孢染色液

5%孔雀绿染液：孔雀绿 5.0g，蒸馏水 100mL；

0.5%番红染液：番红 0.5g，蒸馏水 100mL。

7. 黑色素水溶液

黑色素 5.0g，蒸馏水 100mL。40%甲醛（福尔马林）0.5mL。

将黑色素在蒸馏水中煮沸 5min，配成 5%的溶液，冷却后加入福尔马林作防腐剂。

8. 鞭毛染色液（银染色法）

A 液：单宁酸 5.0g，$FeCl_3$ 1.5g，15%甲醛（福尔马林）2.0mL，1% NaOH 溶液 1.0mL，蒸馏水 100mL。

待 A 液单宁酸和 $FeCl_3$ 溶解于蒸馏水中后，加入 1%NaOH 溶液和 15%甲醛溶液，过滤。当日使用，次日效果差，第三日则不可使用。

B 液：$AgNO_3$ 2g，蒸馏水 100mL。

待 $AgNO_3$ 溶解后，取出 10mL 备用。向其余的 90mL $AgNO_3$ 中滴加浓氢氧化铵，形成浓厚的悬浮液。继续滴加氢氧化铵，直到新形成的沉淀又重新刚刚溶解为止。再将 10mL 备用的 $AgNO_3$ 溶液慢慢滴入，此时出现薄雾，轻轻摇动后，薄雾状沉淀消失，再滴入 $AgNO_3$ 溶液，直到摇动后仍呈现轻微而稳定的薄雾状沉淀为止。如果雾重，则银盐沉淀析出，不宜使用。

9. 负染色液

2%磷钨酸钾（或钠），用双蒸水配制，配好后用 1mol/LKOH 调节 pH 至 7.0～7.2 即可。

附录Ⅲ 常用试剂与指示剂的配制

1. 试剂、药品使用常识

（1）试剂的规格　化学试剂根据其纯度和杂质含量的高低分为不同的品级，一般化学试剂的分级见附表 1。

附表 1　化学试剂的级别

试剂级别	一级品	二级品	三级品	四级品	生物试剂
纯度分类	优级纯(保证试剂)	分析纯	化学纯	实验试剂	—
纯度	纯度最高，杂质含量最低	纯度较高，杂质含量较低	纯度低于分析纯，杂质含量高于分析纯	纯度很低，但高于工业试剂	—
用途	精密分析和科研工作	定量分析	一般分析工作	定性分析	—
代号	GR	AR	CP	LR	BR/CR
标签颜色	绿色	红色	蓝色	黄色	—

（2）药品的称取　取用药品必须按以下要求进行，才能避免药品受污染和变质，防止对人体造成损害，从而保证实验的安全性和结果的准确性。

① 取用药品时，不能用手接触药品，不能品尝药品的味道，不要把鼻子凑到容器口上闻药品的气味（应采用招气入鼻法）。

② 要用洁净的药匙、量筒或滴管取用药品或试剂，不允许用同种工具同时连续取用多种试剂。取完一种试剂后，应将工具洗净（药匙要擦干）后，方可取用另一种药品。

③ 用剩的药品不放回原瓶，不随意丢弃，不拿出实验室，要放入指定容器。

④ 固体药品的取用　块状固体用镊子夹（一横二放三慢，即把试管横放，用镊子将药品尽量送到试管深处，再把试管缓慢竖起，让药品轻轻滑到试管底部），粉末状或细晶体用药匙取，必要时可用纸槽取（一斜二送三直立）。

⑤ 液体药品的取用　瓶塞倒放，试剂瓶的标签向手心（防止瓶口残留的试剂流下来腐蚀标签），瓶口紧靠试管口，倒完后盖紧瓶塞，将试剂瓶放回原处。

用量筒定量取用液体操作时，要求量筒放平，读数时视线与量筒内液体凹液面的最低处保持水平。

吸取和滴加少量液体用滴管，要求垂直滴加，胶头在上，不要平放或倒置（防止试剂倒流，腐蚀胶头），滴管不要接触反应容器内壁或放在实验台上，以免沾污滴管或造成试剂污染。另外，用过的滴管要立即用清水冲洗干净，以备下次使用（滴瓶上的滴管不要用水冲洗）。

使用浓酸、浓碱时，应注意浓酸、浓碱都具有强腐蚀性，使用时要格外小心。如果不慎将酸沾到皮肤或衣物上，应立即用较多的水冲洗（如果是浓硫酸，必须迅速用抹布擦拭，然后用大量水冲洗），再用 3%～5%的碳酸氢钠溶液冲洗。如果将碱溶液沾到皮肤上，要用较多的水冲洗，再涂上硼酸溶液。

另外，取用药品和试剂时应本着节约精神，尽可能少用，这样既便于操作和观察现象，又能得到较好的实验结果。

2. 常用试剂的配制

（1）配制 1mol/L NaOH 溶液　称取 40.0g NaOH，用蒸馏水完全溶解后定容至 1000mL。

（2）配制 40%（质量浓度）NaOH 溶液　称取 40.0g NaOH，用蒸馏水完全溶解后定容至 100mL。

（3）配制 1mol/L HCl 溶液　量取 86mL 浓 HCl 溶液（相对密度 1.19），加入 914mL 的蒸馏水。

（4）配制 0.1mol/L HCl 溶液　量取 1mol/L HCl 溶液 100mL，加入 900mL 蒸馏水中。

（5）配制 0.85%（质量浓度）生理盐水　称取 0.85g NaCl，完全溶解后用蒸馏水定容至 100mL。

（6）配制 10%（质量浓度）$FeCl_3$ 溶液　称取 10.0g $FeCl_3$，用蒸馏水溶解后定容至 100mL，加几滴盐酸防止其水解。

（7）配制 0.4%（质量浓度）酚红液　称取 0.4g 酚红于研钵中，加入 1mol/L NaOH 溶液 2mL，并研磨至溶解，再加入 1mol/L NaOH 溶液 1mL，最后用蒸馏水定容至 100mL。

（8）配制 1.6%溴甲酚紫（BCP）溶液　精确称取溴甲酚紫 1.6g，溶于 50mL 95%乙醇中，然后加入蒸馏水 50mL，过滤。同法可以配制溴百里香酚蓝（BTB）或溴甲酚绿（BCG）指示剂。

（9）甲基红指示液　精确称取甲基红 0.02g，溶于 60mL 95%的乙醇中，然后加入 40mL 蒸馏水。

3. 指示剂的配制

精确称取指示剂 0.1g 于玛瑙研钵中，略加研磨后，根据附表 2 中提供的数据，加入对应的 0.01mol/L NaOH 溶液共同研磨，至完全溶解后，将此溶液完全倾入一个烧杯中，加入所需量 1/4 的蒸馏水，水浴加热到 80～90℃，使之完全溶解，冷却后，按表中对应数据加入蒸馏水到所需要的量。若需要更低的浓度，可进一步加蒸馏水稀释。

附表 2　常用指示剂

指示剂名称	变色范围(pH)	颜色变化	使用浓度	指示剂溶液组成(原液)
茜素黄 R(AYR)	10.2～12.0	黄→紫	0.05%	0.1g 指示剂＋蒸馏水 100mL
百里香酚酞(TP)	9.2～11.0	无色→蓝	0.02%	0.1g 指示剂＋90%酒精 100mL
酚酞	8.2～10.0	无色→红	0.1%	0.1g 指示剂＋60%酒精 100mL
酚红(PR)	6.8～8.4	黄→红	0.02%	0.1g 指示剂＋28.2mL 的 0.01mol/L NaOH＋蒸馏水 250mL
溴百里香酚蓝(BTB)	5.8～7.6	黄→蓝	0.04%	0.1g 指示剂＋16.0mL 的 0.01mol/L NaOH＋蒸馏水 250mL
溴甲酚绿(BCG)	4.0～5.8	黄→蓝	0.04%	0.1g 指示剂＋14.3mL 的 0.01mol/L NaOH＋蒸馏水成 250mL
甲基橙(MO)	3.0～4.6	红→金黄	0.01%	0.1g 指示剂＋蒸馏水 100mL
百里酚蓝(TB)	1.2～2.8	红→黄	0.04%	0.1g 指示剂＋21.5mL 的 0.01mol/L NaOH＋蒸馏水 250mL

附录Ⅳ 常用消毒剂配制

1. 5%石炭酸溶液

石炭酸5.0g，加水至100mL。

2. 5%甲醛溶液

35%甲醛原液100mL，水600mL。

3. 0.1%升汞水溶液

升汞（$HgCl_2$）1g、浓盐酸0.2g，蒸馏水1000mL。

配制时先将升汞溶于浓盐酸中，再加入水中。

4. 75%酒精

取95%乙醇75mL，水20mL。

5. 2%来苏尔（煤酚皂）液

50%来苏尔4mL，水96mL。

6. 0.25%新洁尔灭液

5%新洁尔灭50mL，加水至950mL。

7. 消毒碘酒

碘片10.0g、碘化钾4.0g，溶于250mL 95%乙醇中，加蒸馏水至500mL。

8. 漂白粉溶液

漂白粉10.0g，水140mL。使用时临时配制。

附录Ⅴ 饱和水蒸气压与温度的关系

饱和水蒸气压与温度的关系见附表3。

附表3 饱和水蒸气压与温度的关系

水蒸气压力/MPa	温度/℃	水蒸气压力/MPa	温度/℃	水蒸气压力/MPa	温度/℃	水蒸气压力/MPa	温度/℃
0.36138	140	0.22504	124	0.13390	108	0.07561	92
0.34138	138	0.21145	122	0.12504	106	0.07011	90
0.32229	136	0.19854	120	0.11668	104	0.06495	88
0.30407	134	0.18628	118	0.10878	102	0.06011	86
0.27831	132	0.17465	116	0.10133	100	0.05557	84
0.27013	130	0.16362	114	0.09430	98	0.05133	82
0.25435	128	0.15316	112	0.08769	96	0.04736	80
0.23933	126	0.14327	110	0.08146	94	0.04365	78

参考文献

[1] 何强，井文涌，王翊亭．环境学导论［M］．第 3 版．北京：清华大学出版社，2004.

[2] 吴东雷，陈声明．农业生态环境保护［M］．北京：化学工业出版社，2005.

[3] 张韩杰，闫艳春．农药残留及微生物在农药降解中的应用与展望［J］．湖北植保．2004，(1)：31-35.

[4] 金静．微生物传感器在环境监测中的应用进展［J］．价值工程．2010，(1)：94-95.

[5] 温小乐．有机污染土壤的生物修复实践及其发展前景［J］．环境科学与技术．2008，31 (7)：62-64.

[6] 国家环境保护总局《水和废水监测分析方法》编委会．水与废水监测分析方法［M］．第 4 版．北京：中国环境科学出版社，2002.

[7] 洪坚平，来航线．应用微生物学［M］．北京：中国林业出版社，2005.

[8] 李登煜，梁如玉．农业微生物应用技术［M］．成都：四川大学出版社，2001.

[9] 战忠玲．农业微生物［M］．北京：化学工业出版社，2009.

[10] 顾卫兵，陈世昌．农业微生物［M］．北京：中国农业出版社，2012.

[11] 田洪涛．现代发酵工艺原理与技术［M］．北京：化学工业出版社，2007.

[12] 邓毛程．发酵工艺原理［M］．北京：中国轻工业出版社，2007.

[13] 欧善生，张慎举．微生物农药与肥料［M］．北京：化学工业出版社，2011.

[14] 郝涤非．微生物实验实训［M］．武汉：华中科技大学出版社，2012.

[15] 杨汝德．现代工业微生物学实验技术［M］．北京：科学出版社，2009.

[16] 赵斌．微生物学实验［M］．北京：科学出版社，2002.

[17] 陈玮，董秀芹．微生物学及实验实训技术［M］．北京：化学工业出版社，2011.

[18] 孙勇民，张新红．微生物技术及应用［M］．武汉：华中科技大学出版社，2012.

[19] J. P. 哈雷．图解微生物实验指南［M］．北京：科学出版社，2012.

[20] 赵斌，陈雯莉，何绍江．微生物学［M］．北京：高等教育出版社，2011.

[21] 程殿林．微生物工程技术原理［M］．北京：化学工业出版社，2007.

[22] 曹军卫，马辉文，张甲耀．微生物工程［M］．第 2 版．北京：科学出版社，2007.

[23] 刘璋，陈琪国．简明微生物学教程［M］．武汉：武汉大学出版社，2008.

[24] 李阜棣，胡正嘉．微生物学［M］．第 5 版．北京：中国农业出版社，2002.

[25] 傅文红．药物微生物应用技术［M］．北京：化学工业出版社，2012.

[26] 李长生．农家沼气实用技术［M］．北京：金盾出版社，2006.